北京市陆学艺社会学发展基金会 编

# 陆学艺全集

## 第 4 卷

社会科学文献出版社

SOCIAL SCIENCES ACADEMIC PRESS (CHINA)

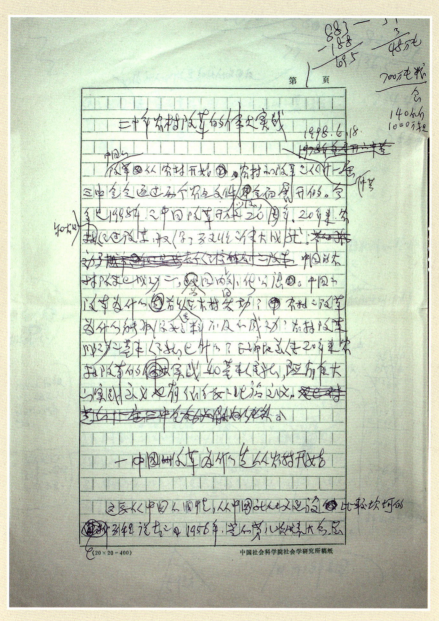

《20 年农村改革的伟大实践》原稿第一页

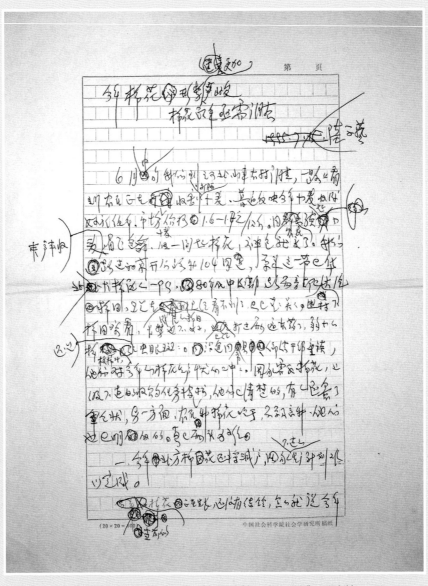

《今年棉花形势更加严峻，棉花政策亟须调整》原稿第一页

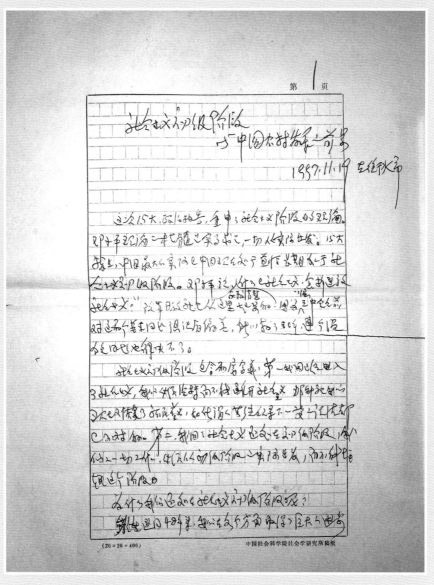

《社会主义初级阶段与中国农村发展的前景》原稿第一页

# 第 4 卷 "三农" 再论
## (1994 ~ 1998)

本卷收录了陆学艺在 1994~1998 年期间撰写和发表的关于"三农"问题研究的学术论文、调研报告、演讲、发言摘要和书序。在这 5 年里，陆学艺在深入研究农村改革、乡镇企业和小城镇建设等问题的基础上，提出了"农业农村现代化四部曲"的理论，代表作有：《中国农村现代化道路的方向》《中国农村现代化道路的探析》《积极发展乡镇企业，搞好小城镇建设》。在陆学艺看来，我国农村现代化面临的严峻挑战之一就是农村剩余劳动力转移的问题，"三农"问题的核心是农民的非农化问题。因此，他在继续深入农民分化和分层研究的同时，开始将更多的精力转移到研究农民非农化和农民工问题上来。这一时期这方面的代表作有：《中国农民的分化与分层研究》《农民问题的实质和特征》《关于"民工潮"问题》等。

# 本卷目录

## 农村改革

## 农业形势与农村现代化

# 农民与农民工

# 城乡关系

# 县域经济与乡村治理

# 乡镇企业与小城镇建设

# 农村调查

# 农村改革

# 节流与开源并举<sup>*</sup>

今年<sup>①</sup>我去了昆山、太仓和张家港，这些地方做得不错，一方面经济上去了，一方面土地管理做得好，基本农田建设搞得好，粮食单产也上去了，粮食总产量没有下来。我赞成一方面要满足经济发展需要，另一方面要在剩下的农业用地上做文章。后来我去了安徽阜阳，我认为这里有两点做得不错，一是延长30年土地承包责任制很好，并且增人不增地，减人不减地；二是把农田与宅基地脱钩，与人口脱钩。现在是一亩地交100斤粮食，什么费用、摊派都没有了，老百姓很满意。

我觉得土地问题，一方面要节流，另一方面要开源。我很赞成山西拍卖"四荒"的办法，现在我们很多东西都是因为公有而变成"无主"所有，山上大树长不起来，就是因为"无主"。我们山地资源占国土总面积的69%，应该充分利用起来。拍卖是一种形式，还可以用别的形式。

宅基地的管理和乡镇企业的用地管理还要加强。乡镇企业用地没有什么准不准的问题，乡长说在哪里办厂就在哪里办，不管批不批，先干了起来，农村的管理可不那么按规矩办。我国有2000多万个乡镇企业<sup>②</sup>，平均每个3亩地，7000多万亩地就出去了。农民在保护耕地的问题上要有一定的权力，这样耕地保护就会好做得多。

---

\* 本文原载《中国土地报》1995年11月22日第2版，系作者在该报举办的"更新发展思路，实现两个转变——土地供应与调控"专家座谈会上的发言摘要。——编者注

① 此处指1995年。——编者注

② 国家统计局编《中国统计年鉴·1995》，中国统计出版社，1995，第363页。

# 中国土地制度的变迁<sup>*</sup><sup>**</sup>

土地在前资本主义社会中是最重要的生产资料，以土地所有制关系为核心形成的土地制度是构成经济社会结构的基础。在中国漫长的封建社会里，各个历史阶段几乎所有的经济、政治、文化等方面的问题，都能在土地制度的变迁里找到最根本的原因。历史发展到今天，我国目前正处在社会主义初级阶段，我国仍有70%的人口是农民，土地仍然是大多数农民最主要的生产资料，农民与土地有着千丝万缕的联系。之所以研究中国土地制度的变迁，是因为由此可以正确地认识中国的过去，可以比较清楚地认识今天中国的基本国情，也可以预见到我们未来社会的宏观走势，这是一个很重要、很有意义的研究课题。

## 一　春秋以前的井田制（公元前 15 世纪～前 7 世纪）

中国自原始社会晚期到春秋战国之际，实行的土地制度是井田制，它是由原始社会农村公社的土地制度演变而来的。关于井田制，因历史久远，具体描述它的直接资料已经散失，近代学者根据考古资料、甲骨文、金文和对古代典籍的考证、研究，有三种解释。

---

\* 本文源自作者修改的打印稿和手稿。该文稿系陆学艺于 1998 年 6 月在日本的演讲稿。原稿前半部分（隋唐以前）为作者修改的打印稿，后半部分（宋元明以后）为作者手稿，未完成，仅存简要提纲。——编者注

\*\* 很抱歉！我这篇论文没有及时交出，所以没能编印和翻译。这是前天和柿崎、矢野商定临时备用的，现在只好用我讲、罗翻译的办法。我讲的题目是"中国土地制度的变迁"。土地制度是一个国家的基本生产关系，是很重要的，是我们这次会议的主题。但会议中讲的是现在的土地制度问题，我要讲清楚来龙去脉，所以从历史讲起（这是一本书的题目，可以讲一年）。我用"厚今薄古"的办法讲，1949 年以前都是点点题，大家希望重点讲当今的土地关系。——作者注

其一，认为井田制是古代的耕地由沟洫和道路划分为比较整齐的方块田，因其形状如"井"字而得其名。在殷墟出土的甲骨文里，田字有许多写法，如"田""囲""囲""囲"，等等。这表明商朝的土地，已经整理成方块，也有许多成井字形的方块连在一起。商王朝把这些方块田连同奴隶，分等级分封给诸侯和贵族。这些方块田，每块代表一定的面积，也是管理奴隶劳动的耕作单位。

其二，认为井田制就是把方块田划成"囲"，900亩一大方，每小方100亩，分给8户农业奴隶，每户耕种100亩，收入归自家；中间100亩是公田，由8户农奴出力耕种，收入为公室即奴隶主或领主所有。这个说法，最早见于《孟子·滕文公篇》。滕文公"使毕战问井地"，孟子（公元前390年~前305年）曰："夫仁政，必自经界始。经界不正，井地不钧，谷禄不平，是故暴君污吏必慢其经界。经界既正，分田制禄可坐而定也。……方里而井，井九百亩，其中为公田。八家皆私百亩，同养公田；公事毕，然后敢治私事。"[1] 多数学者认为这是孟子依托西周旧制而设计的他理想的土地制度。孟子生活在战国时代中期，距离井田制瓦解、崩坏的春秋时代（公元前770年~前476年）只100多年，井田制及其遗迹在一些地区，特别是偏远地区还存在着。例如，与他同时代的商鞅（约公元前390年~前338年）在秦国于公元前350年实行第二次变法时就明确宣布："开阡陌，废井田。"可见，孟子对于井田制的叙述还是有根据的，只是他同商鞅政治立场完全不同，他竭力主张维护、恢复这个业已没落的土地制度。

其三，认为井田制包括上述两种形式。周灭商之后，周王朝把国都附近的地区划为王畿，由周王朝直接管理这些大型井田，利用大量的奴隶耕种，所以有《诗经》上说的"十千维耦""千耦其耘"的场面[2]。周王朝把王畿以外的地区分封给诸侯国；诸侯在自己的封国内，把一部分方田归自家直接管理，另外的土地分封给卿大夫作为卿大夫的"采邑"；卿大夫留下一部分土地归自家直接经营，把其余大部分土地划成井田，分给农奴耕种。

关于井田制，学术界还有种种议论，但有几点是有共识的。

第一，井田制是同灌溉系统联系结合着的，中国古时因气候环境条件，已有比较好的灌水、排水系统，按沟渠的大小、深浅分别称为：遂、沟、

① 《孟子·滕文公章句上》，见杨伯峻《孟子译注》，中华书局，1960，第118~119页。

② 《诗经·周颂·噫嘻》《诗经·周颂·载芟》，见《诗经全译》，贵州人民出版社，1991，第455、466页。

洫、浍。与此相应的还有田间的道路系统，称为径、畛、涂、道，南北向的道路称阡，东西向称陌，沟渠纵横，阡陌交通，把耕田划分成一块块的方田。在一个大单位的田地周围还挖有深沟，种上树，或有其他标志，称为封沟或封疆。

第二，井田制是由原始社会农村公社的土地制度演化而来的，进入私有制的阶级社会以后，全国的土地属王朝的君主所有，所谓"溥天之下，莫非王土；率土之滨，莫非王臣"[1]，在夏、商、西周都是如此。

第三，井田制作为一种生产关系，基本内容是"分田制禄"。这有两方面的含义：一是国王对诸侯或者上级贵族对下级贵族，作为封赐和制禄的单位。如"大国之卿，一旅（500人——作者注）之田，上大夫，一卒（100人——作者注）之田"[2]。那时授予的土地，包括了耕作这些土地的人口，作为俸禄。二是下级贵族把土地作为份田授予每个农夫，以男姓为代表，称夫、称家，按土地的等级好坏，一般是每户100亩，并配有相应的休闲地。授予的份田，不能买卖，即所谓"田里不鬻"[3]。农户对土地只有使用权，没有占有、所有权，而且终身束缚在土地上，"死徒无出乡"[4]。而每年春季要"审端经术"[5]，即检查份田田间的道路和沟洫是否完好。"三年换土易居"[6]，即每隔三年土地要重新分配，并要更换居住的地方。

第四，井田制条件下实行的是劳役地租和实物地租。孟子说："夏后氏五十而贡，殷人七十而助，周人百亩而彻，其实皆什一也。彻者，彻也。助者，籍也……贡者，校数岁之中以为常。"[7]据后人解释，彻，通也，取也；籍，借也。照孟子这段论述，井田制有一个发展过程，夏、商、周有不同的税赋制。夏代实行贡法，根据若干年的平均收获定一个常数，不论丰歉每年要交纳一定的贡献；商代实行助法，即借助民力而耕种公地，实行的是劳役地租；周代实行与夏商相通的办法，既有贡法也有助法，既有实物地租也有劳役地租。"古者什一，籍而不税。"[8]当时生产力低下，国王、贵族，取什一之贡纳，是大致可信的。

---

① 《诗经·小雅·北山》，见《诗经全译》，贵州人民出版社，1991，第297页。
② 《国语·卷十四 晋语八》，见焦杰校点《国语》，辽宁教育出版社，1997，第109页。
③ 《礼记·王制》，见陈澔注《礼记》，上海古籍出版社，1987，第73页。
④ 《孟子·滕文公章句上》，见杨伯峻《孟子译注》，中华书局，1960，第119页。
⑤ 《礼记·月令》，见陈澔注《礼记》，上海古籍出版社，1987，第84页。
⑥ 《公羊传》，参见祝瑞开《先秦社会和诸子思想新探》，福建人民出版社，1981，第20页。
⑦ 《孟子·滕文公章句上》，见杨伯峻《孟子译注》，中华书局，1960，第118页。
⑧ 《穀梁传》，参见杨宽《战国史》，上海人民出版社，2016，第170页。——编者注

## 二　战国时期的授田制（公元前5世纪~前3世纪）

中国的井田制实行了很长时期，殷墟出土的甲骨文就有把田字写成"田""⊞""⊞""⊞"的现象。汉字是象形文字，这说明这些方块状田早在甲骨文使用前就有了。井田制也有一个发展过程，据学者考证，在殷墟的甲骨文里，确指的土地只与地名相连，而没有与数字相连的空间概念和地域指称，这表明在殷商时土地的丈量和四至还没有一个确定的量化标准。而从金文中看，到了西周，就有土地的丈量数和四至了。如《敔簋》铭文中说，天子"易田于敔五十亩，于早五十亩"，《不嬰簋》嬰铭文：天子赐予不嬰"田十田"。后世解释这里的"田"作单位解，郑玄认为："田，一夫之计佃百亩。"① 井田制到了春秋中期以后就逐渐崩坏瓦解。这是由于铁制农具的发明和使用，而且开始有了牛耕，使大批荒地得到开垦，私田大量增加，生产力提高了；还由于贵族制的崩溃，周王朝和原来诸侯国的统治衰败了，已经不能照旧维持统治了。贵族之间争田夺田的事件屡屡发生，而且侵夺公田，突破了井田制原来的封疆边界。在井田里，"民不肯尽力于公田"②，有的干脆弃田逃亡，投奔到新兴的地主阶级家里去当隐民，致使公田荒芜，"维莠骄骄""维莠桀桀"③，丛生茂草，公田不治，而私田不仅大量增加，而且耕种得很好，原来的旷土隙地里，建起了"庐田芜舍"④。

在这种状况下，一些诸侯国为了扩大赋税，争取民众的支持，相继变法，其中一个重要内容是改革已经崩坏的井田制，实行新法。公元前645年，晋国下令作爰田，使农户在所耕种的份地上自爰其处，份地定期分配的制度不搞了，使份地相对固定，也不换土易居了。这实际上也就承认了农户新垦土地的合法性，以此来达到"尝田以悦众"、扩充军力的目的。但这一措施，促使了井田制向土地私有制转化。

公元前594年鲁国实行"初税亩"，对公田、私田一律按亩征税，改变了过去向公田征赋的政策，这实际上是取消了公私田的差别，也就是承认了私田的合法性。

---

① 参见李朝远《西周土地关系论》，上海人民出版社，1997，第226页。
② 《公羊传》，参见杨宽《战国史》，上海人民出版社，2016，第165页。——编者注
③ 《诗经·齐风·甫田》，见《诗经全译》，贵州人民出版社，1991，第126页。
④ 《战国策》，参见张昌山编《战国策派文存》（下），云南人民出版社，2013，第649页。——编者注

公元前445年魏文侯任用李悝为相，实行变法。按照"食有劳而禄有功"①的原则，选贤任能，废除贵族的爵位世袭制度，实行"尽地力之教"②，鼓励农民开垦荒地，发展经济，实际也就冲坏了原来井田制的经界等制度。

经过春秋中后期和战国初期的各国变法，作为领主贵族统治经济基础的井田制就逐渐瓦解了。

井田制崩坏后，大片土地仍由各国诸侯王族占有。为了稳定社会，发展生产，扩展霸业，各国相继实行由王国、诸侯、贵族向农民颁授小块田园，农民向诸侯、贵族纳税的制度，后世学者称此为"授田制"。关于"授田制"在古籍里有很多记载。《管子·君臣上》篇云："布政有均，民足于产，则国家丰矣。"③《吕氏春秋·上农》篇说："民农则其产复，其产复则重徙，重徙则死其处而无二虑。"④ 这都是说，农民有了田产，就会安心于生产，国家也就丰裕了。《孟子·梁惠王》进一步说："是故明君制民之产，必使仰足以事父母，俯足以畜妻子，乐年终身饱，凶岁免于死亡；然后驱而之善，故民之从之也轻。"⑤ 这里孟子说的是明君制民之产，国家要授给农民足够的土地，才能使老百姓得到温饱，可以安定，而讲究礼义。授多少呢？孟子主张，一夫授百亩。《孟子·梁惠王》云："百亩之田，勿夺其时，八口之家可以无饥矣。"⑥ 李悝在魏，也是主张授田百亩，如《吕氏春秋·乐成》篇说："魏氏之行田也以百亩，邺独二百亩，是田恶也。"⑦

怎么授法呢？《周礼·地官·遂人》云："以岁时稽其人民，而授之田野"。⑧ 田是各国诸侯的，向属本国的人民授田。授田之后，"民生田宅，一切皆民自营之……而惟征科之是计"⑨。但也不是对所有的人都授田，云梦秦墓出土的魏国《户律》说："自今以来，假门逆旅，赘婿后父，勿令为

---

① 《说苑·政理》，参见孙春增《先秦法哲学思想研究》，山东大学出版社，2009，第227页。——编者注

② 《汉书·食货志》，见黄邵筠《中国第一部经济史——汉书食货志》，中国经济出版社，1991，第72页。

③ 《管子·君臣上》，见吴文涛等编注《管子》，北京燕山出版社，1995，第236页。

④ 《吕氏春秋·上农》，见高诱注《吕氏春秋》，上海古籍出版社，1996，第461页。

⑤ 《孟子·梁惠王章句上》，见杨伯峻《孟子译注》，中华书局，1960，第17页。

⑥ 《孟子·梁惠王章句上》，见杨伯峻《孟子译注》，中华书局，1960，第17页。

⑦ 《吕氏春秋·乐成》，见高诱注《吕氏春秋》，上海古籍出版社，1996，第277页。

⑧ 《周礼·地官·遂人》，见《周礼·仪礼·礼记》，岳麓书社，1989，第41页。

⑨ 赵佑：《四书温故录·孟子》，见（清）焦循《孟子正义》，中华书局，1986，第57页。

户，勿鼠田宇。"① 这是说，对一些当时社会不被承认的人是不授田的。所以，像三晋等地狭人众的诸侯国，形成了一批"上无通名，下无田宅"的人。通名是指户籍，这些人因不是编户之民，也就得不到田宅。

秦国当时还是地旷人稀，要富国强兵，就采取"徕民"的政策，《商君书·徕民》提出，"以故秦事敌，而使新民作本"②，即以秦国的百姓为兵，而让招来的新民从事农耕。办法是"今利其田宅，而复之三世"③，即给新来的人民授田，并许他们三代不服力役。《周礼》中也有"新甿"终生不服役的说法。在井田制时有规定："庐井有伍"，"死徒无出乡"。到春秋末，井田制崩坏，这些制度也随着废除，农民人口的流动就频繁起来，出现了"新甿"这个新词。《周礼·地官·旅师》云："凡新甿之治皆听之，使无征役，以地之媺恶为之等。"④ 接受新甿的诸侯国，按来者一家人口多少，授给他们不同品级的地。《孟子·滕文公上》云："有为神农之言者许行，自楚之滕，踵门而告文公曰：'远方之人闻君行仁政，愿受一廛而为氓。'文公与之处。"⑤ 这也是说，许行要求在滕国当田民，滕文公给了他田和宅。

农民接受授田后，就要承担国家的田租和力役。当时国税和田租是合一的，交田租就是交正税。田租一般是收什一之税，实际上是有上下浮动的。《荀子·王制》主张"相地而衰政"⑥，《管子·乘马数》主张"相壤定籍"⑦，都是说的要根据土地质量征租。后来《周礼·地官·司稼》主张"巡野观稼，以年之上下出敛法"⑧，这是说每年要实地视察农稼，视年成好坏定租税的多少。

农民最重的负担是服徭役。《周礼·地官·乡大夫》云："以岁时登其夫家之众寡，辨其可任者。国中自七尺以及六十，野自六尺以及六十有五，皆征之。"⑨ 这是说自 20 岁到 60 岁、65 岁都要服力役，只有残疾者才能免。那时战争频繁，诸侯们又好兴土木，所以劳役繁重。荀子鉴于此，呼吁说：

① 《睡虎地秦墓竹简·为吏之道》附《魏户律》，见杨宽《战国史》，上海人民出版社，2016，第 173 页。——编者注
② 《商君书·徕民》，见张觉译注《商君书全译》，贵州人民出版社，1993，第 167 页。
③ 《商君书·徕民》，见张觉译注《商君书全译》，贵州人民出版社，1993，第 166 页。
④ 《周礼·地官·旅师》，见《周礼·仪礼·礼记》，岳麓书社，1989，第 44 页。
⑤ 《孟子·滕文公章句上》，见杨伯峻《孟子译注》，中华书局，1960，第 123 页。
⑥ 《荀子·王制》，见蒋南华等注译《荀子全译》，贵州人民出版社，1995，第 152 页。
⑦ 《管子·乘马数》，见吴文涛等编注《管子》，北京燕山出版社，1995，第 460 页。
⑧ 《周礼·地官·司稼》，见《周礼·仪礼·礼记》，岳麓书社，1989，第 48 页。
⑨ 《周礼·地官·乡大夫》，见《周礼·仪礼·礼记》，岳麓书社，1989，第 32 页。

"轻田野之税，省刀布之敛，罕举力役，无夺农时。"①

诸侯国给农民授田之后，为了收取田租，还通过官吏对农民进行监督，奖勤罚懒，手段是很严厉的。《管子·揆度》云："君终岁巡邑里。其人力同而宫室美者，良萌也，力作者也，脯二束、酒一石以赐之。力足荡游不作，老者谯之，当壮者遣之边戍。"② 银雀山出土的简文《田法》云："卒岁田入少入五十斗者，□之。卒岁少入百斗者，罚为公人一岁。……卒岁少入三百斗者，黥刑以为公人。"③ 商鞅变法令中也有："事末利及怠而贫者，举以为收孥。"④ 这些文字说明，诸侯国对农民督耕很严，而且罚得很严，田种不好，交不上租税的，要罚作奴隶。这也说明当时授田的农民，只是国家佃农，还不是自耕的农民。

按发现的资料看，战国时期的授田制，一般是"民年二十受田，六十归田"⑤，这与前面讲到的服役年龄是一致的，六十岁归田了，也不服力役了。这也说明农民授得之田只有使用、耕作权，而没有所有权。《韩非子·外储说左上》说赵国"中牟之人弃其田耘，卖宅圃"⑥。田地不能买卖，农民脱离此地而去，只能卖掉小块的宅圃。战国后期，商品经济已经相当发展了，市场买卖的东西很多，包括农具、禾粟、牛马，以至姬妾，但很少有田地买卖的记载，这是因为土地是国家的。国家控制着土地，也就控制了农民。《管子·侈靡》说"好战之君，上甲兵。甲兵之本，必先于田宅"⑦，这表明国家必须掌握农田，才能掌握强兵的条件。后世说，商鞅"开阡陌，废井田，民得买卖"。土地可以自由买卖，这有一个很长的发展过程。

当然，随着铁器牛耕的使用、生产力的发展、剩余产品的增多，市场商品交换日益频繁。土地买卖开始只在下面进行，随后逐渐发展起来，这是同井田制彻底崩废和封建土地制度逐步建立相一致的。井田制崩坏了，

---

① 《荀子·王霸》，见蒋南华等注译《荀子全译》，贵州人民出版社，1995，第 237 页。
② 《管子·揆度》，见吴文涛等编注《管子》，北京燕山出版社，1995，第 514 页。
③ 《田法》，见《银雀山竹书〈守法〉、〈守令〉等十三篇》，《文物》1985 年第 4 期，第 35 页。
④ 《史记·商君列传》，见《史记》，岳麓书社，1988，第 523 页。
⑤ 《汉书·食货志》，见黄邵筠《中国第一部经济史——汉书食货志》，中国经济出版社，1991，第 63 页。
⑥ 《韩非子·外储说左上》，见张觉译注《韩非子全译》（下），贵州人民出版社，1992，第 625 页。
⑦ 《管子·侈靡》，见吴文涛等编注《管子》，北京燕山出版社，1995，第 265 页。

但土地主要还是国有的，实际上大部分是归诸侯王室所有，所以还称"公田"。诸侯把土地授给百姓，但所有权还是国有的，国家以此向百姓收取租税，以为国用。到了战国晚期，一方面，在商品、货币的刺激下，大量授田农民弃本逐末，加上官府的苛捐杂税、横征暴敛和私人高利盘剥，很多小农沦为奴仆，离开土地，促使授田制逐渐分解；另一方面，诸侯国内部不断发生变化，上下相克的斗争不断，一些私家不断蚕食公有土地，逐渐据为己有，成为豪族地主。另外，诸侯国上层统治者为了征战的胜利，往往把土地作为奖赏军功的奖品。如晋国的赵鞅，在前线誓师说："克敌者，上大夫受县，下大夫受郡，士田十万，庶人工商遂，人臣隶圉免。"① 土地原来是国有的，是贵族世袭的，后来一部分成了有军功者的私产。国有土地逐渐减少，到后来，也就无田可授了。

从总体历史看，战国时期的授田制是井田制向土地私有制、封建地主所有制转变过程中的一种过渡形式，可以说是新旧交替时期，大致到战国末期就逐渐瓦解了。不过这种国有土地向农民直接授予并取得租税的形式到秦汉时期还在一部分地区继续实行过。

## 三 秦汉是中国封建土地所有制确立时期
### （公元前 3 世纪～公元 4 世纪）

公元前 221 年，秦始皇统一中国后，废除分封制实行郡县制。这是根本制度的改革，郡县官吏由中央委派，实行考核制，可以升也可以贬，而不是终身和世袭的。对官吏实行俸禄制，而不是封地，官吏对辖区人民只有行政管理权，而没有对土地和人民的占有权。这就为土地私人占有与以土地可以自由买卖为特征的封建土地制度的确立准备了条件。事实上，中国的封建土地制度就是在秦汉时期确立起来的，以后历朝历代虽有所变化，但这两个基本特征并没有变化。

公元前 216 年，秦始皇下令"使黔首自实田"②。这是说，要求百姓向政府自己报告占有土地的状况。这是国家以法律形式承认土地私有，国家据以向所有者征税，同时国家也采取相应措施保护土地所有者的权益不受

---

① 《左传·哀公二年》，见《中国历史人物辞典》，黑龙江人民出版社，1983，第 18 页。
② 《史记·秦始皇本纪》，裴骃《史记集解》引徐广语，见田昌五、臧知非《周秦社会结构研究》，西北大学出版社，1996，第 158 页。

侵害。秦代法律规定"盗徙封，赎耐"①，侵犯、迁移田界的人要受惩罚。

秦二世而亡，汉承秦制，继续执行保护地主的政策。如汉武帝时，淮南王刘安的王后荼，太子迁及女陵，"侵夺民田宅"。武帝下诏"削二县"。经过几十年，在西汉前期，封建土地制度就确立起来了。

秦汉时期，建立起来的封建土地制度，就所有制形式讲，有如下几种：一是土地国有制，二是地主所有制，三是自耕农所有制。

在封建社会，皇帝及其家族是最大的地主，所谓国有土地，被称为公田或官田。一般在开国时期最多，主要是前朝前代的公田，接收战后大量无主的荒田，运用政权机器罚没来的"没入田"，还有组织军力或民力开垦的新田。皇室所有的这些地，除了直接经营的"皇庄"和苑囿外，多数用来赏赐功臣、勋戚、亲信，也有将公田直接授给百姓、贫民的，在边陲之地则用作屯垦戍边。其中最大量的还是用来赏赐，所以一般到某王朝的晚期，皇室直接掌管的官田，已所剩无几了。

从土地的国有制到封建地主土地所有制，从春秋中晚期井田制的崩坏一直到西汉初期确立的土地私有制，大约经历了300～400年的历史，其间就产生、形成了封建地主阶级。这个地主阶级的来源主要是三部分。

一部分是靠皇帝封赏的封建贵族地主阶级。他们本身是皇族。刘邦得天下之后，考虑到秦废分封制，少了同姓的支撑亡了国，所以在实行郡县制时，同时封了许多同姓王侯，把大片土地封赠给他们，从政治经济上扶持他们。如"武帝奉酒前为寿，奉钱千万，奴婢三百人，公田万顷，甲第，以赐姊"②。这些公田经皇帝封赐就成了这些皇亲国戚的私有土地。但他们并不满足，还依仗强权，"侵夺人田，坏人冢以为田"③。

还有一种是官僚地主。他们多数是靠军功、靠官位从皇帝那里得到封赏的。如魏将公叔痤有功，魏武侯赏之田40万。秦国大将王翦在出征前，向秦始皇"请美田宅园池甚众"，并称此"为子孙业耳"，④ 得到秦始皇的赏赐。这些人掌权以后，又凭借其权势，强占贱买民田，如汉丞相萧何，为相之后"贱强买民田宅数千万"⑤。汉武帝时，骠骑将军霍去病在河东为

---

① 《云梦秦简·法律问答》，见陈钧等主编《湖北农业开发史》，中国文史出版社，1992，第47页。
② 《史记·外戚世家》，见《史记》，岳麓书社，1988，第434页。
③ 《史记·淮南衡山列传》，见《史记》，岳麓书社，1988，第860页。
④ 《史记·白起王翦列传》，见《史记》，岳麓书社，1988，第566页。
⑤ 《史记·萧相国世家》，见《史记》，岳麓书社，1988，第448页。

其父"买田宅奴婢而去"。这些官僚们"身宠而载高位，家温而食厚禄，因乘富贵之资力，以与民争利天下，民安能如之哉"①！官僚地主和贵族地主一样是土地兼并的重要势力。

再一种是庶民地主。他们虽无贵族、官僚地主的政治特权，但凭借资产实力，收买土地，有的也占有大片土地。他们一般是"以末致财，用本守之"②。有些则是中小地主。少数豪强大家，与官府勾结，对百姓巧取豪夺，广置田土，恃强凌弱，横行乡里，鱼肉平民，与前两种地主是一样的。

在地主所有制之外，还有一个比较广大的自耕农、小土地所有者阶级，他们是封建社会的基础，同时也是地主阶级及其政权掠夺榨取、剥削的对象。自耕农所有土地，一部分来源于以前的授田，政权变迁，授受制渐废，暂业就变为永业；一部分是靠这些农夫自己开垦的无主荒田；还有一部分是靠他们自己积累资财自己购买的。自耕农阶级与佃农、佣耕者一起，成为封建社会的经济基础，是封建社会最主要的劳动者阶级。后世李世民说的"水能载舟，也能覆舟"，指的就是这个阶级。一般来说，在一个封建王朝开国时，或中兴时，这个阶级是受到王朝重视和保护的，生活比较安定，生产积极性也比较高，国力也比较强盛。当这个封建王朝到了中期、衰世、晚期，自耕农及佃农阶级受到地主豪强官府的侵凌，苛捐杂税增多，高利贷盘剥，土地所有权被侵夺，生产也就衰败以致民不聊生，国力式微，这就到了这个王朝崩溃的时候了。

西汉刘邦自公元前202年即皇帝位，经惠帝、文帝、景帝至武帝。中间文、景帝用黄老之学，与民休息，奖励农耕，改什一之税为三十税一，得到了农民的拥护，生产日盛，国力大增，后世称为"文景之治"。但也就在这个时候，豪强地主大行兼并，大批农民丧失土地。自汉高祖到汉武帝只不过70多年历史，兼并的结果，正如董仲舒所说的那样：已经形成了"富者田连阡陌，贫者亡立锥之地。……或耕豪民之田，见税什五。故贫民常衣牛马之衣，而食犬彘之食。重以贪暴之吏，刑戮妄加，民愁亡聊，亡逃山林，转为盗贼，褚衣半道"。③董仲舒描述了农民被剥夺土地后的社会惨状，所以他提出了"限民名田"的主张。他说："古井田法虽难卒行，宣少近古，限民名田，以澹不足，塞并兼之路。……薄赋敛，省繇役，以宽民

① 《资治通鉴·卷第十七·汉纪九》，见《资治通鉴》第1册，岳麓书社，1990，第185页。
② 《史记·货殖列传》，见《史记》，岳麓书社，1988，第939页。
③ 《汉书·食货志》，见黄邵筠《中国第一部经济史——汉书食货志》，中国经济出版社，1991，第100页。

力。然后可善治也。"① 所谓"限民名田",后世颜师古注曰:"名田,占田也。各为立限,不使富者过制,则贫弱之家可足也。"②

整个封建社会,实际上是以皇帝为代表的官府、地主阶级、农民阶级三种力量组成的。开明一点的王朝作为地主阶级的代表,能调整好地主阶级与农民阶级的关系,社会则能相对稳定,生产能够发展。董仲舒提出的"限民名田"的主张,就是想抑豪强,塞兼并之路,调和地主阶级和农民阶级的矛盾。后来汉武帝等虽也用"迁徙""告缗"等办法压抑惩治过豪强,但兼并之势终未压住。直到西汉末年,汉哀帝时,用师丹之议,曾预备实行"限民名田"制,曾下诏曰:"制节谨度以防奢淫,为政所先,百王不易之道也。诸侯王、列侯、公主,吏二千石及豪富民多畜奴婢,田宅亡限,与民争利,百姓失职,重困不足。其议限制。"③ 具体办法是:"诸侯王、列侯皆得名田国中。列侯在长安,公主名田县道,及关内侯、吏民名田,皆毋过三十顷。……犯者没入官。"④ 哀帝采用这个"限名民田",为时已晚,西汉末的农民起义已经起来了,不久西汉王朝也就垮了。

西汉临亡时,还有个王莽,他也看到了兼并的危害,执政后下令"更名天下田曰'王田',奴婢曰'私属',皆不得卖买。其男口不盈八,而田过一井者,分余田予九族邻里乡党"⑤。他这一套拯救时弊的方案要实行的时候,农民暴动起义已遍及四方,连他自己也一起被淹没了。

## 四 北朝、隋唐时期的均田制
### (公元485年~9世纪)

自东汉末中平元年(公元184年)张角为首的黄巾起义,中经三国分立,魏晋南北朝,一直到公元618年唐李渊称帝,前后战乱连绵400多年。据《汉书·地理志》记载:平帝始元二年(公元2年),全国有12233062

---

① 《汉书·食货志》,见黄邵筠《中国第一部经济史——汉书食货志》,中国经济出版社,1991,第100页。
② 《汉书·食货志上》,见颜师古注江建中标点《汉书》(上),上海古籍出版社,2003,第756页。——编者注
③ 《汉书·哀帝纪》,见颜师古注江建中标点《汉书》(上),上海古籍出版社,2003,第217页。
④ 《汉书·食货志》,见黄邵筠《中国第一部经济史——汉书食货志》,中国经济出版社,1991,第113页。
⑤ 《汉书·王莽传中》,见颜师古注江建中标点《汉书》(下),上海古籍出版社,2003,第2963页。——编者注

户，人口 59594978 人。[1] 到唐太宗贞观年间（公元 627～640 年），全国户数不满 300 万，只剩下 1000 多万人，[2] 可见战祸的惨烈，使人民颠沛流离，失所失地。

历代统治者为了巩固政权，争夺霸业，虽在战乱之中，仍重视农业生产和土地问题。如曹操鉴于东汉末大乱和瘟疫造成的人口大量逃亡，大片土地荒芜，农业凋敝，于建安元年（公元 196 年）颁"置屯田令"，募民屯田，由政府配给土地、农具，有的还配给耕牛。民户每年向政府交纳租课，持官牛者，收获官得六分，民得四分；自有私牛者，与官中分。收效甚好，发展了生产，得到了很多军粮，同时对士家大族兼并土地也起了一定的抑制作用。后来，孙权在吴国、诸葛亮在汉中，也都实行过屯田制。魏亡，西晋司马炎称帝，罢屯田官，明令废止屯田制。

晋太康元年（公元 280 年），颁布实行"占田制"的政令规定，"男子一人占田七十亩，女子三十亩。其外丁男课田五十亩，丁女二十亩，次丁男半之，女丁不课"，所以也叫"课田制"。对官僚世族占田也作了规定，"其官品第一至于第九，各以贵贱占田，品第一者占田五十顷……第九品十顷"。[3] 占田制（课田制）规定了从王公贵族到各级吏民占田的最高数额，这样就使普通农民得了土地，限制了兼并，使地主占田无限为有限，使政府课税收入得到维护。但占田制只实行了 20 年，西晋政权就乱了。

晋武帝死后，八王之乱，中原烽火又起，百姓大量南迁。《晋书》云："洛京倾覆，中州仕女避乱江左者十六七。"[4] 公元 318 年，晋元帝在建邺即位，是为东晋之始。北部中原诸国纷争，一直到拓跋珪称魏帝，于公元 439 年统一北方。

后来实行均田制的魏孝文帝"雅好读书，手不释卷。《五经》之义，览之便讲，学不师受，探其精奥。史传百家，无不该涉"[5]，是个相当汉化了的人。他即帝位后，实行改革，推行汉制，清除鲜卑族中的氏族奴隶制残余，加速鲜卑族的汉化，缓和国内阶级矛盾和民族矛盾，安定社会，发展

① 见翦伯赞等主编《中国通史参考资料·古代部分》第二册，中华书局，1962，第 214 页。
② 见翦伯赞等主编《中国通史参考资料·古代部分》第四册，中华书局，1962，第 54 页。
③ 《晋书·食货志》，见陈连庆《〈晋书·食货志〉校注　〈魏书·食货志〉校注》，东北师范大学出版社，1999，第 144、151～152 页。——编者注
④ 《晋书·王导传》，见王文楷主编《河南地理志》，河南人民出版社，1990，第 72 页。
⑤ 《魏书·高祖孝文帝纪下》，见王丙杰主编《魏书》，北京燕山出版社，2010，第 62 页。
　　——编者注

经济，以成霸业。在他的主持下实行了一系列改革，实行均田制则是北魏政权最重要的一项改革，而且取得了极大的成功，影响了后世 300 多年。魏孝文帝总结了周秦以来授田制、占田制、限田制等的利弊，并趁着战乱之后百姓流亡，国家手中握有大量无主土地的机会，于太和九年（公元 485 年）颁布均田令。

均田制总结了以前授田、占田、限田等田制的经验和教训，所以条例定得比较详细，施行的办法也比较完善。

一是把田地区分为六大类：（1）露田，这是最大量的种植农田；（2）桑田，这是种桑或其他树的；（3）非桑之地，不种桑，是种其他果树的；（4）麻布之地；（5）居宅用地；（6）官受公田。

二是授田的对象。均田制实行计口授田，以户为单位。区分男丁、妇女、奴婢、老人、小孩，受田数各不相同。

三是授田数量。均田诏云："诸男夫十五以上，受露田四十亩，妇人二十亩，奴婢依良，丁牛一头，受田三十亩，限四牛。……诸民年及课则受田，老免及身殁则还田。奴婢、牛随有无以还受。……男夫一人给田二十亩，课蒔余，种桑五十树，枣五株，榆三根。"[1]"诸民有新居者，三口给地一亩，以为居室，奴婢五口给一亩。男女十五以上，因其地分，口课种菜五分亩之一……诸远流配谪、无子孙及户绝者，墟宅、桑榆尽为公田，以供授受……诸宰民之官，各随地给公田，刺史十五顷，太守十顷，治中别驾各八顷，县令郡丞六顷。更代相付。卖者坐如律。"[2]

四是土地的还授。露田（口分田）成丁而授，人老而退。桑田为永业田，"诸桑田皆为世业，身终不还"。还授时间："诸民还受民田，恒以正月。若始受田而亡，及卖买奴婢、牛者，皆至明年正月乃得还受。"[3]

五是建立严密的户口制度，这是土地还授的基础。当时人户散乱，许多农民隐附在大族庄园里或寺庙里。北魏政府明令废京主督护制，立三长制，建立户籍制度，"五家立一邻长，五邻立一里长，五里立一党长，长取乡人强谨者。邻长复一夫，里长二，党长三。所复复征戍，余若民"[4]。

六是具体授受办法。北魏政府接受以前的教训实行均田制，并不是对原有私有田制推倒重来，也不是尽夺富人之田以予贫民，而是"恒从现口。

① 《魏书·食货志》，见《魏书》（卷 66 ~ 卷 114），吉林人民出版社，1995，第 1664 页。
② 《魏书·食货志》，见《魏书》（卷 66 ~ 卷 114），吉林人民出版社，1995，第 1665 页。
③ 《魏书·食货志》，见《魏书》（卷 66 ~ 卷 114），吉林人民出版社，1995，第 1664 页。
④ 《魏书·食货志》，见《魏书》（卷 66 ~ 卷 114），吉林人民出版社，1995，第 1665 页。

有盈者无受无还，不足者受种如法。盈者得卖其盈，不足者得买所不足。不得卖其分，亦不得买过所足"①。当时魏国有大量公田，采用这种政策，仍保护了土地私有制，特别是并未触动大土地所有者的利益，所以推行得相当顺利。

实行均田的结果，一方面维护了贵族和地主的利益，使其未受侵犯，另一方面使无地少地及流游人口得到了一部分土地，使他们安居乐业，发展生产，就国家来说也增加了课税，财政收入增加，国力增强。所以，这时的北魏出现了"百姓殷阜，年登俗乐。鳏寡不闻犬豕之食，茕独不见牛马之衣"② 的局面。

可以说均田制是对历史上传统的土地制度经验和教训的总结，集井田制以来古代土地制度的大成。均田制的实行，标志着中国土地制度到了一个新的历史阶段。

北魏的均田制限于当时的政治军事背景，实行得并不彻底，时间也不长，到北魏末年，均田制已经名存实亡了。但因为均田制比较符合当时的社会情况，符合农民的意愿，所以以后的东魏、西魏、北齐、北周、隋、唐诸朝都相继实行过均田制。每换一个朝代，就重新颁布一次新的均田令，基本内容是一致的，但都有一些修正。

李渊建立唐朝，在基本统一全国之后，于武德七年（公元624年）颁令实行均田制。到唐玄宗开元七年（公元719年）、开元二十五年（公元737年）又先后两次颁布均田令。

唐朝的均田制，基本要点和做法都是北魏均田制的继续，但在授田数额、永业田和口分田的划分，特别是在土地买卖等方面，已有了新的变化。其大致内容是：凡天下丁男，给田一顷；笃疾废疾，给四十亩；寡妻妾，三十亩，若为户者加二十亩。所授之田，十分之二为世业，余以为口分。世业之田，身死则承户者授之；口分则收入官，更以给人。凡天下百姓给园宅地者，良口三人以上给一亩，三口加一亩；贱口五人给一亩，五口加一亩。有关贵族官吏授田的规定：凡官人受永业田，亲王一百顷，职事官正一品六十顷……职事官从三品二十顷……云骑尉、武骑尉各六十亩。有关工商业者受田规定：诸以工商为业者，永业、口分田，各减半给之，在狭乡者，并不给。③

———————————

① 《魏书·食货志》，见《魏书》（卷66~卷114），吉林人民出版社，1995，第1664页。

② 杨衒之：《洛阳伽蓝记》卷4，参见《中国古代林业文献选读》，北京燕山出版社，2015，第160页。——编者注

③ 参见《通典》卷二《食货二田制下》，浙江古籍出版社，1988，第15~16页。

关于土地买卖的规定，比北魏宽松得多，"诸庶人有身死家贫无以供葬者，听卖永业田，即流移者亦如之；乐就宽乡者，并听卖口分。……凡卖买须经所部官司申牒，年终彼此除附。若无文牒辄买卖，财没不追，地还本主"。① "其赐田欲卖者，亦不在禁限。其五品以上若勋官，永业地亦并听卖。"② 在唐代，土地买卖比以前自由得多，但也还有一定限制，如买卖都要经过官方。

唐趁隋末农民起义军阀混战的乱世实行均田制，使大量无地少地农民得到了土地，对门阀大地主的兼并也起了一定的抑制作用，也使农民同土地结合，促进了农业生产，唐前期的贞观之治、开元盛世都是在农村实行均田制的基础上出现的。可以说，均田制在当时是起了很积极的作用的。

均田制到唐代中朝就逐渐被破坏了。均田制的基础有两条，一是国有土地要很多，二是要有严格的户籍制度。到了唐中叶，人口大量增加，唐太宗贞观时期，只有 300 多万户，1000 多万人口，120 年后，到唐玄宗天宝十四年（公元 755 年），全国户数猛增到 891.4790 万户，人口达 5291.9390 万人。③ 而同时，国有土地却日益减少，到后来国家就无多少田可授了。很多农户只能得到少量的土地，有的户增了人口也受不到口分田。但是国家的赋税徭役却有增无减，农民不堪负担，纷纷逃亡，有的当了大族地主的客户、附佣（唐制，贵族、官僚的永业田是不交赋税的），户籍就乱了，均田制也就无法实行了。到了天宝末年，安史之乱起，全国又被拖进战争的深渊，在混乱中，均田制的规章和典籍多数被毁，均田制到唐代中期实际也就废止了。

从历史上看，均田制是对井田制、授田制、屯田制、占田制、课田制的发展和总结，是以国有土地制度为主导的土地制度的最后阶段。一方面，均田制表示了皇帝以全国最高地主的身份对土地实行控制和管理；另一方面，又承认地主和农民对世业之田的私有权，这种私有制是从授田制以后逐渐扩大发展的。均田制是土地国有制和私有制同时包容并存在一个土地制度中，所以均田制具有两重性。从某朝某代说，当皇帝权力集中，对大片国有土地有控制权的时候，均田制实行得就比较顺利，均田政策得到比较彻底的执行，土地兼并的势力得到抑制；而当皇权衰弱时，兼并势力盛

① 《通典》卷二《食货二田制下》，浙江古籍出版社，1988，第 16 页。
② 《唐律疏义》注释卷十二，参见《〈唐律疏议〉注释》，甘肃人民出版社，2017，第 363 页。
——编者注
③ 参见蒋伯赞等主编《中国通史参考资料·古代部分》第四册，中华书局，1962，第 55 页。

行，均田制也就衰败了。从长期历史看，均田制只是适应当时土地占有关系的一种制度，而总的趋势是土地私有制日益发展，土地国有制逐渐走向衰落。均田制是以土地国有制为主体的土地所有制结构向以土地私有制为主体结构的过渡时期的一种土地制度。到唐代中期，随着以地主大土地所有制为主体的土地私有制在全国占据主导地位，租佃制成为主导的经济形式，均田制就废止了。到唐德宗建中元年（公元780年）两税法颁行，均田制就终结了。从此，土地私有化，地主大土地私有制占主导地位，成为唐以后中国封建社会后期土地占有关系的基本格局。一直到近代，这种基本土地制度再未出现重大的调整。

# 五 宋元明清以后实行租佃制度
# （公元9世纪~19世纪）

安史之乱以后，中国土地制度有一个大的变化。经过唐后期的战乱，经过五代十国的战争，原来的士族地主被消灭了。

汉以后，逐渐形成了豪门大族，大地主不仅占有大量土地，而且是豪门。如北方的王姓、崔姓、卢姓，世代为大官，特别是到了魏文帝时期，实行九品中正制，更加固定了。大官都出在几个大家族家里。他们有官籍（世代为官），同时拥有大量土地，成为士族地主。一般的大庄园主，可以出租土地，有佃户，而且有大批佣工，有大批隐附，有自己的武装，自成系统。他们有契券，有姓氏碟谱，后来发展为家谱。寒门是不能做官的。

经过安史之乱，经过唐末的战争，以后是五代十国，前后进行各种战争200多年，才把这个士族阶级彻底消灭了。他们或是被农民起义打倒了，或是举家南迁、外逃。但到了一个新地方，就丧失了原来的士族地位（碟谱也全被毁了）。"旧时王谢堂前燕，飞入寻常百姓家。"

士族地主被消灭的时候，随着大宋王朝的建立，庶族地主阶级建立了。宋王朝建立以后，虽然皇族、官僚地主阶级还是有的，但大量的是庶族地主，在各地的地主阶级陆续建立起来。科举制的普遍执行，选举官吏都要通过考试，中进士后才能做官。地主分为皇族地主、官僚地主和一般地主（占绝大多数）。

农民身份的自耕农也占有很大比例，有了"耕读之家"。

土地买卖盛行。主要实行租佃制。宋、元、明、清一直到近代，基本上都实行这个制度。

## 六 1949 年以后的土改

1911 年孙中山推翻满清政府，提出"耕者有其田"，实际上要进行近代社会的土地改革，但他没有进行。1927 年后，蒋介石也没有进行土地改革。中国共产党自建立了江西红色政权后，就不断进行土改。

1949 年新中国成立后，1950 年就制定了《中华人民共和国土地改革法》，在全国进行大规模土改。当时全国地主阶级占人口的 5%，占有土地 70%。有官僚地主、工商地主、普通地主等。他们有族田，有府田。大地主的土地被全部没收，无偿分给无地、少地的农民，还分了地主的房屋和浮财，把地主阶级彻底消灭了。

土改使 3 亿农民分到了 9 亿～10 亿亩（6000 万～7000 万公顷）土地，免除了 700 亿斤粮的地租。土改后全国约有 5 亿农民成为个体小农。

## 七 1955～1978 年合作化运动和人民公社

1952～1955 年建立初级社，土地使用权交给集体，但所有权还是农民的。土地入社参与分红。

1955 年下半年后实行高级合作社，土地入股，所有权就是集体的了，使用权也归集体，农民成为社员。但是，还有 5% 的自留地、宅基地没有动。

1958 年人民公社化，集体所有制规模更大了。

1962 年以后，实行"三级所有，队为基础"，明确基本核算单位是生产队，土地所有权、使用权归生产队。农民没有土地所有权了，连自留地也被收归集体。

## 八 1980 年以后的包田制

1978 年实行改革前，土地制度是集体所有制。1980 年后开始实行包产到户、包干到户，1983 年全国 99% 的生产队实行了家庭联产承包责任制，实质是包田制。土地的集体所有制不变［1983 年《宪法》（修正案）定下来了］，但使用权、经营权归农户自己，实行"先交国家的（农业税），留足集体的，剩下都是自己的"。

1984 年，国家规定土地承包关系 15 年不变，1994 年再一次规定 30 年不变。

每年或几年，由村民委员会或经济合作社同农民签订承包合同。具体来说，即农户包多少亩土地（水田、旱地、园地各多少），每年上交多少粮食、多少钱。这个粮和钱由村民委员会、经济合作组织收取，然后上交乡统筹（用于教育附加、民兵训练、敬老院、计划生育、干部工资等），村留下三项提留：公积金、公益金、生产管理费用（用于兴修水利、发放干部工资等）。

按照国家规定，这些村提留和乡统筹不超过农民纯收入的 5%，但实际超过了这个数。在乡镇企业、集体经济发达的地方，集体从乡镇企业提取，不向农民要。在中、西部地区，乡、村两级按 5% 提留、统筹。

问题是：（1）说土地承包关系 30 年不变，还是有变动的。（2）5% 提留统筹不够，向农民摊派，不合理、负担重。

**参考文献：**

范文澜：《中国通史简编》，人民出版社，1965。

周谷城：《中国通史》，新知识出版社，1955 年（上册）1956 年（下册）。

岳琛等：《中国农业经济史》，中国人民大学出版社，1989。

彭雨新：《中国封建社会经济史》，武汉大学出版社，1994。

吴荣曾：《先秦两汉史研究》，中华书局，1995。

武建国：《均田制研究》，云南人民出版社，1992。

# 给农民保护耕地的权力[*]

真正关心土地、珍惜土地的是农民，因此，各级政府应给农民保护耕地的权力。

中央和地方要出台一些科学合理保护耕地的政策，有了政策，群众就有了保护耕地的武器。

长期以来，土地问题一直是农民最关注的热点和焦点问题之一。新通过的《中华人民共和国土地管理法》比以前有了很大进步，更加符合实际了。突出的一点是，把保护耕地的权力还给了农民。

1984年，农村实行家庭联产承包责任制，规定农村土地承包期15年不变[①]，农民有了种粮积极性，粮食产量上去了，农民不仅吃饱了肚子，而且手中有了余粮，城里人也取消了粮票。1993年，中央文件提出农村土地承包期再延长30年不变[②]，农民很受鼓舞，这等于给了农民一颗"定心丸"。但是，这项政策在执行中却出现了一些偏差。农业部农研中心对300个村庄的一项调查显示，在土地承包期内，土地变动最多的村庄达7次，最少的也有两次，平均达3次之多。土地承包期内，土地使用权的频频变动，严重挫伤了农民种粮的积极性，造成农民对土地的投入大大减少，粮食减产，且严重影响了农村的社会稳定。在农村，真正关心土地、珍惜土地的是农民。因此，各级政府应该给农民保护耕地的权力。

邓小平同志曾说，搞现代化一靠政策，二靠科技。这句话同样也适合耕地保护。中央和地方要出台一些科学合理的保护耕地的政策。有了政策，

---

\* 本文源自《中国土地报》1998年9月3日第3版《学习邓小平理论 促进国情再认识——土地国情再认识专家座谈会发言摘编》一文，本文仅收录其中陆学艺的发言摘编。陆学艺的发言摘编原无标题，现标题为本书编者根据发言内容所拟定。——编者注

① 《中共中央关于1984年农村工作的通知》（1984年一号文件）。

② 《中共中央、国务院关于当前农业和农村经济发展的若干政策措施》（1993年11月）。

群众就有了保护耕地的武器。我们应该让农民手中有保护耕地的有效武器。现在农村执行的一些政策也有待完善。例如，谁讨了老婆就给一份地，谁家生了孩子就分给一份地。要知道，给了一份地就等于给了一份财产，因为土地就是财产。要想多得土地，就多生孩子，这和现行的计划生育政策是相抵触的。世界上很多国家对农地的保护是非常严格的，不管是什么原因要想占一块农地都是很不容易的事情，这与我们的情况恰恰相反。

人口膨胀，最终导致人水争地，林农争地，农牧争地，城市与农村争地，工业与农业争地，单位与农民争地。现在有一个带有共性的问题，即小村比大村占地多，大村比城镇占地多，城镇比城市占地多，小城市又比大城市占地多。据统计，目前我国大城市人均占地 100 平方米，小城市人均占地 142 平方米。现在，上海郊区和苏南正在搞"三个集中"，即小村向大村集中，村庄向城镇集中，企业向工业区集中。"三个集中"实现以后，可以腾出大片土地。因此，要深入研究城镇体系和布局问题。

# 包产到户：中国改革的最早突破[*]

中国的改革是从农村开始的，而农村改革是从包产到户开始突破的；包产到户从安徽开始，安徽包产到户从 1978 年开始。

## 发现了包产到户

1979 年我和李兰亭、贾信德同志一起在江苏、安徽等省搞农村调查，于 6 月初到达合肥。安徽省农委秘书长刘家瑞、省政研室卢家丰等给我介绍了包产到组、特别是凤阳"大包干（到组）"的情况。由于谈得很投机，在谈话将要结束时，刘家瑞很神秘地对我说："我们这里还有包产到户的呢！"我听了很感兴趣，要求去看看。刘家瑞说："我还没有权让你去看。"我说："你去请示省委，就说我们是中国社科院的，我们都想要去看看。"他走之后，一直没有回话。第二天一早，开来一辆上海牌轿车。刘家瑞对我说："省委同意你们去看，但不要说是北京来的。"在刘家瑞的陪同下，我们到了肥西县山南区。

当时正是夏收季节，我们看到，这个区一派大丰收的景象。但不同类型的生产责任制，情况各不相同。人们把这种情况叫作"三层楼"：按生产队老办法干（当地农民称为"大呼隆"）的，增产一倍；实行包产到组的，增产两倍；实行包产到户（当时已占全区生产队总数的 77% 以上）的，增产近三倍。显然，这个区的丰收，主要应当归功于包产到户。后来，到夏收结束，汇总统计结果显示，1979 年山南全区总产小麦 2010 万斤，比 1978

---

[*] 本文源自陆学艺修改的打印稿，该稿由陆学艺口述、张义德整理，又经陆学艺修改，修改时间：1998 年 6 月 5 日。该文发表于《光明日报》1998 年 11 月 5 日第 7 版，发表时并未完全采纳作者的修改内容，本文根据作者修改的打印稿刊印。——编者注

年增产265％，国家征购1149万斤，比1978年增长5.7倍。

# 包产到户的由来

刘家瑞和肥西县山南区委书记汤茂林等同志向我们介绍了包产到户产生的经过。从他们的介绍中我知道：包产到户是当地农民和农村基层干部在特定的条件下的一种创造。1978年夏秋季，安徽发生百年不遇的大旱。当时的省委第一书记万里为了对付这个局面，经省委研究决定：借地度荒。他曾经下令：无论如何，秋季每人要种下半亩"保命麦"。如果这个任务完不成，第二年省里要饿死人的。这个任务到了肥西县山南区，要完成46000亩。但是到9月15日，才完成了1000多亩。原因是旱情太重，土地板结、龟裂，田耕不动，小麦种不下去。区委书记汤茂林下到柿树岗公社黄花村，找大队支委们开会，研究如何种下"保命麦"，党支委会开到半夜。

在支委们一筹莫展时，汤书记问："难道就一点办法都没有了吗？"

这时，有一个委员说："办法还是有的。"

汤书记说："什么办法？你说嘛！"

这个委员仗着胆子说："老办法就行！"

汤书记听了，一声没吭。

所谓"老办法"，在场的每个人心里都明白，就是省委原第一书记曾希圣1961～1962年在安徽推行的"责任田"，也就是包产到户。"责任田"在摆脱因"五风"而造成的特大困难中起了重要作用，被安徽农民称为"救命田"。但曾希圣却因此而受了批判，被罢了官，省内从上到下有相当多干部因此被整。十多年来，这一直是一个敏感问题，不少人还"心有余悸"。

汤茂林走后，支委们连续开会，琢磨他对"老办法"的反应，觉得他的态度同往常不一样，这个支委提出"老办法"，并没有受批。支委们认为，既然他不反对，我们就可以搞，于是就连夜把土地分到户。第二天，农民就下田种麦了。一个村开了头，其他村就竞相效仿。就这样，山南区各公社的生产队大部分都陆续包产到了户。肥西县的其他区也有效仿搞包产到户的。

山南区这样的直接结果，是秋麦种植面积扩大到10万亩，超过原计划1倍多。农民的积极性很高，种麦时，许多农民点着煤油灯，在地里一连奋战三四个昼夜，犁不动或牛力不足的地方，就用大锹翻地，硬是把麦种下去了。

# 对包产到户的不同反应

山南区的包产到户出现以后，各级领导的态度各不相同，总的说来是反对的意见多，赞成的意见少（有的心里赞成，也不敢明说）。区委是支持的，他们采取了很多办法来解决包产到户中出现的各种矛盾；县委是反对的，但也没有马上制止；省委的态度是，让他们试试。万里在省委常委会上说，就在这一个区试验，不要扩大，由我负责向中央汇报。有人说，万一试验失败了，粮食减产，怎么办？万里说，不就是一个区嘛！如果减产，全省调粮食支援这个区。党的十一届三中全会以后，这个区就定为省委的包产到户的试点，规定不扩大，不宣传，不登报。

发生波折是在 1979 年 3 月 15 日《人民日报》发表一封署名张浩的来信和编者按以后。这封信和编者按主要是批评包产到组，当然对包产到户的压力就更大了。在这种情况下，省委认为，春耕大忙已到，劳动组织、计酬形式等如果再变，对生产不利，表示山南区可以试着干，待秋后再说。可是，肥西县委却顶不住这个压力，作出纠正包产到户的决定，要求农民重新组织起来，要求把包下去的地往回收。他们要求山南区在干部和党员中办学习班，"转弯子"。据我们了解，肥西县委对包产到户增产效果显著，农民要求继续干下去的迫切愿望是清楚的，但他们主要怕担责任，怕戴"走资本主义道路"的帽子，才采取了这个"收"的措施。

但基层干部和农民对县委的决定反应强烈，有的人问："增产粮食犯不犯法？""为什么证明了能够大增产的办法不让搞？""我们大队前几年，年年吃返销粮，我们当干部的脸上不好看。我们国家现在还吃进口粮食，这个办法难道不比吃进口粮食好？"有一个社员要给中央写信，反映包产到户的好处，其他社员知道了，都要求在上面盖章、按手印，他说："我一人做事一人当，坐班房我去，不连累你们。"他说："继续干（包产到户），不但今年大增产，明年还要大增产。要是仍旧'归大堆'，明年是乌龟过田埂——大跌跤子！"由于下面抵制得很厉害，包下去的终于没有被收上来。

当地干部尖锐地提出问题："搞了 20 多年的农村工作，往往把粮食减少了，或者只是徘徊不前，反而说大方向正确，路线正确；而把粮食搞得大幅度增产了（如 1961～1962 年，以及 1979 年夏），反而说大方向错了，路线错了，这是什么理论？"

山南区的包产到户对周围产生了很大影响。六安县椿树岗公社棚岗大队与肥西县山南区金牛公社山连共埂，这个大队（未实行包产到户）的支部书记说："实践是检验真理的唯一标准在农村兴不兴？要是兴的话，我看包产到户上得快。你去看看，我们大队的庄稼同金牛的相比，相差多大！"

## 最早反映包产到户的文章

我回北京后，向中国社会科学院副院长宋一平、哲学所党委书记孙耕夫作了汇报。他们特别对我反映的"三层楼"的情况很感兴趣，认为很有说服力。不久，我收到了安徽的同志寄来的3篇文章：《安徽日报》记者汪言海写的《安徽省肥西县山南区包产到户的调查》、省政协委员郭崇毅写的《关于参观肥西县夏季大丰收情况的报告》、安徽省农委政策研究室的《从山南区半年突变看政策威力》，内容都是介绍包产到户的。这3篇文章在当地发表有困难。我拿着这3篇文章向宋一平汇报，他大力支持，同意发《未定稿》，并对我说，你也要写一篇，从理论上讲一讲。我们写的文章题目是《包产到户问题应当重新研究》，其中论证了"包产到户不是分田单干"，"包产到户是生产责任制的一种形式"，"包产到户是搞社会主义，不是搞资本主义"，最后提出："对1962年包产到户的问题，要重新调查研究，实事求是地作出结论。"

这期《未定稿》（增刊，1979年11月初出版）发表的4篇文章，可以说是关于包产到户问题的最早的文章。增刊发行的范围虽然窄了些，但在上层领导同志中引起了较大的反响。如甘肃省省长李登瀛看了后，于1980年1月5日向宋平（第一书记）等省委领导同志推荐。李登瀛的批语是："请你们看看这个材料，特别是（社会）科学院写作组一篇（指我们写的那篇），对包产到户的看法，应引起我们重新考虑问题。"宋平等同志都画了圈表示同意。甘肃省包产到户搞得也比较早，发展得也很快。

## 从包产到户到包干到户

安徽省委对包产到户的态度是让他们试验，试验的结果是，1979年夏季小麦大丰收，秋季又是一个大丰收。实践证明，包产到户是增产粮食的好办法。到了1980年1月，省委召开农村工作会议，万里就理直气壮地把肥西县山南区的包产到户作为典型拿出来，在全省推广。

在1979年，凤阳县实行大包干到组，把生产队土地和耕牛、主要农具分到各组，把公粮提留等任务也分到各组，秋后实行"交足国家的，留够集体的，剩下都是俺们（小组）自己的"。同样获得了大丰收。在推广包产到户时，凤阳就没有照搬肥西的经验，而是把它同大包干结合起来，搞了包干到户，即把土地、生产资料从小组再分到各家各户，任务也包到各户。当时这种办法叫小包干。

包干到户也是农民群众和基层干部的一个创造。包干到户不像包产到户那样完成了定产要交产、由生产队统一分配，而是实行了"交足国家的，留够集体的，剩下都是自己的"这样一种简便的做法，符合农民对管理体制"责任越明确越好，利益越直接越好，方法越简便越好"的要求。所以，农民说："大包干，大包干，直来直去不拐弯。"受到了农民的普遍欢迎。后来在全国农村推广家庭联产承包责任制，绝大部分都采用了包干到户的形式。

## 包产到户是解放思想、实事求是的结果

肥西县山南区包产到户的出现并得到推广，似乎是偶然的（因为大旱，种麦困难），其实是必然的。从 20 世纪 50 年代中期全国实现合作化以来，劳动组织形式、分配形式问题一直没有得到很好的解决，干活"大呼隆"、分配"大锅饭"的现象长期影响农民的积极性。为了解决这个问题，在 20 多年的时间里，不少从事农村工作的干部曾经在实践中进行过探索。最早在 1956 年，浙江省永嘉县、广东省顺德县、四川省江津地区就曾实行过包产到户，以后在 1959 年、1961 年、1962 年和 1964 年都曾有人多次提出或实行过包产到户。但是都在历次政治运动中被扣上"走资本主义道路"的帽子而受到批判，被从上而下强令禁止，曾有许多干部因此受到处分。为什么 1978 年从安徽开始的包产到户，没有被禁止，反而越搞越广，终于在全国农村普遍推开呢？这要归功于 1978 年以来的思想解放运动，归功于真理标准问题的大讨论，归功于党的十一届三中全会确立了解放思想、实事求是的思想路线。显然，如果没有真理标准讨论，冲破"两个凡是"的思想禁锢，没有三中全会的解放思想、实事求是的思想路线，包产到户就不可能出现，出现了也不可能坚持，更不可能推广了。安徽省委、特别是万里在包产到户出现时，没有压制，而是支持试验，就是坚持了实践第一的观点，让它在实践中去接受检验。当时，全国正处于真理标准讨论的高潮中，各路"诸侯"都相继表态，万里却有独特的看法，他说："我们的实际

行动就是对真理标准讨论的表态，口头表态只是个形式，重要的是实际行动。我们实事求是，从实际出发，认真贯彻落实农村经济政策，就是对真理标准讨论的态度。"1980年5月31日，邓小平同志正式表态，公开谈话，对肥西的包产到户、凤阳的大包干取得的成绩表示肯定，从此，包产到户就在全国逐步推开了。我国的农村改革在这个时候、在包产到户这个问题上突破，显然是理论和实践在这个历史的机遇上相交汇的结果。

## 改革的一个良好的开端

包产到户作为我国20年改革的开端，它启发我们思考一个重要的问题：什么是社会主义？怎样建设社会主义？包产到户一出现，姓"社"姓"资"的问题就被提了出来，从上到下议论纷纷，这无疑是一个重新认识社会主义的机会。事实证明，包产到户（以及包干到户）这种家庭联产承包责任制，是符合我国农业生产力水平和农民群众意愿并推动生产力发展的最好的劳动组织形式和分配方式，是建设社会主义新农村的合理的经济体制。以后的农村改革，都在这个基础上开展。在这个问题上打开了新思路，有助于人们去探索各种新的改革措施，其意义远远超出了包产到户这件事情本身。

党中央在推广包产到户（包干到户）这种家庭联产承包责任制的过程中，采取了全新的工作方法，就是经过试验，让事实说话，让干部和群众从事实中认识其好处，自觉自愿地接受的办法。在这个过程中，没有采取任何强迫命令，一时想不通的，允许看，待想通了再实行。在这个过程中，没有批判过一个人，也没有处分过一个干部，却在不长的时间里，广大干部都先后在事实面前统一了认识。"允许看，但要大胆地试"，这是邓小平多次强调的。这样一种思想方法和工作方法，无疑是邓小平理论的重要内容。

由此可见，包产到户作为我国改革的开端，在各方面都开了一个好头。

# 20 年农村改革的伟大实践 [*]

中国的改革从农村开始，农村的改革是从中共十一届三中全会通过两个农业文件以后全面展开的。今年是 1998 年，是中国改革开放 20 周年。20 年来，农村和农业经过改革，取得了历史性的伟大成就。中国的农村改革是成功的，为国内国外所公认。中国的改革为什么首先选在农村发动？农村的改革为什么能取得始料不及的成功？农村改革成功的基本经验是什么？正确地总结 20 年来农村改革的实践历程和基本经验，既有伟大的实践意义，也有很重要的理论意义。

## 一 中国的改革为什么先从农村开始

这要从中国的国情，从中国社会主义建设比较坎坷的历程说起。1956年，党的第八次代表大会总结了新中国成立以后社会主义改造和社会主义建设的基本实践并明确提出：社会的基本矛盾是落后的生产力和人民群众日益增长的物质和文化需要的矛盾。党的任务是要加快生产力的发展。但是到 1958 年，就发动"大跃进"，后来又搞总路线、人民公社、所谓"三面红旗"，加上恰逢"三年困难时期"，国家大伤了元气，农业生产倒退到解放初的水平。1962 年稍有恢复，又提出"阶级斗争要年年讲月月讲天天讲"，1964 年搞"四清"运动，1966 年发动"文化大革命"，正式提出"无产阶级专政下继续革命"的理论，搞"阶级斗争为纲"，把经济拖到了崩溃

---

[*] 本文源自作者手稿，原稿写于 1998 年 6 月 18 日到 11 月 6 日。该文曾摘要发表于《市长参考》1999 年第 1 期（1999 年 1 月 20 日）、《中共福建省委党校学报》1999 年第 2 期（1999 年 2 月 25 日），并收录于《"三农论"——当代中国农业、农村、农民研究》（陆学艺著，社会科学文献出版社，2002 年 11 月）、《陆学艺文集》（陆学艺著，上海辞书出版社，2005 年 5 月）。该文发表时有较多删节，本文根据作者原手稿刊印。——编者注

的边缘。粉碎"四人帮"以后一段时间里，又搞"两个凡是"，搞"抓纲治国""农业学大寨""穷过渡"。从 1958 年到 1977 年前后折腾了 20 年，结果是什么呢？人口净增了 3 亿人，经济却并没有搞上去。1958 年人均粮食是 612 斤，1977 年是 600 斤，少了 12 斤；人均棉花从 6 斤下降到 4.4 斤；人均油料从 14.6 斤下降到 8.6 斤。8 亿人搞饭吃，饭还不够吃，要靠进口。1958 年前我国是粮食纯出口国，当年出口 260 万吨。1961 年以后，成了粮食纯进口国，1977 年纯进口粮食 598 万吨。农业不好，没有足够的工业原料，轻工业就发展不了，工业品短缺，全国搞成"短缺经济"，人民生活非常困难。城里的干部和工人，10 多年不长工资，有钱也买不到东西，买什么都要票。1977 年农民人均年收入只有 117.09 元，比 1957 年的 72.95 元只增加 44.1 元。到 1978 年，全国有 2 亿多人年收入在 100 元以下，连温饱也难以维持，处在绝对贫困的境地。安徽省 1977 年有 28 万个生产队，只有 10% 能维持温饱，67% 的队人均年收入低于 60 元，40 元以下的占 23%。而就在这 20 年，世界主要发达国家经济持续增长，我国同它们的差距拉大了。

在这样的情况下，要振兴中国，要改革开放，要把经济搞上去，第一要务就是要把农业搞上去，首先要解决吃饭问题，所以先抓农村改革，这是当时领导决策层的共识，是理所当然的。中共十一届三中全会通过的《中共中央关于加快农业发展若干问题的决定(草案)》，开宗明义地说："我们党和国家的工作重心，从 1979 年起转到社会主义现代化建设上来，摆在我们面前的首要任务，就是要集中精力使目前还很落后的农业尽快得到迅速发展，因为农业是国民经济的基础，农业的高速度发展是保证实现四个现代化的根本条件。""农业发展速度不加快，工业和其他各项建设事业就上不去，四个现代化就化不了。"①

第二，要发展农业，就要依靠 8 亿农民，要靠调动农民群众的生产积极性，这是我们党几十年的经验，也是党的传统。但从"三年困难时期"以后，用了很多办法，农民群众的生产积极性总是调动不起来。1960 年，中央发了"十二条"紧急指示信②，向农民退赔，反"五风"，处分了一批搞"五风"的干部；把大批进城的劳动力动员回乡；1962 年起草和制定"人民

---

① 《三中全会以来重要文献选编》(上)，人民出版社，1982，第 177～178 页。
② 指《中共中央关于农村人民公社当前政策问题的紧急指示信》(1960 年 11 月 3 日)，参见中央档案馆、中共中央文献研究室编《中共中央文件选集》，人民出版社，2013，第 35 册，第 344～357 页。——编者注

公社六十条"①，把基本核算单位放到生产队，并提出 30 年不变；进行社会主义教育运动，搞"四清"运动，整"四不清"干部，甚至提出要整走资本主义道路的当权派；号召"农业学大寨"，提出"堵不住资本主义的路，就迈不开社会主义的步"；最后在有的省竟提出"要用无产阶级专政的办法搞农业"。农村有"病"，问题是看到了，但是什么"病"没有看清，用的"药（方子）"更不对。所以 20 世纪六七十年代，年年讲农业重要，年年抓农业，农业总是上不去，粮食总不够吃。

　　"文化大革命"中，大批知识青年（有不少是干部子女）下乡了，大批干部（包括一部分高层领导）下乡了，有些高级干部恢复工作后，直接到农村基层作深入调查。他们目睹了农村的现状，亲身体验了人民公社体制下"三级所有，队为基础"的实际生活，亲眼看到了广大农民艰难困苦的生活。这不能不引起他们的反省和思考。万里同志说："1977 年 6 月，党中央派我到安徽去当第一书记……一到任就先下去看农业，看农民……到农村一具体接触，还是非常受刺激。原来农民的生活水平这么低啊，吃不饱、穿不暖，住的房子不像个房子的样子……真是家徒四壁啊。我真没料到，解放几十年了，不少农村还这么穷！我不能不问自己，这是什么原因？这能算是社会主义吗？""那几个月，我不开会，不作指示，不提口号，只是看、听、问。越看越听越问心情越沉重，越认定非另找出路不行。""过去搞农业社特别是高级社，要求太急，步子太快，形式过于单一，农民不赞成，上面硬要求，造成'左'倾错误……后来搞人民公社，更厉害了，简直是强迫农民，以至剥夺农民，农民怎么还会有积极性呢？"②邓小平同志1978 年 3 月 18 日在全国科学大会上说："前几年，林彪、'四人帮'搞得工人不能做工，农民不能种地，解放军不能练兵，学生不能学习，科学技术人员不能钻研业务，给我们社会主义事业造成多么重大的损失！"③"当前最

①　指 1962 年 9 月 27 日中国共产党八届十中全会通过的《农村人民公社工作条例修正草案》。该文件改变了中共中央 1961 年 3 月形成的《农村人民公社工作条例（草案）》讨论稿、1961 年 6 月形成的《农村人民公社工作条例（修正草案）》讨论和试行稿中关于"以生产大队所有制为基础……生产大队是基本核算单位"的内容，将其改为"人民公社的基本核算单位是生产队"，"这种制度定下来以后，至少三十年不变"。参见中央档案馆、中共中央文献研究室编《中共中央文件选集》，人民出版社，2013，第 36 册，第 360～361 页；第 37 册，第 49～50 页；第 41 册，第 92、100 页。——编者注

②　张广友、韩钢记录整理《万里谈农村改革是怎么搞起来的》，《百年潮》1998 年第 3 期，第 2～4 页。

③　邓小平：《在全国科学大会开幕式上的讲话》，《邓小平文选》第 2 卷，人民出版社，1994，第 94 页。

迫切的是扩大厂矿企业和生产队的自主权，使每一个工厂和生产队能够千方百计地发挥主动创造精神。一个生产队有了经营自主权，一小块地没有种上东西，一小片水面没有利用起来搞养殖业，社员和干部就要睡不着觉，就要开动脑筋想办法。全国几十万个企业，几百万个生产队都开动脑筋，能够增加多少财富啊！"①

要发展农业，就要调动广大农民的生产积极性，而要调动农民的生产积极性，就要扩大生产队的自主权，就"一定要使每个工人、农民都对生产负责任、想办法"②，就一定要改掉"左"倾错误，就要改革人民公社"三级所有，队为基础"这套体制，"非另找出路不行"。这些思想和认识在主张改革的共产党高层领导和一部分干部中逐渐形成了。

第三，广大农民群众强烈、迫切要求改革。在计划经济体制下，后来又在人民公社体制下，农民是最受束缚、自身利益最受损害的一个阶级。1949 年新中国成立以后，广大农民在共产党领导下，分得了土地，成为土地的主人，成为独立的小商品生产者。20 世纪 50 年代初、中期农民的生产积极性很高，农业发展很快，农民生活改善得也很快。中国解放后出现了第一个农业发展的黄金时代。但好景不长，不久国家搞大规模工业化建设，实行计划经济体制，先是在农村搞粮食棉花统购统销，割断农民同市场的联系，剥夺了农民处置农产品的自主权；接着搞合作化，土地、牲口、大型农具都无偿入了社，实行集体劳动，评工记分，统一分配。农民丧失了对生产资料和生产的自主权，听钟声上工，听钟声下工，连外出、走亲戚、赶集，都要向生产队长请假。1958 年又办人民公社，办公共食堂，不少地方实行"生产战斗化，行动军事化，生活集体化"。大搞"一平二调"，刮"共产风"，农民家里的不少东西都"共产"充公了。农民只剩下一个碗、一双筷子。1961 年以后，试行"人民公社六十条"，划小生产队规模，对农民实行退赔，发还了自留地，准许搞一点家庭副业，开放了集市贸易，农村的生产生活稍有改善。1966 年又搞"文化大革命"，极"左"路线更加猖獗，不少地区自留地又被没收，家庭副业被当作资本主义尾巴割掉，集市贸易再度关闭，全国"农业学大寨"，推行"大概工分"，"穷过渡"，搞"大批促大干"，老百姓动不动被批为"搞资本主义"，农民几乎丧失了一切

① 邓小平：《解放思想，实事求是，团结一致向前看》，《邓小平文选》第 2 卷，人民出版社，1994，第 146 页。

② 《邓小平文选》第 2 卷，人民出版社，1994，第 146 页。

自主权利。吴象同志在回顾这段历史时说："统购统销制度，人民公社体制，'左'的指导思想互相作用，使农村一切规章制度越来越僵化，朝着严禁农民流动的方向日益完善起来，使农民被强制束缚在他们生身的土地上不能动弹。……穷得连饭也吃不饱了，只好靠国家供应、贷款、救济过日子。因为有了靠头，大家就互相摽，越摽越穷，越穷越靠。……恶性循环愈陷愈深。作为社会主义集体经济主人的农民，就在这愈陷愈深的恶性循环中，被消磨掉最后的一点积极性。"①

　　农民群众当然不满意这种体制，强烈要求改变这种现状。农民是最拥护、最积极要求改革的一个阶级，他们真是一无所有了，改革会给他们带来美好的生活和未来，所以农民渴望改革。但中国的农民同中国共产党有着在战争和革命中结成的数十年的血肉关系，对于参加"土改"的农民，"听毛主席的话，跟共产党走"真是他们的生活信条。所以他们要求的改革，也总是在共产党决定的基本目标的框架下进行的。早在合作化初期，温州永嘉的农民和干部就实行过"包产到户"的办法，1957 年在反右派政治浪潮中被禁止了，1959 年、1961 年、1964 年各地农民都自发实行过"包产到户"，都在政治运动中被扼杀了。粉碎"四人帮"以后，特别是在"实践是检验真理的唯一标准"的全国大讨论中，农民和农村干部的思想大解放，农民要求改变现状的各种创造和改革措施像雨后春笋一样涌现出来，诸如小段包工包产、联产计酬、包产到户、专业承包等，层出不穷，这都表达了农民要求改革的强烈愿望。"包产到户""包干到户"则是这诸多创造中的一朵奇葩。

　　第四，农村、农业在高度集中统一严密的计划经济体制系统里，是比较薄弱的环节，改革的突破口选在这里并取得成功，初战告捷，这既是我国领导改革的决策层多次探索、精心策划的结果，也有历史的必然性。

　　我们这次改革的总目标之一，是要实现由计划经济体制向社会主义市场经济体制转变。这套计划经济体制，是新中国成立以后向苏联学习而逐步建立起来的。历史地说，在 20 世纪五六十年代，动员全国的资源、力量，搞国家工业化，建立社会主义工业体系，还是起了很重要的历史作用的。但它过于集中，相当僵化，过分强调行政管理的作用，排斥市场经济的作用，违背价值规律，压抑基层干部和广大群众的积极性，不利于充分调动和发挥各方面的积极因素，容易造成吃"大锅饭"，干好干坏一个样，干多

---

① 吴象：《农村第一步改革的曲折历程》，《百年潮》1998 年第 3 期，第 11 页。

干少一个样，干和不干一个样，对提高劳动生产率、发展经济不利，对发展科技不利，对提高改善人民的生活也不利。苏联和我们几十年实践的教训反复说明了这一点。对于计划经济体制，毛泽东在 1956 年经过对 34 个部委的调查研究，已经感觉到有问题了，所以他写了《论十大关系》这篇著名的论文，提出了一些初步改革的设想，但是他后来的注意力，转到政治上，转到抓阶级斗争上，在《论十大关系》中提出的一些改革任务被搁置一边了。

从历史上看，一种理论，一旦转化成制度，有了组织，成了体系，自身就形成了一种物质的力量，运作起来，有了运动的惯性，本身还会不断完善、发展，要改变、要改革就十分困难了。苏联和中国都是大国，形成了庞大的计划经济体系，要改革尤其困难。好在中国是个农民占绝大多数的农业大国，计划经济形成的二元社会结构，使得城乡分割成两个天下，1978 年时还处于工业化的初期阶段，城市和工业还要依靠从农村那里取得原始积累，城乡差别很大。在城市，在工业、商业方面，计划经济体系是相当严密的；相对而言，在农村还比较薄弱，并不严密。在那时的计划经济体制里，每年向农村要多少粮食要多少棉花，派购多少工业原料，那是有的，至于农村农业生产需要多少农业机械、化学肥料、柴油、电力，那是软指标，有多少就计划多少，而农民的生活需要，更不在计划之内，如非油料产区农民的食油、缺柴地区的燃料怎么供应，就从来没有过计划，如此等等。所以那时对计委有"工业计委"的批评。正因为这样，广大农民从计划经济体系里得不到生产、生活必需品的供应，就要通过自发的交换去获得需求，所以农村集市贸易——也就是自由市场，虽然曾经多次明令禁止，但实际上从来没有禁绝过，政治气候稍一好转，集市贸易就繁荣兴旺起来。还有自留地，还有家庭副业，等等。客观经济规律是谁也抗拒不住的。

历史辩证法常常跟人开玩笑。在一些十分虔诚正统的有"左"倾错误的同志那里，他们把自留地、家庭副业、集市贸易等总是看成资本主义的东西，总想去禁止它、消灭它，最后竟喊出了"堵不住资本主义的路，就迈不开社会主义的步"。他们总认为这是坏事，要加强计划经济这个薄弱环节。但历史唯物主义认为坏事在一定条件下，可以转化成好事，恰恰就是因为农村、农业是中国计划经济体制中最薄弱的环节，中国的改革就从这里突破了，打开了缺口，从此继续扩大战果，并从这里向改革的纵深发展，取得了辉煌的胜利。

# 二　农村改革的主要内容和基本过程

从农村改革和发展的历程看，20 年来农村改革可以分为五个阶段。

## （一）第一阶段，从 1978 年到 1984 年冬，为农村改革生产经营体制的阶段

事实上，从 1976 年 10 月粉碎"四人帮"以后，农村就在酝酿改革，农民和一部分干部对"左"倾错误形成的这套阻碍生产力发展的做法早已是忍无可忍了。但当时的领导还是搞"抓纲治国"和"农业学大寨"，普及大寨经验。1977 年还发了个 49 号文件，提出"要在今冬明春把 10% 的生产队为基本核算单位过渡到大队为基本核算单位"，甚至提出要在 1980 年基本实现农业机械化。这是十分脱离农村实际、脱离农民群众的。而一些比较贴近群众的干部和广大农民群众，则通过调查研究提出要尊重生产队的自主权，发还农民的自留地，允许农民搞正当的家庭副业，开放集市贸易。有的地区农民和基层干部试验性地搞各种生产责任制，实行包工包产，调动农民的积极性。有的地区尊重农民的意见，改变耕种制度，如四川就把三熟制改为两熟制，等等。特别是 1978 年 5 月以后，全国开展"实践是检验真理的唯一标准"大讨论之后，思想进一步解放，各地农村改革的试验和实践就更多了。

1978 年末，党中央召开了十一届三中全会，会议原则通过了《中共中央关于加快农业发展若干问题的决定》，作为草案下发到各地试行。文件集中批判了农村工作中存在的"左"倾错误，总结了 7 条经验教训，特别强调"一定要从实际出发，一定要按照自然规律和经济规律办事，按照群众利益办事，一定要坚持民主办社的原则，尊重和保护社员群众的民主权利"。[①] 文件还根据当时的情况，提出 25 项加快农业发展的政策，诸如：要切实保护生产队的自主权，认真执行按劳分配原则，增加对农业的投入，提高粮棉油等农产品的收购价格，减轻农民负担，增加农民收入，社队企业要有一个大发展，等等。这是一个具有重大历史意义的文件，一个凝结了 30 年农村实践的经验和教训的总结。文件阐述的一些理论、原则和提出的若干重大政策，至今仍有现实意义。文件专门讲道："确定农业政策和农

---

① 中共中央文献研究室编《三中全会以来重要文献选编》（上），人民出版社，1982，第 182 页。

村经济政策的首要出发点,是充分发挥社会主义制度的优越性,充分发挥我国八亿农民的积极性。我们一定要在思想上加强对农民的社会主义教育的同时,在经济上充分关心他们的物质利益,在政治上切实保障他们的民主权利。离开一定的物质利益和政治权利,任何阶级的任何积极性是不可能自然产生的。"① 这讲得是何等精辟,何等好啊!这是我们党领导亿万农民 50 年革命和建设经验的基本总结,是高度的理论概括,是农村工作的长期指导原则。

而就是这样一个好文件,也没有完全摆脱"左"的影响。文件在提出要纠正分配上的平均主义的时候,只讲到要加强定额管理,而对不少地区已在试验的各种生产责任制没有表态,对于"三级所有,队为基础"这个基本的经营体制没有敢触碰,反而还明确规定"不许分田单干,不许包产到户"。这就是说,文件对农村要进行改革的大方向已经确定了,但到底要怎么改,虽然也提出了 25 条改革和发展的政策,但是,推进农村改革的关键,也就是改革农村旧体制的要害却没有找准。

束缚农村生产力发展的主要桎梏,恰恰就是"一大二公"的人民公社"三级所有,队为基础"的体制。怎么改革这个体制,恰恰就是要通过实行包产到户,使所有权和使用权分离,恢复农民家庭经营,使农民成为自负盈亏的商品生产者、经营者,从而最大限度地调动农民的生产积极性,使农业生产、农村经济加速发展起来。提出"不许分田单干,不许包产到户"的同志至少有两个错误,在理论上没有分清分田单干不是改变集体所有的公有制,而包产到户是在维护集体所有制不变的条件下的一种生产责任制形式。所以,"两个不许"在实践上还是维护了"三级所有,队为基础"这个旧体制不受侵犯。

文件的这个不足是由农民群众的实践和创造、由十一届三中全会以后的党中央尊重实践、尊重农民群众的创造来弥补和改正的。农村改革的关键,是由亿万农民群众在共产党领导下在实践中创造和找到的。

早在党的十一届三中全会以前,各地农民群众已经在探索如何改革人民公社这套束缚生产力发展的体制的方略。众所周知,安徽省凤阳县小岗生产队 18 户农民秘密开会,作出在这个队实行包干到户的生死决定是 1978 年 12 月 18 日,比十一届三中全会通过农业决定要早 10 天。这件事,时任

① 中共中央文献研究室编《三中全会以来重要文献选编》(上),人民出版社,1982,第 183 ~ 184 页。

安徽省委书记的万里并不知道。但肥西县山南区在 1978 年 10 月种麦时,已经有约半数的生产队搞了包产到户。麦子种得很好,万里是知道的。他说:"1978 年夏秋,安徽发生了百年不遇的大旱,省委决定借地度荒,搞好秋种,诱发了农民对包产到户的积极性。肥西县山南公社群众自发搞了包产到户。""对下面这些做法,我都没有表示反对,更没有加以制止,实际上是默许和支持了。"所以,万里后来回忆说:"在 1978 年 11 月讨论文件草稿时,我提出过不同意见。草稿中有'三个可以''两个不许'。① 我说,前面三个'可以'表现了解放思想,能放开农民手脚,我赞成保留;后面两个'不许'不符合这个精神,应当不要。当时负责起草的领导人没有接受我的意见。"②

从 1978 年 12 月党的十一届三中全会通过《中共中央关于加快农业发展若干问题的决定(草案)》,明确指出"不许分田单干,不许包产到户",到 1983 年包产到户在全国推广、普及,经历了一段非常曲折、反复的过程,今天回头来总结回顾这段历程,是很有意义的。

1979 年 2 月 1 日,万里派安徽省农委副主任周曰礼带一个工作队到肥西县山南区宣讲两个农业文件。这里在上一年秋天已经搞了包产到户,群众对文件总的精神很拥护,但对"两个不许"反应强烈:"早也盼,晚也盼,盼来了两个不许干!"群众要求允许包产到户。周曰礼把农民的要求向省委报告。2 月 6 日,安徽省委常委专门开会讨论,多数常委表示要按中央文件精神,制止山南区的包产到户。万里表示,农民"要求包产到户,过去批判过的东西,有的可能是正确的,有的可能是错误的,必须在实践中加以检验。十一届三中全会制定的政策,也毫无例外地需要接受实践检验。我主张在山南公社进行包产到户的试验。"万里还说:"试验如果减了产,可以调粮食去救济。要是滑到资本主义道路上去,把它拉回来就是。"③ 在万里的主持下,省委正式决定,把山南区作为包产到户的试点。但不宣传,不推广,不登报,秋后再总结。

1978 年秋种时,皖东的凤阳县遇到了大旱,这个县的马湖公社,在执

---

① "三个可以",即可以按定额记工分,可以按时记工分加评议,也可以在生产队统一核算和分配的前提下,包工到作业组,联系产量计算报酬,实行超产奖励。"两个不许",即不许分田单干,不许包产到户。——原编者注

② 张广友、韩钢记录整理《万里谈农村改革是怎么搞起来的》,《百年潮》1998 年第 3 期,第 6 页。

③ 张广友:《改革风云中的万里》,人民出版社,1995,第 182 页。

行省委"借地度荒"政策时，在群众的强烈要求下，实行了"分组作业，以产计工，费用包干，节约归组"的责任制，小麦种得很好。1979 年 2 月，凤阳县召开四级干部会议，传达贯彻十一届三中全会精神。会上介绍了马湖公社包产到组的经验，反应强烈，都说这方法比捆在一起的"大呼隆"好。经过讨论、补充，考虑到凤阳县文盲太多，算账要简便，最后确定：把生产队分成若干个组，把土地、耕牛、农具和任务都分到组。年终分配时，该给国家的给国家，该留集体的留集体，剩下归小组分配，并把这种做法叫"大包干"。会后，在全县推广。不到 20 天，全县 2500 个生产队，70.8% 都实行了"大包干"到组的责任制。

在安徽省推行包产到户、包产到组等生产责任制的时候，1979 年 3 月 15 日，《人民日报》在头版头条发表了署名"张浩"的读者来信，严厉批评包产到组的"错误"做法，并同时发表"编者按"：不能从队为基础退回去搞分田到组，要求坚决纠正。张文和按语一发表，干部、群众都知道《人民日报》编者按语都是有来头的，一时引起了全国农村的思想混乱，不少地方搞了责任制的都往回收。万里等同志有鉴于此，当天就给滁县地委书记王郁昭打电话，说："不要管它怎么讲，我们该咋办还咋办。……已经实行的政策不能变。"并以省委名义向各地发了几条紧急"代电"，要求各地不论什么样的责任制，都要坚决稳定下来，集中精力搞好春耕生产。

3 月 16 日，万里就带领干部下乡去了。先到滁县、全椒、定县、嘉山等县。5 月 21 日到肥西，6 月 15 日到凤阳。他们下去，一是稳定人心，"既然搞了，就不要动摇"；二是查看包产到户、包产到组以后，生产到底怎样？集体财产能不能保住？争水、争肥、争农具的问题怎么解决？军烈属、五保户还有没有照顾？万里到肥西、凤阳时，看到油菜、小麦已经熟了，看到夏季一派大丰收的景象，他担心的一些问题在实践中基层干部和群众都合情合理地解决好了，他也就放心了。到了 8 月，万里就收到了山南区夏季小麦比 1978 年增产两倍的报告，还收到了《安徽日报》的汪言海、省参事郭崇毅关于肥西山南区的调研报告。这些好消息和文章万里都转送北京，在新华社、《人民日报》的内刊发表上报了。

1979 年 9 月，党的十一届四中全会在北京召开。万里在会前根据肥西山南区包产到户试点取得的成功事实，向负责修改文件的同志提出："'两个不许'是不是可以不要？""他们还是不肯听。我为此事去找过耀邦同志，郑重其事地向他提出：文件中不要'不许包产到户'了吧！耀邦说：'他们起草的人都不同意，我再去做做工作。'"① 此时，除安徽省外，贵州、内蒙古、甘肃等省区农民自发搞包产到户取得成效的材料，也陆续报到中央。所以，到文件正式通过时，"两个不许"就改为："不许分田单干。除某些副业生产的特殊需要和边远山区、交通不便的单家独户外，也不要包产到户。"②

从"不许包产到户"，到"也不要包产到户"，前后经过了近一年的矛盾和斗争。从"不许"到"不要"应作两方面分析，中国的文字是很讲究的。"不许"是严格禁止的意思，而且含有对被禁止的对象的贬义；而"不要"在这里就缓和多了，在"也不要"前面又列了集中可以许可的特殊情况，为包产到户开了一个小口子。但这毕竟是两可的，总的意思还是不要搞包产到户，所以矛盾还在继续。

1980 年 1 月 11 日到 2 月 2 日，国家农委在北京召开"农村人民公社经营管理会议"。会上，安徽农委的周曰礼、滁县的陆子修讲了安徽实行联产责任制的情况，也介绍了包产到户的试点一年翻身的典型，引起了会议激烈争论。多数人不同意安徽的做法，甚至说："'三级所有，队为基础'是写进《宪法》的，搞包产到户既违反了中央文件规定，也违反了《宪法》的规定。"

1 月 31 日，中央政治局领导听取会议情况的汇报，华国锋、邓小平、李先念、胡耀邦、余秋里、王任重、姚依林和各省市农委领导人参加。农委副主任杜润生汇报了上述会议的情况。最后，华国锋说："责任制和包产到户单干不要混同起来。""包产到户老的、弱的也分一份，生产有困难。至于已经搞了的，要认真总结经验，提高觉悟，逐步引导他们组织起来。"邓小平讲话，他说："对包产到户这样大的问题事先没有通知，思想毫无准备，不好回答。"他就本世纪末达到小康目标的问题讲了话。③

1980 年是中国农村改革历史上最关键的一年，真正决定农村改革方向的是 1980 年，真正决定包产到户命运的是 1980 年。斗争尖锐是在 1980 年上半年，特别是在年初。安徽省委搞了包产到户试点，内蒙古、贵州、广东、甘肃、湖南、河南等地的农民也在下面自发搞了包产到户，都是一包就灵，当年丰收的消息就不胫而走，消息传到北京，一时议论纷纷。10 多年来，包产到户被批为洪水猛兽，走资本主义道路。现在卷土重来，很多

---

① 张广友、韩钢记录整理《万里谈农村改革是怎么搞起来的》，《百年潮》1998 年第 3 期，第 6 页。

② 中共中央文献研究室编《三中全会以来重要文献选编》（上），人民出版社，1982，第 185 页。

③ 转引自张广友《改革风云中的万里》，人民出版社，1995，第 223 页。

人心怀疑虑，忧心忡忡。"都回家包田了，谁来当兵？工人也要求回去种田了，工业化怎么办？好端端的水利建设，一分田，大家争水，不是破坏了吗？"从地方到中央，从单位到部门，许多人反对。一些老同志也思想不通，不赞成，有的还在会上公开表示"不同意万里的包产到户"，并写进了会议简报里。反应最强烈的是农口的一些领导同志。农业部公社局整理了一份材料——《广东等省一些干部群众对包产到户、分田单干的反映》，材料指出：广东、广西、河南、福建、安徽、山东、江西、河北、山西等省的群众反映少数地方包产到户、分田单干成风，并对由此而造成的后果表示担心。"影响了农业生产""破坏了集体财产""公益事业无人问津""现役军人难安心"，等等，发表在《农委简报》增刊第 24 期。① 农委机关刊物《农村工作通讯》1980 年 1 月复刊，第 2 期就发表了署名文章《分田单干必须纠正》，对安徽的包产到户公开批判；第 3 期又发表《包产到户是否坚持了公有制与按劳分配》，编者按语针对万里在 1980 年 1 月安徽农业会议上讲的"包产到户不是单干，而是责任制的一种形式"，指出："包产到户到底是集体生产责任制的一种形式，还是本质退为单干？"针锋相对，斗争公开化了。

就在包产到户是兴是灭的生死存亡的关头，党中央作了个十分英明重要的决定，于 1980 年 2 月调万里任国务院副总理兼国家农业委员会主任，接替王任重主持农村工作。我们党历来的传统是，组织路线是为政治路线服务的。党中央决定任用搞包产到户试点的万里主持农村工作，也就表明了对农村改革的决心。从此，农村改革开启了一个崭新的局面。

当然，一个干部的任命，并不能马上改变这场涉及 8 亿人命运、消弭已经存续了 24 年的关于包产到户大是大非的争论。但国务院副总理、国家农业委员会主任，这是个关键性的工作岗位，万里一上任，农村改革的方向就明确了。但是，斗争并未结束。万里后来在回忆这段历史时说："农村改革这场斗争太激烈了，当时不表态就算支持了。中央各部委和各省级领导中有几个支持的？屈指可数。省委书记中，内蒙古周惠是一个，贵州的池必卿是一个，还有任仲夷。江、浙一带反对最坚决。苏皖边界一些地方对着安徽用大喇叭广播，竖立大标语：'坚决反对安徽的分田单干风！'中央各部委中，农委、农业部反对得最厉害。"②

---

① 参见黄道霞等主编《建国以来农业合作化史料汇编》，中共党史出版社，1992，第 970 页。

② 张广友：《万里访谈录》，《百年潮》，1997 年第 5 期，第 7 页。

包产到户之所以能在这样的重重包围中于 1980 年脱颖而出，主要原因有三个：一是各地农民在思想解放的旗帜下，进行了包产到户的试验，确实是一包就灵，1979 年都取得了极大的丰收，实践检验是一服灵丹妙药，有极强的说服力；二是有万里这样一些尊重事实、尊重群众、思想解放、要求改革的干部的支持；第三也是最关键的是邓小平、陈云等同志的英明决断。万里同志后来回忆说："小平同志开始没表态，我从安徽回来多次向他汇报，他表示同意，可以试验。""陈云同志对包产到户也是支持的。1980 年春，我从安徽回来，陈云同志见到我，他合掌抱拳，高兴地说：'万里同志，我完全赞成你们在安徽农村的那些做法。'胡耀邦同志对我们是一直积极支持的。1979 年他讲：'要吃粮，找紫阳；要吃米，找万里'，就是公开表态。"①

万里还讲到，小平同志在包产到户"出了成果之后，他公开表示支持"。② 1980 年 4 月 2 日，邓小平找胡耀邦、万里、姚依林、邓力群等领导谈话时说："农村地广人稀、经济落后、生活贫困的地区，像贵州、云南、西北的甘肃等省份中的这类地区，我赞成政策要放宽，使他们真正做到因地制宜，发展自己的特点。"并说："政策一定要放宽，使每家每户都自己想办法，多找门路，增加生产，增加收入。有的可以包产到组，有的可包给个人，这个不用怕，不影响我们的制度的社会主义性质。政策放宽以后，有的地方一年可以增加收入一倍多。我看到了许多这样可喜的材料。要解放思想，此事请万里同志研究个意见，提到书记处讨论。"③

1980 年 4 月，党中央召开经济发展长期规划会议。会上，邓小平同志说，在甘肃、内蒙古、云南、贵州等省区的一些农村，生产长期落后，经济困难，与其进口粮食去解决吃饭问题，不如索性实行包产到户。

万里到北京后，就组织有关部门和人员，对当时正在发生大变化的农村进行调查研究，并写出调查报告，向中央领导反映。但另一方面，对包产到户的发展，社会上反应很强烈，工厂怕家在农村的工人不安心生产，部队怕战士不安心当兵，商业部门怕国家需要的农产品收购不上来，教育部门怕学生不上学，民办教师包了田，教育质量下降，农机部门怕以后没法搞农机化……特别是一些领导干部怕犯方向错误。有位省委书记说："我

---

① 张广友：《万里访谈录》，《百年潮》，1997 年第 5 期，第 7 页。
② 张广友：《万里访谈录》，《百年潮》，1997 年第 5 期，第 7 页。
③ 张广友：《改革风云中的万里》，人民出版社，1995，第 223 页。

要保持革命的晚节，坚决反对包产到户。"有的还公开写文章批判包产到户。一时社会上议论纷纷，莫衷一是。

正是在这争论不清包产到户何去何从的关键时刻，1980 年 5 月 31 日，邓小平同志发表了重要谈话。他说："农村政策放宽以后，一些适宜搞包产到户的地方搞了包产到户，效果很好，变化很快。安徽肥西县绝大多数生产队搞了包产到户，增产幅度很大。'凤阳花鼓'中唱的那个凤阳县，绝大部分生产队搞了大包干，也是一年翻身，改变面貌。有的同志担心，这样搞会不会影响集体经济。我看这种担心是不必要的。"他还说："总的来说，现在农村工作中的主要问题，还是思想不够解放。"① 小平同志的讲话，为农村改革指明了方向，对走在农村改革前线的干部群众是莫大的鼓舞和支持。万里同志后来说："总之，中国的农村改革，没有邓小平的支持是搞不成的。1980 年春夏之交的斗争，没有邓小平那一番谈话，安徽燃起的包产到户之火，还可能被扑灭。光我们给包产到户上了户口管什么用，没有邓小平的支持，上了户口还有可能被注销。"②

邓小平同志的这篇讲话，当时并没有直接发布，只是以文件的形式发到高层领导，但小平同志对包产到户明确表示肯定支持的态度，在全党很快就传开了。对已经搞了包产到户地区的干部、群众，压在心中的石头落地了，放心了；对正在犹豫观望、举棋不定的干部，坚定了搞包产到户的信心，放手支持群众了；那些坚决反对包产到户的领导干部，也不得不重新思考。

1980 年 2 月，万里离开安徽不久，安徽省的包产到户发展出现了反复，上层领导中重又发生了包产到户"姓社""姓资"的大争论。一些搞了包产到户的生产队，被上级明令收回包产田，重新拢起来；一些未搞包产到户的县，被省委领导表扬为"坚持马列主义的县"。6 月上旬，在芜湖召开的地委书记座谈会上，一些领导人已经知道邓小平的谈话，不敢明目张胆地反对包产到户了，转而反对包干到户。有同志说，包产到户还可以，因为还有一个统一分配；包干到户是"两包一脚踢"，生产队一点把柄也没有了，这样，农民就不听招呼，就失去控制了。因此不同意搞包干到户。而恰恰是在这个时候，安徽的包产到户正在向包干到户转变。这本来是农村改革的深化，是农民群众对集体所有制实现形式的新的创造，既有利于生产发展，也有利于农民群众。对包产到户持否定态度的人，很敏感，又攻

① 《邓小平文选》（1975～1982 年），人民出版社，1983，第 275 页。
② 张广友：《改革风云中的万里》，人民出版社，1995，第 251 页。

击包干到户了。

事情是这样的。安徽省在肥西山南区试点的是包产到户，而凤阳实行的是包产到组的变形，即大包干到组。1979 年试行的结果，都得到了大丰收。1980 年 1 月，安徽全省农业会议上，万里明确肯定了包产到户是生产责任制的一种形式。会后凤阳县大包干到组的试点就进而把组里的土地、耕牛、农具和交国家、集体的任务进一步分解到户，当时凤阳县称为"小包干"，也就是包干到户。

在芜湖会议上，有人反对包干到户，滁县地委书记王郁昭发言，他说，什么叫包产到户，什么叫包干到户，在"包"的问题上，本质是一致的，只是一个承包前先算账，一个承包后算账的问题。包产到户是农民包集体的土地，实行"定产量，以产计工，超产奖，减产赔"的办法。到秋后，生产的粮棉油统统交到生产队，由队里统一归总，上缴国家任务，扣下集体提留，然后按各户缴上来的产量计算工分，再实行统一分配，这种办法是先承包后算账；包干到户是农民承包集体的土地，对此根据国家征购任务和集体提留的数量，分解到每亩土地应摊的任务，同农户签合同，秋后农户按合同，交足国家的，留够集体的，剩下都是自己的，这叫先算账后承包。因为这种办法任务明确，方法简单，直来直去不拐弯，群众更加欢迎这种办法。王郁昭虽然为他支持的凤阳县包干到户的做法作了说明，表示了他的态度，会上还是受到了围攻，会场气氛相当紧张。与会的省委书记顾卓新只好建议，在会上选读邓小平 5 月 31 日的讲话，作为会议的结束。

针对全国上下对于包产到户问题的激烈争论，为统一认识，赵紫阳于 1980 年 6 月 19 日给万里、胡耀邦写了一封信，他说："在包产到户问题上，有的还在继续扩大，有的又布置立即纠正，致使这些地方人心不定，这对当前的农业生产是很不利的……我认为当前对生产责任制的各种形式，应当稳定下来为好……根据小平同志关于农村政策问题的指示，需要组织农业部门的干部和理论工作者相结合，深入到不同类型的地区和社队，对包产到户问题作一些比较深入的调查和分析，争取在今年秋后能够形成一个中央文件，有个统一的、明确的说法，有领导地解决好这个问题。"[①]

1980 年 7 月，在万里主持下，国家农委组织了调查组，分赴西北、西南、华东、中南、内蒙古等地，对包产到户问题进行专门的调查。8 月，这

---

① 赵紫阳：《关于当前农村政策问题的一封信》，见黄道霞等主编《建国以来农业合作化史料汇编》，中共党史出版社，1992，第 934 页。

些调查组会集北京，进行集体汇报、讨论。这次调查，收集了各地群众实行包产到户的情况和获得好效果的材料，大大丰富和充实了人们对包产到户的认识。有不少同志，原来是对包产到户表示怀疑和反对的，经过调查，改变了自己的认识，认为包产到户确实可以成为解决当前农村问题的好办法。这次调查的材料说服了很多人。但还有人对包产到户不放心，特别是对包干到户不放心。

1980 年 9 月 14～22 日，党中央召开了各省、自治区、直辖市第一书记座谈会，专门讨论农业生产责任制问题。在会上大家对农村实行联产到组、专业承包等生产责任制，意见都一致了。但在包产到户问题上，分歧仍然很大，发生了有名的"独木桥与阳关道"的争论。有位省委书记说，我们那里是大平原、大拖拉机、大集体，要走社会主义的阳关大道，搞包产到户是走独木桥，危险得很；另一位省委书记说，有人住在深山沟里，不走独木桥就出不了山，上不了阳关大道，所以，包产到户就是独木桥也要走。会上，农委副主任杜润生受中央委托对包产到户问题作了专题说明。因为有邓小平的谈话，有上述调查组的材料，经过讨论，会议通过了《关于进一步加强和完善生产责任制的几个问题》的座谈会纪要，是为中央（1980）75 号文件。文件首先肯定"集体经济是我国农业向现代化前进的不可动摇的基础"，强调实行生产责任制要"因地制宜，分类指导"，"应当区别不同地区、不同社队采取不同的方针"。文件指出："在那些边远山区和贫困落后的地区，长期'吃粮靠返销，生产靠贷款，生活靠救济'的生产队，群众对集体丧失信心，因而要求包产到户的，应当支持群众的要求，可以包产到户，也可以包干到户，并在一个较长的时间内保持稳定。"①

《关于进一步加强和完善生产责任制的几个问题》虽然还没有明确肯定包产到户是社会主义集体经济生产责任制，但总算是给包产到户"报上了户口"，成为明确宣布"可以包产到户，也可以包干到户"的第一个中共中央文件。文件一下达，受到全国农民由衷的、热烈的欢迎，加速了包产到户的发展。到 1980 年 11 月初，全国实行包产到户、包干到户的生产队已达 15%。

据座谈会期间农委的统计，全国 504 万个生产队，社员平均年分配 40 元以下的占 16%，50 元以下的占 27%，50～100 元的占 47%，100 元以上的占 26%。当时曾经设想，在 27% 的生产队实行包产到户；在 47% 的中间

① 见黄道霞等主编《建国以来农业合作化史料汇编》，中共党史出版社，1992，第 925 页。

状态的生产队和地区则采取多方面调整政策，减轻负担，扩大自留地，改善生产条件，实行统一经营，联产到劳；在 26% 的经济比较好的生产队和地区，则实行专业承包联产计酬。有的同志认为，包产到户是初级责任制形式，联产到劳是中级责任制形式，专业承包联产计酬则是高级责任制形式，将来都要发展成为专业承包联产计酬的形式。

实践完全超出了人们的预想。75 号文件下达后，1981 年成为全国包产到户、包干到户蓬勃发展的一年。有了邓小平的谈话，有了中央文件宣布"可以包产到户，也可以包干到户"，又有了 1979 年、1980 年包产到户成功的实践，农民要求包产到户更加理直气壮了。1981 年的农村实行包产到户是人心所向，大势所趋，势不可挡。有的县、有的公社几天工夫就整县、整社地实行了包产到户。主要有两个趋向，一是突破了原来只在边远山区、贫困落后的地区搞的设想，很快就向平原和经济比较富裕地区扩展，因为什么叫贫困地区，很难划；二是包产到户很快向包干到户演化。包干到户直来直去不拐弯，农民就怕拐弯，一拐弯就产生"猫腻"，农民的利益就被拐走了。

面对这样的大好形势，一些深受"左"倾思想束缚的干部，仍然把包产到户当作分田单干、搞资本主义，所谓"辛辛苦苦三十年，一夜退到解放前"，等等，因而用种种办法阻止包产到户，有的还派工作组下乡强扭。重庆市有位主管农业的负责人，竟在大会上公开讲话，说包产到户是方向问题，要坚决纠正，不要怕减产，不要怕干部躺倒不干，不要怕群众闹事。谁要搞包产到户，是共产党员的开除党籍，不是党员的要开除公职。公安局的大门敞着，不希望你们进去。一定要往里面钻，那也没办法。这种领导干部和农民群众顶牛的状况，各地都有一些。有人形容当时的状况是"下面攻，上面放，中间有个顶门杠"，出现了中间梗阻现象。

在 1981 年，以实行包产到户、包干到户为主要内容的农村改革，已成为宏大的历史潮流，潮流是谁也阻挡不住的。在中央 75 号文件发布以后，全国的舆论也为之一变，各种反映农村改革的新人新事和实行"双包"之后的新气象的通讯报道、调查报告充满了新闻报刊，各种研讨农村改革的学术讨论会纷纷召开。当时农村改革的气氛十分良好，在这样的形势下，许多干部深受教育，大多数是受到实践的教育，转变了对包产到户的看法，并且转而对农村改革积极领导，做好实行包产到户后的完善工作。但也有少数干部，开始是和农民群众顶牛，不许包产到户，潮流顶不住了，就撒手不管，致使有些生产队在分田时，把拖拉机拆成零件分了，把生产队的公房扒掉分了。分田后强行使用耕牛，把牛累死了。抢着浇地，把机井弄坏了，等等。这本来是领导问题、工作问题，却被一些人用来当作攻击包产到户、破坏集体经济、影响生产的借口。

但不管怎样阻挠，农村实行包产到户、包干到户已成了燎原之势。到1981 年 10 月，全国 601 万个生产队，已有 7% 实行了包产到户，有 38% 实行了包干到户，加上部分包产到户和类似包产到户的生产队，总数已达64.4%，远远超出了人们的预想。

为了了解新情况、总结新经验、解决新问题，党中央于 1981 年 10 月在北京召开全国农村工作会议。有各省、市、自治区和农口各部的领导和理论工作者共 200 多人参加，会议开得很成功。大家一致认为"建立农业生产责任制的工作，获得如此迅速的进展，反映了亿万农民要求按照中国农村的实际状况来发展社会主义农业的强烈愿望"。① 会上各省、各地的同志介绍了实行"双包"到户后出现的喜人变化。至此，多数同志在包产到户、包干到户的性质、前景等问题上，认识趋于一致。会议通过了《全国农村工作会议纪要》，后经中央批准，以中共中央 1982 年的一号文件在全国公开发表。这就是著名的第一个一号文件。文件明确指出："目前实行的各种责任制，包括小段包工定额计酬，专业承包联产计酬，联产到劳，包产到户、到组，包干到户、到组，等等，都是社会主义集体经济的生产责任制。"② 也就是在这个文件中，开始使用"联产承包制"这个概念，作为各种联产计酬责任制的概括。文件指出："在各地建立的生产责任制中，实行联产计酬的占生产队总数的百分之八十以上，一般地讲，联产就需要承包。联产承包制的运用，可以恰当地协调集体利益与个人利益，并使集体统一经营和劳动者自主经营两个积极性同时得到发挥，所以能普遍应用并受到群众的热烈欢迎。"③ 中共中央文件第一次明确肯定，包产到户、包干到户是社会主义集体经济的生产责任制。至此，中国农业战线上这场延续了 25年的大辩论，终于告一段落。这是中国农业发展史上的一件大事。

1982 年中央一号文件公开发表之后，各地农民发展"双包"责任制更加迅速，不仅在贫困地区、中间状态地区，而且在经济发达地区也发展起来了。浙江的嘉兴地区、江苏的宜兴县、上海郊区的嘉定县也相继实行了

① 中共中央文献研究室编《三中全会以来重要文献选编》（下），人民出版社，1982，第 1062 页。

② 中共中央文献研究室编《三中全会以来重要文献选编》（下），人民出版社，1982，第 1063 ~ 1064 页。

③ 中共中央文献研究室编《三中全会以来重要文献选编》（下），人民出版社，1982，第 1064 页。

包产到户。到 1982 年底，全国 593.4 万个生产队，已有 89.7% 实行了包产到户和包干到户。

1982 年 11 月，中共中央召开全国农村思想政治工作会议和全国农业书记会议。会议讨论了农村实行包产到户、包干到户之后，如何做好农民的思想政治工作问题，讨论了新形势下若干经济政策和继续加快农业发展的问题，并制定了《当前农村经济政策的若干问题》。文件指出："党的十一届三中全会以来，我国农村发生了许多重大变化。其中，影响最深远的是，普遍实行了多种形式的农业生产责任制，而联产承包制又越来越成为主要形式。联产承包制采取了统一经营与分散经营相结合的原则，使集体优越性和个人积极性同时得到发挥。这一制度的进一步完善和发展，必将使农业社会主义合作化的具体道路更加符合我国的实际。这是在党的领导下我国农民的伟大创造，是马克思主义农业合作化理论在我国实践中的新发展。"①

会议制定的文件，中共中央以 1983 年一号文件发表。文件在各地传达之后，使已经实行了"双包"责任制的地区更加稳定、发展更加完善。在黑龙江省和上海市、北京市等大城市的郊区以及一些经济发达地区的干部，受到中央文件和各地实践的教育，思想进一步解放，按照农民的要求，也都相继实行了包产到户和包干到户。到 1983 年底，全国 589 万个生产队，实行包产到户的占 1.7%，实行包干到户的占 97.8%。至此，以包干到户为主要形式的家庭联产承包责任制已在全国普遍实行。

从 1978 年十一届三中全会前，安徽肥西山南地区包产到户试点和凤阳县小岗村的第一个包干到户生产队的出现，到全国普及包干到户，前后整整 5 年。从提出"不许分田单干，不许包产到户"，到"不要包产到户"，到"不如实行包产到户"，到"可以包产到户，也可以包干到户"，到"包产到户、包干到户都是社会主义集体经济生产责任制的形式"，到"包产到户、包干到户是在党的领导下中国农民的伟大创造，是马克思主义农业合作化理论在我国实践中的新发展"，前后整整 4 年。这 5 年是中国农民在共产党领导下不断奋斗、不断创造，从"三级所有，队为基础"的人民公社体制束缚中一步步逐渐解放出来，成为独立的商品生产者的 5 年；这 5 年是农村生产关系大调整，农业生产力大发展的 5 年；这 5 年是干部思想一步步

---

① 中共中央文献研究室编《十一届三中全会以来重要文献选读》下册，人民出版社，1987，第 616 页。

解放，政策一步步放宽，理论一步步符合实际，干部和农民群众的关系一步步改善的 5 年；这 5 年是我国改革开放历史中最辉煌的 5 年；这 5 年是我们党同农民的关系一年比一年密切的 5 年。很好地回顾总结这 5 年的历程，很有意义，很有价值。万里同志总结说："联产承包责任制作为八亿农民在党的领导下的伟大创造，已经在中国大地上扎下了根。它不是解决温饱问题的权宜之计，而是涉及整个农村经济体制的一项根本性改革，对建设具有中国特色的社会主义事业有着不可估量的意义。"①

大家回顾一下，从把包产到户批为资本主义，到认定它是中国农民的伟大创造，是马克思主义合作化理论在中国实践中的新发展；从不许包产到户到包干到户在全国 99% 的农村普及；从把包产到户作为解决温饱问题的权宜之计，到认定家庭联产承包责任制既能适应以手工劳动为主的农业生产的特点，又能满足农业现代化生产力的需要；从提出在贫困地区实行包产到户，在中间地区实行联产到劳，在发达地区实行专业承包的设想，到全国不到两年就统一实行了包干到户；从把包产到户比喻为独木桥，到后来包产到户成了发展农业、实现农村现代化的阳关大道。仅仅 5 年工夫，中国竟有了这样大的变化。这些看法居然成了绝大多数人的共识。这个思想变化是怎样转过来的？这不值得我们深思和总结吗？

把"三级所有，队为基础"改革为以包干到户为主要形式的家庭联产承包责任制的同时，改革人民公社制度本身也在悄然进行。1979 年，四川省广汉县就在向阳公社进行改变"政社合一"的农村体制改革的试点，并于当年重建了向阳乡人民政府和向阳乡党委会，取消了原来公社、大队、生产队的建制。乡以下设行政村，由社员大会民主选举村长，在原来生产队范围内，成立农业生产合作社，由社员选社长。

到 1981 年，几个实行家庭联产承包责任制比较早的省区，如四川、安徽、甘肃、河南等，也都进行了政社分设的试点。1982 年冬，中央农村工作会议讨论了政社分设的问题，在《当前农村经济政策的若干问题》，即 1983 年一号文件中，有这样的表述："人民公社的体制，要从两方面进行改革。这就是，实行生产责任制，特别是联产承包制；实行政社分设。"② 与此同时，在 1982 年 12 月 4 日第五届全国人民代表大会第五次会议通过的

---

① 参见万里 1983 年 11 月 29 日在全国农村工作会议上的讲话，载《中国农业年鉴·1984》，农业出版社，1984，第 350 页。

② 中共中央文献研究室编《十一届三中全会以来重要文献选读》下册，人民出版社，1987，第 616～617、622 页。

《中华人民共和国宪法》第 30 条、第 101 条和第 105 条规定："中华人民共和国的行政区域划分如下：……县、自治县分为乡、民族乡、镇。""地方各级人民代表大会分别选举并且有权罢免本级人民政府的省长和副省长，市长和副市长，县长和副县长，区长和副区长，乡长和副乡长，镇长和副镇长。""地方各级人民政府是地方各级国家权力机关的执行机关，是地方各级国家行政机关。地方人民政府实行省长、市长、县长、区长、乡长、镇长负责制。"① 这就为改革"政社合一"的人民公社制度提供了法律依据。

在总结各地试点的基础上，1983 年 10 月，中共中央、国务院发布了《关于实行政社分开、建立乡政府的通知》②，要求各地有领导、有步骤地搞好农村政社分开，重建乡、镇人民政府的工作，并根据生产需要和群众意愿逐步建立经济组织。到 1985 年春，全国撤社建乡镇工作全部结束，原来 6.5 万个人民公社，改建为 9.2 万个乡镇和 82 万个村民委员会。③ 至此，在中国农村实行的"一大二公""政社合一"的人民公社制度正式宣告结束，前后共 26 年。

总的来说，同 1958 年秋人民公社在全国轰轰烈烈、大张旗鼓地建立挂牌相反，这次人民公社摘牌则悄然进行。先由四川等地试点，然后在修改《宪法》时修改了关于人民公社的条款，再由中共中央国务院正式发文，各地有领导有步骤地分批实施，把人民公社改为乡镇，把生产大队改为村民委员会，把生产队改为村民小组或合作社。好处是这场改革进行得十分顺利，井然有序，没有引起什么社会震荡。但有利也就有弊，这样一场大的社会改革，几乎没有进行经济、社会和政治方面实质性的改革，经济上的"三级所有"的框架没有变，政治上的官职体系原班人马也没有变，只是牌子摘掉了，官名变了，内容实质没变。这就为后来乡村两级，特别是乡级机构设置庞大，官员大量增加，权力越揽越多，农民的各种自主权受到制约、侵蚀，农民负担大量增加，等等，埋下了伏笔。

党的十一届四中全会《关于加快农业发展若干问题的决定》提出的 25 条加快农业发展的政策中规定："今后三五年内，国家对农业的投资在整个基本建设投资中所占的比重，要逐步提高到百分之十八左右。""对农业的贷款，从现在起到一九八五年，要比过去增加一倍以上。""粮食统购价格

---

① 中共中央文献研究室编《十一届三中全会以来重要文献选读》上册，人民出版社，1987，第 587～588 页，第 606～607 页。

② 参见《中国农业年鉴·1984》，农业出版社，1984，第 496 页。

③ 参见《全国农村建乡工作全部完成》，《人民日报》1985 年 6 月 5 日第 1 版。

从一九七九年夏粮上市起提高百分之二十，超购部分在这个基础上再加价百分之五十。"统购粮的总额"从一九七九年起减少五十亿斤，以利于减轻农民负担"。①这些政策从 1979 年起就陆续执行。这是新中国成立以来对农村、农业、农民实行的最优惠的政策。

这些向农业倾斜的政策，加上在农村顺应民意，实行了以包干到户为主要形式的家庭联产承包责任制，从调整生产关系和发展农村生产力两个方面，使农民有了自主权，得到了实惠。那几年确实把 8 亿农民的生产积极性充分调动起来了。那几年，气候条件并不好，但因为有 8 亿农民的积极性，农业生产连续 6 年大丰收，一年上一个台阶，到 1984 年达到了新中国成立以来的最高峰。1984 年粮食总产 8146 亿斤，与 1978 年的 6095 亿斤相比，6 年纯增 2051 亿斤，每年增加 342 亿斤，每年递增 5%。1984 年棉花总产 12516 万担，比 1978 年的 4340 万担增加 1.88 倍，增产 8176 万担，每年纯增 1362 万担，每年递增 30%。粮棉在 6 年内连续大幅度增产，在中国历史上从来没有过，一举解决了温饱问题，全国出现了第一次卖粮难、卖棉难。1984 年，农林牧副渔总产值达到 3214 亿元，而 1978 年只有 1397 亿元，扣除物价因素，6 年增长 56.3%，每年递增 9.4%。这 6 年也是农民收入增加最快的 6 年。1978 年，农民年人均纯收入 133.57 元，1984 年达到 355.33 元，扣除物价因素，每年递增 15.1%。那几年，农村到处盖新房，买新家具，农民生活有了极大的改善。这是农村在改革开放后，出现的一个欣欣向荣的黄金时代。

## （二）第二阶段，从 1985 年到 1988 年 7 月

20 世纪 80 年代初期，农村改革初战告捷，8 亿农民积极性调动起来了，农业连年大丰收，农村形势很好。农村改革的成功，极大地鼓舞了全国的干部和群众，从精神和物质两个方面为城市改革提供了动力和物质基础。1984 年 10 月，党中央召开了十二届三中全会，通过了《关于经济体制改革的决定》，文件指出：我国的经济体制改革在党的十一届三中全会以后主要在农村进行，首先在农村取得了巨大成就。"农村改革的成功经验，农村经济发展对城市的要求，为以城市为重点的整个经济体制的改革提供了极为

---

① 中共中央文献研究室编《三中全会以来重要文献选编》（上），人民出版社，1982，第 186 ~ 187 页。

有利的条件。"① 就是在这个会议形成的文件里，第一次提出了发展"有计划商品经济"的结论。

前面说过，城市工业、商业、交通运输业，等等，是原来计划经济体系里比较严密完整的领域，改革的难度要比农村复杂困难得多。当城乡改革交织在一起，同时进行的时候，许多矛盾、摩擦就接踵而来了。

1. 农业生产出现了第一次徘徊

当20世纪80年代初，农村改革取得了意想不到的成效，农业连续几年大丰收之后，有些领导同志产生了盲目乐观的情绪，于是认为："农业靠政策的威力就行了"，"农业已经形成了自我发展的能力"，"粮食问题业已过关"，"中国可以成为粮食出口大国"。1984年有位副部长说："棉花三年不种也够用的。"因为当时的经济关系没有理顺，财贸口的一位同志说："棉花越增产，财政越困难。"正是在这种对农村形势、对农民的富裕程度不恰当的估计的情况下，对农业的支持政策改变了，对农业基本建设的投入减少了（1979年、1980年农业基本建设投资占全国基建投资的10.7%和11%，1981年骤降到6.6%，以后逐年下降，到1985年只有3.4%，1986年为3%）；农产品收购价格从1985年夏收起下降了，而农用生产资料和日用工业品的价格却不断上涨。有位负责同志说，既然农民这么富了，国家有困难，支援点城市吧！宏观政策向城市倾斜，这样一变，农民的生产积极性再次受到压抑，农业生产就再度出现停滞和徘徊。

1984年是农业特大丰收年，粮、棉、油、糖、烟、果、肉、鱼都创造了历史最高产量，出现了全国性的卖粮难、储粮难、运粮难的问题。1984年12月中央召开全国农村工作会议，议题之一就是研究如何解决卖粮难、卖棉难的问题。会议形成的《关于进一步活跃农村经济的十项政策》，即中共中央1985年第一号文件，第一项政策就是："改革农产品统派购制度。"文件指出："从今年起，除个别品种外，国家不再向农民下达农产品统购派购任务，按照不同情况，分别实行合同定购和市场收购。"② 从1953年起实行了32年的粮食统购统销，至此粮食多得国家统购不了这么多了。于是，从此取消统购（没有同时改革统销制度），改为合同定购。1985年国家计划定购粮食1500亿斤、棉花8500万担（1984年国家统购议购的粮食为2200

---

① 中共中央文献研究室编《十一届三中全会以来重要文献选读》下册，人民出版社，1987，第766~767页。

② 中共中央文献研究室编《十一届三中全会以来重要文献选读》下册，人民出版社，1987，第805页。

亿斤，棉花 1 亿多担）。"定购的粮食，国家按照'倒三七'比例计价（即三成按原统购价，七成按超购价），定购以外的粮食可以自由上市。"① 这样改变以后，粮食收购价实际比 1984 年以前几年的收购粮价是下降了。1984 年 6 月粮食统购、超购、议购平均价格为每百斤 20.79 元，1985 年定购价为 18.64 元，下降了 10.3%。这对新发展起来的增产较多的产粮区农民不利。1985 年夏收时，国家实际收购粮价降了，再加上此时粮食部门向市场抛售了 400 亿斤粮食，致使市场粮价暴跌。

农民受到国家粮站只收合同定额的粮食和市场粮价低的打击，加上当年有关部门调减粮食和棉花的播种面积，农民一时以为国家不要这么多粮食和棉花了，种粮、棉的积极性受到压抑。1985 年粮食产量大减，比 1984 年减产 564 亿斤，下降 6.92%；棉花减产 4222 万担，下降 33.7%。从此粮棉生产进入了一个新的徘徊期，一直到 1989 年，粮食产量才恢复到 1984 年的水平。

2. 1985 年粮食棉花大减产以后

1985 年后农村的粮棉生产受到一定的挫折，但农村实行家庭联产承包责任制继续得到完善，农民的生产积极性还是高的。随着农业产业结构的调整，特别是国家逐步改革，取消了对于水产、水果、肉类、蔬菜等的派购制度。1985 年以后，全国的油料、糖料、肉类、水产、水果、蔬菜等农产品，每年都有较大幅度的增长，一方面增加了对城市工业原料和居民的供应，另一方面也增加了农民的收入。特别是水产、水果业，从 1985 年以后，每年的增长幅度都在 10% 以上，一直持续到现在②。

在 1985 年粮棉大减产后，当时实际工作部门、政策研究部门与学术界有过一场比较激烈的争论。主管农村工作的部门的同志认为，1985 年粮棉减产是计划调节的结果，是农业从超常规增长转化为常规增长，不必作太强的反应。学术界、理论界和基层工作的同志则认为，1985 年粮棉减产是前几年对农村形势估计过于乐观，指导思想上重又向城市倾斜，减少了对农业的投入，调减了粮棉收购价格，致使农村水利失修，农田肥力下降，农民负担加重，农民粮棉生产积极性下降，所以，1985 年粮棉减产有一定的必然性，是一个信号，标志着农业进入一个新的徘徊期。1985 年 9 月 23

---

① 中共中央文献研究室编《十一届三中全会以来重要文献选读》下册，人民出版社，1987，第 805 页。

② 指 1998 年。

日，陈云同志在中国共产党全国代表会议上讲："对于粮食生产，我们还是要抓紧抓好。""前一时期，报纸上宣传'万元户'，说得太多，实际上没有那么多。宣传脱离了实际。现在有些农民对种粮食不感兴趣，这个问题要注意。""十亿人口吃饭穿衣，是我国一大经济问题，也是一大政治问题。'无粮则乱'，这件事不能小看就是了。"①

1985年秋冬，当粮食大幅减产后，市场粮价马上回升，重又形成了市场粮价高，合同定购粮价低，中间形成了约0.2元/斤的差价。城市的粮票值钱了。农民向国有粮库交售定购粮不怎么踊跃，好几个省完不成收购粮食的计划。1985年冬天，中央农村工作会议讨论了这种形势，在制定的《中共中央、国务院关于1986年农村工作的部署》文件中说："为了保护和鼓励农民生产和交售粮食的积极性，将适当减少合同定购数量，扩大市场议价收购比重，并对签订合同的农民按平价供应一定数量的化肥，给予优先贷款。"② 平价粮和平价化肥挂钩，以鼓励农民交售定购粮，也是作为价差的一点补偿。即使这样农民还是失利太多，所以交售定购粮还是不积极。有关领导不得不再度重申：合同定购粮也是任务，农民是要积极完成的。

1986年5月，我根据当时在山东陵县蹲点和在基层亲身经历所积累的材料，写了一篇题为《农业面临比较严峻的形势》的研究报告，列举了当时农业发展的11大制约因素，用以说明发展农业的物质基础这几年在削弱，农民生产粮棉的积极性受到挫折，所以，1985年的减产不是偶然的，"它只是一个信号"，"如果缺少有效的对策，很可能从此又转入停滞徘徊的局面"。文章在中国社科院办的内部刊物《要报》上发表了。③

1986年6月10日，邓小平同志在听取中央领导同志汇报当前经济情况时说："农业上如果有一个曲折，三五年转不过来……现在粮食增长较慢，已经发生了因粮食不够而养不起猪的情况。有位专家说，农田基本建设投资少，农业生产水平降低，中国农业将进入新的徘徊时期。这是值得注意的。"④

小平同志谈话以后，有关部门专门研究如何加强农业、增强粮食生产

---

① 陈云：《在中国共产党全国代表会议上的讲话》，见中共中央文献研究室编《十一届三中全会以来重要文献选读》下册，人民出版社，1987，第974~975页。
② 《中共中央、国务院关于1986年农村工作的部署》，见中共中央文献研究室编《十二大以来重要文献选编》（中），人民出版社，1986，第873页。
③ 见《农业面临比较严峻的形势》，载《农业经济丛刊》1986年第5期。——编者注
④ 邓小平：《建设有中国特色的社会主义》（增订本），人民出版社，1987，第132页。

的问题，曾经制定了一个规划，要在几年里增加 100 亿元对农业的投入，要新建若干个大化肥厂，增加 100 万吨化肥，还准备要开荒，增加 1000 万亩农田，等等。但这时已是 1986 年下半年，"七五计划"的盘子早已定了。"七五计划"中农业基本建设 5 年只有 176 亿元，只占基建总投资的 3%。现在要改，财政已拨不出钱了。所以，这个支持农业发展的规划，因为没有财政来源，后来也就不了了之了。

从 1984 年以后，新一轮工业发展的高潮来了。1985 年工业总产值比 1984 年猛增 21.4%，以后又连续 3 年高速发展，1988 年增幅为 20.8%，1985～1988 年这 4 年，每年递增 17.9%。而这 4 年，农业总产值总共只增长 17.6%，每年递增 4.1%。1988 年粮食总产只有 7882 亿斤，比 1984 年还少 264 亿斤，而这 4 年人口却纯增了 6689 万人，加上城乡居民生活水平还提高了，所以，1984 年粮食供需平衡还略有结余，而 1987 年以后粮食供给就有缺口了，致使市场粮价猛涨。1986 年、1987 年市场粮价每年上涨都在 20% 以上，特别是 1988 年秋粮大减，所以在秋粮登场的 9 月，市场粮价就上涨 10% 以上，引起部分地区城乡居民的恐慌，纷纷争购粮食，粮食问题成了上下议论的热点。

3. 乡镇企业异军突起

就在农业出现新的徘徊的阶段，乡镇企业异军突起，成为农村新的经济支柱。这要从中国特有的农村产业结构调整说起。

农村实行家庭联产承包责任制，农民有了自主权，发挥了劳动积极性之后，产生了两个直接结果：一是农产品大量生产出来了；二是田不够种了，大量剩余劳动力产生了，他们要寻找致富的门路。但是，在中国计划经济体制条件下形成的二元社会结构，有城乡分割管理的户籍制度，农民不能自由到城市找工作。加上那时城市本身人口压力也很大，有 2000 多万上山下乡的回城青年要就业，所以农民只好自找门路。

乡镇企业起源于 1958 年办人民公社时的社队企业，几经挫折，在 1970 年北方农业会议后逐渐发展起来（主要是经济发达地区）。1978 年社队企业有 152.4 万个，职工 2826.5 万人，总产值 493.1 亿元，占农村社会总产值的 26%。但在农村改革初期，除了苏南、长江三角洲和珠江三角洲等经济发达地区社队企业持续发展外，中西部地区的不少省区在实行大包干过程中，队办企业被分掉或停办了。另外，还有是在 1980 年、1981 年，计划经济领导部门在执行工业调整过程中，把社队企业指责为"以小博大""以落后挤先进""重复建设""与国有企业争原料""搞不正之风"，等等，明确指示各地要压缩一批社队企业。有些省区执行了这个指示，也断送了一批企业。所以，社队企业从 1979 年的 148 万个，减少到 1983 年的 134.64 万个。但总产值还是增加的，1983 年社队企业总产值为 1016.8 亿元，占农村社会总产值的 27%。

到 1983 年，农业剩余劳动力问题逐渐突出，农民和基层干部要寻找致富门路，于是就纷纷创办或恢复社队企业。这时，还有一批农村的能人就脱颖而出，办起了一批小企业。

有鉴于农村农民在实行家庭联产承包责任制后的实践和创造，1984 年的中央一号文件明确做出规定："随着农村分工分业的发展，将有越来越多的人脱离耕地经营，从事林牧副渔等生产，并将有较大部分转入小工业和小集镇服务业。这是一个必然的历史性进步，可为农业生产向深度广度进军，为改变人口和工业的布局创造条件。""现有社队企业是农村经济的重要支柱，有些是城市大工业不可缺少的助手。要继续抓紧整顿，建立和完善责任制，改善经营管理，采取适用技术，提高经济效益，促其健康发展。"[①]

1984 年 2 月 25 日，国务院发出《关于组织和发展农副产品就地加工若干问题的规定》，明确指出："凡是适合在农村就地加工的农副产品，应当尽量分散到农村加工，充分发挥农村专业户（重点户）和闲散劳动力的作用。""今后新增加的农副产品加工能力，适合放在农村的，应当尽量放在农村。"[②]

1984 年 2 月 27 日，国务院发出《关于农村个体工商业的若干规定》，文件指出："国家鼓励农村剩余劳动力经营社会急需的行业。""农村个体工商业是指农村居民从事适合个体经营的工业、手工业、商业、饮食业、服务业、运输业、房屋修缮业，以及国家允许个体经营的其他行业。""发展农村个体工商业要有利于小集镇的建设。允许农村个体工商户自理口粮到集镇摆摊设点，有条件的经工商行政管理机关批准，也可以开店经营。""农村个体工商户一般是一人经营或家庭经营；必要时，经县、市工商行政管理机关批准，可以请一两个帮手；技术性较强或者有特殊技艺的，可以带两三个、最多不超过五个学徒。"[③]

---

① 中共中央文献研究室编《十二大以来重要文献选编》（上），人民出版社，1986，第 432~433 页。

② 中共中央文献研究室、国务院发展研究中心编《新时期农业和农村工作重要文献选编》，中央文献出版社，1992，第 252~253 页。

③ 《关于农村个体工商业的若干规定》，见武汉市工商行政管理干部进修学校编印《工商行政管理法规汇编》（内部资料），1986，第 218 页。

党中央、国务院这些文件规定的出台，反映了决策部门及时地研究了农村的新情况，对于当时农村改革后出现的新事物——社队企业、农产品加工企业和大量的个体工商户，以及小集镇的兴起，作出了及时的政策反应，并根据当时发展生产力的要求和人们的认识水平，作出了若干政策规定。这对推动农村改革后，使农业剩余劳动力找到出路，使农民、农村更快富裕起来，是起了很好的作用的。从此，农村的社队企业、农村的个体工商户以及后来的私营企业很快就发展起来。

1984 年 3 月 1 日，中共中央、国务院下发了《转发农牧渔业部和部党组〈关于开创社队企业新局面的报告〉的通知》，文件正式批准把"社队企业"的名称改为"乡镇企业"，并指出："发展多种经营，是我国实现农业现代化必须始终坚持的战略方针。只有不断开辟新的生产门路，妥善安排不断出现的多余劳力，充分利用农村的剩余劳动时间，逐步改变八亿人搞饭吃的局面，使农村商品生产得到充分的发展，农村才能富裕起来，也才能逐步积累农业现代化所需要的大量资金。""乡镇企业〔即社（乡）队（村）举办的企业、部分社员联营的合作企业、其他形式的合作工业和个体企业，下同〕，是多种经营的重要组成部分，是农业生产的重要支柱，是广大农民群众走向共同富裕的重要途径，是国家财政收入新的重要来源。""乡镇企业发展，有利于'以工补农'……必将促进集镇的发展……是国营企业的重要补充……为此，各级党委和政府对乡镇企业要在发展方向上给予积极引导，按照国家有关政策进行管理，使其健康发展。对乡镇企业要和国营企业一样，一视同仁，给予必要的扶持。"①

这个文件连同农牧渔业部的报告，不仅定了"乡镇企业"这个名称（从此就在国内外叫响了），而且在理论上把乡镇企业的性质、任务、目标都说清楚了，还确定了支持乡镇企业发展的多项优惠政策。乡镇企业是中国农民在实践中创造出来的。党中央尊重农民的实践，批转农牧渔业部的这个文件，因势利导，大大促进了乡镇企业的发展。这个文件发布之后，乡镇企业在全国范围内蓬勃发展起来了。

前面说过，1983 年，全国社队企业只有 134.6 万个，职工 3234.6 万人，总产值 1016.8 亿元。1984 年乡镇企业猛增到 606.5 万个，职工 5208 万人，总产值 1709.9 亿元（当年实际没有增加这么多，主要是统计口径变了。

---

① 中共中央文献研究室编《十二大以来重要文献选编》（上），人民出版社，1986，第 439～440 页。

以前只统计社办、队办两级，1984 年以后，既有乡办、村办，又新增加了联户办和个体企业，即所谓"五个轮子一起转"）。到 1987 年，全国乡镇企业达到 1750 万个，职工 8805 万人，总产值 4764 亿元，超过了当年农业总产值（只有 4647.7 亿元）。1987 年农村社会总产值 9439.7 亿元，其中乡镇企业产值已占 50.5%，成为农村的支柱产业，由农村副业变成了农村主业。

　　1987 年 6 月，邓小平同志在接见南斯拉夫客人时说："农村改革中，我们完全没有预料到的最大收获，就是乡镇企业发展起来了，突然冒出搞多种行业，搞商品经济，搞各种小型企业，异军突起。这不是我们中央的功绩。乡镇企业每年都是百分之二十几的增长率，持续了几年，一直到现在还是这样。"① 1988 年乡镇企业继续发展，当年乡镇企业总数达到 1888.16 万个，职工 9545 万人，总产值 6495.66 亿元。

　　4. 个体工商户和私营企业迅速发展起来

　　农村里在种植业以外的个体劳动者（如木匠、瓦匠、石匠、裁缝、理发匠等），个体商贩，以及一大批手工业者，统称为手艺人，作为自然经济的补充，这是古已有之的。他们多数家里还种有农田，或者是专门靠手艺为生。解放初，这类个体劳动者全国约有 300 多万人。合作化、社会主义改造中，这部分人在城镇的，就转为手工业联社的社员，或被供销社收编了；留在农村的，则成为农村合作社的社员了。到 1976 年，全国个体劳动者只剩下 15 万人。

　　农村实行家庭联产承包责任制以后，生产队统一组织的集体劳动组织形式解体了，这部分劳动者在完成自家包种的耕田之外（因为田少，一年大约只要干上百天农活就可以了），就开始重操旧业。那几年农村经济发展很快，农民造房、修房、购置日用衣物的很多，所以木匠、瓦匠等有手艺和会做买卖的人很活跃。加上一部分能人也开始从事各种经营活动，在让一部分地区和一部分人先富起来的政策引导下，农村的个体劳动者和个体工商户发展得很快。1981 年全国农村登记的个体工商户有 96.1 万户、121.8 万人；1983 年就发展到 419.5 万户、537.8 万人，营业额为 210 亿元。1984 年 2 月，国务院公布了《关于农村个体工商业的若干规定》，发展就更快了。1984 年达到 708.2 万户、1012 万人；1985 年发展到 891.5 万户、1382.2 万人；1987 年突破千万户大关，达到 1034.2 万户、1666 万人；1988 年为 1070.4 万户、1726.5 万人，总营业额为 1190.7 亿元。他们已经在农村

---

　　① 《邓小平文选》第 3 卷，人民出版社，1993，第 238 页。

形成了一支比较大的经济力量。

当个体工商户大发展的时候，各地出现了一批私营企业（即雇工超过 8 人的企业）。最早是广东有个农民陈志雄承包了集体的面积较大的鱼塘，以后又逐步扩大，雇了几十个帮工，这在当时是一件很新鲜的事，引起很大争议。《人民日报》还专门开辟专栏，进行讨论。两种观点争论得比较激烈。一种意见认为，陈志雄雇了这么多工人，他本人收入比工人多几倍几十倍，这明显是剥削收入，这不符合社会主义原则，应该处理。另一种意见认为，陈志雄承包了集体荒着的水面，从事渔业生产，为社会提供了水产品，增加了财富，对发展生产有利；这些受雇的工人，都是家里有承包地的农民，帮他干活增加了收入；他本人付出了劳动，尽心经营管理，也承担了经济风险，收入多一点是应该的，不应该称作剥削，应予鼓励。

出于经济社会发展的需要，私营企业就在这种不断争论中发展起来了。1986 年，中央农村工作会议制定的《把农村改革引向深入》（经中央批准为 1987 年中央 5 号文件），专门就私营企业作了说明："在社会主义社会的初级阶段，在商品经济的发展中，在一个较长时期内，个体经济和少量私人企业的存在是不可避免的。我国人多耕地少，今后将有亿万劳动力逐步从种植、养殖业转到非农产业。只有实行全民、集体、个体和其他多种形式一起上的办法，才能实现这一转移……几年来，农村私人企业有了一定程度的发展。事实表明，它作为社会主义经济结构的一种补充形式，对于实现资金、技术、劳力的结合，尽快形成社会生产力，对于多方面提供就业机会，对于促进经营人才的成长，都是有利的。"文件还要求"各个有关部门，应尽快对私人企业的经营范围做出规定，明确企业登记制度，制定调节分配、鼓励扩大生产的税则税法，提出劳动保护和保证各方面合法权益的办法"。①

中央 5 号文件下达以后，对私营企业有了一个明确的说法，各地的私营企业很快发展起来。过去有的私营企业挂靠在集体企业下面，有的则是可以扩大规模，但有顾虑，限制在雇工 7 人以下，现在放开了，就公开亮牌和扩大经营规模了。所以，到 1988 年，全国私营企业达到 22.5 万家。②

---

① 中共中央文献研究室编《十二大以来重要文献选编》（下），人民出版社，1988，第 1237 ~ 1238 页。

② 参见国家"七五"期间中国私营经济研究课题组编《中国的私营经济——现状·问题·前景》，中国社会科学出版社，1989，第 8 页。

5. 农民生活继续改善，但增收速度减缓了

1985～1988 年，虽然粮食、棉花减产并陷入了停滞徘徊的阶段，但农民生产积极性还是高的。加上种植业、农业内部结构进行了调整，粮棉以外的经济作物产量增长很快，畜牧业、水产业持续高速发展。与 1984 年相比，1988 年的油料产量达到 1320 万吨，增长 11%；糖料产量 6187 万吨，增长 29.4%；水果产量 1666 万吨，增长 69%；肉类产量 2193 万吨，增长 42.4%；水产品产量 1061 万吨，增长 71.4%。因为这些产品的价格，多数已经逐步放开，市场价格提高很多，所以农民从中增加了不小的收入。另外，还有前面说过的乡镇企业和个体私营企业的大发展，农民也从中获得了工资收入和经营收入。

不过，这几年由于粮食、棉花等主要农产品产量滑坡，粮棉收购价持平，所以减少了农民的收入。另外，这几年农业生产资料，如化肥、农药、塑料薄膜的市场价格上涨很多。还有农业税增加，农民各种负担加重，农民增支因素多了。所以，1988 年农民人均纯收入 544.9 元，比 1984 年的 355.3 元增加 189.6 元，扣除物价因素，平均每年递增 5.1%，比 1978～1984 年那 6 年 15.1% 的年增幅是大大缩小了。而且，由于这几年农村收入主要靠非农产业发展带动，所以乡镇企业和个体私营企业发达的地区收入增加很多，而中西部以农业收入为主的地区和家庭，收入就没有增加多少，以致这几年东西部差距扩大了，以农业为主的户同以非农产业为主的户差别也扩大了。农村这几年正处在产业结构的调整之中，分配结构也在调整，发生了很大变化。

## （三）第三阶段，从 1988 年 8 月到 1991 年

国家对宏观经济进行治理整顿，加强了对农业的支持，1990 年农业再度特大丰收，但乡镇企业滑坡，农民收入第一次出现负增长。

正当 1985～1988 年粮棉生产徘徊的时候，新一轮的工业发展的高潮起来了。1985～1988 年，工业连续 4 年高速发展，平均每年递增 17.9%。而这 4 年，农业产值每年只递增 4.1%，特别是粮食，1988 年粮食总产是 7882 亿斤，比 1984 年还少 264 亿斤，而这 4 年人口纯增 6689 万人，加上工业发展，城乡人民生活水平提高，粮食缺口增大了，1986 年、1987 年市场粮价的涨幅都在 20% 以上，又带动食品和其他商品的价格猛涨。1988 年上半年，国家出台物价改革政策，企图改变两种价格矛盾的状况。但因物质条件准备不足，群众又缺乏价格改革的心理准备，所以当物价改革的信号一传出，

群众纷纷到银行提款，抢购物品，不少商店被抢购一空。1988 年 8 月，国家决定推迟物价改革进程，对经济进行宏观调控，治理整顿。这些调控的经济政策一出，社会经济秩序才恢复正常。

因为粮食和主要农产品的供给支撑不了工业经济的高速发展和人口增长的需求，1988 年粮食和农副产品的市场价格继续大幅增长，这对农业生产是有利的，调动了农民的生产积极性，加上 1986 年以后国家增加了对农业的投入，改善了农业生产条件，1989 年粮食总产 8151 亿斤，比 1987 年增产 269 亿斤。1990 年风调雨顺，当年粮食和各种农产品获得大丰收，粮食当年增产 772 亿斤，总产达 8923 亿斤。棉花和其他农产品也大幅增产，农业总产值比 1989 年增长 7.6%。这是改革开放后第二个特大丰收年。1989 年、1990 年两年共增产 1041 亿斤粮食（这两年又纯进口 272 亿斤粮食），一举改变了连续几年粮食供应困难的状况。到 1990 年新粮一登场，农村再度出现全国性的卖粮难问题，国有粮站无库可容，无现金支付，出现了全国性的"打白条"现象。

1990 年大丰收之后，市场粮价直线下跌，特别是东北玉米特大丰产，玉米价格跌得最多，从 0.30 元/斤降到 0.22 元/斤，还有价无市，无人购买。所以，1990 年农业丰产了，但不少粮棉主产区的农民没有增加收入。1991 年南方大水，地处长江中下游的安徽、江苏，受灾严重，损失很大。北方粮区因粮价下跌，打击了积极性，1991 年粮食总产只有 8706 亿斤，比上年减产 217 亿斤，下降 2.5%。

1988 年下半年，国家开始治理整顿经济秩序，紧缩银根，提高存贷利率，首当其冲的是国有大中企业，许多基建项目停工下马。1989 年、1990 年两年约有 1000 多万民工被清退回乡。乡镇企业也受治理整顿的影响，1989 年乡镇企业的个数和职工数第一次出现负增长，当年企业减少 19.5 万个，职工减少 178.7 万人。1990 年继续滑坡，乡镇企业又减 18 万个，职工再减 202 万人。1991 年，乡镇企业才有恢复性的增长。

乡镇企业的滑坡，直接影响农村剩余劳动力向第二、三产业转移，1989 年、1990 两年还回流了，农村新增的劳动力都压在农业上，致使 1990 年在农业就业的劳动力又增加到 60.1%。乡镇企业滑坡，财务状况恶化，导致职工工资福利收入减少，也直接减少了农民家庭的收入。1990 年农业增产，因农产品价格下降，农民没有相应增收。而这几年农业生产资料涨幅很大，农民实际收入减少。1989 年，农民人均年纯收入 601.5 元，比 1988 年的 544.9 元，增长 10.4%，而当年商品零售价格指数上涨 17.8%，所以实际收入是负增长。1990 年、1991 年两年农民收入虽有少量增加，1989～1991年三年平均农民人均年纯收入只递增 0.7%，这是 20 年中农民收入增长最慢的三年。

### （四）第四阶段，从 1992 年到 1996 年

邓小平南方谈话以后，新一轮全国经济高速增长，全国出现了开发区热、房地产热，大量农业生产要素转到非农业领域，农业生产感受到很大压力，再度出现粮食等农产品供给紧张、物价猛涨的局面。国家进行经济整顿，加强对农业的领导和扶持。1995 年粮食增产，1996 年农业获得第三次特大丰收。

1992 年，全国范围出现了经济发展的高潮，当年工业、建筑业增长21.2%，1993 年又增长 19.9%，1994 年增长 18.4%，城市里各种建设突飞猛进，使国民经济上了一个新台阶，成绩巨大，举世为之瞩目。但就在同时，农村的土地、劳力、资金等生产要素都大量迅速地转向非农业，不少地区为了上项目，还向农民集资、摊派，农民负担大量增加。农民群众有很多意见，干群关系紧张，再度出现粮棉等主要农产品生产徘徊，供给不足，引起粮价大涨。

1992 年冬，党中央有鉴于农业生产不稳和农民有意见的状况，江泽民等同志亲自到武汉召开农村问题座谈会，深入农村进行调查，提出发展农业生产、减轻农民负担的措施。1993 年一年，仅党中央、国务院发出的关于加强农村工作、增加农业生产、安定农村社会等的指示和文件就有 38 个，终于遏制了农村形势向不利方向发展的势头，但农业生产仍未有大的增长。1993 年粮食虽增长 276 亿斤，但仅是恢复性增产，略高于 1990 年的水平，而这三年消费需求是大幅增长了。所以当 1993 年秋粮登场时，市场粮价就大幅上涨，引起社会的不安。1994 年农业生产继续下滑，当年粮食总产8902 亿斤，减产 228 亿斤，供需缺口更大，国家不得不动用国库储备，并重又向国外定购粮食。市场粮价暴涨，带动其他农产品价格上涨，当年农产品收购价格指数上涨 39.9%。1994 年全国居民消费价格指数上涨24.1%，有关方面指出，其中主要原因是农产品价格上涨带动的。

1993 年下半年开始，国家治理整顿经济秩序，紧缩银根，再次压缩基建投资，同时加强对农业的支持，增加投入，治理"打白条"现象，减轻农民负担，并两次提高粮食和棉花的合同定购价格，加上市场粮价上涨，刺激了农民种粮种棉的积极性，有些在外打工多年的农民工，也纷纷回乡

种田。1995 年粮食增产 430 亿斤，总产达 9332 亿斤，缓和了粮食的供需矛盾。1996 年，全国农业又夺得了改革开放以来第三次特大丰收。粮食总产突破 1 万亿斤，达 10091 亿斤，比 1995 年又增 915 亿斤，其他农副产品也大幅增产，从此改变了农产品市场供给不足的面貌。

1992 年到 1994 年，乡镇企业出现了继 1984 年到 1987 年后的第二个发展高峰期。1992 年和 1993 年，国务院连续发了两个支持乡镇企业发展的文件，再次充分肯定了乡镇企业在现代化建设中的重要作用，并且特别强调要加快中西部地区乡镇企业的发展。乡镇企业在全国范围内普遍发展，沿海发达地区出现了一大批乡镇大中型企业和企业集团，出现了工业小区，办起了一批"三资"企业。1992 ~ 1994 年，全国乡镇企业增加 586 万个，职工增加 2409 万人，总产值猛升 1.4 倍，纯利润增长 1.3 倍。随着国家宏观经济调控，1995 年、1996 年乡镇企业转向平稳发展，信贷和销售市场等外部条件日趋严峻，环境迫使乡镇企业调整结构，加强内部管理，提高竞争实力，有些集体所有乡镇企业进行改制，探索新的公有制实现形式。少数乡镇企业则因负债过多而陷入困境。

1992 ~ 1996 年是我国经济建设突飞猛进的 5 年，综合国力极大地增强了。5 年中，GDP 增长 73.8%，每年递增 11.7%；工业总产值增加 176.6%，每年递增 22.56%；钢材增加 3700 万吨，电增加 4000 亿度，冰箱、彩电产量都翻了一番。这 5 年，农业总产值增长 31.67%，平均每年递增 5.6%，粮食产量增加 1384 亿斤，突破 1 万亿斤大关。这 5 年，农民生活水平又有很大提高，1996 年，农民人均年纯收入 1926 元，与 1991 年的 308.5 元相比，增加 1617.5 元。这几年物价上涨幅度较大，扣除物价因素，5 年增长 31.25%，每年递增 5.67%。这是农民收入增长较快的五年，农民生活普遍有了进一步的提高，又盖了一大批新房，在发达地区，有不少农民盖了别墅式的小洋楼，家用电器也大量进入农家。有一部分省、市已进入小康社会，有少部分发达地区的农村正在向社会主义现代化新农村迈进。

## （五）第五阶段，1997 年以后

1996 年农业特大丰收后，正是宏观经济调整后期，市场疲软，粮食等多数农产品卖难，农业产业化在各地兴起，乡镇企业滑坡，外出的农民工回流。

1995 ~ 1996 年，粮食增产 1188 亿斤，加上这两年又纯进口粮食 578 亿斤，一下就改变了供求形势，由买难变成卖难，国家仓库爆满，市场粮价下跌 30% 以上，1997 年粮食略减，总产为 9883 亿斤，秋后粮食还是卖难。1998 年遇大洪水冲击，损失很大，不过全国农业还是丰收年景，粮食总产与 1997 年持平。国家出台粮食流通体制改革政策，按保护价敞开收购农民余粮，粮食收储企业实行顺价销售，粮食收购资金封闭运行，并部署国有粮食企业自身改革。

乡镇企业面临结构改革和体制创新的阶段。受市场影响，多数加工产品销售困难，负债严重，经济效益下降。1997 年乡镇企业 2015 万个，比 1995 年减少 187 万个，从业人员 13050 万人，比 1995 年增加 188 万人，但比 1996 年减少 458 万人。1997 年乡镇企业实现增加值 20740 亿元，比 1996 年增加 18%。1998 年上半年，乡镇企业增加值比上年同期增加 15.4%。各地乡镇企业正在抓转换机制，调整产业结构，加强内部管理，提高竞争能力。有些地区的乡镇企业，经过调整和完善，已呈现出蓄势待发的劲头，等待外部环境变化，准备再创辉煌的态势。

由于市场粮价和多数农产品价格下跌，农业丰产，农民没有丰收，加上这几年外出农民工大批回流，高峰时（流出农民工）到过 8000 万人，1997 年只有 3400 万人，1998 年还继续回流，这也减少了农民的收入。乡镇企业不景气，减少了工资性和经营性收入。1997 年农民年纯收入 2090 元，比 1996 年增加 164 元，扣除物价因素，只增长 4.6%，比 1996 回落 4.4 个百分点。

## 三　农村改革的基本经验和启示

1998 年 10 月党的十五届三中全会召开，会议通过了《中共中央关于农业和农村工作若干重大问题的决定》。全会高度评价农村改革 20 年所取得的巨大成就，指出农村改革的成就为全国改革、发展、稳定作出了重要贡献。全会对 20 年农村改革创造的丰富经验作了全面总结，概括为五条基本经验：①必须承认并充分保障农民的自主权，把调动广大农民积极性作为制定农村政策的出发点。核心是要在经济上保障农民的物质利益，政治上保障农民的民主权利。②必须发展以公有制为主体的多种所有制经济，探索和完善农村公有制的有效实现形式，使生产关系适应生产力发展要求，实行土地集体所有，家庭承包经营，这是农村最基本的生产关系。③必须坚持以市场取向的改革为农村经济注入新的活力，并逐步转入社会主义市场经济的轨道。④必须充分尊重农民的首创精神，依靠群众推进改革的伟大事业。包产到户、乡镇企业和村民自治都是党领导下我国农民的伟大创造，是坚持从群众中来、到群众中去的根本工作路线的结果。⑤必须从全局出发，高度重视农业，使农村改革和城市改革相互配合、协调发展。首先启动农村改革，以农村的改革和发展推动城市改革，又以城市的改革和发展支持农村。这是中国改革的成功之路。农村改革之所以取得如此成功，说到底，这是坚持邓小平理论指导，解放思想、实事求是的结果，这是最根本的经验。

《中共中央关于农业和农村工作若干重大问题的决定》把 20 来年农村改革的经验总结为五条基本经验和一条根本经验，这是全面、系统、深刻的总结，高度概括，文字简练，十分精辟。这不仅仅是今后我们的农业、农村工作必须长期坚持和应用的，而且也是我们的城市工作、国有企业改革以及其他战线可以应用和借鉴的。这个总结，既有理论意义，也有很实际的现实意义。

引申这五条基本经验，谈几点启示。

第一，农村改革是从改革农业经营管理体制突破的。农村改革开始是党的十一届三中全会通过的农业文件，提出了 25 条加快农业发展的政策和措施，农民从一开始就认准了生产责任制，先是搞包产到组，不久就转向包产到户、包干到户。党中央尊重农民的创造，因势利导，依靠实践效果好的威力，说服了干部群众，三年就在全国普遍实行了。实行包产到户、包干到户（也就是家庭联产承包责任制）使农民得到自主和实惠，把亿万农民群众的积极性调动起来了，农业生产连年丰收，不久，就解决了长期想解决而没有解决的粮食等农产品的供给问题。农村从此开创了历史的新局面，许多新生事物由此滥觞出来。

自从办了人民公社，"三级所有，队为基础"，实行集体劳动，平均分配，使农民丧失了自主权，否定了家庭经营，割断了农民同市场的联系，农民生产的积极性一落千丈，农业生产长期徘徊不前。到 1978 年，全国还有 1/3 的农民没有解决温饱问题，靠进口粮食，靠发各种票证，勉强解决城市居民的吃饭问题。为了增加农业生产，党和国家包括最高领导人在农业上付出了不知多少的心血和辛劳。但农业生产就是上不去。于是就寻找生产上不去的原因。有一阵把农业生产搞不好的原因，归结为农民的自发资本主义倾向，于是就开展对农民的社会主义教育运动。三年经济困难后，又认为是农村的阶级斗争问题，认为有 1/3 的基层政权不在共产党手里，于是就开展反"五风"，整风整社，搞"四清"运动，不断整农村基层干部，以致提出要整走资本主义当权派。发现了山西大寨大队好典型，就在全国开展了"农业学大寨"运动，把个别当一般，当时有个说法，大寨能做到的，别的地方为什么不能做到，一两年不行，三年、四年总可以了吧！结果还是推而不广。有一段时期，还认为农业生产搞不好，是农村劳动力不够，于是把几千万已进城就业的工人动员还乡，把农村务工、搞副业的人批为不务正业、搞资本主义，还让2000多万城市知青"上山下乡"，把大批干部送进"五七"干校，从事农业劳动。20多年间，什么办法都使了，农业生产就是搞不上去。

党的十一届三中全会实行包产到户、包干到户，改革了经营管理体制，农民的生产积极性调动起来了，农产品就大量生产出来了。这给我们一个启示，凡是某一个问题，成为全国性的、比较普遍、长期解决不了，而且久治不愈，那就不是一般的工作问题，而是体制问题、制度性问题，必须对这方面的体制、管理制度进行改革，才能解决问题。诸如农民负担过重的问题，土地纠纷多的问题，农产品买难与卖难不断交替的问题，约有半数县以下干部经常领不到工资的问题，国有企业效益不好长期亏损的问题，城镇居民住房分配不公的问题，公费医疗开支恶性膨胀、单位不堪重负的问题，等等。讲了多年，改了多年，就是解决不好，这些都不是单靠加强领导、做好工作能解决的，必须对经营体制、管理制度进行彻底的改革，找到原来体制的症结所在，对症下药，才能奏效。

第二，20年来，我国农业生产的发展是很好的，但也不是持续稳定地增长，而是几受挫折，少了少了多了多，多了多了少了少①，扭了几次秧歌。拿农业最主要的产品粮食来说，至今已是三起三落了。1984年，粮食总产8146亿斤，当年冬天卖粮难，1985年粮食减产6.9%，连续徘徊四年。1990年第二次大丰收，粮食总产8925亿斤，又出现卖粮难，粮价大跌，农民增产没有增收，1991年粮食减产2.5%，连续徘徊四年。1996年第三次特大丰收，粮食总产10090亿斤，这次国家注意调节，敞开收购余粮，1997年粮食减产2.1%。其他农产品也有类似的情况。分析减产、徘徊的原因，农业上生产关系是合适的，农民有生产积极性，农业科技的应用和推广是逐年进步的，减产徘徊的原因主要是在农业外部，是出在农产品的流通体制上。就拿粮食来说，现有的国有粮食系统，购、销、调、存的体制，是在计划经济条件下形成的，很不适应农业生产发展的要求。再如粮食进出

---

① 拟简谱音：5656∣ｉ6ｉ∣ｉ6ｉ6∣565∣。——编者注

口体制，1992 年、1993 年、1994 年，粮食生产徘徊，国内需求增加，供应不足，但这几年却年年纯出口粮食，加剧了缺口，市场粮价涨幅很大。1995 年、1996 年连续两年大丰收，而这两年却纯进口 578 亿斤，加剧了库容的矛盾和 1996 年以后市场粮价大跌的跌幅。这表现了目前我国农产品外贸体制反应滞后，对农业生产不能作正确的预期，实际是逆向调节。

从研究粮食和农业生产的起起落落，我们可以得到这样一个启示，在自给自足的自然经济条件下，在计划经济条件下，可以就农业生产论农业生产。而在市场经济条件下，就必须从工农一体、城乡一体和整个国民经济的体系来讨论解决农业生产问题。就我国目前的状况来说，由于农村率先改革，农业生产的体制是好的，农业生产是可以持续稳定地发展的，但目前的粮食和农产品加工、流通体系还没有进行应有的改革，还不完善。所以产生种种矛盾，由此制约了农业生产的健康发展。可以这样说，现在要顺利解决农业、农村问题，就要求城市和第二、三产业加快改革和发展步伐，当然，农业和农村也要继续深化改革，要使农业和农村的生产和发展面向城市，面向工业和第三产业，也就是要面向市场。

第三，1996 年农业特大丰收以后，粮食卖难，棉花也卖难，肉类、水产品、蔬菜、水果也卖难，市场价格下跌，已经持续两年多了，明年①的市场预期也不好。许多工业产品也滞销，家电、服装、鞋帽、化妆品等都卖不出去。生活资料大量积压，生产资料也不好销，水泥、钢材、煤炭、建筑材料也都销售困难。据国内贸易局商业信息中心对全国 610 种主要商品排队测算分析，1998 年下半年，有 403 种商品供求基本平衡，占 66.1%，有 206 种商品供过于求，占 33.8%，供不应求的只有 1 种。我们真到了工农业产品过剩，实现了卖方市场向买方市场转变了吗？1997 年我国人均粮食 800 斤，肉类 70 斤，布 17 米，钢材 80 公斤，煤 1 吨，大致只达到世界的平均水平，比发达国家还差得很远，怎么能说过剩了呢？1997 年我国生产电视机 3513 万台（其中彩电 2643 万台），电冰箱 986 万台，洗衣机 1257 万台。面对我国有 3.4 亿个家庭（其中农民家庭 23402 万个），这点家电不应该销不出去。据国家统计局抽样测算，1997 年每百户农民家庭拥有彩电 27.3 台，冰箱 8.5 台，洗衣机 21.9 台，可见家电市场的潜力还很大，怎么能说过剩了呢？结论是多乎哉，不多也。但产品就是卖不出去，这是不争的事实。

---

① 指 1999 年。——编者注

　　怎么来解释这个问题的原因，解决工农业产品销售困难的问题？合理的解释是我国目前的城乡社会结构不合理，城镇化严重滞后于工业化，只有加快城镇化的步伐，才能解决上述这些矛盾。从世界现代化国家走过的历史看，城镇化与工业化是同步的。我们国家长期实行计划经济体制和特有的历史原因，致使城镇化落后于工业化。学术界普遍认为我国目前已进入工业化的中期阶段，但我国的城镇化还只达到初期的水平。现在世界人口城镇化率平均已达到 42%，而 1997 年我国人口的城镇化率只有 29.9%，相差 12.1 个百分点。1997 年，我国的总人口是 123626 万人，使城镇化率提高 12.1 个百分点，就意味着增加 1.5 亿城镇人口。我国经济社会的发展程度已经达到世界平均水平，我国的城镇化水平也应达到 42% 的水平。

　　如果我们采取适当、稳妥的政策，加快小城镇建设，用 3～5 年时间，让 1.5 亿农民甚至更多的农民到小城镇务工经商，安家落户，那么，当前许多经济问题就可以解决，至少可以得到缓解。有 1.5 亿农民进城，他们必须要建房、买房、租房，住宅业就会兴起，还要建设相应的基础设施，建筑业就兴旺了。农民进了城镇，生产方式、生活方式就会改变，消费观念也会改变，加上小城镇有自来水、电、通讯等基础设施的条件，农民变为居民后，购买彩电、冰箱、洗衣机等家电产品以及服装、皮鞋等日用消费品就会大量增加，第三产业也会发展起来。另外，农村里转移出来 1.5 亿农业人口，农业生产不会受什么影响，农业收入不会减少，留下的 7 亿多人，等于就增加 17% 的收入，内需就扩大了。

　　当前的农村单靠调整产品结构、调整产业结构已经不够了，必须进行城乡社会结构的调整，打开城门、镇门，让农民进入到城镇中来，才能解决上述几个普遍性的问题，促进经济社会持续、协调、健康地发展。

# 中国改革开放20年[*]

非常感谢哲学社会科学部教授们的安排，让我有机会同诸位同行见面，十分荣幸！

从1919年五四运动以来，中国人民做了两件大事。一是用革命的方式统一了国家，建立了人民民主政权；二是进行了社会主义现代化经济社会建设。这两件大事，开始我们都是以俄为师的，并且都得到了苏联老大哥的帮助，毛泽东说过："十月革命一声炮响，给我们送来了马克思列宁主义。"[①] 我们一向是以苏联为榜样进行中国革命和建设的。中国人民对苏联人民是有深厚的感情的，看苏联小说、电影，念苏联教科书，唱苏联歌曲，到苏联留学成为许多中国青年的最大愿望。

中国的党和人民有个优点，他比较重视实践，中国人在学习马克思主义也好，学习苏联的革命和建设的经验也好，都能在实践中逐步总结经验，根据马克思主义和别国的经验，同中国的实际情况结合起来，实事求是，把中国的事情办成功。我们在革命和建设过程中都能从中国的国情出发，走出一条有中国特色的道路，都有自己的特点。

## 一 两次农村包围城市

中国的基本国情是人口多，农民多，1949年前农民占90%，1978年占80%，现在[②]还占70%，9亿人。[③]

毛泽东在领导中国革命的时候，总结了学苏联革命靠发动工人阶级在

---

[*] 本文源自作者手稿。该稿写于1998年12月20日，系作者在俄罗斯的演讲稿。——编者注

[①] 毛泽东：《论人民民主专政》，见《毛泽东选集》第4卷，人民出版社，1991，第1471页。

[②] 本文中"现在"的数据一般指1997年数据。——编者注

[③] 参见国家统计局编《中国统计年鉴·1998》，中国统计出版社，1998，第105页。

中心城市起义失败的教训，提出了先在边远农村建立革命根据地，武装农民，以农村包围城市的办法。经过 20 年的奋斗，统一了中国，在 1949 年建立了中华人民共和国。

从 1978 年开始，邓小平主持工作，推进中国的改革开放，进行现代化建设，取得了世界公认的成功，就其实质来说，是第二次农村包围城市，并且取得了成功。为什么这样说？怎么来理解？

从 20 世纪 50 年代开始，中国进行大规模的经济建设。20 世纪 50 年代，苏联朋友无私地给了我们援助，派了大批苏联专家，建设了 156 项工业、交通、水利等大工程，从此奠定了我国现代工业的基础。同时，建立了一整套政治、经济、社会体制，也就是实行计划经济体制。在城市建立了各种国有和公有的企业、事业，实行单位制；在农村基本上学苏联集体农庄的榜样，建立了 5 万多个人民公社，集体经济，集体劳动，统一分配。在城市乡村完全排除了生产资料的私有制。到 1978 年，全国只有 15 万个体劳动者，完全排除市场经济的成分。

这套计划经济的办法，历史地说，使中国在 20 多年的时间内建立了以 156 项项目为骨干的现代工业经济体系。但是，在实践中我们发现，计划经济体制过于僵化，严重压抑了工人、农民、知识分子的生产劳动积极性。工农业产品严重短缺、经济发展缓慢、矛盾重重。特别是在 1966 年，毛泽东错误地发动了十年"文化大革命"，使经济到了崩溃的边缘。到 1978 年，我们 10 亿人民，8 亿人种田，饭还不够吃，要靠进口粮食，还有约 2.5 亿人生活在绝对贫困线以下（年收入 70 美元，每天不足 0.2 美元），2 亿城市居民生活也靠配给，发各种票证，勉强维持生计。这实际上是计划经济的失败。

这一套计划经济的办法存在的问题是：（1）这是一种理想化的体制，实际做不到；（2）人们需求是千千万万、千变万化的，计划跟不上；（3）从供给方面说，没有动力机制，干多干少、干好干差、干和不干一个样，就不干了。光靠政治觉悟，一时一地行，长远就不行了。

1978 年党的十一届三中全会，拨乱反正，把全国的工作中心从阶级斗争为纲转到经济建设上来，确立了实事求是的思想路线，组织上确立以邓小平同志为核心的第二代领导集体，实行改革开放。回过头来总结，实质是邓小平实行了第二次农村包围城市的战略，使现代化经济建设取得了成功。

第一，改革首先从农村开始。在农村实行包产到户、包干到户的方法，全国只用 3 年多时间，把土地的使用权都分给了农民，1984 年废除了人民公社"三级所有、队为基础"的体制。

农民重新得到了土地，一家一户经营，还得到了人身自由，可以从事各种职业，8 亿农民从此就实际实行了市场经济的体制，极大地调动了农民的生产积极性，农业生产连年大幅增长。1980 年前，我们是粮食棉花的纯进口国，1984 年以后粮食棉花出口了，现在我国 12 亿人，是农产品纯出口国。中国现在的一切成就，实际就由这里产生出来。中国农民称这是第二次解放。

第二，8 亿农民生产积极性调动起来，不仅生产出了大量农产品，而且有大量剩余劳动力（一人 0.1 公顷土地是不够种的，不能充分就业）。城市和国有工业体制改革缓慢，吸纳不了这么多劳动力。农民就自己筹集资金，购买设备，建造厂房，经营管理。从 20 世纪 80 年代中期大量发展乡镇企业，现在全国 2015 万个乡镇企业，13050 万农民工人，[①] 每年制造了各种各样的工业品，现在全国工业产值的 1/2、GDP 的 1/3、出口产品的 38%、财政收入的 1/4，是靠乡镇企业制造的。许多农村，由此富裕起来了，在东南沿海约有 1.5 亿人口的农村已经现代化了。可以说中国农村创造了农村工业化——有中国特色的工业化道路。中国市场上工业品如此充裕，一半是乡镇企业制造的。

第三，由于乡镇企业的发展，大量的农民工人集中到小城镇里来。全国大中城市因为计划体制未彻底改革，容纳不了几亿农民，靠着乡镇企业，大量小城镇建设起来了。1978 年中国只有 2780 个镇，现在已有 668 个大中小城市[②]、16660 个镇，有些建设得相当现代化，有现代化的楼房、交通通讯设施、科学文化医疗机构。中国农民创造了中国特色的城镇化的道路。

第四，从 1987 年开始，人民代表大会通过了《村民委员会组织法》，中国农民可以实现农民直接选举村长，实行民主选举、民主监督、民主决策、民主管理，实行政治民主化。城市居民和干部是间接选举，中国农村政治民主化也是走在全国前面的。农村的经济是市场化的，政治是民主的，中国农民率先做出榜样来。

第五，中国农民实在太多，把 1 亿公顷的地种好了，办了 2050 万个乡镇企业，劳动力还有富裕。而城市正在建设，国有企业改革不理想，效益不好。于是从 20 世纪 80 年代后期，大量农民工进城了。建筑、环卫、修

---

① 参见国家统计局编《中国统计年鉴·1998》，中国统计出版社，1998，第 420~421 页。

② 参见国家统计局编《中国统计年鉴·1998》，中国统计出版社，1998，第 3 页。

路、市政建设、矿山、第三产业的饮食服务业，农民工进去了，工资又低，各种重活、累活、危险的活，都由农民工来做，最多时，达到 8000 万人。他们农闲时来了，农忙时回农村。有的青年留下了，但一到过年，就回去了，形成了候鸟式的社会大流动，学者称之为"民工潮"。这些人对现代化的贡献很大，北京有许多大楼、高速公路、矿山，都是他们干的。创造了很多财富，他们又学到了技术，挣了钱，每年数百亿元汇到农村，对当地经济发展也起了很大作用。

从这几点看，可以说，中国这 20 年的主要成就，首先都是从农村取得的，农村的改革推动了城市改革，所以，20 年的伟大成就，也可以说是又一次农村包围城市的成功。

为什么中国现代化改革和建设，首先在农村取得成功？第一，相对而言，计划经济体制在城市比较严密，成体系，改革难，而农村是分散的，计划经济比较薄弱，就容易突破；第二，更主要的，城市居民从计划经济得到的利益比较多，有社会保障，而农民是在计划经济体制下最受剥削、受压迫的阶层，所以他们改革的要求很迫切。前面讲的几点，都是农民首创的。

包产到户、乡镇企业、小城镇、村民自治民主、民工潮，这些都是在西方、在苏联没有过的，都是中国共产党领导下中国农民的创造，取得了这样的成就。所以，要研究中国，要了解中国，不了解 9 亿农民的实践，不了解农村，就不能认识和了解中国这 20 年改革的成功。

## 二　20 年取得的主要成就

这 20 年里中国社会发生了历史性的社会变迁。主要有以下几个方面。

第一，物质方面的成就。

（1）中国 20 年的国民生产总值，从 1978 年的 3624 亿元，到 1997 年的 74772 亿元，合 9020 亿美元，平均每年递增 9.8%，国民生产总值翻了两番还多。

（2）粮食，从 1978 年 30477 万吨，到 1997 年 49417 万吨，平均每年增长 2.5%。

（3）钢材，1978 年 2208 万吨，1997 年为 10894 万吨，每年递增 8.8%。

（4）电力，1978 年 2566 亿千瓦小时，1997 年为 11356 亿度，每年递增 8.1%。

（5）对外贸易，1978 年进出口总额 206 亿美元，世界第 32 位，1997 年为 3251 亿美元，年均增长 15.6%，占世界第 10 位。外汇储备，1978 年只有 2 亿美元，1997 年为 1399 亿美元，占世界第 2 位，现在已有 30 万家外企、合资企业，实际利用外资 2218 亿美元。

（6）人民生活有了极大改善，1978 年农民人均年收入 133.6 元，1997 年为 2090 元，按不变价计算年均增长 8.1%，城镇居民 1978 年人均年收入 343.5 元，1997 年达到 5160 元，平均增长 6.2%。1978 年，城乡居民存款 211 亿元，1997 年达到 46280 亿元，据当年价格计算年均增长 32%，1997 年居民存美元 400 亿美元。1978 年，居民生活消费品非常缺乏，靠配给，可称为短缺经济。1998 年，610 种商品，供应平衡的 403 种，占 66.1%，供过于求的 206 种，占 33.8%。现在的中国市场，产品已经是十分丰富了，中国现在已经从卖方市场转为买方市场。

1978 年中国的三次产业结构为 28.1：48.2：23.7，1997 年中国的三次产业结构为 18.7：49.2：32.1。[①]

总的来说，中国正在由农业社会向工业社会转变，正在由乡村人口农民为主的社会向城镇社会转变，正在由计划经济体制向社会主义市场经济体制转变，正在由一个传统的社会向现代化社会转变。

更为可喜的是，20 年来的成功实践，已经形成了一条坚持以经济建设为中心，坚持改革开放，坚持四项基本原则（坚持马克思主义思想，坚持共产党的领导，坚持社会主义道路，坚持人民民主专政），即所谓"一个中心，两个基本点"的基本路线。

第二，全国人民对未来充满信心，据我们社会学所对全国居民的抽样调查，88% 的被调查者都认为今后 5 年、10 年，生活会一年比一年更好。

第三，我们走出了一条有中国特色的社会主义现代化建设的道路，走上了一条实现社会主义市场化的道路，这也是这几年的成功经验。

前不久，一位世界银行的专家评论，"中国只用了一代人的时间，取得了一些国家用几个世纪才取得的成就"。

# 三 我们仍面临诸多困难和风险

中国是个人口众多、耕地和多种资源相当缺乏的国家。工业化比欧美

---

① 以上数据参见国家统计局编《中国统计年鉴·1998》，中国统计出版社，1998，第 55～56、325、403、469、620、670 页。

各国落后约 100 多年，是个贫穷落后的、农民占多数的国家。这 20 年有了很大改变，但要成为富裕的现代化国家还差得很远，而且还有很多困难。

第一，我国的综合国力已经不弱，但 12 亿人口一平均就很少，1997 年人均 GNP 只有 733 美元，排在世界约 110 位，还是个低收入发展中国家。

第二，中国的农村改革已取得了比较成功的经验，但城市改革还正在进行，特别是国有企业的改革，还未取得突破性进展，至今经济效益还不好，多数企业还是亏损的。国有企业人浮于事，近几年我们进行减员增效，失业工人已超过 1200 万人，要安排他们重新就业，困难很大。

第三，1978 年以来，我们实行了让一部分地区、一部分人先富起来的政策，总的是成功的，东南沿海一部分地区已经富起来了，城乡都有一部分人先富起来了，现在已经有数百个亿万富翁，有上百万个资产在百万元以上的富裕家庭。但现在城乡之间、地区之间、行业之间、单位之间、个人与个人之间差别日益扩大，引起了社会的不安。在农村，至今还有 5000 万人生活在贫困之中，在城市也有上千万人生活在贫困线以下，需要国家社会救济。

第四，我们制定了科教兴国的战略，可是我们的高新技术还很落后。我们的中小学基础教育是比较好的，正在普及 9 年义务制教育。但高等教育落后，我们 12 亿人只有 1000 所大学，每年入学的大学生只有 100 万人，[①]比印度都少。到 1995 年，我国有大专毕业生 1193 万人，大学本科毕业生 767 万人，硕士 31 万人，博士 2.3 万人，合计 1993 万人，占适龄人口的 2.4%，远远低于发达国家 10% ~ 30% 的水平。在知识经济时代，这是很不适应的。

第五，我们国家在经济高速增长的同时，自然资源在破坏，环境在日益恶化，耕地在减少（每年约减少 20 万 ~ 40 万公顷），森林被大量砍伐，水土资源严重流失，不少地方沙漠化，水资源不足，全国 666 个城市缺淡水的有 300 个以上，黄河近几年经常断流，今年的特大洪水灾害，与生态破坏有关，北京的空气污染严重，经常在 4 级以上。

第六，这些年社会治安也不好，犯罪率大量增加，每年的刑事案件发案数都在 500 万件以上，恶性案件大量增加，特别严重的是公务人员、领导干部腐败、贪污受贿，引起群众的公愤，虽然政府严厉打击，但腐朽奢靡之风还未遏制住，还在继续蔓延。

---

① 参见国家统计局编《中国统计年鉴·1998》，中国统计出版社，1998，第 682、684 页。

第七，我国的农村改革是成功的，基本上已经实现了**市场经济体制**，但计划经济体制在城市，在国有企业、事业单位里根深蒂固，改革很不容易。如国家管理机构改革，教育科研体制改革，城市住房体制改革，医疗等福利制度改革都相当困难，进展不是很理想。所以可以说经济体制改革是成功的，社会政治体制改革还相当缓慢，由此引起了诸多的社会问题。甚至导致影响到经济发展，如我们许多工农业产品过剩，卖不出去，究其原因不是产品结构、产业结构调整的问题，而是工业化发展起来之后，城镇化没有发展，1997 年我国 12.3 亿人口，70% 是农民，城市化率只有29.9%，① 低于世界平均水平。党的十五届三中全会决定，大量发展小城镇，让农民进入小城镇，3~5 年将有 1.5 亿农民，变为小城镇居民，这样可以扩大购买力，可以促进经济发展。

## 四　中国改革取得成就的原因分析

我们建立的政治经济体制是向苏联学习的，1978 年前计划经济体制是成体系的。20 年改革和发展的实践表明，全面改革这套体系很不容易。我们之所以取得了一定的成功，主要有以下几个方面原因。

第一，改革是从思想解放着手的。1978 年在全国开展了"实践是检验真理的唯一标准"的大讨论，批判"两个凡是"（凡是毛主席做出的决策，我们都坚决维护；凡是毛主席的指示，我们都始终不渝地遵循），把领导和群众从"左"倾教条主义的思想束缚中解放出来，恢复实事求是，一切从实际出发。这次思想解放运动的标志是党的十一届三中全会，为以后的改革发展奠定了基础。

但从 1979 年 3 月开始，邓小平就提出，一方面要解放思想，要改革开放；一方面又要坚持四项基本原则。特别是对毛泽东的晚年错误，提出要完整正确地运用毛泽东思想，对马列主义、毛泽东思想基本原理和科学体系要坚持，而对个别言论、决定要正确对待。所以思想解放运动并没有彻底否定毛泽东的伟大功绩，没有否定革命的历史，坚持了共产党的领导，坚持了社会主义。所以社会一直是稳定的，没有引起思想混乱。

第二，我们的改革，坚持循序渐进的方式，一切经过试验，看准了，检验成功的，就在全国推开，但也允许看，允许等，不采取"一刀切"的

---

① 　国家统计局编《中国统计年鉴·1998》，中国统计出版社，1998，第 105 页。

办法。如农村改革，前后进行了三年，才在全国实行包干到户。如价格改革，开始也想一次性进行改革计划价格体制，1988 年实行了，但效果不好，就改为一点一点改，至今全国 95% 的产品已实行市场定价了。

第三，我们的改革采取了自上而下和自下而上相结合的方式，先易后难。经济上国有企业改革最困难，我们采取发展乡镇企业，发展"三资"企业，发展个体私营企业，国有企业改革虽难，但外部的企业都发展起来了，改变了国有企业一统天下的局面，现在基本上是"三三制"，即 1/3 的国有企业、1/3 多的集体合作经济、1/3 弱的"三资"和个体私有经济，整个经济活跃发展很快。

第四，我们的改革是从农村开始的，把 9 亿农民的积极性调动起来，用农村包围城市的办法，70% 的人积极性调动起来了，农村社会是稳定的，经济持续发展，就保证了全国的稳定和发展。

第五，我们的改革始终坚持了以实践有利为标准，后来邓小平同志总结提出了"三个有利于"的标准，即有利于发展生产力、有利于增强综合国力、有利于改善人民生活。改革总是推动生产发展，使人民生活不断改善，所以得到了人民群众的拥护，社会是稳定的，改革、发展、稳定三者是协调的。

第六，我们的改革，始终坚持党的领导，坚持社会主义道路。中央领导是不断加强和巩固的，在政治上保持了全国的集中统一领导。在经济上，保证必要的宏观调控，如 1994 年财税改革，近 5 年来每年增加财政收入1000 亿元。这就保障了必要的基本建设投资，对落后困难地区的支援，遇上今年的自然灾害，有能力指挥调度。保证灾区人民生活和社会安定。今年又遇上东南亚金融危机，也靠着中央的实力，有力量抵御和化解。

总的说来，我们虽然在 20 年中取得了很大成绩，但由于国家大、人口多，原来底子太薄弱，现在的经济文化水平很低，比起发达国家还有很大差距。我们到莫斯科这几天，就深感我们在基本设施建设、环境管理、文明程度等方面还落后得很，我们还要继续努力，继续改革，向先进的国家学习，使中华民族发展得更快更健康。

# 农业形势与农村现代化

# 继续深化改革　促进农村经济社会协调发展[*]

十年前，邓小平同志在《建设有中国特色的社会主义》一文中指出："从中国的实际出发，我们首先解决农村问题。中国有百分之八十的人口住在农村，中国稳定不稳定首先要看这百分之八十稳定不稳定。城市搞得再漂亮，没有农村这一稳定的基础是不行的。所以，我们首先在农村实行搞活经济和开放政策，调动了全国百分之八十的人口的积极性。我们是在一九七八年底制定这个方针的，几年功夫就见效了。"[①] 十多年来，在邓小平同志建设有中国特色社会主义的理论指导下，我国各方面的工作都取得了举世瞩目的伟大成就，国家发生了历史性的深刻变化。现在，农村人口仍占72%，农村工作仍是我们工作的重点，调动占9亿多农民的积极性，解决好农村问题仍是事关社会主义现代化建设全局的大问题。

## 一　农村面临的新形势、新问题

当前农村形势总的来说是很好的。自邓小平同志南方谈话发表以后，农村的改革和发展进入了一个新的阶段。

### （一）家庭联产承包责任制得到进一步的完善和稳定

1993年中央农村工作会议决定把土地承包期再延长30年不变，得到亿万农民的衷心拥护，加上各方面的工作，使这种统分结合的承包责任制更加完善，更加适合目前的生产力水平和农民的意愿，由此调动起来的生产

---

[*] 本文原载于《农业经济问题》1995年第1期，发表时间：1995年1月23日，原稿写于1994年7月30日，作者：陆学艺、黄平。本文涉及的相关省市农村经济社会数据源自作者调查过程中获得的资料。——编者注

[①] 《邓小平文选》第3卷，人民出版社，1993，第65页。

积极性长盛不衰。可以说，在农村已经建立起了一个好的微观机制，每个农民都是独立的商品生产者，成为发展商品生产的新的生长点。

### （二）农业生产持续增长

1985 年以后粮食等主要农产品的生产曾一度徘徊，但自 1990 年后，除棉花外，各主要农产品都以较大幅度增长，粮食突破了 4500 亿公斤的大关，保证了主要农产品对国内城乡的有效供给，保证了外贸出口的需要。1993年农业总值达到 10996 亿元[①]，按不变价格计算，比 1978 年增长 2.42 倍，15 年间平均每年递增 6.1%。这样大的国家，连续 15 年，农业生产持续大幅度增长，这在中外农业历史上是鲜有的。

### （三）农村产业结构发生了重大的变化

我国已经由单一的农业经济转向农、林、牧、副、渔、工、商、建、运、服，即第一、第二、第三产业全面繁荣发展的阶段。20 世纪 80 年代中期，乡镇企业异军突起，1987 年乡镇企业产值超过了农业总产值，成为农村经济的支柱。特别是 1992 年以后，乡镇企业发展更快，1993 年乡镇企业从业人员超过 1 亿人，总产值达到 29022 亿元，接近农村经济总产值的70%，唱了农村经济的主角。乡镇工业的产值也占到全国工业产值的 40%。这是具有中国特色的又一个农民的伟大创造。

### （四）农村社会主义市场经济体制的框架正在逐步形成

农村改革从一开始就是以市场经济为取向的，农户经营、乡镇企业都是市场经济的基础。原来的统购统销制度已经基本废除，农产品价格除几种产品外已全部放开。到 1993 年底全国有集贸市场 83000 多个，集市成交额 5343 亿元，占全国社会商品零售总额的 39%。[②] 现在全国有各类批发市场 3000 多个，生产要素市场 1000 多个。蔬菜、果品已经形成各个层次的批发市场，形成了产地、中转、仓储、销区相衔接的流通网络。这在 10 年前是几乎不能想象的。

---

① 国家统计局编《中国统计年鉴·1994》，中国统计出版社，1994，第 331 页。
② 国家统计局编《中国统计年鉴·1994》，中国统计出版社，1994，第 499 页。

**（五）农村改革使农民得到了实惠，农民生活水平普遍有了很大提高**

1978 年农民人均纯收入 134 元，1993 年达到 921 元。扣除物价因素，收入增长 2.5 倍，平均每年递增 6.3%。95% 以上的农民解决了温饱问题，沿海和大中城郊的发达地区约有 2 亿农民的年收入已超过 1200 元，过上了比较富裕的小康生活。

**（六）农村的科技、教育、文化娱乐、医疗卫生等社会事业也有了一定的发展**

部分地区，农村养老保险社会保障等事业正在试点，有的已经起步。各地都有了若干经济繁荣社会进步的典型。

总的来说，我国农村的基本形势是好的，发展的主流是健康的，成绩巨大。但是，我们也不能不看到，我国农村有 9 亿农民，原来是一穷二白的，家底很薄，耕地和资源相对稀缺，东西部差距很大，情况千差万别，在这样的条件下建设社会主义现代化社会，实现共同富裕是需要几代人坚持不懈奋斗的。现在的工作成就，只是开了一个好头，开辟了一条道路，奠定了未来发展的基础。就目前来说，各种工作千头万绪，纷繁复杂。在经济上，农村社会主义市场经济体制的框架正在形成，如何建设灵活有效的宏观调控机制；如何保证主要农产品的持续稳定增长，保证对国民经济发展和城乡居民的有效供给，如何缩小已经扩大了的城乡收入差距，保证农民的实际收入稳定增长；如何引导农村 1 亿多剩余劳动力转移就业，使这个庞大的劳动资源得到充分利用，创造更多的财富，这些都是亟待解决的大课题。

这里要重点讨论的是另一类关于农村社会发展的问题。相对经济发展而言，社会发展方面还有一些问题需要解决。这些年关于社会发展，各方面注意得不够，对社会形势研究得也不够，随着经济的发展、经济结构的变化，社会结构也发生了很大的变化，产生了很多社会问题。实际上，经济和社会是一个整体，社会发展的滞后，社会问题的积累，已经对经济的健康持续稳定发展产生了不利的影响。

第一，农村社会治安状况不好。这几年，农村的刑事案发率明显上升，盗窃、赌博、吸毒、贩毒、绑架、勒索、杀人等案件时有发生，特别是在铁路、公路沿线出现了车匪、水匪、路霸，有些农村出现了盗窃集团、结群偷盗哄抢国家的水利、航运、通讯、军事设施和厂矿物资。

第二，社会风气不良。治安状况不好，不只是治安、犯罪问题，它体现目前农村基层社区的社会风气有问题。社会风气不良，是非不明善恶不辨，社区组织瘫痪，正不压邪，各类犯罪分子才会猖狂起来。现在有的农村社区内歪风盛行，视偷窃抢劫为致富的捷径，有的村甚至有的干部带着村里劳力偷抢国家厂矿资财。有些村里，二流子、懒汉、泼皮无赖结成黑势力，胡作非为，还神气活现。有的地方已经出现了村霸、街霸、地霸、路霸，他们结党营私，滋扰乡里，横行无忌。

第三，社会事业相对落后。总的情况是，农村的教育、科技、文化等社会事业发展落后于城市，落后于经济的增长，在不发达、欠发达地区情况尤其严重，即使是在经济比较发达的沿海地区，社会事业的发展也跟不上。

第四，社会差别扩大和社会保障事业滞后。在现阶段，发展是硬道理，为了实现国民经济两步走战略的设想，允许一部分地区和一部分人在法律许可的范围内先富起来，这样用先富带后富，最后达到发展生产力，实现共同富裕的目的。现在的问题是：（1）经过这几年的发展，城乡之间、地区之间、同一社区内个人之间的差别拉得太大太快。（2）在地区差别问题上，欠发达、贫困的正好又集中在我国西北、西南部少数民族同胞聚集的地区，民族、宗教、贫困几个问题凑在一起，而且差距还在继续拉大。（3）近些年先富起来的人，有些不一定都是靠合法经营、勤劳致富的，对此，群众不平、有意见是理所当然的。对于这些问题，亟须及时制定相应的社会政策和法令（如征收个人累进所得税、遗产税等）加以调控。

第五，农村基层组织问题。中共十一届三中全会以来，我们党的基层组织和基层干部做了大量的工作，艰苦奋斗，确保了党的中心工作转移到经济建设上来，农村经济有今天，农村形势有今天，是和党的基层组织和干部的工作分不开的。中国有 63412 个乡镇，80 多万个行政村，发展得很不平衡。大部分的乡镇村基层组织，仍是党在农村工作中的战斗堡垒，执行党在新时期的基本路线，改革开放以经济建设为中心，抓两个文明建设，组织和依靠群众为实现小康社会目标而努力。但是，也有相当一部分的基层组织处于软弱瘫痪的状态。有的是基本散架不起作用，有的甚至被坏人掌权（主要是村一级）起捣乱的作用。这种状况，省与省间不同，县与县间不同，差别很大。从各地的情况看，凡是那些经济长期上不去，社会治安状况严重不好，丑恶现象滋蔓，社会风气恶劣的地区，就是基层组织和干部严重涣散和变质已占了相当多数的地区。党的各项方针政策，最后都要有基层组织和基层干部去落实、贯彻，他们是党和国家在农村的工作基础，现在有相当一部分的基层组织瘫痪了，这是值得我们要高度重视并要及时解决的大问题。

# 二 对当前农村社会形势社会问题的分析

党中央根据中国国情，提出了经济发展"三步走"的战略设想，到20世纪末，国民生产总值要在1980年的基础上翻两番，实现小康水平。再过30~50年，人均国民生产总值要达到中等发达国家的水平，人民生活比较富裕了，基本实现现代化。10多年来，在党的领导下，我国的经济发展虽然也有曲折，但搞得很好，到20世纪末，实现翻两番的目标，已经有把握了。与经济形势相比，社会发展形势却有些滞后，产生了上述种种的社会问题。这说明，对于以经济建设为中心、发展经济，大家都十分重视，但对于要同时重视社会发展，还不是所有的人都认识到了。

国内国外的历史都证明，在一定意义上说社会政策比经济政策更重要。某一个经济政策失误了，引起经济发展的过热、失控、紊乱，但一经发现，加以调整、整顿，快则两三年，慢则四五年就改过来了。但社会政策错了，问题要比经济政策失误引起的后果严重得多，改正的周期长得多，有的要几年、十几年，乃至几十年才能改过来。例如人口政策，20世纪50年代中期，没有听取马寅初先生的科学意见致使人口失控，丧失了时机，这个后果要几代人才能改过来。

就实现背景而言，我国目前正处在由传统社会向现代社会转变的时期，正在由农业社会向工业社会转变，由乡村社会向城镇社会转变，由封闭性社会向开放性社会转变，由传统型社会向现代化社会转变，核心内容是实现工业化、城镇化。因为工业化是实现现代化的必要条件，而城镇化是工业化的必然要求和延伸，现代城市是现代化生活的载体。

由传统型社会向现代社会转变，并非社会主义社会发展的特有现象，所有经济发达国家都经历过这样一个现代化的转变阶段。具有中国特色的是，我们现在在实现这个现代化转变的时候，同时要实现由计划经济体制向社会主义市场经济体制转化，首先要进行一系列的体制性改革。

从传统社会向现代社会转变，从计划经济体制向社会主义市场经济体制转轨，两种体制摩擦、机制摩擦、多重利益冲突、角色冲突交织在一起，增加了转化的难度，使得情况更加复杂。何况，这场变革又是在拥有12亿人口的大国中进行，指导这场运动的困难、复杂、艰巨是可以想见的，任重而道远！

实现传统社会向现代社会转变，由计划经济体制向社会主义市场经济体制转轨的重点和难点在农村。所谓工业化，就是要使我国的产业结构，由农业生产为主，转变为工业生产为主，在国民生产总值中，工业和第三产业的份额要占绝大多数，要使社会劳动力就业结构中，从事非农产业的劳动力占到大多数的比重；所谓城镇化，就是要使我国大多数农民，从农村迁进城镇，从事现代的生产和过现代人的生活。

我国有9亿农民，现在正在实现这样一个巨大深刻的历史性变迁，是史无前例的！前述种种农村出现的社会问题，正是在这样的宏观历史背景下出现的。一方面，我们要看到正在实现的向现代社会转化过程中，产生这种种社会问题的客观性、现实性，一些经济发达国家在现代化过程中，都曾经出现过。诸如社会差别悬殊，利益矛盾冲突，社会犯罪率上升，社会秩序混乱，社会风气变坏，教育、科技滞后，交通、通讯跟不上，城镇脏、乱、差，住房拥挤，环境恶化，生活质量下降等，甚至一直到第二次世界大战以后，还有人提出增长第一的发展战略，把人均国民生产总值看作是发展的首要的甚至是唯一的目标，认为只要一个国家的经济增长了，社会发展目标就不难实现。实践的结果是资源破坏、环境恶化、贫富悬殊、犯罪率上升、社会秩序混乱、人们的生活质量下降，最后出现了"有增长而无发展"的结果。社会没有进步，这当然是不可取的。另一方面，我们也必须看到，这些农村社会问题的产生，虽然是客观的现实的，但并不是必然的。西方发达国家现代化过程中曾经出现过的，为什么在我们社会主义国家就必然要出现呢？他们那时搞现代化，没有先例，许多问题防不胜防，而且有些开始是他们并不想防的（如贫富悬殊等）。我们现在有了那么多前车之鉴，很多就可以借鉴，而少走弯路。更重要的是，我们建设的是有中国特色的社会主义现代化，如果仍走了西方现代化国家走过的弯路，还付了他们已付出过的代价，那就既没有坚持中国特色，也没有坚持社会主义。更何况，我国是一个以农民为主体的人口大国。土地和当地资源相对稀缺，我们一定要精心设计、精心组织指导这场伟大的改革，尽最大的努力，避免大的反复和折腾，避免社会问题堆积起来甚至激化，否则就晚了。

我们既要弄清楚产生这些社会问题的宏观背景，又要具体研究每个社会问题的来龙去脉，正本清源，对症下药，既要治本，也要治标。有的要未雨绸缪，早打防疫针，有的要用猛药，彻底清治，有的要用缓药，逐步解决。

当前农村产生的诸多社会问题，有体制上、结构上的原因，也有认识上、工作上的原因，有长期积累的历史原因，也有我们当前改革过程中产生的新问题。

## （一）社会体制上的原因

改革，首先从农村、农业开始，农村、农业体制改革在前，城市改革、工业体制改革在后。农业体制改革，众所周知，很快就见了成效。但城市体制、工业体制改革问题比较复杂，虽然改革也取得了很大进展，但至今仍有一些深层次的问题没有解决，仍有相当多的企业经济效益不好。现代化国家，一般开始时都从农业积累资金，待工业化、城镇化发展起来后反哺农业、支持农村农业发展，使农业、农村也现代化。我国的工业体制还在改革之中，效益还不好、至今还不能反哺农业。现在进行的大规模的基本建设，很大程度上，还要依靠农业积累资金。所以，在全国大部分以农业为主的省和县里，财政状况很不好，入不敷出，有的连干部的工资都发不出，财政拮据。农村的基础设施和各项社会事业无财力去建设、去发展。有的县公安局连办案的经费都不能保证，有的政法机构连电话都装不起，更谈不上办案了。农村里的许多社会事业的维持，还要靠向农民集资、摊派，加重了农民的负担，由此引起的干群矛盾冲突也时有发生。

## （二）社会结构上的原因

改革先从经济体制改革开始，然后再进行政治体制、社会体制改革，这个做法符合我国的国情，实践的效果也是很好的。但是随着经济的发展和经济结构的变化，社会结构必然要跟着变化，事实上，我国的就业结构、工农结构、地区结构等都发生了不同程度的变化，但是由于我国的户籍制度没有改，原来城乡二元结构的格局没有变，这样，一方面阻碍了社会分化、社会流动的顺利进行，如我国目前的城镇化严重滞后于工业化；另一方面出现了诸如"民工潮"一类畸形的现象，由此引出了许多社会矛盾和社会问题。

## （三）农村管理体制和工作上的原因

马克思主义认为，经济基础决定上层建筑，上层建筑为经济基础服务，并反作用于经济基础。农村改革之后，经营管理形式变了，生产关系发生了部分的变化，经济基础有了变化，作为上层建筑部分的农村管理体制应该有相应的变化。原来人民公社"三级所有，队为基础"的体制，1984 年实行改革，公社改为乡、镇，大队改为行政村，生产队改为村民小组，名称改了，但基本格局未变。村民委员会既是自治组织，同时实际也是集体经济组织，拥有集体所有耕地的发包权。全国 80 万多个村民委员会，差别极大，有数千个村的生产总值已经超亿元了，但数以万计的村委会，作为统一经营的经济实体的实力已基本消失。据国家统计局对全国 10560 个村的抽样调查，1993 年底，每个村委会拥有的资金为人均 146.91 元，占 68.5%。这是全国的平均数，如果扣除东部沿海经济发达的地区人均占有额很多的因素，那么，在中西部地区的"集体经济"已成"空壳"的比重就占绝大多数，这些空壳村，有的连开个会的灯油钱都要靠向群众摊派，实际已丧失了进行行政社会管理的能力，长期处于瘫痪半瘫痪不能行使应有职能的状态，而又没有群众自治的中间组织。这样广大的地区，这样多的人没有相应的组织进行管理，出现这样那样的问题，就可以想见了。

### （四）认识上的、观念上的原因

改革以来，农村的经济社会发生了急剧的变化。原来的经济结构、社会关系变化了，必然反映到观念上来，原来的观念、认识变化了，从一开始就解放思想，进行新时期的政治思想、道德观念的社会主义教育。在群众中普遍宣传了市场经济、商品经济的观念，时间的观念、效益观念、法制观念，等等，起到了很好的作用。但是在农村政治思想教育和更新观念教育还不够，旧的传统的价值观念动摇了，但新的价值观、道德观念没有树立起来。有时还产生了一些不正确的导向，如"一切向钱看，向我看""金钱至上"等。所以，总的说来，在农村社会发生急剧变化的时期，应该树立怎样一种社会道德规范，应该有怎样的一种理想目标，怎样进行政治思想教育，怎样提高人们的社会心理素质，以引导广大干部和群众创造一个良好的社会环境，为实现农村现代化的伟大事业而奋斗，还有许多值得探索的地方。应该说，这些年在如何做好新时期政治思想教育工作等方面，各地都做了大量的工作，作了很多探索，也创造了一些好的典型，但发展还很不平衡，还未形成一套比较成熟的经验。

需要特别指出的是，我们在相当一部分地区工作的领导干部，工作比较单一，不善于"弹钢琴"。他们以经济工作为中心是对的，但认为只要经济上去了其他问题就会自然解决，把经济工作看成唯一的工作，这种认识是片面的。经济发展和社会发展是互相依赖互相影响的，是相辅相成的关系。社会事业不发展，经济发展也就会受影响，没有良好的社会环境，经济发展就没有后劲，更谈不上起飞。真正到社会问题成了堆，经济发展就会受到阻碍，社会矛盾爆发了，经济发展的成果就会前功尽弃，社会就会倒退。这样的教训国内国外都有过。所以，对于经济与社会发展的这种辩证关系，领导干部和党员干部一定要有充分认识，防止片面性，防止经济工作单一论。

# 三　今后农村工作的目标要强调经济社会协调发展

20 世纪 80 年代初期，农村改革初战告捷，家庭联产承包责任制和各项农村改革的推行打破了我国农业生产长期停滞不前的局面，促进农业从自给半自给经济向着较大规模的商品生产转化，从传统农业向着现代农业转化。根据这种趋势，党中央及时提出，各级地方党委的任务，是要总揽经济全局，领导群众在农村发展商品经济，而不能只当"粮食书记""棉花书记"。这个战略性的号召，对以后农村商品经济的发展、农业生产的发展、乡镇企业的兴起、农村市场的繁荣等方面都起到了很好的作用。

现在，农村的改革和发展从 1992 年后进入了一个新的阶段。农业生产继续增长，乡镇企业高速发展，集市贸易兴旺，小城镇建设方兴未艾，农村工业化、农村城镇化加快了步伐，劳动力转移、社会流动大规模进行。这种趋势预示着我国农村经济社会将进入一个全面发展的新时期。根据这种趋势，今后农村工作的目标，是要总揽经济社会改革和发展的全局，促进农村经济、社会协调发展。

关于经济发展和社会发展的关系。首先，经济发展是社会发展的基础和前提，应当坚持以经济发展为中心的原则，因为只有经济发展了，才能拥有推进社会发展的物质条件和手段。在实践中，还没有经济发展不好，而社会发展很好的先例。其次，经济社会要协调发展，经济发展不能脱离社会发展而单独推进，社会发展了会促进经济发展，如果社会不能相应发展就会阻碍经济发展，或使经济畸形发展。再次，社会发展是经济发展的目的，因为人们从事生产和其他经济活动，归根到底是为了提高人们的生活质量和改善人们的生存环境，促进人的全面发展。

10 多年来，农村经济发展已取得了很大的进展（1992 年的农村经济总产值比 1978 年增长 3.5 倍），社会发展也有进步，但相对来说，在总的方面是滞后了，引出了一些社会问题，为了使我国农村各项事业能够稳定、健康、持续地发展，强调经济社会要协调发展，是完全有必要的。

## （一）要继续坚持以经济建设为中心

农村经济工作还是第一位的。要围绕建立社会主义市场经济体制的总体目标继续深化农村改革，调动和保护亿万农民的生产积极性，搞好农业生产，保证农产品的有效供给，同时要积极发展农村的多种经营和乡镇企业，组织和引导好农村剩余劳动力的转移，要根据我国农村劳动力资源非常丰富，而经济资源又相对短缺的特点，发展各种劳动密集型的产业，通过各种经济形式和经营形式，千方百计地使亿万农村劳动力能常年有活干，创造更多的财富，以保证农民的收入稳定增长，使各地农村逐步富裕起来，使广大农民逐渐富裕起来。这是解决我国农村问题的关键，也是做好农村各项工作的物质基础。

## （二）要适时调整社会结构

随着经济发展、产业结构的变化，社会结构已经发生了一定的变化，但因为这种变化是在原有体制下自发进行的，所以，总的来说，现在的社会结构变化滞后于经济结构的变化，社会发展与经济发展不相适应，由此产生了各种社会问题，亟待调整。

1. 调整城乡结构。我国目前的城镇化水平落后于工业化，这对经济发展不利，特别是对提高经济效益和发展第三产业不利。据国际上的发展经验，城镇人口的比重与人均 GNP 呈正相关关系。若以 1964 年的美元计算，人均 GNP 达到 500 美元之时，城镇人口的比重可以达到或超过 50%。我国现在的经济水平，实际上，人均 GNP 已大致达到 500 美元，而直到 1993 年，城镇人口的比重才 28%。1993 年召开的党的十四届三中全会《关于建立社会主义市场经济体制若干问题的决定》指出："逐步改革小城镇的户籍管理制度，允许农民进入小城镇务工经商，发展农村第三产业，促进农村剩余劳动力的转移。"改革户籍制度，允许具备条件的务工经商农民，在小城镇落户。这事关发展战略的转变，务求尽快妥善贯彻落实，如果我们能在 2000 年使城镇人口达到 40% ~ 50%（有关专家估计，现在城镇实有人口已超过 35%），那么，诸如"民工潮"等很多问题将得到缓解。

2. 调整区域结构。我国是个发展很不平衡的国家，近些年，沿海与内地，东部、中部、西部区域间的差距拉大。在市场经济自发力量作用下，现在出现了西部资源丰富地区的人才、资金、劳力等生产要素向东部沿海地区转移，所以，东西部的差距还在继续扩大。考虑到西部有几个省区是少数民族聚居的地方，从政治和社会的大局设想，要考虑选择适当的时机，重点扶持西部地区的经济社会发展，例如重点加强那里的交通通讯等基础设施的建设，优先开发那里的资源，建立大型的能源和原材料基地，并在此基础上，兴建一些新的城市，促进这些地区的经济发展。

3. 适当调整收入差别。20 世纪 80 年代初期以后，执行让一部分地区先富起来，让一部分人先富起来的政策。实践证明效果是好的，有利于克服"平均主义"、吃"大锅饭"的状况，有利于调动各方面的积极性，有利于经济发展。现在城乡之间、地区之间、产业之间、行业之间、个人之间的差距正在进一步扩大，这在市场经济条件下，是一个必然的趋势。值得注意的是，现在城乡都出现了一个收入很高的利益群体。据有关方面推算，现在全国年收入在 3 万元以上的有 440 万人。这些高收入者，很大部分在农村，1993 年全国农民人均纯收入是 921 元，这些高收入者的收入是农民人均收入的 32.5 倍。由于市场经济的推动，这部分人以后的收入会增长得比普通农民快，而且人数还在继续扩大。对此，既要看到这个利益群体对于发展经济有利的一面，也要看到会引起社会矛盾等消极的一面，所以适时地采取一些措施（如切实执行征收个人所得税，开征遗产税等方式）抑制贫富悬殊，这于社会稳定，于长远发展，最后实现共同富裕是有利的、必要的。

要抓社会结构的调整，这件事应该提到议事日程上来。20 世纪 80 年代初以来，重视了抓经济结构的调整，其成效是很显著的，推动了经济的进步，特别是促进了第二、第三产业的发展，使我国的经济逐步向现代经济结构转变。要使社会现代化，同样有个社会结构调整的问题，城乡结构、地区结构、社会阶层结构、科技、教育结构、人口结构、家庭结构等都有个逐步调整并使之向现代社会结构转变的问题。我们要根据经济结构的发展、变化，适时、主动地制定相应的社会政策，分不同地区，区别不同发展阶段，逐项加以调整，使经济社会协调发展。

## （三）着重兴办农村科技教育、文化体育、医疗卫生等社会事业

科教文化事业的繁荣是一个国家和地区兴旺发达的重要标志，也是社会全面进步的内涵。10 多年来，我们农村的教育、科技、文化、卫生事业都有了很大的发展，这首先是要充分肯定的。但整个说来，农村的各项社会事业都相对落后于经济的发展，不仅中西部经济不发达地区是这样，就是经济比较发达的东部沿海地区，社会事业的发展也不能适应经济发展的

要求，不能满足群众日益增长的需求。有不少亿元乡镇，连个完全中学（高中）都没有。农村的四级科技网、合作医疗体系，这些年因为没有相应建立起在市场经济条件下存在和发展的经营管理的形式，在相当多的地区已经涣散了。在原来计划经济体制下，城乡分割，科技、教育、卫生等社会事业远远落后于城区，仅有的一些中等教育机构、培养的人才也都是往城里流，考进了大学，受了专业教育，多数也就不回农村了。现在全国有约1900万个乡镇企业，1.1亿乡镇企业职工，2.9万亿元产值，这样一个庞大的工业经济体系，科技专业人才却寥寥无几，靠挖、靠买、靠借引进几个科技人才来支撑局面，而没有为乡镇企业服务的教育和科技体系作为后盾，不能不说是日后发展的隐患。

发展农村社会事业，主要是两条：一是要改革。改革至今还是城乡分割的体制，逐步建立城乡一体的社会发展事业的体制；改革目前已有的科研、教育、文化、卫生医疗的管理体制，要逐步建立适合社会主义市场经济体制条件的运行管理体制，使之自身能良性运行并能有一定的自我发展能力。二是要有相当的投入。发展社会事业是要有资金投入的，建立起来要有资金，正常运行也要有资金。所以要区分经济发展水平的高低，提出发展不同层次的社会事业的要求，但都要有投入，都要抓社会发展事业的建设。无论是改革，还是投入，都要各地领导的重视。把发展社会事业，作为创造经济发展的良好环境，增加经济发展的后劲，提高人民群众的生活质量的大事，做出好的成绩来。

## （四）逐步建立农村的社会保障体系

社会保障制度是一项重要的社会政策，是国民收入再分配的重要手段，同时也是建立社会主义市场经济体系的必要条件，市场经济促进生产力发展，它自发地向效率倾斜，鼓励竞争，激励强者，它不能自发地实现公平和保护弱者。因此政府要通过养老保险等社会政策来保护弱者，使全体成员得以共同分享经济发展的实惠。所以，社会保障制度也是社会主义市场经济条件下的"稳定器""安全网"。我们现在有72%的人口在农村，他们还不能像城镇职工那样享受社会保障，还在"社会安全网"外面。而实行家庭联产承包责任制后，收入分配转向家庭，很多村委会和村民小组已无经济实力，实际已无能力来帮助保护原来的五保户和贫困户。所以，现在农村亟须通过各种形式建立新的社会保障体系，首先把这部分原来由集体照顾的五保户、贫困户保障起来，使他们的基本生活条件得到保证。其次，要逐步开展农村的养老保险试点。

农村要建立完整的社会保障体系是一项浩大的社会工程，涉及的范围广、领域宽、工作多，难度是比较大的。现在各地有各种试点，作了很多探索，可以分地区、分层次地逐步开展起来，逐步建设好适合农村情况、具有中国特色社会主义的农村的社会保障体系。

### （五）　当前抓好农村经济社会协调发展的关键在县

现在农村工作千头万绪，经济工作、政治工作、社会治安工作、教育工作、精神文明建设工作等，工作多，问题多，矛盾多，但主攻方向是经济，经济要建设好，社会要全面进步。农村工作要总揽经济和社会的全局，抓好经济和社会的协调发展。现在县和县（包括县改为市的市）在经济上的差别很大，有的县 GDP 已超过百亿元，人均 GDP 超过 1 万元了，但有的县 GDP 还不到 1 亿元，人均 GDP 不到 1000 元；有的县财政收入超 5 亿元，而有的县财政收入还只有不到 500 万元，这个经济上的差别，许多人是看到了，但是县和县之间在政治上的差别、工作上的差别、人的精神面貌方面的差别、社会治安方面的差别，因为没有度量指标，却往往被人忽视了。有的文章认为某个地方的社会治安不好，社会风气不正，主要是因为这里的基层组织（指乡、村）涣散了。事实上，我们深入仔细调查就会发现，一般不是孤立的一个乡、一个村如此，而往往是相当一大片，若干个乡若干个镇都是如此。所以问题发生在乡里、村里，根源却在县里，要重视解决好基层组织建设方面的问题，但就是抓好农村基层组织的建设等工作也要靠县。做好农村经济社会协调发展工作的关键在县。

县是一个"小社会"，集政治、经济和社会功能于一身，兼有大社会综合性的特点，工、农、商、学、兵、党、政、财、文、法，一应俱全，是社会大系统中的"小系统"。县是本地区经济、社会的组织者、管理者，是国家政权下伸到地方的一个基础性层级；县作为城乡结合部，也是工业和农业的结合体；县既是中央和省（市、区）总方针总政策的执行单位，也是根据本县情况决定实行措施和步骤的决策单位。所以，抓经济建设要靠县，抓社会结构的调整、抓社会事业的发展、抓社会治安的综合治理还要靠县。把全国 2000 多个县（市）的领导班子建设好，把县级机构按照建立社会主义市场经济体制的要求改革好，充分发挥县级领导和县级机构的作用，使之能总揽经济社会协调发展的全局，这是做好农村各项工作的基础。

# 粮食涨价是一个信号[*]

## 一  粮价突然暴涨让人困惑

现在群众最关心的两件事：一是社会治安；二是物价上涨。议论最多的是粮食涨价。北京的好大米已卖到 1.4 元/斤，比去年[①]同期整翻一番。许多人对此感到困惑。

第一，粮价涨得不是时候。现在正是秋粮登场的季节，一般情况下，粮食价格往往要下跌一点。今年[②]反而在新粮上市时突然涨起来。

第二，粮食涨价幅度太大。以大米为例，今年 6 月 10 日调价后，还只卖 0.90 元/斤，现在涨到每斤 1.4～1.5 元，涨幅超过 50%。

第三，粮价一年三涨，很不稳定。1993 年粮食总产 9129 亿斤，超历史最高水平，比 1992 年增产 275 亿斤，增长 3.1%。[③] 到 1993 年 11 月，正当新粮大量入库时粮价突然暴涨，国家不得不采取紧急措施，用国有粮店挂牌降价等方法，刹住了"涨价风"。1994 年 6 月 10 日，国家又主动提高粮食的收购价和销售价。今年是中等年景，有几个省受到洪涝、干旱灾害影响，长江黄河虽没有大问题，但因粮食播种面积减少等原因，粮食总产将减产 200 亿斤左右。这本来还属正常波动。可是从 7 月下旬早稻收割的时候，粮价突然暴涨。先是大米涨，然后是小麦、玉米涨。到今年 9 月初，北

---

[*] 本文源自《"三农论"——当代中国农业、农村、农民研究》（陆学艺著，社会科学文献出版社，2002，第 61～65 页）。该文首次发表于中国社会科学院内刊《要报》1994 年第 87 期，发表时间：1994 年 9 月 30 日。本文小标题为编者所加。——编者注

① 本文中指 1993 年，下同。——编者注

② 本文中指 1994 年，下同。——编者注

③ 国家统计局编《中国统计摘要·1994》，中国统计出版社，1994，第 63 页。

京、上海等大中城市，好大米涨到每斤 1.4 ~ 1.5 元，最高到 1.6 元/斤。

## 二 粮价暴涨的原因分析

根据已经显露出来的问题和各方面的意见，这次粮价暴涨与以下因素有关。

第一，这是工农业关系失调的结果，显示出目前农业支撑不了近几年工业的持续高速增长。新中国成立以来 45 年的经验与教训表明，我们这样一个发展中的大国，农业和工业的增长比例，维持在 1∶2.5 左右（即农业增长 1%，工业增长 2.5%）比较协调。1992 年农业增长 6.4%，工业增长 27.5%，农业和工业的增长比例是 1∶4.3；1993 年农业增长 7.8%，工业增长 29%，农业和工业的增长比例是 1∶3.7;[①] 今年 1 ~ 8 月工业增长 21%，农业增长可能在 5% 以下，全年农业和工业的增长比例可能是 1∶4.5。1992 年以后连续三年的工业高速增长，使农业和工业的增长比例超过了 1∶2.5。粮价不正常波动正是工农业比例关系失调的信号。

第二，粮食生产和消费的地区结构发生了变化。十多年间，东部沿海发达地区以第二、三产业为主的经济发展很快，占用耕地相当多，农业特别是粮食发展缓慢。不少原来调出粮食的省区，现在需要调入了；过去调入少的，现在需要大量调入。例如广东省 1979 年有 321 万公顷耕地，当年粮食总产 1738 万吨，人均产粮 306 公斤（当年全国人均产粮 344 公斤）。到 1992 年，广东省耕地只有 244.36 万公顷（净减少 1149 万亩），当年粮食总产 1774 万吨，人均产粮 246 公斤（当年全国人均产粮 378 公斤）。从 1979 年到 1992 年，广东省的粮食总产只增加了 36 万吨，而全省人口净增 844 万人。据有关部门估计，广东省约有外来民工 650 万人，这就是说，1992 年广东用粮人口比 1979 年增加了 1494 万人。现在广东省成为全国调入粮食最多的省，每年从各种渠道调入粮食约在 750 万吨以上。

第三，粮食生产和消费的品种结构发生了变化。1979 年全国粮食总产 33211 万吨，其中稻谷占 43.3%，小麦占 18.9%，玉米占 18.1%。到 1993 年全国粮食总产 45644 万吨，而稻谷只占 38.9%，小麦占 23.3%，玉米占 22.5%。1990 年，稻谷生产达到最高峰，为 18933 万吨，占当年粮食总产的 42.4%，而 1991 ~ 1993 年连续三年稻谷减产，1993 年减为 17770 万吨，

---

① 国家统计局编《中国统计摘要·1994》，中国统计出版社，1994。

比 1990 年净减少 1163 万吨。[①] 今年广西洪灾、安徽干旱，减产幅度都较大，全国稻谷总产还会减少。但这些年，东南沿海诸省经济发展最快，居民收入增加最多。据中国水稻研究所专家研究指出："大米的消费量和收入基本成正比，收入的提高导致大米消费的增加。" 总的情况是，稻谷的生产自 1990 年后是逐年下降的，而稻谷的消费却是逐年上升的。这 "一增一减" 造成了大米出现供需矛盾。1988 年冬的粮食问题，首先是从大米爆发的；1993 年 11 月粮价暴涨，是从大米开始的；这次粮食市场波动，也是大米先涨推动的。稻谷的供给和需求的矛盾是当前粮食问题的焦点。

第四，粮食流通体制还未理顺，宏观调控机制没有及时发挥应有的作用。粮食系统要从原来的计划经济体制变为社会主义市场经济体制是很不容易的。但粮食的 "购销调存运" 一天也不能停，粮食流通体制要在运转中逐渐改过来。我们的粮食库存是充足的。当粮价涨得过猛时，及时抛售一批粮食，以平抑粮价，是可以奏效的。但这次粮价从今年 7 月下旬涨起，至今已两个月了，却还没有动作。群众反映，粮价这么暴涨，该有人出来管一管了。

## 三　要及时研究解决粮价暴涨问题

现已时过中秋，今年粮食的大局已定。全国粮食播种面积减少 1700 万亩，亩产量没有增加，总产将比去年减少 1000 万吨左右，减产 2.3% 左右，减幅不大。因原来粮食库存很多，应该说粮食总量供给还是有保证的，但粮价暴涨，由此产生了种种矛盾，需要及时研究解决。

一是国家要进行宏观调控，采取措施把粮价控制、稳定在合理的水平上。现在的大米价格虽然涨到 1.4 元/斤，但小麦、玉米涨幅不大，其他方面还未跟着涨上来，如北京的鸡蛋还卖 3.2 元/斤。关键是要制定一个合理的粮食价格。既要考虑能调动农民的生产积极性，使农民有利可图，有利于明年[②]和今后的粮食生产，又要考虑消费者的承受能力和各方面因素，还要考虑目前市场已形成的格局。要利用经济手段，通过市场把粮价定在合理的价格水平上并稳定下来。现在是新粮登场季节，适时调控是有利的。要瞻前顾后，全面安排，防止明年春季和以后粮价再起波澜。

---

① 国家统计局编《中国统计摘要·1994》，中国统计出版社，1994，第 63 页。
② 本文中指 1995 年，下同。——编者注

二是要下决心摸清粮情，查清粮食库存的家底。据国家统计局的报告，1992 年底商业粮食库存为 12231.9 万吨，其中内贸库存 12138.5 万吨，外贸库存 93.4 万吨。这么多账面库存，实际存粮到底有多少？有多少可以吃用的？有多少可以调用的？谁也说不清，心中无数。存粮千日，用粮一时。真正要宏观调控，就要拿出足够数量群众爱吃愿买的粮食。粮食的家底到该弄清的时候了。这件事迟早要办，不能再等了。

三是要继续深化粮食管理、购销体制的改革，加快建立适应社会主义市场经济要求的粮食体制。农业是大局，粮食是大局中的大局，要有专门的机构管。新中国成立 45 年来的经验和教训表明，经济不稳定，社会不安定，问题常常首先出在农业上，出在粮食上。粮食问题要慎而又慎。

粮食体制改革涉及方方面面的利益关系，改革的难度很大。要看准一项、成熟一项、改一项。各地差别很大，也要采取分类指导、分区决策的原则，分地区逐步推进。

四是要抓紧确定新粮上市的国家价格。现在的粮食收购价格是 1994 年 6 月定的。而粮食的市场价格涨得很多，形成了收购价同市场价的背离。特别是稻谷的价格，国家定的收购价是 0.54 元左右 1 斤，现在大米市场价涨到 1.4 元/斤，稻谷的价格应在 0.8 元/斤以上才相对合理。市场价同收购价相差 0.30 元/斤左右，这是个很大的数目。有些地方的农民在等着政府说话再卖，有些地方的粮食部门则急着按老定价向农民收购，并由此引起了干部和农民的矛盾冲突。有关部门应抓紧研究，定出一个合理的收购价格，这对新粮收购有利，对明年的农业生产有利，也有利于社会的安定。

# 当前中国农村社会变迁与发展前景[*]

要了解中国，必须首先了解中国的农民和农村。因为直到现在，12 亿中国人中，农民身份的人还占 72%。另外的 28% 是城市工人和职员组成的城市居民，他们大部分是从农村来的，或者父辈还是农民，和农村都有千丝万缕的联系。所以，农村的情况怎样？农民的生产生活怎样？农民意愿的向背，决定着中国整个经济、社会、政治形势的走向。历次大的政治争论的根源在农村，历次大的经济波动和调整的原因是工农失调，而这些都是因为没有处理好同农民的关系。中国最大的市场在农村，中国文化的根基在农村，这是中国目前的基本国情。

关于当前中国农村的形势，可以用三句话来概括，好在农村，难在农村，希望也在农村。

## 一　形势好，好在农村

大家知道，我们的改革是从农村开始的，受到了农民的欢迎，实行包产到户，农民有了自主权，农民可以得到实惠，调动了农民的积极性，所以农业生产发展得很快。

1978～1993 年，这 15 年中，中国农业生产总值按不变价格计算平均每年递增 0.5%，粮食产量平均每年递增 2.7%，猪牛羊肉类产量平均每年递增 9.2%，水产品产量平均每年递增 9.5%。特别是乡镇企业产值平均每年递增 31.9%。1978 年只有 493.1 亿元，1992 年达 31540.7 亿元，扣除物价因素年增

　　*　本文源自作者手稿。该文稿系陆学艺 1994 年 11 月 7 日在日本神户大学的演讲稿。——编者注

长率在 15% 以上。[①] 正因为农村好、农业好，推动了中国整个国民经济的发展。

1978～1993 年，这 15 年中，按不变价格计算 GDP 平均每年递增 9.3%，1993 年比 1978 年增长 2.8 倍，达 31380 亿元；工业总产值平均每年递增 11.5%；第三产业产值平均每年递增 9.8%；对外贸易总额 1978 年为 206.4 亿美元，1993 年为 1957.1 亿美元，平均每年增长 16%。[②]

中国的综合国力有了很大提高，从世界第 10 位，提高到现在第 6 位。就农村来说，中国农民的收入、生活水平也有了很大提高。1993 年农民年纯收入为 922 元，1978 年为 134 元，农民收入水平 15 年来平均每年提高 13.7%。[③]

农村社会安定，是整个社会安定的基础。农民得到了土地的使用权，同政府有深厚的关系，大多数农民对政策是满意的，对前途有信心，大多数农民安居乐业，农村社会是安定的。

## 二　形势难，难在农村

中国是个人口众多、农民众多的大国，至今还有 8.5 亿农民身份的人，分散居住在 960 万平方公里的土地上。要使这 8.5 亿人普遍富裕起来，把 960 万平方公里的基础建设都搞好，实现现代化，使他们都得到全面发展，过上现代人的生活，这是一项巨大的历史性系统工程，其艰难是可以想见的，真可以说是天下第一号的大难题、第一大的社会工程。

第一，我们国家各个地区差别很大，发展很不平衡，要使全国共同富裕起来，难度很大，将是一段很长的历史进程。我们国家文化经济的发源地是在黄河中游，河南、陕西一带。5 世纪魏晋南北朝以后，经济东移，文化东移；长江流域开发起来后，经济、文化中心转向南方，但政治、军事中心一直在北方。1840 年以后，沿海发展起来，形成了很多城市，如上海、天津、大连、青岛、厦门等。1949 年以后，由于国际环境的原因，第一、第二个五年计划主要建设内陆和东北地区，使地区差别有所缩小。1978 年改革开放，改变经济发展战略。首先建立经济特区，深圳、珠海、汕头、

①　国家统计局编《中国统计年鉴·1994》，中国统计出版社，1994，第 330、345、352、354、363 页。

②　国家统计局编《中国统计年鉴·1994》，中国统计出版社，1994，第 32、506 页。

③　国家统计局编《中国统计年鉴·1994》，中国统计出版社，1994，第 277 页。

厦门；然后又进一步开放大连、青岛、天津、连云港、上海、宁波、广州、福州、北海等 14 个沿海城市。

十多年发展的结果是，沿海的城市和农村发展起来了，同内陆的差别扩大了。我们把沿海 12 个省份划为沿海东部经济带，把黑龙江、吉林、内蒙古、河南、山西、湖南、湖北、江西、安徽划为中部地带，甘肃、青海、宁夏、重庆、四川、新疆、陕西、贵州、云南、西藏划为西部地带。16 年来，东部发展最快，中部次之，西部比较慢。地区间差别扩大了，如上海郊区、苏南、广东珠江三角洲一带的大约 1.5 亿至 2 亿农民已经相当富裕了，有的地区已接近现代化农村的水平，但西部基本上还处于自然经济、以农业为主的阶段，有 8000 万农民还未解决温饱问题。

第二，我们不仅要在经济上使农民富裕起来，而且要实现传统社会向现代社会过渡，难点主要也在农村。

我们国家正在从农业社会向工业社会转变，从乡村社会向城乡社会转变，要实现工业化、实现城市化，同时还要实现从计划经济向市场经济转化。现在看来，我们的经济建设取得了非常好的成绩，改革开放 16 年来，经济高速增长，预计未来 16 年还能保持 8% ~ 9% 的增长速度，到 2010 年我们的经济实力大致可以达到世界第三。

但社会改造却难度很大。

1. 实现城市化。中国现在城市化率只有 28%，到 2010 年要达到城市化率 50%，现在城市居民是 3 亿多人，还要有近 4 亿农民进城，这要建多少个城镇？现在已经有 560 个市、1 万多个镇，基础设施还不够，十多年要增加一倍多人，怎么办？如何改进户口制度？如何建设城市？国内还有不少争论，是扩建大城市、中等城市？还是发展小城镇？

2. 文化建设。现在 15 岁以上人口，文盲半文盲有 1.82 亿人，占中国总人口的 16.1%。[①] 这些人都集中在农村，有些偏僻农村文盲半文盲率在 40% 以上。要普遍提高他们的文化水平，需要很长时间。还有在观念上，中国的传统观念、传统文化主要还在农村，农村保留着中国在自然经济条件下几千年形成的思潮、传统观念、宗法伦理。中国传统文化有好的一面，如勤劳、节俭、家庭和睦等，但也有落后的东西，如轻商、保守、狭隘等。要改造农民是几代人的事情。

———————————

① 见 1990 年全国第四次人口普查数据。

# 三　希望也在农村

第一，农民是改革最积极的拥护者，他们在计划经济下，政治经济文化地位最低，不怕失去什么，所以他们改革的积极性最高。

第二，农村计划经济体制最薄弱，改革也比较容易。如市场经济体制农民最易接受，创新最容易在农村实现（如包产到户、乡镇企业）。乡镇企业现在已不是"小打小闹"了，已经建立起大企业了，现代企业制度最易在乡镇企业中建立起来。

第三，未来农村现代化的四步棋，是从发达地区走过的道路中总结出来的。第一步，包产到户。第二步，乡镇企业。靠城里工业改革太慢，走传统的路不行，农民就自己办工业。第三步，小城镇建设。第四步，区域现代化。

# 当前的农村形势和农村持续发展的前景[*]

1978 年我国实行改革开放，整个农村率先进行，调动了农民积极性，农业产值大幅度增长，推动了整个国民经济的蓬勃发展与经济体制的改革，促进了社会各项事业的进步，使我们国家发生了历史性的巨大变化。

## 一　背景

从 1978 年至 1993 年，我国国民生产总值按不变价格计算增长 2.8 倍，平均每年增长 9%。[①] 近 10 年是新中国成立以后 45 年中发展最快、最好的时期，超过改革开放以前的 29 年所取得成绩的总和。而这些成绩正是在世界经济不景气，经济政治格局发生急剧变化的情况下取得的，所以格外引起世界各国的关注。我们的国际地位大大提高了，经济实力大大增强了。1978 年我国的进出口总额为 206 亿美元，1993 年为 1957 亿美元，增长 8.5 倍，平均每年递增 16.2%，[②] 从世界第 34 位上升到第 11 位。我们的综合国力也从第 9 位、第 10 位上升到第 6 位。

对这样巨大深刻的发展和变化，我们怎样来认识和把握呢？用社会学的视角来观察，可以得出这样一个结论：就是我们国家目前正处在由传统社会向现代社会转变的时期，就是我们通常说的实现现代化的时期。具体表现如下。

---

[*]　本文原载于《云南社会科学》1994 年第 6 期，发表时间：1994 年 12 月 20 日。该文收录于《"三农论"——当代中国农业、农村、农民研究》（陆学艺著，社会科学文献出版社，2002），题目改为《当前的农村形势与农村持续发展的前景》。本文涉及的相关省市农村经济社会数据源自作者调查过程中获得的资料。——编者注

①　国家统计局编《中国统计年鉴·1994》，中国统计出版社，1994，第 32 页。
②　国家统计局编《中国统计年鉴·1994》，中国统计出版社，1994，第 506 页。

1. 由农业社会向工业社会转变

大家知道，实现工业化是现代化的必要条件。新中国成立时，我国是个以农业为主的国家。1953 年开始，我国实行第一个五年计划，提出实现国家工业化。到 1956 年，全国工业产值占工农业总产值的 50.5%，农业产值占工农业总产值的 49.5%；1978 年工业产值占工农业总产值的 75.2%，农业产值占工农业总产值的 24.8%；1983 年工业产值占工农业总产值的 82.8%，农业产值占工农业总产值的 17.2%。按说，我国现在已经实现工业化、现代化了。但从发达国家现代化的历史看，一个国家实现工业化、现代化，必须有三个条件：第一，工农业总产值中，工业产值要超过 50%；第二，在劳动力就业结构中，非农业的就业劳动力要超过 50%；第三，总人口中城镇人口要超过 50%。后两条我们就不够了。1978 年全国就业劳动者中农业占 70.5%，到 1993 年仍有 56.4%。另外，1978 年城市人口中农村人口占 82.1%，到 1993 年仍占 71.86%。① 从上述三方面条件看，我国正在实现农业社会向工业社会的转变，而且速度是比较快的。

2. 由乡村社会向城市社会转变

城市化也是现代化的必备条件。1952 年，我国城镇人口数量占总人口数量的 12.5%，1980 年提高到 19.4%，到 1993 年城镇人口占 28%，乡村人口仍占 72%。② 这方面同工业化比较起来是滞后了，由此引发了很多社会问题。党的十四届三中全会上，中央提出要改革户籍制度，容许农民到小城镇落户、务工、经商。由此，城镇化进展更快了。

3. 从封闭半封闭社会向开放社会转变

我们国家在汉唐时代已有不少涉外活动，国力也非常强盛；宋代以后，实行闭关锁国政策，至明清更盛。新中国成立以后，国际环境不好，以美国为首的西方国家对我国实行"封锁禁运"，我们向苏东地区实行半开放。20 世纪 50 年代中期后，中苏关系恶化，迫使我国走上自给自足、自力更生的道路。

20 世纪 70 年代初，国际形势变化，特别是十一届三中全会以后实行改革开放，经过十几年努力，我们已经逐步形成了比较全面、多层的开放格局。既向发达国家开放，也向发展中国家开放，国内建设了经济特区，沿海沿江沿边城市还专门设立了经济开发区，积极引进外资、引进技术、引

---

① 国家统计局编《中国统计年鉴·1994》，中国统计出版社，1994，第 59、83 页。

② 国家统计局编《中国统计年鉴·1994》，中国统计出版社，1994，第 59 页。

进人才，批准设立了 83423 家三资企业和多个外贸项目，引进外资 1114 亿美元。外贸进出口也大大发展了。

4. 从单一社会向多样化社会转变

1978 年前全国实行单一的社会主义公有制，认为越公越好、越纯越好，实行统一分配。人民生活基本上雷同，连穿衣服也是只有几种颜色，一两种样式。

改革开放以后，经济体制改革了，实行以公有制为主体、多种经济成份并存的经济体制，出现了个体经济、私营经济、三资经济和混合型、股份制的经济新格局。随着经济的发展，社会分工发展了，出现了多种职业群体，越来越往多样化发展。

这些年农民是变化最大、分化最快的阶层，1978 年改革开放以前，全国 8 亿农民生产生活的状况都差不多，收入也差不多，用"社员"两个字就可以概括了。经过这 16 年，原来意义上的"社员"农民不存在了，农民分化成以下 8 个阶层：农业劳动者阶层，农民工阶层（1993 年超过 1 亿人），个体劳动者和个体工商户阶层，雇工阶层，私营企业主阶层，农村知识分子阶层，乡镇企业的管理者阶层，农村管理者阶层。[①]

5. 由人治社会向法治社会转变

还可概括若干条，但主要是这些方面。总之，核心有两条：由农业社会向工业社会转型，由乡村社会向城市社会转型。我们社会学称这个时期为社会结构转型时期。这个社会转型是近代的现代化国家都经历过的。中国的特点是在实现这个转变时还要实现经济体制改革，即从计划经济体制向社会主义市场经济体制转变。大家知道，我们原来实行的是高度集中统一的计划体制，这是向苏联学习来的。这一套体制，曾在历史上起过一定的作用。但实践证明，它对于经济社会的协调发展是不利的。

就农村来说，从实行包产到户开始就采取市场经济取向，乡镇企业已冲破计划束缚，靠社会调节，改革农产品的统派购制度。这些都显示出向社会主义市场经济转变的苗头。但全国直到 1992 年党的十四大，才明确建立社会主义市场经济体制的改革目标。

这 16 年的变化可以从社会结构转型、经济体制转轨两个大的方面来总结，而且这两种转变还在继续，直到我们国家真正实现社会主义现代化为

---

① 参见陆学艺《重新认识农民问题——十年来中国农民的变化》，《社会学研究》1989 年第 6 期，第 1~14 页。

止。中央预计，到2000年要实现社会主义经济体制的转变，从宏观调控到微观改革估计还要10年乃至更多的时间。笔者认为，实现社会结构转型，要经历工业化、城市化的过程，这中间会产生种种经济和社会问题。目前，经济体制的转变难度更大，要经过逐步的改革来实现，涉及利益分配不合理、分配观念的更新等问题。农村的改革、发展、变化，正是在这样两个大的转变背景下实现的。判断农村的形势要从这两个大的转变条件来考察。大家知道，农村改革是走在前面的，农村取得的成就很大，农村发生的变化最深刻。就全国改革、发展的形势而言，好在农村，难在农村，希望也在农村。

## 二 成就和问题

改革是从农村开始的，是由农村突破的。几年工夫，全国农村实行了家庭联产承包责任制，改革了人民公社的体制，使农民成了独立的商品生产者，有了经营自主权、有了选择职业的自由。有人说，这实际上是生产力的解放，农村后来的一切变化都是由此而来的。目前，这种农村体制，家庭承包，统分结合，双层经营，是适合农村生产力水平、符合农民愿望的。首先，农民有发展生产的积极性，农村发展没有大的逆转，证明目前的这套体制是符合生产力发展要求的。其次，农业生产得到了很大的发展，保证了城市和全国供给，满足了国民经济发展的需要。第三，农村产业结构得到了调整，由单一的农业经济向农林牧副渔、农工商运建的综合经济发展。1978年，农村社会总产值中，农业占68.6%，非农产业占31.4%；到1992年农村社会总产值中农业只占35.8%，非农产业占64.2%。1978年农业总产值中，种植业占76.7%，林牧副渔占23.3%；1992年农业总产值中，种植业占55.5%，林牧副渔占44.5%。[①] 这里要特别提一下乡镇企业。1978年乡镇企业产值只有640亿元，占农村社会总产值的31.4%，到1992年乡镇企业产值达到17584亿元[②]，占农村社会总产值的64.2%，1993年已经达到29022亿元，大约占农村社会总产值的2/3，有的省、市已占到70%以上。第四，农民的生活有了很大的改善，尽管收入水平不一，但确实有了很大的提高。1978年，农民人均纯收入为133.6元，1993年跃升为921.6元。[③]

---

① 国家统计局编《中国统计年鉴·1993》，中国统计出版社，1993，第333页，第335页。
② 中国农业年鉴编辑委员会编《中国农业年鉴·1993》，中国农业出版社，1993，第14页。
③ 国家统计局编《中国统计年鉴·1994》，中国统计出版社，1994，第277页。

农民生活水平明显改善，自行车、手表、电视机、冰箱等消费品逐步进入农村家庭。

但农村的发展不是一帆风顺的，其曲折崎岖波浪起伏，表现在以下几个方面。

第一，农业基础地位不稳，特别是粮棉等必要农产品的生产不稳。历史上每当经济高速度发展的时候，往往会忽视农业，忽视精神文明建设。1992 年邓小平南方谈话以后，经济发展很快，一些地区的领导把精力放到办工业、搞开发区、搞房地产上。1992 年秋出现了严重的"打白条"等问题，加重了农民负担，滥占乱占耕地，引起农民的强烈不满。中央及时发现了农村的问题，年底就在武汉开了会。1993 年一年，中央、国务院共发了 38 个文件加强农业，各级地方党政部门也动了起来，解决了一批问题。再加上"老天"帮忙，特别是北方农村，风调雨顺。所以 1993 年已获得丰收。

第二，农民收入增加缓慢，城乡差别扩大。表面上看，农民的人均年收入每年在增加，1993 年增加到 921.6 元，但扣除物价因素后，农民的实际收入增长缓慢，1979 ～ 1984 年农民人均年纯收入每年递增 15.1%；1985 ～ 1988 年农民人均年纯收入每年递增 5%；1989 ～ 1992 年农民人均年纯收入每年递增 1.88%（1989 年已是 −1%）；1993 年名义增加 17.4%，实际只增长 3.2%，而同年城市居民收入实际增加 10.2%，相差 7 个百分点。这几年农业劳动生产率是提高的，但农民收入的增长低于农业劳动生产率的增长，更低于城市居民收入的增长。

第三，城乡差别扩大，工农业产品的"剪刀差"，这几年在逐步扩大。1994 年中央农村工作会议后，各项投入为 175 亿元，由于外汇并轨，化肥价格放开和原材料如农机柴油等放开后，农业要增加开支 300 亿元。这几年城市居民实际收入是逐年增长的。1978 年农民和城市居民收入比是 1：2.37，1984 年缩小至 1：1.7。这几年又逐年扩大，1992 年为 1：2.33，1993 年为 1：2.54。[①] 如果再加上城市居民的福利收入和隐性收入，城乡居民的收入比为 1：3.9。农村每个劳力所拥有的固定资产只有城市职工的 3.3%。

第四，农村剩余劳力逐年增加，形成了罕有的"民工潮"。我国是人多地少的国家，原来人民公社吃大锅饭，几亿人种田，田还种不好。改革以后，农民们有积极性了，田就不够种了。现在全国农民平均每户耕种 6.7 亩田，每个劳力只种 3 亩，远低于解放初期每个劳力种 8 亩的水平。农民形容

---

① 国家统计局编《中国统计年鉴·1994》，中国统计出版社，1994，第 255 页。

是"三个月种田，一个月过年，八个月挣钱"。农民没有足够的生产资料。专家估计现在有 1.2 亿～1.5 亿剩余劳力，而且每年还新增 1000 多万人。那些乡镇企业办得好的地方，就容纳了，而乡镇企业发展不好的地方，特别是 20 世纪 80 年代中期以后，就有大量的农村剩余劳力涌向城市和经济发达的乡镇。1994 年估计在 6000 万人左右。

第五，农村社会矛盾、社会问题增加，农村社会治安形势严峻。总的来说，农村经济社会发展不协调，出现了许多新的社会问题，特别是一些经济发展不快的地区，收入增加缓慢，城乡之间、地区之间普遍收入差距扩大，一部分低收入者心理不平衡，特别是青年人经不起豪华奢侈生活的诱惑，走上了犯罪的道路。社会发展问题已经影响到农民的心理和经济发展了。笔者认为，在相当一部分地区，农村的社会问题比经济问题还严重。但归根到底，这些社会问题是由经济问题引起的，而这些都是在转型过程中产生的问题。有些是人家都经历过的，有些则是我们特有的，归纳起来最主要是两条。

一是城市改革落后于农村，工业改革特别是大中型国有企业改革远远落后于农业改革。搞活大中型企业，这在 1978 年就提出了，同样搞了 10 多年，又是放权让利，又是承包租赁，又是实行股份制，但至今还是没有成效。

二是经济体制改革在先，政治改革、社会体制改革滞后。经济发展了，产业结构、社会结构变了，但城乡结构还没有改，户口政策还没有改，仍然是城市乡村分治的结构，城市发展不起来，第三产业发展不起来，农民要进城不容易，进来也不准报户口，有种种限制。

## 三　建议

就我国特有的国情，提出三条建议。

第一，要发展农业就要发展工业，抓乡镇企业的发展、抓劳动力的转移。我国的特点是人多地少，人均 1.5～2 亩地，户均 7～8 亩地，一个劳力种 4～5 亩地，靠这几亩地解决温饱可以，要致富不可能，要达到小康也不容易，要实现现代化更不行。靠农产品涨价不行，靠城市工业支援农业不行，而城市工业、第三产业也吸收不了，所以农民创造了乡镇企业。凡是发展了乡镇企业的地方，不仅解决了农民的负债问题、致富问题，也有钱支持农业，有钱买农机、农药，农业也实现了现代化。

第二，要解决农村问题，就要抓城市、城镇的发展。农村问题，最后的解决要靠城市，要靠工业，要实现工业化、城市化，要实现农业社会向工业社会的转化、乡村社会向城镇社会的转变。作为一个省、区，作为一个县、市，重要是把城市、小城镇建设起来，要注意对城市工业的改革，使之有效益，提高第二、三产业的效率，把小城镇建设起来，把乡镇企业办起来，把农村剩余劳动力转移过来，农村才能富裕起来，农村的问题才能解决。

第三，要发展小城镇，就要抓好大中城市的发展。对于怎样实现城市化问题，国内学术界有三派意见，一派主张发展特大城市和大中城市，一派主张发展中等城市，再有一派主张发展小城镇。发展小城镇是 20 世纪 80 年代初期提出的，当时冲破了计划经济体制，这种不让农民流动，发展"离土不离乡、进厂不进城"的方针，是很有积极意义的。但从这 16 年的历史看，小城镇的发展、乡镇企业的发展是要靠大中城市带动的。苏南、珠江三角洲的小城镇发展得很好靠什么？靠上海、苏州、无锡等大中城市的辐射和带动。为什么在延安、在甘肃、在鲁西北，小城镇就发展不起来或发展慢呢？一个重要原因就是这里的大中城市自身有很多问题未解决。它起不了带动和辐射作用。从另一个方面也可以这样说，目前农业的问题不在农业本身而在工业上，农村的问题不在农村本身而在城市，发展小城镇的问题不在小城镇本身而在大中城市没有起到应起的作用。这就是前面所说的，我们的困难是社会既要实现结构的转变，又首先要实现计划经济体制向市场经济体制转变。

从一些发达国家的经验看，他们开始实现工业化的时候，也是从农业抓起，从农村取得资金、原材料，把工业发展起来。这样，农村的劳力和人口占有的土地和生产资料就多了，经营规模可以扩大。另外，他们在实现工业化之后，城市和工业就反哺农业，给农业大量补贴，提高农产品的价格，给农村输送现代化的生产资料，建设农村的道路、水电等基础设施，使农业和农村也实现现代化。新中国成立 45 年了，从第一个五年计划开始到现在也 41 年了，我们建设了一个独立的完整的工业体系。但有些工厂经营不善，效益不好，运转不灵，至今有 1/3 亏损，亏损额在数百亿元。工业至今不但不能反哺农业，还要靠农业支持，靠低价的农产品来维持。国外是在工业化过程中，同步实现城市化，农村的劳力和人口大量进城。而我国因特有的历史原因，当农村的资金、农产品进城的时候，劳动力却不许进城，所以就出现了城市化往往滞后于工业化的问题。

另外，大中型企业的改革也进行了 16 年了，至今还没有找到像包产到户那样灵的办法。怎么办呢？农村只能等到大中型企业改好了，城市改好了，再解决现实的问题。8亿农民在党的领导下，自己解放自己，自己创造历史，自己寻找解决经济问题的途径，实现小康。16年来，农民在党的领导下，不断创造，不断改革，我们从比较发达的地区取得经验，可以看到农民在党的领导下已经找到了这样一条道路。概括起来，发达地区农村富裕起来、实现现代化，经过了这样四个阶段。

第一步：实行家庭联产承包责任制。这是党领导下农民的第一个伟大创造，一举解决了全国的关键问题，为后来的多种发展奠定了基础。

第二步：建立乡镇企业。这是农民的又一个伟大创造。农民自己集资、自己搞技术、自己购买设备、自己经营，办工业，实现农村工业化。现在全国乡镇企业已有11278万职工，2321万个企业，创造了2.9022万亿元产值[1]，工业产值2.14万亿元（约占全国工业总产值的40%），拥有固定资产6439亿元、流动资金22052亿元，创造利润1965亿元，上缴国家税金1059亿元。

第三步：建设小城镇。按原来的户口政策，农转非很困难。但乡镇企业的发展本身要求相对集中，也要有规模经营，所以乡镇企业有一定规模后，必然使小城镇相对集中，现在各地在搞工业小区。由于有了乡镇企业，有了钱，城镇设施逐渐齐备，修了路，通了水电、煤气。农民，特别是青年农民要求过现代生活，镇上有学习交流的场所，有文化娱乐设施，交通也方便，所以他们纷纷往镇上搬。当然，小城镇的建设反过来又促进了乡镇企业和农业规模经营的发展。中央已经决定改革城镇的户口制度，允许农民到镇上落户，务工经商。这个政策一实行，必将推动全国小城镇的更大发展。

第四步：实现城乡一体区域现代化。就一个国家来说，从经济社会发展规律看，不可能只有几个大城市带几百个、上千个乡镇，而必然是特大城市、大中城市、中小城市和小城镇的有机结合。从国际上经济发达国家的经验看，现在是发展大城市群或叫大城市带，以三个特大城市为中心，以若干个中等城市为纽带，周围有一批星罗棋布的小城市和小城镇，实现区域现代化。我们国家将来也是这个趋势。用发展的眼光看，在不久的将来，60%~70%甚至80%的人口都集中到城市，从事第二、三产业，剩下20%~40%的人口在农村搞农业，农业也可以规模经营，农民也就富了，农业现代化就不再是一纸蓝图了。所以我们说，我们国家的前景是很乐观的。

---

① 中华人民共和国农业部编《中国农业年鉴·1993》，中国农业出版社，1994，第154页。

# 治理通胀必须调控粮食市场[*]

1993 年以来，在国民经济继续快速增长的同时，通货膨胀发展趋势引人注目，对通货膨胀成因、影响及其走势的准确判断，成为当前宏观经济决策的重要前提条件。与此相联系，市场粮价波动亦成为人们议论最多的话题之一。如何准确判断粮价波动，怎样解决由此产生的种种矛盾，成为治理通货膨胀进程中绕不开的难题。

## 一　粮食价格一年三涨　通货膨胀压力加大

近几年来，由于农用生产资料不断涨价、工农产品"剪刀差"扩大以及农产品供需区域性和结构性矛盾，在其他产品价格上涨的带动下，粮食等基础产品一直潜伏着涨价的冲动。今年[①]6 月份，政府主动调整粮食收购价和销价的初衷属于对基础产品的补偿性调价，但后来的市场粮价波动超出了这一范畴，致使通胀压力加大。近一年来，粮价已上扬了三次，很不稳定。1993 年 11 月，正当新粮大量入库时粮价突然暴涨，国家不得不采取紧急措施，用国有粮店挂牌降价等办法，刹住了涨价风。1994 年 6 月 10日，政府主动提高粮食收购价和销价。今年是中等年景，粮食总产只减少1000 万吨，这本属正常波动。可是到 7 月下旬早稻收割的时候，粮价突然暴涨。9 月初，北京、上海等大中城市，好大米涨到 1.4 ~ 1.5 元/斤，最高达 1.6 元/斤。

---

　*　本文源自《"三农论"——当代中国农业、农村、农民研究》（陆学艺著，社会科学文献出版社，2002，第 66～68 页）。该文原载《中国改革报》1994 年 12 月 27 日第 6 版，系《中国改革报》记者对陆学艺的访谈稿，收录《"三农论"——当代中国农业、农村、农民研究》时，删去了原文中记者的话。——编者注
　①　本文中指 1994 年，下同。——编者注

粮食是一种特殊商品，其需求对价格变动不很敏感。但是，粮价对需求却很敏感。粮食稍微紧缺，价格就会大幅上升，粮食供给稍多，价格又会大幅下降，这已为近几年的经济运行反复证明。美国20世纪70年代初期和末期两轮通货膨胀，除了石油价格上升这一因素外，粮食价格上升是另一个冲击因素。现在看来，我国今后的通货膨胀，在可能产生的冲击因素中，有两个因素不可忽视：一是过度的基建投资；二是粮食市场价格上扬。今年的通货膨胀给我们上了深刻的一课。

## 二 粮价暴涨事出有因 有效供给尚显不足

粮价暴涨的原因是复杂的，分析起来有以下四个因素。

第一，工农业关系失调，使目前农业支撑不了近几年工业持续高速增长的局面。新中国成立40多年的经验教训表明，我们这样一个发展中大国，农业与工业的增长比例维持在1∶2.5左右比较协调。而1992年以后的连续三年，农业与工业的增长比例大大超过1∶2.5，1994年这一比例可能达到1∶4.5左右。

第二，粮食生产和消费的地区结构发生了变化，加剧了区域性粮食供求矛盾。十多年来，东南沿海第二、三产业发展很快，农业特别是粮食生产发展缓慢，加上大量的流动人口涌向这些地区，使我国多年来形成的"南粮北调"格局变为"北粮南调"。

第三，粮食消费的品种结构发生了变化，粮食生产结构与之不相适应，形成结构性供求矛盾。1991年以来，稻谷生产逐年下降，而其消费逐年上升。1988年冬发生的粮食问题首先是从大米涨价开始的；1993年11月粮价暴涨是从大米开始的；1994年粮价市场波动，也是由大米涨价推动的。因此，稻谷的供给和需求矛盾是当前粮食问题的焦点。

第四，粮食流通体制还未理顺。粮食系统要从传统的计划经济体制变为市场经济体制很不容易，但粮食的"购销调存运"和粮食消费一天也不能停，粮食流通体制要在运转中逐渐改过来。

因此，切实加强农业这个国民经济的基础，增加农副产品有效供给，保持市场稳定和繁荣，抑制过高的通货膨胀，需要认真研究问题的症结，否则心中无数，往往造成我们的决策难以达到预期的效果。

# 三 调控机制必须建立 查清家底是当务之急

45 年来的经验和教训表明，经济不稳定，社会不安定，问题首先出在农业特别是粮食上。粮食问题必须认真对待。

元旦和春节将至，针对粮食供求形势及存在的问题，国家要对粮食市场进行宏观调控。当务之急是要利用经济手段把粮价稳定在合理的水平上，防止明年①春季和以后粮价再起波澜。合理的价格水平既要考虑到能调动农民的生产积极性，有利于今后的粮食生产，又要考虑消费者的承受能力，还要考虑目前市场已形成的格局。关于国家对粮食市场宏观调控的能力问题，真正要宏观调控，就要拿出足够数量的群众爱吃愿买的粮食。据国家统计局的报告，1992 年底商业粮食库存为 12000 多万吨。这么多账面库存，实际存粮到底有多少？有多少是可以吃可以用的？这些粮食都存在哪里？有多少可以调用？一定要做到心中有数。应该呼吁，粮食的家底已到该弄清楚的时候了。

---

① 此处指 1995 年。——编者注

# 1995 年粮食棉花生产形势分析[*]

我国农业至今还是以粮棉生产为主的农业，每年的播种面积和农业产值中粮棉要占 75% 和 70% 以上。粮食、棉花的生产是重点、是大头，特别是粮食。多年的经验是，粮棉丰收，则天下太平，若粮棉出了问题，则社会不安。

1993 年 11 月到 1994 年 8 月，不到一年时间，市场粮食价格三次暴涨，特别是大米价格，从 0.70 元/斤猛涨到 1.40～1.50 元/斤，由米价带动，玉米、小麦的价格也跟着上涨。从地区看，这次粮价上涨，是由南部沿海经济发达地区开始的，然后向北方内陆地区传递。1994 年秋收后，粮价才基本上稳定下来。这次粮价的大涨，引起了国内外普遍关注，各种议论很多。人们不禁要问，1993 年粮食生产首次突破 9000 亿斤大关，达到了历史最高水平，1994 年的粮食生产也是历史上第二个丰收年，而且账面库存有 2000 亿斤以上，怎么粮价会这样超常规的疯涨？1993 年冬天粮价初涨，国家干预，管住了，1994 年这么暴涨，却又没有管住，这是为什么呢？

粮价暴涨，说到底还是由于粮食有效供给不足引起的。不是说这几年粮食年年丰收，怎么又说供给不足？这要从农业生产的波动说起。农村实行家庭联产承包责任制后，农民生产积极性高涨，从 1979 年到 1984 年，农业连续 6 年丰收，粮食产量从 6095 亿斤，增加到 8146 亿斤，6 年增产 2051 亿斤。粮食确实多了，使我国从粮食进口国一下变成了粮食纯出口国。但从 1985 年后，粮食生产连续徘徊了 5 年，到 1988 年粮食只产 7882 亿斤[①]，

---

\* 本文原载于《改革》1995 年第 2 期，发表时间：1995 年 4 月 30 日。该文部分内容首次以《清明春播前出台新的棉花政策 以调动棉农生产棉花积极性》刊发于中国社会科学院《要报》1995 年第 8 期，刊发时间：1995 年 2 月 12 日；该文还以现题刊发于人民日报社总编室编印的《内部参阅》1995 年第 11 期，刊发时间：1995 年 3 月 20 日。本文涉及的相关省市农村经济社会数据源自作者调查过程中获得的资料。——编者注

① 国家统计局编《中国统计年鉴·1989》，中国统计出版社，1989，第 198 页。

出现了供给不足的困难，当年市场粮价猛涨，国家不得不采取紧急措施，重新强调农业和粮食的重要地位，加以多方的调整。经过 80 年代后期的努力，1990 年获得农业丰收，当年产粮 8924 亿斤①，登上了一个新的台阶，解决了供给问题。

可是从 1991 年以后，粮食生产实际又在新的水平上徘徊了 4 年。请看下列数字：

**表 1　1990～1994 年粮食总产量**

单位：亿斤

| 年份 | 粮食总产 |
|------|----------|
| 1990 | 8924 |
| 1991 | 8707 |
| 1992 | 8852 |
| 1993 | 9129 |
| 1994 | 8890 |

这四年粮食生产徘徊，可是这四年全国人口纯增 5600 万人，工业生产增长约一倍，需用的粮食大幅度增加了。1990 年全国人均占有粮食 391 公斤，到 1994 年降到只占 371 公斤。从多年的经验看，我国现在每年新增人口 1400 万～1500 万人，工业生产每年增长 15% 左右，每年大约需要增产 150 亿斤粮食，才能保证供给，低于这个增产数目，就要靠进口、靠挖库存粮来平衡。如果说 1991 年、1992 年库存还有的可挖，1993 年、1994 年继续挖就拮据了，特别是南方的好大米，已经紧缺了。所以，这次市场粮价陡升，尽管还有别的种种原因，但有效供给不足则是主要原因。

粮价陡涨，带动了其他农副产品价格的上涨。食品价格的上涨幅度较大，直接影响到城镇中下层收入特别是贫困人口的日常生活，引起社会的不安。

这次粮价变动，是市场经济价值规律这只无形的手起的作用，问题是影响了一小部分人的生活，社会有诸多议论。但这次粮食和农副产品涨价对农民、对农业却有一定的好处，主要是增加了农民的收入。有关部门估算，1994 年农民人均纯收入可达 1200 元，比 1993 年农民人均纯收入增加了 30.1%，但实际才增加 5%，特别是对以务农种粮为主的农业地区有好

---

① 中国农业年鉴编辑委员会编《中国农业年鉴·1991》，中国农业出版社，1991，第 294 页。

处。全国率先实行包干到户的安徽省凤阳县小岗村，1994 年由于粮食调价，每人年纯收入可达 1500 元，人均增加 500 多元，这是近几年增收最多的。务农种粮的农民增加了收入，调动了他们种田的积极性，将促进今年①的农业生产。这只无形的手起到了配置资源的作用。据有关部门统计，去年②秋冬播种面积比上年增加 3000 多万亩，而且投入的良种、化肥比往年多，播种质量也好。据农资部门信息，去年冬天以来，各地销售的农机、化肥比往年有较大的增加，小型拖拉机已供不应求，说明农民是在积极备耕。据四川等省农经部门的调查，外出打工的农民，特别是那些 30 多岁有老婆孩子的农民今年不想外出了。他们经过算账，一亩地两熟，通常有 1500 斤左右产量，每斤稻谷和小麦平均以 0.80 元/斤计，有 1200 元收入，扣除 500 ~ 600 元的物质投入和税、费，每亩有 600 元左右的纯收益，一个壮劳力平均耕种 5 亩，则有 3000 元收入，接近外出打工的年收入。所以有一部分农民准备不再外出而转为务农种田了。

这些资源和生产要素转向农业，转向粮食生产，再加上国家重视，强调要增加投入，增加农贷，所以 1995 年的粮食增产已有了相当的保证。

相比之下，1995 年的棉花生产却十分令人担忧。我国的棉花生产在 1984 年曾有过 1.25 亿担的最高产量，1985 年降到 8280 万担，以后是长期徘徊，1991 年恢复到 1.1 亿担，1992 年和 1993 年又连续两年减产，1993 年只有 7580 万担，1994 年有恢复性增长，农业部门估计为 8500 万担。但直到 1994 年底，国家只收购到 6000 多万担，至今有 30% 左右的棉花（2000 多万担）还在农民手里。历年来棉花的商品率在 95% 以上，国家收购量在 90% 以上，1994 年只收购到 70%，是非常不正常的。有关方面早在棉花上市前就开了棉花收购工作会议，国务院专门发了《关于切实做好 1994 年度棉花收购工作的通知》，各个产棉省、地、县的主要负责人都亲自抓收购工作，开了各种会议，动用了各种宣传舆论工具，可以说，一切能想到的和能用的方法全用上了，但棉花就是收购不上来。什么原因？问题出在棉花的收购价格和收购政策上。1994 年国家大幅度提高了棉花的收购价格，"327" 标准级皮棉提高到每担 540 元，但还是低于 1993 年的市场价格（600 ~ 700 元），更低于 1994 年棉花的市场价格（每担 700 ~ 800 元）。

有人问，国家定的粮食收购价格也低于市场价格，为什么国家定购的

---

① 本文中指 1995 年，下同。——编者注
② 本文中指 1994 年，下同。——编者注

粮食收得起来，而棉花却收购不起来呢？因为国家定的粮食收购价格低，而定购粮只有1000亿斤，只占粮食总产的11%，粮农卖低价的定购粮，当然也有意见，但大部分粮食可以到市场卖高价，农民把这部分定购粮当作"皇粮国税"，也就忍痛卖了。而棉花却规定100%要卖给国家，现在国家定价与市场价格相差太大，棉农吃亏太多，就不愿意卖了。至今棉农还在等待国家提高棉花收购价格，等待国家调整棉花的收购政策。

往年的"棉花大战"，或者是收购部门和棉农之间打，或者是甲地和乙地的政府收购部门之间打。1994年的"棉花大战"却由国家直接出面，明文公布收购价格，明文提出不准提高收购价格，不准开放棉花市场，不准多头经营等，走到了收购大战的第一线。但因棉农失利太多，棉花还是收购不上来。是不是再顶一阵，棉农还是要把棉花卖给国家？不一定。第一，现在的棉农已经不是20世纪70年代、80年代初期的农民，他们家里已经有了余粮余钱，他们有力量把棉花藏起来，待价而沽。第二，全国市场已经放开了，棉花现在成了稀缺物资，许多用棉的工厂和单位等着要棉花，国家事实上已经不能垄断收购市场。再顶下去，不仅不能把低价的棉花全部收上来，而且，要直接影响到1995年的棉花生产。现在已到了要调整棉花政策的时候了。

第一，要调整棉花的收购价格。现在市场上小麦每斤0.8元左右，稻谷每斤1元左右。多年的粮棉比价，是一斤皮棉八斤小麦。这些年北方棉区，小麦比较容易稳定高产，而棉花的用工多、病虫害多、风险大。为了调动农民种棉花的积极性，有些地区要调到1∶9～1∶10才合适，所以现在的棉价必须调整。

第二，要调整棉花的收购政策。棉花是商品，最终是要实行市场经济体制的。目前实行的供销合作社系统独家经营的体制，弊病很多。多了砍，少了赶，棉农意见很大。10多年来，棉花生产之所以大起大落，与这种体制有直接关系。棉农和用棉企业都盼着改革。当然，现行的棉花购销流通体制是多年形成的，涉及方方面面的利益，要改也难。需要周密计议，逐步改革。1995年要定出改革的方向，先搞试点，如仿照粮食购销体制逐步改革的方法，国家只定购一部分，掌握必要的棉源，其余放给地方、放给市场。可以在几个产棉大省，搞几个改革棉花收购体制的试点县（市），取得经验后再逐步推广、逐步放开。

从多年的经验看，当年的棉花价格、棉花政策应该在上年的秋播前就定下来，农民好据以筹备棉花生产的安排，北方棉农要把来年的棉田留出来。现在已经晚了一点（1994 年在大秋增播了 3000 多万亩小麦，其中有一部分就占了棉田），但现在还有余地。如果在清明春播前出台新的棉花政策，以调动广大棉农生产棉花的积极性，那么，今年种植 9000 万亩、生产 9000 万担棉花的计划还有可能实现，否则，这个计划就有落空的危险。农时不可误啊！

# 全国的经济社会形势与陵县
# 冬季农业的意义*

　　1983年到1986年我在陵县驻过三年多，也算老家了。我对陵县是十分关注的，陵县这几年的发展情况我也是知道的。我在陵县的三年收获很大，可以说终生难忘。陵县搞的冬季农业，是一件很好的事情，也可以说是一个创举，对我们陵县、对德州市、对华北地区都是很有意义的一件事。我到义渡、前孙、官道孙几个种菜的地方看了一下，很受启发。原来棉田里不种别的，现在间作了葱头、甘蓝、蒜、瓜，这是以前没有的。昨天和市里的同志交换了意见，他们都认为这是一件很好的事情。我觉得这件事的意义不亚于1984年陵县创全国产棉大县那件事，这可能会在陵县的历史上写下光辉的一页。坚持走下去，可能会使陵县经济实现飞跃，会走出一条由粮棉大县向经济强县跨越的路子来。借这个机会，我讲两点看法：一是讲一下全国的经济社会形势，以说明在这个大环境下，冬季农业在全国的意义，起什么作用；二是讲一下陵县发展冬季农业的意义。

## 一　当前全国的经济社会形势

　　大家都知道，十一届三中全会以来，我们的国家正处在经济、社会全面发展、全面进步的历史时期。新中国成立46年来，无论在经济还是社会进步上，改革开放后的这17年是最快的。大家回顾一下，十一届三中全会前我们全国的情况，特别是陵县的情况，大家还是记忆犹新的。17年来，

---

　　*　本文源自陵县的录音整理稿（未经本人审阅）。该文稿系陆学艺1995年6月10日在陵县乡镇、县直部门主要负责人会议上的讲话稿。原稿无题，现标题为编者根据内容拟定。——编者注

我们的国民生产总值平均每年递增 9.2%，前几年到过 12%、13%。这样一个大国，在世界上保持这样的增长速度是少见的。这说明，我们已经在现代化的路上走了一大步了。我们陵县的变化，河北、苏南的变化都是很快的，经济实力大大增强了。1978 年的时候，我们国家的经济实力在全世界排 100 多位，这些年已提到第 6 位了。1978 年我们的进出口总额是 206 亿美元，16 年以后即去年①达到了 2100 亿美元，在世界上由原来的第 32 位提高到 1995 年的第 10 位。怎么来认识这个发展？怎么来判断、看待这个新形势？或者说这个形势要发展到哪一步，下一步要发展什么？用经济学、社会学来判断的话，可以概括为：中国正处在一个由传统社会向现代社会转型或者叫转变、转化的时期，也就是我们正由原来落后的、传统的农业国向现代化的工业国转型，正由传统的计划经济体制向社会主义市场经济体制转型。我们所有的活动都同时处在两个转变时期，转变的速度是很大的。

第一个转型：我们国家正由原来落后的、传统的农业国向现代化的工业国转型。自开天辟地以后到 1949 年，我国是农业国这个认识多少个世纪基本没变化。这个转型具体包括这么几个特点。

第一，现在我们是从农业社会向工业社会、第三产业社会转型、转化。1979 年以前我们是农业社会，那时全国有 10% 是工业，90% 是农业。对于陵县来说 95% 是农业，5% 是工业，1949 年前陵县没有什么工业。搞现代化，所有的发达国家，农业只是一少部分，工业总产值要超过农业总产值，以工业为主。从经济结构上来说，中国 20 世纪 50 年代以农业为主，即第一产业为主，第二产业其次，第三产业再其次。到 20 世纪 50 年代后半期我们国家有些变化了，以第二产业为主，变成"二一三"了，工业占 70%，农业占 30%，那个时候我们国家大概是这样。到 1978 年，我们的经济结构是这样的：第一产业占 28.2%，第二产业占 47.9%，第三产业占 23.9%。到1993 年，第一产业占 21.2%，第二产业占 51.8%，第三产业占 27%。这是第二阶段，现在我们正处于这个阶段，即经济结构变成了"二三一"。世界上一些发达国家如美国、日本等，经济结构是"三二一"，到那个时候现代化就实现了。如果陵县达到"三二一"，陵县就现代化了。

从全国来说，我们是农业地区，还得把农业基础搞好。20 世纪 80 年代初期我们总结了"无工不富，无商不活，无农不稳"，光搞农业要奔小康还可以，要达到现代化就不行了，一定要从农业国家转为工业国家，从农业

---

①　本文中指 1994 年，下同。——编者注

社会转到工业社会来。现在我们全国还处于"二三一"的阶段，所以我们从 1949 年到 1978 年走了一步，从"一二三"变成了"二一三"，1978 年到现在又走了一大步，从"二一三"变成"二三一"。这是我们全国第一个转化，这就叫作农村社会变成城市社会。"现代化"在全世界有个标准，一定是以二、三产业为主，农业占 20% 或 15% 以下。农业生产的东西多了，能够养活二、三产业的人越多，农业劳动生产率越高，那么社会就越进步。都束缚在土地上是不行的，必须搞城市化。而现在的水平，据 1993 年统计，全国有 72% 的人口是农业户口，28% 的人在城市里面。像美国、日本、欧洲这些国家和地区都是 70%、80% 的人住在城市里面。陵县有 52 万人口，其中 47 万农业人口，城乡人口比例低于全国的平均水平。没有农村的小康，就没有全国的小康，也可以说没有农村的现代化就没有全国的现代化。现代化集中一条——要向城市转化，这是客观规律。不能说搞特色就有 80% 的人住在农村里面，那个不行。新中国成立以后的三四十年就是向城市化转变的过程，陵县也是一样。将来只要二、三产业发达，城市化就会发展。我们陵县也是不可越过这一阶段的。现在我们国家正由乡村社会向城市社会转化，要搞现代化，还保持 80%、90% 的农业户口是不可能的。搞现代化，要特别重视教育。现在陵县只剩下两所高中，许多农民子弟考高中比上大学还难，这是走"回头路"。现代化必须有文化，必须有现代的技术。20 世纪 60 年代以后，农民进城难，因为我们出现了"三年困难"，进城要吃商品粮，1960 年以后严格规定不许"农转非"，要实现 80% 城市化率得多少年？进城是他们的愿望，这是进步的，这是世界性的。一个现代化国家不可能 80% 的人口是农民，80% 是农民绝对现代化不了。城市化是客观发展的趋势，现在我们国家的变化就是向城市化发展。但是我们的户口制度还没改，所以发展不顺当。这是第二个特点。

第三个特点，我国从半封闭的社会向开放的社会转化、转型。农业是封闭的，养猪自己过年吃，种菜自己吃，农村封闭，国家也封闭。新中国成立以后叫"半开放"，因为美国、英国、法国那些国家反对我们、歧视我们，使我们那时候无法开放。20 世纪五六十年代，我们提出一个口号：既不欠外债，又不欠内债，现在看是不行的。现在当县（市）委书记、当乡长，不借钱，买卖就办不起来，乡镇企业就办不起来。1978 年以后，党中央实行改革开放政策，一个是对国外开放，一个是对国内开放。开放也是搞活，搞活也是开放，不开放，眼界不宽，简单再生产，年年如此，甚至一年不如一年。刚开放时人们意见很大，深圳划特区很多人不理解，天津租一块地给外国人被说"卖国"。那时咱们的传统观念实在太深。现在看来不是这样，开放十几年陵县也没有少什么，也进来不少东西了。现在咱们国家的彩电也出口了，咱们的电气化要不是开放，要不是引进及时，现在可能还不行，改革开放带来的好处现在大家看到了。咱们的东西有出去的，也有进来的。技术方面有世界性的，古代的指南针等四大发明，对世界发展有好处，现在咱们落后了可以引进嘛，需要交流，闭关自守是不行的。搞现代化必须是开放的社会。我们现在已引进了一千多亿美元，有十万家外资企业。改革开放以来，大量的东西引进来了，我们这几年引进的新技术、新设备、新的管理是不可估量的，这就靠改革开放。改革开放这个政策也是符合历史规律的，没有哪个现代化国家是封闭的，都是开放的社会。这是第三点。

第四个特点，我们这个国家正在由单一的社会向多元化社会转化、转型。比如说15年前在这里开会，咱们的衣服可能都一样，包括女同胞，现在是五花八门了。从更深层次上讲，1978年以前，是单一的公有制，农村是人民公社，那时农民没有多少区别，都叫社员。现在可不一样了，从表面上来看穿衣多样化了，房子多样化了，骑的车子多样化了。从内容来说，比如所有制，现在有大集体、小集体、租赁等形式。农村生产生活形式也多样化了，原来分配都是记工分的。现在农民大不一样了，收入也不一样了。我在北京做报告时讲过，最穷的人是农民，现在全国有7000万人吃不上饭；最富的人也是农民，也在农村。我1989年写过一篇文章，农民已经分成了八个阶层：第一种是农民，有承包地，60%的收入来源于农业，这样的农民我们陵县可能有50%以上，全国是55%。第二种是农民工人，又可分两种，一种是离土离乡的，一种是离土不离乡的。第三种是个体私营，包括个体工商户和个体劳动者，做小买卖的，这一类陵县有五六万人。第四种是雇工，雇工是受雇于老板的。第五种是农村的知识分子，像民办教员、赤脚医生、民办的技术员等。第六种是个体私营企业主，雇工8人以上的是老板，1994年统计全国大概有超过42万户，他们的平均财产在50万元以上，大的几个亿了。第七种是乡镇企业的管理者，即乡镇企业的厂长、经理、供销员、中层干部。第八种是农村的干部，这些人对土地的感情和其他人不一样。职业不同，制定政策的时候，心里就有数了。

当然还可以总结一部分，比如说我们现在由人治社会向法治社会转化，等等。总的来说，传统社会向现代社会转化就是两点：工业化、城市化，这两项是主要的、核心的，陵县也正在这条路上走。这个转化不管是社会主义还是资本主义，是所有的现代社会都经历过的，无论到美国还是到日本考察，这些现代国家都是从农业走出来的，都是从农村社会走出来的，都是从封闭社会走出来的。当然这个转型里面还产生了许多问题，这个都一样，没有特殊。中国就是大了一点，地区不平衡一点，我们的步伐慢一点，没有别的差别。

第二个转型，就是说我们的国家现在正在由计划经济体制向社会主义市场经济体制转变。日本搞现代化之前就是市场经济体制，它没有粮票，也没有户口，也没有咱们这一套干部制度。计划经济体制向社会主义市场经济体制转化是我们现在遇到的一个特别的问题，而且这个转化，一方面在改革，一方面在转变。现在发展工厂、搞农业建设，有好多题目人家已经做过了，有好多东西可以拿过来。但是我们现在遇到的困难、遇到的问题、遇到的麻烦很大。干计划经济的时候不觉得难，到国外考察，干市场经济也不难，难就难在这个时候了。干活儿不怕，就怕扯皮的事，扯皮的事就是那个时候闹的。市场经济必须搞，不搞市场经济现代化实现不了，而且有好多问题解决不了。咱们干了 30 年了，计划经济就是不行，计划了几十年，8 亿人口饭不够吃，还得进口粮食、棉花、油等。咱们搞包产到户本身就是市场经济。开始国外有人讲，搞市场经济就是搞私有制。现在美国有的学者说，公有制也是可以搞的，好处是肯定的。比如说粮食，如果不是市场经济体制，咱们今天的粮食、油就出问题，搞了市场经济，今年①粮食不会出问题，什么道理呢？因为市场经济按照供求规律一点一点地涨价。这几年农业没搞好，特别是大米，原来几毛钱 1 斤，1994 年涨到一块五六。现在北京的大米一块八到一块九了，大米把玉米和小麦的价格带上去了。在北京开座谈会，我就讲 1995 年粮食不会有问题，什么道理呢？粮食涨一倍，化肥涨了，柴油涨了，它一年涨不了一倍，起码三年跟上来。今年种粮食是合适的，所以今年化肥、拖拉机、薄膜脱销了，农民积极投入，有利可图。十四大的文件里有句话，什么叫市场经济？市场经济就是价格的调剂由市场来决定。市场经济把粮食的价格调上去了，调上去以后，劳动力就往粮食上投，柴油往粮食上投，土地往粮食上投，资源往那里集中。当然要发展好还得加以指导。所以今年的"民工潮"就比往年少，种 5 亩粮食，去了成本有两三千块钱的收入，干嘛到北京、天津受那份罪。市场经济体制肯定比原来的计划经济体制好，当然，国家要搞好宏观调控。

---

① 本文中指 1995 年，下同。——编者注

从计划经济到市场经济这个转化会产生很多问题，实际上还牵扯到利益的调整，利益的再分配，所以矛盾越大，问题也越多。加快计划经济向市场经济转化，我们国家这么大，产生点问题、矛盾是可以理解的。一个德州 500 万人口，相当于世界上一个中小国家，产生点问题是不可避免的，但总的来说是在前进。这里讲一个例子，1978 年刚刚改革的时候，清华大学教授钱伟长说，现在我们中国的情况，就像一个篓子装满活螃蟹，这些螃蟹互相钳着腿，谁也动不得，怎么解决呢？两个办法：一个是不要篓子，把篓子劈了，大小螃蟹到处跑，闹得世界不得安宁，乱套了；一个是逐个向外捡螃蟹，今天拿出包产到户，明天拿出乡镇企业，后天又拿出三资企业，把那些小一点的螃蟹都拿出些来，这些螃蟹出来以后都长得很快，出来的都活了。留在篓子里的是党政机关和大中型企业，状况也好一点，宽松一点。所以将来有些东西还得改，篓子的口子还要开得大一点。大体我们处于这个阶段。我们国家社会进展得很快，道路已经打开，航线已经开通，我们三年以后，五年、十年以后怎么样？现在我们的发展速度是 12%、13%，估计到 2000 年也就在 9% 的速度，到 2010 年是 8% 的速度，所以接下来这个 15 年以 8.25% 的速度往前走，再干十几年，我们的社会总产的直接总量要超过日本，居世界第二，当然人均要比它低 10 倍。大致再干 35 年，到 2030 年我们中国的国民生产总值绝对量会超过美国。也有人预计，以这样的速度，到 2050 年以后，我们的平均实力就可以达到它们的水平了。这是我们中国社会科学院和有关部门计算的。现在我们沿海地区大致有 1.5 亿到 2 亿人，就那边农村的水平来讲，基本上达到发达国家的经济水平，当然有些还有差距，所以江苏省委提出来到 2010 年苏南要实现现代化。大家不要认为现代化不得了，干起来也快。当然前进中还有不少问题，这些问题终究要解决的。发展太快跟我们素质不适应，知识的更新、观念的更新跟不上。可以说我们在现代化的道路上已经走了一大段了，但还没有实现现代化，还要往前走。后边 15 年我想会好一些，当然速度不会有前边那么快了，到 2010 年，现代化达到初步的水平了。到那个时候，我们的生活会有一个比较大的变化。当然要解决的问题还会有很多，困难也很多。现在我觉得有些会还得要开，有些道理还得讲清楚，我觉得这几年政治教育不够，解决的问题不够。有人说，现在的成绩从来没有这么大过，意见也从来没有这么多过。有的意见是合理的，有的意见是遇到了新问题，但他的观念还没有改过来，多半意见是合理的。有一点可以说清楚，现在形势这么好了，大家的生活也都改善了，为什么大家意见还那么多？有一条是这几年政治教育放松，会开得少了，还有一条是表明大家可以畅所欲言了。20世纪50～70年代，你说谁能没有意见？20年不涨工资谁能没有意见？20年还住一间房谁能没意见？那时物价没涨，虽然现在物价上涨，但工资也涨，东西还是照样买，工资比物价涨得快，总收入比那时多。这么算细账，这17年肯定要比以前好。到2010年我们赶上日本的水平，2030年赶上美国的水平，我们国家有这样的希望。国外总结得比我们好，上面的人比下面的人的看得清。现在咱们遇到这么多困难，但是这些问题都是能够解决的。我简单地说几个具体的例子吧。第一，是农业问题。小平同志在20世纪80年代末期就讲过一句话，中国要出问题就出在农业上面。虽然这句话传达了，但现在农业还是出了问题，我们第一步改革是成功的，第二步到现在为止并不是很成功。不是讲流通改革吗？问题在流通里面还是很大，农民不满，棉办、供销社现在遇到了很多困难。1984年我们陵县产了6.2亿斤粮食，109万担棉花，现在是8.2亿斤粮食，30万担棉花。1984年全国棉花产量1.25亿担，1994年收购不超过6000万担。农业一好就忘了农民。1990年以后，粮食产量停留在9000亿斤，可人口四年增加了5600万。原来1990年的粮食是够的，卖粮难，现在粮食就不够了。只要日子好受了，有些人就欺负农民，在农民身上作文章。对农民欺负得狠了，农民就不干了。没有粮食没有棉花领导就着急了，就改变政策，这些年就是这么个过程。所以你搞"口号农业"，农民就搞"口粮农业"，棉花价格不好，农民就不种。中国这点地是养得起中国人的，也养得很好，但是要重视农业，不能欺负农民。所以现在生产要抓"米袋子"，市场要抓"菜篮子"。我们不能使粮食受制于人。中国的潜力还很大，粮食搞不上去就是我们的粮食政策问题、价格问题。棉花也是这样。第二，这些年农民收入增长缓慢，农民是有意见的，城乡差别缩小了一段时间，现在仍在扩大。1978～1984年农民人均纯收入每年增长15.1%，这6年是农村的"黄金时代"。1985～1988年农民人均纯收入年递增5.1%。1989～1991年农民人均纯收入年递增0.7%，1992～1993年平均在3%以上，1994年超过5%，去年就是靠粮食涨价。所以工农之间的差距是扩大的。1978年农民的收入与城市居民的收入比例是1∶2.3，到1984年是1∶1.7，差距缩小了；从1985年以后逐年扩大，到1993年是1∶2.5，去年也超过1∶2。农民有意见跟这事有关，而且我们中等地区差距更大一点。所以农民收入增长是缓慢的。这几年农村的劳动力不是减少而是增加的。劳动力增加就大量地进城，开始的时候有人说农民是"盲流"。农村里没活干，城市里有活干，他到城市里来，怎么叫盲目地流动？哪个现代化国家都是农民要进城的，不能 80%、90% 是农民，要搞现代化，农民要进城，不是盲目地流动，也不是盲目地进城，他们不是来捣乱而是来干活的，是来创造财富的。哪个地方民工多，哪个地方发展快。第三个问题是社会治安问题。这几年，社会治安比 20 世纪 80 年代差了，包括北京有些地方，农村里面偷猪偷羊偷牛，在旧社会也不是这样。这些问题都不同程度地存在着，工作做得好一点，问题可能要少一点，但有些地方是相当严重。这些问题正在逐步加以解决。

## 二 陵县发展冬季农业的意义

陵县曾经有过辉煌的一页，1984 年棉花产量达到 109 万担，在全国是数得着的。棉花产量下来以后，县委、县政府做了很多的工作，但是再造这样的一个支柱产业、龙头产业是很难的。在全国农业徘徊的情况下，陵县的粮食产量还在长，陵县的乡镇工业和县属企业都在前进，陵县的成绩还是很大的。但是现在要将棉花产量恢复到 1984 年 109 万担的水平，重新树起这样一个支柱产业，我们陵县的同志需要下一番功夫。现在国家缺棉花，去年全国产量 8500 万担，可是生产需要的棉花超过 1 亿担。在这种形势下，我们要研究根据国家的需要怎样恢复棉花生产，还要研究怎样从粮棉大县变成经济强县，怎样利用这 93 万亩土地，使陵县人民更快富起来。这几年陵县的同志创造了冬季农业，利用白茬地种蔬菜，这是一件很好的事情，又创出一个新的模式，在我们山东、在华东地区、在西北地区、东北地区带了一个好头。因为我们国家总的来说是人多地少，怎样提高复种指数，充分利用光热条件来增收农产品，这在全国来说是一篇大文章。过去棉田冬季是闲着的，利用这个条件，我们创造了越冬蔬菜，这是一个创造性的活动，把冬闲的土地利用起来，把冬闲的劳动力利用起来，把原来闲置的生产资料利用起来，创造了财富。冬季蔬菜也是国家的需要、市场的需要、社会的需要。冬季蔬菜原来是老三样：土豆、萝卜、白菜，现在搞冬季农业，蔬菜品种就丰富多了。我觉得这是非常有积极意义、有社会意义的事，通过提高复种指数来创造社会最需要的产品，改善社会的蔬菜供应，这是陵县的同志响应党的号召，大力加强农业，创造的一个新的模式，不光生产了蔬菜，而且创出了新的思路，那就是利用冬闲的田地、冬闲的劳力、冬闲的物资、冬闲的水源，创造了大量的财富。所以我觉得这个事是很有意义的。

### （一）发展冬季农业对陵县的好处

第一，增加了大量的蔬菜，创造了物质财富。1994 年 20 万亩冬季蔬菜平均亩产 3000 斤，菜比粮食不光是值钱，而且是社会必需的，所以几亿斤蔬菜很快就销出去了。不光是中国需要，外国也需要，蔬菜将来的需要量是越来越大的。况且，发展冬季农业，利用冬季闲置的土地、闲置的劳动力、闲置的水资源、闲置的其他生产资料，给社会创造了财富，增加了复种指数，提高了土地的利用率。

第二，增加了农民的收入。以亩产 3000 斤计算，20 万亩就是 6 亿斤，按 5 亿斤计算，每斤按 2 毛钱算，就是 1 亿元。

第三，对棉花生产有好处。利用冬闲白茬地，如果光种棉花，效益不会太高。如果冬季再加上一季蔬菜，棉麦、棉菜套种，总的收入比纯种棉花或两季粮食要高多了，有的每亩 3000 块钱，有的 4000 块钱。这对我们国家的棉花政策也是一个促进，起码保证了棉田面积。我看陵县 1995 年可能可以多种 10 万亩棉花，这对国家来说很重要。我到义渡看了棉蒜、棉葱间作，棉花头一遍药不用打，虫子不多，跟辣味有关系，而且比一般的棉花长得要好，可以解决棉花生产的徘徊和增产的问题。

第四，可以利用冬闲的劳动力。过去 3 个月冬闲没事干，发展冬季农业就可以变冬闲为冬忙，有事干就有收入了。官道孙的郭富荣书记说有一个计划，第一步把在家的现有的闲置劳动力利用起来，第二步把在外打工的 2000 人争取过来，第三步再把外地的劳动力争取过来干活儿。我看这个气魄是好的。出去打工比蹲在家里闲着、打扑克是有好处的，有收入。但出去打工是为人家创造剩余价值。为什么广东这几年发展这么快，一个重要原因就是有十多万外地人给它干。咱们出去干，一年也能挣回来两三千块，但在家里干收入肯定比两三千多，因为在外面干人家不会把你创造的价值都给你，是有剩余价值的。如果我们这里有更多的人来干，咱们富得不就更快了吗？官道孙的"三步棋"很好，有这种气魄。

另外，发展冬季农业也理顺了干群关系。这些年经常讲双层经营，讲服务体系。我们光种粮食，双层经营、服务体系没有多少好搞的。可是要种蔬菜，要种经济作物，不服务就不行了，服务体系也建起来了，这样有利于理顺干群关系。现在农科系统的服务体系是线断、网破、人散，什么原因呢？光种粮食农民自己都不够用，怎么给你交钱呢？种了蔬菜，农民富了，咱这个服务体系也有服务对象了，服务也可以收点钱了，农技站就可以养起来了，乡镇也有点收入了。前孙的冷库原来到苍山拉蒜苔，现在自己有了，运费就省下来了。将来咱们的乡镇、有关部门为农民发展冬季农业搞服务，农民富了咱们也就富了。我看，发展冬季农业是陵县实现经济转折的好形式、好项目，对陵县由粮棉大县变为经济强县，重振陵县的各项事业，具有重要作用。如果我们搞下去，搞到40万亩，亩产3000斤，就是十几亿斤，那么菜比棉花的收入还来钱多。去年中央开农村基层工作会议我去了，怎样把基层搞好？就是靠一个好班子，一个好带头人，一条致富的好路子，一套好的规章制度，一支好的队伍。搞冬季农业就是找到了好的路子。现在南方发展农村经济的路子是这样的，第一步搞农业，第二步搞乡镇企业，第三步搞小城镇建设，这是他们的"三步棋"，他们走通了。咱们这里搞乡镇企业、工业是一个过程，而发展冬季农业可能走出一条路子来。发展冬季农业还会培养出一批新的人才来，搞技术的，搞流通的，搞研究的。将来科技人员的积极性会生产出很多东西来，而且会出一批人才，这一点很重要。这件事于民、于县、于城市、于国家都是有利的事。不光对陵县有意义，对德州有意义，对鲁西北、对华北、西北、东北都是有意义的。所以这是我们陵县的一个创造，也是一个创举。发展冬季农业，可以利用阳光，利用水，利用冬闲的土地。黄河以北冬闲的土地很多。有塑料薄膜这个条件，可以把这些自然资源利用起来，创造出更多的农产品，更多的财富，更多的蔬菜，还有其他东西。这件事就有革命性的意义了，最重要的是增加了土地。这件事不光是我们陵县的事，我们搞好了，把经验总结好了，把技术总结出来，对鲁西北、对华北部分地方都是有指导意义的。

## （二）发展冬季农业的普遍意义

第一，发展冬季农业实际上是实实在在地落实中央关于农业的指示精神。我们怎样重视农业？陵县把30万亩、40万亩冬闲的地利用起来，创造出财富，这个就具体化了，不是口号，不是口头，而是实际行动。对于华北、西北、东北的部分地方都是有意义的，推广开来，全国实际上就增加了几亿亩土地。农民会创造，冬季农业也是农民创造的。日本这么好的条件、这么好的气候就种一季，咱们不是"三种三收"了吗？土地不多，但是"三种三收"，1亩不就变成了3亩了吗？

第二，发展冬季农业可以解决许多社会问题。现在上面有关领导对民工潮、物价、菜篮子、米袋子、社会治安等问题很操心，我们干的事就是解决这些问题的。没棉花急了，没蔬菜急了，咱现在就增加农产品，增加棉花，增加冬季蔬菜。现在我们陵县每年至少要生产 10 亿斤蔬菜，一个县增加 10 亿、8 亿斤菜，这个不得了。现在冬季蔬菜的价格也实在高得不得了，如果量增加了，价格也就下来了，实际上也在支持城市市长的工作，帮助他们解决难题。

第三，为增加农业收入、增加农民收入、促进农业发展找到了新的路子。发展冬季农业本身就利用了"三闲"：闲地、闲人、闲生产资料，变冬闲为冬忙。如果把这件事情推开来全国的"民工潮"会少一点，也解决了社会风气、社会治安问题。因为大家收入多了，大家有事干了，农闲变农忙了。这对于我们鲁西北，对于我们山东，对于华北地区都会起到很好的作用。

冬季农业这件事，陵县坚持抓下去。这个头开得非常好，已经有好结果了，一定要进一步扩大"战果"。我想将来可能有两件事要解决好。第一是抓服务。种菜可能比种粮食、种棉花还要难一点，技术上要搞好服务。第二是抓销售。销售有季节性，差一天、两天都不行。现在蔬菜能够保存了还好一点，将来过冬品种多了，销售就成问题了。所以我觉得县委现在要看到销售这一条，将来要建立一个班子专门来管销售，专门到苍山、到寿光"取经"去，"打"到全国去。第一步赶上寿光，第二步成为经济强县，把现代化这道"沟"跨过去。

# 今年棉花形势更加严峻，棉花
# 政策亟须调整<sup>*</sup>

6 月①中旬，我们到河北、山东农村调查，一路上看到农民正在收割、打晒小麦，农民普遍反映今年②小麦收成好于往年，市场小麦价格为 1.6～1.7 元/公斤。同农民谈起小麦丰产丰收，他们眉飞色舞，但一问起棉花，神色就变了。我们路过京开公路和 104 国道，原来这一带是华北大棉区的一部分，在 20 世纪 80 年代中后期，路两旁都是大片棉田。现在成片的棉田已经看不到了，只有星星点点。进村下田察看，棉花长势也不好，已经打过两遍农药了，弱小的棉枝棉叶上还是虫眼斑斑。沿途同市县乡镇干部座谈，他们对今年的棉花生产忧心忡忡：一方面，国家需要棉花，上级下达的收购任务指标，他们是清楚的，有的还签了军令状；另一方面，农民种棉花吃亏，不愿意种，他们也是明白的，真是两头为难。

## 一　今年北方棉花还将减产，国家下达的
## 生产计划难以完成

当前棉花正在生长，还没有结铃，怎么就说今年北方的棉花将减产呢？这要从棉花政策说起。棉花是要靠农民种的。农民对这几年的棉花政策有意见，觉得种棉花不如种粮食合算，种棉花用工多、成本高、风险大，预

---

\* 本文源自作者手稿，该稿写于 1995 年 7 月 16 日。该稿曾摘要连载于中国社会科学院《要报》1995 年第 53、54 期，发表时间：1995 年 7 月 26 日、28 日，题目为《今年的棉花形势及政策建议》（上）（下）。现根据作者手稿刊印。本文涉及的相关地区农村经济社会发展数据源自作者调查过程中获得的资料。——编者注

① 此处指 1995 年 6 月。——编者注

② 本文中指 1995 年，下同。——编者注

期效益不如粮食,所以农民比较普遍地愿意多种粮食,少种或不种棉花。可是国家又需要棉花,通过各种会议、各种文件,任务层层下达,各级干部用尽了各种办法,包括采用抓计划生育时用过的那些办法,要求农民种棉花,农民要响应政府的号召,或为尽义务或出于不得已,种的是政治棉、义务棉、任务棉。而在当今农村市场已经普遍放开、社会主义市场经济体制正在逐步建立的大环境下,今年棉花的收成不会好,是可想而知的。我们这次到棉区调查,已经看到如下事实,足以说明今年棉花的形势严峻。

第一,棉花种植面积减少。按今年年初国家计委和农业部的计划,要求全国生产棉花 9000 万担,要求全国有 9000 万亩棉花播种面积。据供销社系统的初步统计,1995 年全国落实棉田面积 7500 万亩左右,这是各地上报汇总的数字,实际播种面积比这还要少。山东省德州地区 1995 年计划种植棉花 214 万亩,到 6 月统计,实际播种 145 万亩,只占计划面积的 68%。这是德州各级干部做了许许多多的工作才达到的,结果还是比 1994 年实种面积要少。棉花是要从地里长出来的,播种面积保不住,棉花产量当然也难保住。

第二,今年北方的棉花相当多数种在干旱、浇不上水、边远、土质不好的劣等地上。市场粮价高,农民愿意多种粮食,但棉花有任务,不得不种,于是多数就种在次地、劣地上,以此来完成播种任务。对农民来说,种不种由你,收不收在天;对干部来说,反正播种面积任务完成了,好交差。前面说过,沿公路两旁能浇能排的平整好田都种上玉米了,原来大片的棉田看不到了。

第三,夏茬棉田增加过多,产量和质量都没有可靠保证。北方棉花原来绝大多数是春播棉,20 世纪 80 年代中期以后,才逐步推广棉麦套种技术。目前棉麦两熟的品种和栽培技术等尚未配套,但农民想通过套种多收粮、增加收入,所以发展极快,近几年棉麦套种面积已接近 50%,有的县乡达到了 70%。但夏茬棉晚发晚熟,秋桃比例大,霜前花一般只有 40% ~ 50%,遇上秋季低温、早霜,损失就大了。

第四,棉田投入减少,田间管理粗放。凡是能种棉的田地,都能种粮食。时下粮食值钱,棉花相对收入少,所以农民就把有机肥、好化肥都使到粮田里。时下化肥价格猛涨,尿素已卖到 2200 多元一吨,农民多数不宽裕、缺钱花。肥料不够,能买到的,多数也往粮田里使,农民的工夫也主要用在粮食上,对棉田的投入和管理都不够。有的冬前连棉柴也不拔,耕作层愈种愈浅,病虫害就加重了。所以,有的干部形容今年农民种田,"把粮田当亲儿子一样待,棉花田则像小娘生的没有人管",而棉花却是娇嫩作物，是最需要人管的。

这些现象表明，今年北方棉花生产的形势不好。当然，减产多少，还要看今后 3 个月的天气。所幸，南方的棉花要好一些，最近我们到苏南的太仓、张家港市调查，看到那里的棉花长势很好。据当地干部介绍，农民对棉花价格还是满意的，原因是，这里的棉花是棉麦两熟，套种的技术和措施已经配套，产量高，亩产皮棉平均在 150 斤以上，种棉花比种一季水稻的收入还略多一些，所以，农民种棉花还是有积极性的。当然，种棉花比种蔬菜瓜果收入还是低，特别是苏南一带的工副业发达，就业门路多，所以那里的干部为了种上、种好棉花，还是做了很多工作的。问题是自 20 世纪 80 年代以来，棉花的主产区已经从江南转移到了北方。1979 年，冀鲁豫三省的棉花产量只占全国总产的 21.8%，而到了 1989 年，三省的棉花产量则占全国总产的 55%。今年，主产区的农民种棉积极性不高，生产有问题，全国棉花生产的形势就严峻了。

## 二　供需矛盾突出，今秋"棉花大战"已在酝酿

从 1993 年起，各地"棉花大战"此起彼伏、连绵不断，已经打了两年。究其原因，一是棉花供不应求，1993 年棉花只生产了 7740 万担，而当年全国有纱锭 4200 万锭，加上各种用棉需要棉花近亿担，供需矛盾太大，棉花有缺口。1994 年国家公布棉花总产 8500 万担①，但实际只收购到 6100 万担，供需矛盾继续扩大，迫不得已，只好大量进口洋棉，但还有很多国营大中型棉纺织企业开工不足，有的不得不停工待料，他们都急需要棉花。二是棉花存在两个价格，国家定价和市场价格之间价差太大。1994 年，国家制定的收购价格是标准等级皮棉每担 544 元，而市场价格每担 700～800 元，最高有卖到 900 多元的，每担差价有 200～300 元。这种价差的存在，成了各方追逐的目标，于是"棉花大战"就烽烟四起了。

今年国家计划生产皮棉 9000 万担，从前述的现象看，这个计划是难以完成的。最近②，全国供销合作总社负责人通过《经济日报》正式公布，自今年 9 月 1 日起，每担皮棉收购价格为 700 元，比 1994 年的收购价提高了

---

① 《中华人民共和国国家统计局关于 1994 年国民经济和社会发展的统计公报》（1995 年 2 月 28 日），http://www.stats.gov.cn/tjsj/tjgb/ndtjgb/qgndtjgb/200203/t20020331_30008.html。此为补充注释。——编者注

② 1995 年 7 月 7 日。——编者注

29%。这同市场价格是接近了，但还有一定的价差。这位负责人同时宣布，"今年棉花购销仍由供销社统一收购，统一经营，国家坚持不放开经营，不放开市场，不放开价格，实行省长负责制的政策"。今年的棉花除新疆棉花由国家统一调拨外，各省自求平衡。

全国现有 5 万多家纺织企业，800 多万纺织职工，其中棉纺织企业 2 万多家，400 多万职工，几乎遍及每一个省、市、自治区，但现在年产 100 万担以上棉花的省、市、自治区只有 12 个，大部分省、市、自治区的棉纺织企业要向省外采购。数以万计的棉花采购人员为了企业的生存发展，必然要想尽办法买到棉花，而棉花又如此紧缺，秋收后采购棉花的情景是可想而知的。对此，我们应该早作准备。

## 三　调整棉花政策，把棉花生产搞上去

棉花问题是当前农业生产和经济生活中难度最大的热点问题，是涉及 8000 万棉农、100 多万供销社系统棉麻公司、400 万棉纺织企业的职工以及数以亿计的棉纺织品消费者切身利益的问题。如何协调好各方面的利益，把棉花生产搞上去，做好棉花的收购储存、调运工作，保证纺织企业的原料供应，满足全社会和出口企业对棉纺织品的需求，是当前经济工作亟须研究和解决的一个重要问题。

再有两个月新棉就要上市，再有三个多月秋播秋种就要开始。建议在 8 月或 9 月，国家专门开一次棉花工作会议，讨论今年的棉花怎么收购，讨论明年的棉花怎么种（北方棉区要在 10 月中下旬种麦时，把来年种棉花的地留出来），制定出新的棉花政策。第一要保证今年的棉花能顺利地收购上来，避免"棉花大战"；第二要能再次调动农民的种棉积极性，促进明年和以后的棉花增产。

对于新的棉花政策，有以下几点建议。

第一，新的棉花政策要处理好国家同棉农的关系，调动棉农的生产积极性，把棉花生产搞上去。当前棉花问题的主要矛盾是棉花紧缺、供不应求。1984 年，我国生产了 12516 万担[1]棉花，10 年过去了，1994 年的棉花产量才 8500 万担，比 1984 年还少 4016 万担，减少了 32%。而这 10 年我国人口增长了 15463 万人，纺织业的纱锭也由 2200 万锭增加到 4200 万锭，增

---

[1]　国家统计局编《中国统计年鉴·1985》，中国统计出版社，1985，第 255 页。

加了91%。如果说1984年棉花过剩的话，那么1994年就很紧缺了。回顾起来，棉花产量10多年徘徊的根本原因，是这些年的棉花价格和收购政策得不到农民的认同，农民种棉没有积极性，棉花生产上不去，就不奇怪了。

党的十一届三中全会原则通过、十一届四中全会正式通过的《中共中央关于加快农业发展若干问题的决定》曾经指出："我们的一切政策是否符合发展生产力的需要，就是要看这种政策能否调动劳动者的生产积极性。"怎么调动农民的积极性？该文件也作了精辟的论述："我们一定要在思想上加强对农民的社会主义教育的同时，在经济上充分关心他们的物质利益，在政治上切实保障他们的民主权利。离开一定的物质利益和政治权利，任何阶级的任何积极性是不可能自然产生的。"① 前面说过农民不愿多种棉花的原因，主要是种棉花不如种粮食和其他作物的收益大，而且用工多，还要担风险（不如粮食稳产）。种棉不如种粮食合算，农民就少种乃至不种棉花了。另外，农民交售棉花也不如交售粮食那样有较多的自主权。国家定购的粮食只有11%，而棉花是100%的合同定购。棉花多了，压级压价；棉花少了，要全额统一交售，两头不得好，农民一点自主权利也没有。棉农的物质利益和民主权利都得不到保障，所以种棉花的积极性就被压抑了。

现在的问题是，棉花只要恢复到1984年的产量，就足够用了。这不是生产条件不足的问题，也不是技术上有什么问题。关键的问题是要制定新的棉花政策，保障棉农的物质利益和尊重他们的民主权利，重新把棉农的生产积极性调动起来，把棉花生产搞上去是并不困难的。

第二，要适应社会主义市场经济发展的要求，根据价值规律调控棉花的生产和经营。棉花是商品，棉花的生产、流通最终是受价值规律支配的。长期以来，我们把棉花作为特殊商品统一收购、统一加工、统一储备、统一调拨，实行比粮食还要严格的管理制度，是一类商品中的一类商品。这种高度集中的管理体制，在历史上曾经起过一定的作用，保证了国家棉纺织企业生产和发展的基本需要，但这是以棉花生产发展缓慢、多次出现大起大落、棉花经常短缺和棉农长期贫困为代价的。时至今日，建立社会主义市场经济体制的目标已经明确，各种农产品都已相继放开，唯独棉花继续实行高度垄断的集中购销体制，这确实对棉花生产不利，对棉农不利，对纺织企业实际不利，最终对消费者也是不利的，实在难以为继了。

---

① 中共中央文献研究室编《三中全会以来重要文献选编》（上），人民出版社，1982，第183～184页。

有的同志认为，棉花是关系国计民生的大宗产品，国家不宏观调控怎么行？是的，实行社会主义市场经济不是完全自由、放任不管，对关系国计民生的大宗商品的生产、流通、消费进行调控、管理、干预是完全必要的，这已为各国的实践所证明。问题是怎么进行调控？根据多年的实践经验和教训，国家进行宏观调控必须遵循价值规律，调控必须协调好生产、经营和消费者的利益关系，协调好国家、地方、集体和个人的利益关系，调控必须主要依靠经济手段，用经济的办法来解决经济问题。否则，就必然事与愿违，好心办了坏事。这几年的棉花问题就是一个实例。当前棉花问题的症结，是棉花短缺、棉花生产长期徘徊不前，根本原因是种棉不如种粮食合算，棉农经济利益受损，种棉没有积极性。解决问题的办法应该是按照价值规律调整棉花的价格和收购政策，调动农民的种棉积极性，把棉花生产搞上去，问题是不难解决的。而现行的做法却是，主观上想要保护供销社和纺织企业的利益，想要保护消费者的利益，减轻通货膨胀的压力，而要农民尽义务种棉花，按国家定死的价格出售棉花（这个价格常常是滞后于市场变动的）。为了让农民种棉花，层层下达指标，层层开会，要求农民多种棉花，农民则以种种办法消极抵抗，少种或不种棉花。到了收棉花的时候，又是层层发文件，层层开会，乃至出动公检法，设置棉花检查站，派出棉花巡逻队，要求农民卖棉花，农民则躲着藏着，要等棉花涨价卖个好价钱。这样的棉花拉锯战的结果，是棉花越打越少，供销社收不够棉花，满足不了纺织企业的原料供应，企业不得已只好高价买洋棉，最终造成纺织品涨价。有位经济学家说过，千规律，万规律，价值规律是第一规律。客观规律是不以人的意志为转移的，违背客观的价值规律是费力不讨好的。

第三，棉花流通体制需要改革。现行的棉花流通体制的基本格局，还是 1954 年开始实行棉花统购统配时制定的，以后又逐步加以改进，形成了播种、定价、收购、加工、储备、调拨、供应、进出口等一整套国家指令计划管理的体制。党的十一届三中全会以后，这套棉花体制已很不适应经济发展的要求，且已作了几次改革的安排，但都因种种原因而拖延了。1984 年棉花大丰收之后，国务院曾决定要"把选购棉花原料的权力交给工厂"，可以到原料产地的"棉麻公司选购，也可以直接从农民手里选购"。[①] 1985 年国家提出改革棉花统购制，实行合同定购，并且宣布："定购以外的棉花

---

① 《国务院第五十五次常务会议讨论纺织工业的发展问题》（1984 年 12 月 28 日），载吴文英主编《辉煌的二十世纪新中国大纪录·纺织卷》，红旗出版社，1999，第 1010 页。——编者注

也允许农民上市自销。"① 可是 1985～1986 年连续两年棉花大减产，棉花供应紧张，合同定购实质上又重新回到了国家统购。1991 年棉花收购超过 1 亿担，国务院发文指出：要在山东、河南两省进行棉花放开经营的试点，改革棉花由供销社统一经营的办法，开放棉花市场，允许棉花上市交易；非改革试点的产棉省，也要逐步推行棉花流通体制改革，在以县为单位完成国家合同定购任务以后，可以放开棉花市场，允许自由买卖。但由于 1992～1993 年棉花连续两年减产，试点改革并未实际进行。纵观 10 多年来的棉花流通体制，多了放，少了又收，放放收收，至今实行的仍是国家计划管理、供销社统一收购、统一经营的老体制。棉花生产大起大落、发展缓慢，供应紧张，"棉花大战"连年不断，不能不说都与这套棉花流通体制有直接关系。所以要真正解决棉花问题，这套流通体制不改革是不行了。

有同志说，现在棉花这么紧缺，你还要改革、要放开，这不是添乱吗？不是要棉纺织企业垮台吗？不是。几十年来农业生产的经验和教训表明，对农产品我们常常是越少越统，结果是越统越少。粮食是这样，水果、水产是这样，蔬菜、肉类也是这样。一旦改革、放开了，市场调节起到配置资源的作用，商品就大量生产出来了。事实上，我们不能等到商品供给充足了，再去搞改革。上述这些农产品体制的改革，都不是在供给充足之后改的。现在棉花紧缺，各方面都感到了压力，都有改革的积极性，都会齐心来参加这个改革，都能忍受改革带来的阵痛，所以这时正是下决心改革棉花流通体制的好时机。对这套过于集中统一的棉花流通体制进行改革，目的是要搞活棉花的生产和流通，从而促进棉花的生产，建立灵活高效畅通的流通体制，方能保证纺织企业有优质保量的棉花供应，纺织企业不仅不会垮台，反而会健康有效地发展。

第四，对棉花流通体制改革的具体建议。现行的棉花流通体制是多年形成的，涉及方方面面，改革的难度很大，需要计划周密，逐步改革。好在国家体改委、国务院研究室等单位过去都对此作过深入的调查和研究，提出过改革棉花流通体制的研究报告和建议。这些都为棉花流通体制改革准备了条件。另外，我们已经比较成功地进行了水产、水果、蔬菜、肉类、粮食等流通体制的改革，有经验，也有教训，这些都可以作为这次棉花流通体制改革的参考。

---

① 《中共中央、国务院关于进一步活跃农村经济的十项政策》，见中共中央文献研究室编《十二大以来重要文献选编》（中），人民出版社，1986，第 611 页。

（1）现在第一位的是要调整棉花的收购价格，使棉农感到种棉比种粮合算，至少要相当，使农民感到种棉花有利可图，改现在的"要他种棉花"为"我要种棉花"，农民有了种棉花的主动性、积极性，棉花增产的问题就解决了。以往棉粮的比价是 1 公斤标准级皮棉相当于 8 公斤小麦的价格。这些年北方小麦稳定高产，而棉花用工多、病虫多、风险大，宜将棉粮比价定到 1∶10 为宜。

（2）恢复北方棉价补贴政策。1979 年，国家考虑到南方棉田可以种麦棉两茬，单产高，而北方棉田只能种棉花一茬，单产低，所以决定对北方棉区给予 5% 的价外补贴。这个政策很见成效，调动了北方农民的种棉积极性，北方棉迅速大增产，冀鲁豫三省成了棉花的主产区。可是到 1984 年，棉花多了，这个政策取消了。现在看来，南北方由于气候的不同，差别依然存在，恢复对北方棉区实行 5% ~ 10% 的价外补贴，有利于棉花主产区的快速发展。

（3）每年 10 月要公布来年的棉花价格和收购政策，因为北方棉区 10 月是种小麦的季节，棉农知道了来年的政策，好把棉田预留出来。如不得已，政策则至少要在每年的 3 月份前公布，北方还可种部分夏茬棉，而南方正是播种季节。这几年棉花价格的调整，决定和公布的时间都太晚，放了"马后炮"，没有起到应有的促进生产的作用。如今年，棉花提价 29%，每斤皮棉定价 700 ~ 740 元，春天就定了，但不知什么原因，迟迟不公布，直到 7 月 7 日才由《经济日报》发布，这就晚了。

（4）现在的统一收购、统一经营的高度集中的棉花流通体制要逐步改革，最终要建立起社会主义市场经济体制下的棉花经营管理体制，即在国家宏观调控下放开经营，放开价格，放开市场，能调能收，灵活高效的畅通的棉花流通新体制。这将是一个比较长的过程，可先找两个产棉大省试点，取得经验后，再逐步推开。准备用 3 ~ 5 年的时间，解决这个问题。当务之急是要调整好棉花的收购和价格政策，先把棉农的积极性调动起来，把棉花生产搞上去，使之能保持稳定增产，保障棉花的有效供给，这是棉花流通体制改革的基础。

（5）建议国家在近期成立棉花工作领导小组。棉花问题现在成了农村和农业中的一个突出问题，对整个国民经济有相当大的影响，在相当多的棉区也成了影响社会安定团结的大问题。成立专门的工作小组，协助政府作好棉花工作研究，发展棉花生产，改革棉花流通体制，逐步理顺各方面的关系，部署改革试点，待棉花生产稳定增产了，新的棉花流通体制建成了，这个工作小组就完成了历史使命。

# 要为形成新的粮食增长高峰准备条件[*][**]

俞敬忠同志认为"一个新的粮食增长高峰正在孕育",如能抓住机遇、创造条件,就有可能实现增产 1000 亿斤粮食的目标。从新中国成立 46 年来粮食生产发展的历史看,这种增长高峰在近几年再现是有可能的,问题的关键是:我们能否为这个增长高峰的出现创造必要的条件?

俞敬忠同志列举了新中国成立 46 年来,粮食生产总量六次两三年内就增产粮食上千亿斤的例证,这都是有过的事实。但他没有具体分析出现这种粮食增产高峰的原因和条件。

1950~1952 年,三年连续增产粮食 1014 亿斤,平均每年增产 338 亿斤。这是战后恢复性的增长。当时全国刚解放,社会统一安定,特别是土地改革后,农民生产积极性高涨,农业生产全面恢复和发展。事实上,这次增产一直持续到 1958 年,粮食总产登上了 4000 亿斤的高峰。

1964~1966 年,三年增长 880 亿斤,平均每年增产 293 亿斤。

这次增产高峰也只是恢复性增长。1958 年粮食总产达到 4000 亿斤,但由于三年困难时期,农业连续减产,倒退到新中国成立初期的水平。党中央、国务院采取了一系列政治和经济措施,重新调动农民的生产积极性,到 1966 年才恢复到 1958 年的粮食生产水平。

---

[*]  本文源自《"三农论"——当代中国农业、农村、农民研究》(陆学艺著,社会科学文献出版社,2002,第 69~73 页)。原稿写于 1995 年 11 月 20 日,系陆学艺对俞敬忠《一个新的粮食增长高峰正在孕育》一文的评价和论证。该文曾发表于中国社会科学院《要报》,收录于《1995~1996 年中国社会形势分析与预测》(江流、陆学艺、单天伦主编,中国社会科学出版社,1996)、《陆学艺文集》(陆学艺著,上海辞书出版社,2005)。——编者注

[**] 1994 年市场粮价猛涨,粮食供给出了问题,1995 年国家大量进口粮食。1995 年 9 月,时任江苏省农业厅厅长的俞敬忠同志写了《一个新的粮食增长高峰正在孕育》一文,指出 1995 年、1996 年两年,中国农业将增产 1000 亿斤粮食。中央领导同志十分重视,指示在京专家论证,此文是应中央财经领导小组办公室的要求做的论证。——作者注

1970～1971 年，两年增长 784 亿斤。1962 年开始的恢复性增产，本来将持续较长时间，但 1966 年搞"文化大革命"，农村又重新折腾，从 1967 年开始，粮食生产再度停滞徘徊。1970 年周恩来总理主持召开了北方地区农业会议，重申了农村的基本政策，保护了农民的生产积极性，才使粮食生产又向前发展了一步。

1978～1979 年，两年增产 987 亿斤。"文化大革命"终结，党中央开始拨乱反正，十一届三中全会召开，通过两个农业文件，农村改革全面展开，1979 年当年增产 547 亿斤，这是 1949 年以后年增产粮食第一次超过 500 亿斤。

1982～1984 年，三年增产粮食 1646 亿斤。这是因为家庭联产承包责任制全面推行，农民得到了自主权和实惠，生产积极性空前高涨。1983 年增产粮食 656 亿斤，1984 年增产粮食 400 亿斤，同年增产棉花 3242 万担，达到了农业生产的高峰。

1989～1990 年，两年增产粮食 1050 亿斤，其中 1990 年一年增产 773 亿斤，大大出乎人们的意料，增产数字一出，许多人还不敢相信。这是因为 1988 年后国家开始治理整顿，从各方面加强了农业，市场粮价大幅上涨，多种因素调动了农民种粮的积极性，两年增加粮食播种面积 5014 万亩，加上 1990 年风调雨顺，使粮食产量登上了近 9000 亿斤的高峰。

纵观粮食生产的历史，46 年来，也是起起伏伏，波浪式前进，螺旋状上升。攀登上一个高峰以后，往往要徘徊几年，然后再积聚力量继续前进，攀登下一个高峰。如以 1000 亿斤为一个台阶，从 1952 年的 3000 亿斤，一直到 1993 年的 9129 亿斤，中间 41 年跨越了 6 个千亿斤大关，最短的是从 7000 亿斤登上 8000 亿斤，只用了 1983 年、1984 年两年工夫，最长的是 1958 年的 4000 亿斤，到 1971 年越过 5000 亿斤大关，用了 13 年，平均是 7 年增长 1000 亿斤，上一个台阶。

如前所述，新中国成立以来出现过 6 个粮食增长高峰，从一个峰顶到下一个峰顶为一个周期，1952～1990 年共 38 年，每个周期为 6.3 年，和每跨越 1000 亿斤台阶平均 7 年的时间基本吻合。

从 1990 年的 8924 亿斤（接近 9000 亿斤）到现在已经过去 5 年，从 1993 年的 9129 亿斤到现在也已两年，增产潜能已经积聚了一些，所以在"九五"期间，实现攀登 10000 亿斤高峰的目标是有可能的。关键是要创造必要的条件。

以往六次粮食增长高峰能够实现的一个共同条件，都是党和政府通过调整农村政策，做了大量的工作，调动了亿万农民务农种粮的生产积极性。历史经验表明，凡是农业停滞徘徊三年以上的，就要从农村政策或政策的落实上找原因，多数是因为影响了农民的利益，挫伤了农民的生产积极性。

从1990年粮食产量接近9000亿斤至今，农业再度徘徊已有5年，有些中部省和地区粮棉总产还未超过1984年的水平，停滞徘徊已10年。这些年来，我们虽然在加强农业的领导力量、向市场经济体制引导、增加科技投入等方面做了很多工作，积聚了促进农业增长的因素，但从这几年的实践看，还不足以在全国范围内更进一步有力地调动农民生产粮棉的积极性，缺少如1962年、1978年那样调整农业政策的大手笔。

从近几年各地农村工作和农业发展的经验与教训看，有以下几个方面是需要做工作和调整的。

第一，要继续稳定和完善家庭联产承包责任制。不要以为家庭联产承包责任制已经实行十多年了，就已稳定和完善了。事实并非如此，动摇家庭联产承包责任制的"大风""小风"还是经常在刮，农民承包的土地"三年一小动、五年一大动"的基层还是很多的，怎么能够叫农民安心种田？1993年中央农村工作会议形成的中央11号文件宣布，土地承包期再延长30年不变，是深得民心的。但现在看来，对这样一个重要的基本政策，各地区贯彻和落实的情况并不理想，有的只是传达一下文件就算了事，并没有认真去做具体落实的工作，所以随意抽回承包地等事情时有发生。农民承包土地的权利得不到保护，所以还是不能塌下心来种田。今年①11月我到安徽阜阳地区农村调查，阜阳地委在1994年花了一年多工夫，贯彻落实土地承包期再延长30年的基本政策，同农民逐户签订新一轮承包合同，生不增，死不减，30年不变。此举深受农民欢迎，真的使承包土地稳定下来了，农民当年就打井、修渠，舍得投入。今年阜阳农业全面丰收，粮食总产超过历史最高水平，达到120多亿斤，增产近两成。当地地委负责同志说，粮食这样大幅增产，与去年贯彻落实土地承包30年不变的政策让农民满意，从而生产积极性高涨是很有关系的。

第二，要继续深化农产品购销体制的改革，加快建立农村社会主义市场经济体制的步伐，改变长期困扰农民的卖难买难状况，尽快解决"多了砍、少了赶"的问题。当今农村里农产品流通领域的问题，远比农业生产

---

① 本文中指1995年，下同。——编者注

中的问题大得多。去年①秋冬，市场粮价涨幅很大，这对引导农民增产粮食是有利的，农民播种粮食的面积扩大，有些农民工也回流农村务农，增加了对农田的投入。但是，今年农业生产资料特别是化肥供不应求，价格猛涨，超出了农民的承受能力，农民只好减少投入，今年粮食增产比预期的要少。

第三，要下决心增加对农业的投入。自"六五"期间，大幅削减了对农业基本建设和农用工业的投资以后，虽然年年讲要增加对农业的投入，但实际并未到位。现在水利建设需要投入，农田基本建设需要投入，科技研究和推广需要投入，勉强维持多年，已到了难以为继的地步，在这方面国家计划部门和中央财政部门要带个头，真下决心给农业这个基础产业增加投入，为地方做个榜样，真能这样做了，也就能带动农民增加对农业的投入，增加农业发展的物质力量。搞现代化农业，是要有大量投入和物质做保证的。

其实，农业发展，还是那几句老话：一靠政策，二靠科学，三靠投入。问题是认真做还是应付做，真的认认真真做到了，真的把亿万农民的生产积极性调动起来了，又有科技和物质力量做支撑，那么，农业这盘棋就活了，新的粮食增长高峰是能够实现的。

---

① 此处指 1994 年。——编者注

# 有两个问题值得重视<sup>*</sup>

从这几年的情况来看，农业生产的形势是好的，粮食价格的提高，在一定程度上提高了农民种粮的积极性。

展望明年①形势，农业方面的任务是艰巨的，从粮食消费情况来看，即使我们今年②产量达到4550亿公斤，比1990年增加了1000亿公斤，但人口增加了5000万人，所以消费的压力还是比较大。

弥补农业产量有两个替补性因素，一是除了国内生产的粮食之外，还适当从国外进口粮食；二是粮食生产还在一定程度上吃20世纪70年代兴修的水利的"老本"，这两个问题都需要从现在开始逐步解决。

从整体上说，还有两个问题值得重视：一是农民的政治、经济、文化地位较弱；二是从黑龙江到广西是我国农业的主产区，在我们国家中西部，呈斜线布局，中西部地区的发展同沿海地区发展的差距在扩大，应该花力气解决这个差距问题。

有人说，我国农业劳动生产率低。但是，像福建晋江就有一户农民一家种700亩水稻，效益很好，这能说是劳动生产率低吗？所以，解决农业发展的问题的根本还在于体制上的转变。

讨论明年农业形势恐怕还是离不开这两点：一是强调各级领导对农业问题的重视。去年③把农业生产的责任同省长、市长联结在一起，搞省长"米袋子负责制"，市长"菜篮子负责制"，从实际情况看，效果都是明显的。

---

\* 本文源自《人民日报》1995年12月30日第1~2版。该文为《人民日报》编辑部组织的部门领导和专家座谈会发言摘要中陆学艺发言的部分，全文题目为《平稳坚实又一年——1995年我国农业和农村经济回顾》。——编者注

① 此处指1996年。——编者注
② 此处指1995年。——编者注
③ 此处指1994年。——编者注

二是通过贯彻落实中央农业政策并制定一些政策，真正调动农民的积极性。中央决定，承包给农民的土地30年不变，可是从贯彻情况来看，就有些问题。许多地区承包给农民的土地老是变，一般变化周期也就是三五年，所以，农民对土地投资的积极性就不会高。因此，我们看准了的东西，就一定要坚持贯彻下去。

# 关于农业"九五"计划和 2010 年远景规划<sup>*</sup>

## 一 现在农业的状况怎么样？

《全国农村经济发展"九五"计划和 2010 年远景目标规划》这一跨世纪宏伟纲领对农业予以了高度的评价和重视。在整个四十条内容中：第一条指出了我国农业基础薄弱，不适应人口增加、生活改善和经济发展的需要。第三条指出了在今后 15 年的经济社会发展中，必须高度重视和下大力气解决的关系全局的重大问题。第十一条和第十八条是专门讲农业的。第十一条是农业在今后 15 年必须贯彻的九条基本方针，涉及江泽民同志《论十二大关系》的第四条。必须把加强农业放在发展国民经济的首位，在制订计划和部署经济工作时，必须首先把农业和支农产业安排好。农业是基础。农业要实现现代化、农民要实现小康进而达到小康社会是整个现代化过程中最艰巨的任务。第十八条则专门讲切实加强农业全面发展和全面繁荣农村经济。全面繁荣农村经济是四十条中写得较长的一条。喜的是改革开放 18 年来，我国农村率先改革，农业有了很大发展，城乡居民粮食和副食供应都大大变好了，农民生活有了很大改善（见表1）。

农村经过改革后，农民得到了生产经营自主权，积极性是提高的，这是这些年农村形势好的根本原因。但也有忧的一面，这就是第一条中指出的农业基础薄弱，不能适应人口增加、生活改善和经济发展的需要。

---

  \* 本文源自作者手稿。该稿写于 1996 年，系陆学艺对《全国农村经济发展"九五"计划和 2010 年远景目标规划》（讨论稿）提出的意见和建议稿。原文稿只有一个小标题，现有第二个小标题为本书编者根据本文内容拟定。——编者注

表 1　1979 年、1994 年我国农产品产量和农民人均收入变化情况

| 种类 | 1979 年 | 1994 年 | 1994 年比 1979 年增长 （%） | 平均每年递增 （%） |
|---|---|---|---|---|
| 粮食产量（亿斤） | 6642 | 8902 | 34 | 2 |
| 棉花产量（万担） | 4415 | 8682 | 97 | 4.6 |
| 油料产量（万吨） | 644 | 1990 | 209 | 7.8 |
| 水果产量（万吨） | 702 | 3500 | 399 | 11.3 |
| 水产产量（万吨） | 431 | 2143 | 397 | 11.3 |
| 肉类产量（万吨） | 1062 | 4499 | 324 | 10.1 |
| 农民人均纯收入（元） | 133.6[①] | 1221 | 814 | 14.8 |

　　资料来源：《中国统计年鉴·1981》，第 143～166 页；《中国统计年鉴·1995》，第 257 页、第 347～356 页。

　　这主要是 1985 年以后，由于价格和政策等方面的原因，我国的主要农产品——粮食和棉花生产出现了徘徊和滑坡！1984 年是我国农业历史上最好的年景，当年生产粮食 8146 亿斤，棉花 12516 万担，那时出现了卖粮难卖棉难，粮食到处胀库，棉花堆积如山。但 1985 年以后，我们有些同志以为粮食过关了，农业过关了，实际上减少了对农业的投入，放松了对农业的领导，各行各业向农村伸手，加重了农民的负担。还取消了对农产品的优惠政策，农民的收入也相应减少，增长大幅下降（见表 2）。这就打击了农民生产粮棉的积极性，出现了粮棉生产徘徊的十年。

表 2　1984 年、1994 年我国粮食、棉花产量变化情况

| 种类 | 1984 年 | 1994 年 | 1994 年比 1984 年增长 （%） | 平均每年递增 （%） |
|---|---|---|---|---|
| 粮食产量（亿斤） | 8146 | 8902 | 9.3 | 0.89 |
| 棉花产量（万担） | 12516 | 8682 | −30.63 | −3.59 |

　　资料来源：《中国统计年鉴·1995》，第 347～348 页。

　　而这些年人口以每年 1400 万人的速度增加，城市生活水平是提高的，工业是发展的，所以粮食棉花供应就紧张了，造成了 1993 年冬天以后粮食价格暴涨，北京的大米从 1993 年秋天的 0.6 元/斤涨到现在的 1.6～1.8 元/

----

① 1978 年数。

斤。在这种状况下，国家不得不用外汇从外国进口大量的粮食和棉花。

受市场粮价高的刺激，农民生产粮食的积极性也高了，加上国家从上到下强调和重视农业，今年①粮食将会有个好的收成，粮食总产将超过 9000 亿斤，但棉花收成仍不容乐观。这几年农业的徘徊，已经引起了从中央到地方各级领导的重视。

这次"九五"计划和 2010 年远景目标的规划已经把加强农业放到了相当重要的位置，这是非常正确的。江泽民同志在讲话中也讲，在十二大关系中，第四条讲到要处理好一、二、三产业的关系；指出今后必须要大力加强第一产业，调整提高第二产业，积极发展第三产业；指出加强农业是国民经济发展的首要问题。制订计划首先要安排好农业，研究政策要优先考虑农业。加强农业就是支持工业和第三产业。

## 二　农业发展的前景

我想要是真正按照规定的那样，我国农业的发展还是乐观的。

第一，目前农村的家庭联产承包责任制等基本政策是好的，农民有农业生产的积极性。这是最基本的。

第二，新中国成立以来，特别是改革开放以来，我国农村已进行了大规模的基本建设，有 8 万多个大中小水库，灌溉面积达到农田的 50%，农用工业已经有相当的基础，农业科技上有良种投入，有些地方已经基本实现了农机化、水利化，大部分的行政村已经通路、通电、通话。

第三，农村已经有了庞大的乡镇企业，每年有上千亿元的利润收入，其中一部分用于以工补农、以工建农。

第四，一些新的农业地区正在崛起。如新疆已经连续 16 年增产了，成了我国最大的棉花基地，从年产几十万担发展到年产 1600 万 ～ 1800 万担。粮食也有调出，吉林、黑龙江成了大的粮食基地。

第五，国家今后会加强对农业的投入，一批大江、大河、大水库会得到治理，新的化肥厂、农药厂、薄膜厂正在筹建，还会有一些新的支农政策出台。

所以实行"九五"计划和 2010 年远景规划是有条件的。

这里我要强调一句，上述这些目标，就是要真正按照规划和江泽民同

---

①　此处指 1996 年。——编者注

志讲的那样切实加强、真正加强，再不能搞"三口百会"① 农业了。什么叫"三口百会"？1986 年以来，农业有了徘徊，中央也重申了要将农业放在首位。但是执行过程中却出现了问题，报纸、文件上把加强农业当成口号，下面干部把加强农业当成口头禅，只放在口头上，并不真做。农民没有办法，只能只顾种自己的粮。所以农民批评，你们只知道开会，一年开 100 个会。搞"三口百会"式的农业是上不去的。过去农民讲"人哄地皮，地哄肚皮"，这是朴素真理，目前对农业，不能再讲定论，现在中央定了省长负责米袋子、市长负责菜篮子，这是要切实加强，再搞"三口百会"，那粮食、棉花真会出问题的。

我们要真正按照中央关于加强农业的一系列政策去做，就可以把农民收入问题、农用生产资料假冒伪劣和价格暴涨问题、负担加重问题、卖难买难问题等切实解决。

文件也专门讲了，真正把农民生产积极性调动起来，潜力是很大的。布朗说，到 2030 年，中国要进口 3.8 亿吨粮，提出了"谁来养活中国"的问题。他作为一个学者，是想验证自己的观点，对未来提出忠告，这无可厚非，我们也姑且听之。但现在有人以此来说事，说现在全世界只有 2 亿吨贸易粮，而中国到 2030 年有钱可以把所有的贸易粮买了，造成非洲国家缺粮的问题。那是制造"中国威胁论"，别有用心了。

我认为中国粮食是有问题，民以食为天。我们不能掉以轻心，但不会成为大问题。中国有能力、有条件自己解决。

一是现有耕地中，中低产田占 40%，改造了，灌溉面积扩大了，就能增产。

二是中国的荒地约 2 亿亩，草原还可利用。

三是有大片的荒山荒坡，还有荒水。有 10 亿亩荒坡可用。

四是新的科技还有大的潜力，最后要靠科技解决问题。培育优良品种，换一个新品种可以增产 10% ~ 20%。

五是我们的农用工业还不发达，也还有很大潜力，到时可以发展全季农业。

布朗忽视了一个重要因素，他拿日、韩比，不谈人增、地减和生活水平提高，但中国劳动力情况同上述两国不同，可以增加复种。所以 2030 年不仅能养活中国，而且还能养得很好。当然我们对他的忠告不能掉以轻心，要警惕。

---

①　与当时在中国流行的日本女影星山口百惠的名字谐音。——编者注

# 今年粮食大丰收，明年不要又掉下来<sup>*</sup>

1996 年是粮食特大丰收年，全国增产会超过 400 亿斤，加上去年①增产的 430 亿斤，两年共增产粮食 800 多亿斤。今年②计划生产粮食 9300 亿斤，实际可达 9700 亿斤，接近 2000 年计划生产 9800 亿斤的目标。

新中国成立 47 年来，粮食生产有过七次在两三年内就增产 1000 亿斤左右的高峰。以改革开放以来的 18 年来计，今年是第四次粮食增产高峰。第一次是 1978 ~ 1979 年，两年共增长 987 亿斤。其时"文化大革命"终结，中央拨乱反正，党的十一届三中全会召开，通过两个农业文件开展农村改革。1979 年，政府宣布提高粮食收购价格，当年增产粮食 547 亿斤，这是 1949 年新中国成立后第一次年增产粮食超过 500 亿斤。第二次是 1982 ~ 1984 年，三年共增产粮食 1646 亿斤。这是因为家庭联产承包责任制全面推行，农民得到自主权和实惠，生产积极性空前高涨。1983 年增产粮食 656 亿斤，1984 年增产 401 亿斤，同年棉花增产 3242 万担，其他农作物也全面丰收，达到新中国成立以来农业生产的最高峰。第三次是 1989 ~ 1990 年，两年共增产粮食 1050 亿斤。其中 1990 年增产 773 亿斤，出乎人们意料。1985 年后农业连续徘徊四年，1988 年国家开始治理整顿，从各方面加强对农业的支

---

\* 本文源自《"三农论"——当代中国农业、农村、农民研究》（陆学艺著，社会科学文献出版社，2002，第 74 ~ 82 页）。该文首次刊发于中国社会科学院《要报》1996 年增刊第 34 期，发表时间：1996 年 10 月 28 日，原稿写于 1996 年 10 月 26 日。该文曾以《1996 年粮食丰收后应注意的问题和政策建议》为题刊载于《1996 ~ 1997 年中国社会形势分析与预测》（中国社会科学出版社，1997），以《居安思危：防止 1997 年粮食产量下滑》为题刊发于人民日报《内部参阅》1997 年第 1 期，以《粮食大丰收后可能出现的问题和对策》为题公开发表于《经济界》1997 年第 2 期，并收录于《经济界名家文萃》（肖灼基主编，经济科学出版社，1999）。——编者注

① 此处指 1995 年。——编者注

② 本文中指 1996 年。——编著注

持，市场粮价也大幅上涨，各种因素调动了农民的积极性，加上 1990 年风调雨顺，使粮食产量登上近 9000 亿斤的高峰。这次是第四次，即 1995～1996 年，两年粮食共增产 800 多亿斤。1993 年后，国家采取一系列支持和保护农业的政策措施，多渠道增加对农业、农用工业、农业科技的投入，实行"米袋子"省长负责制。特别是 1993 年底以后，市场粮价两度猛涨，有些品种曾超过国际市场价格，国家也在 1994 年和 1996 年两次大幅度提高粮食定购价格，调动了农民的种粮积极性。纵观粮食生产的历史，可以得到一些规律性的认识。

第一，粮食生产起起伏伏，波浪式前进，螺旋状上升。攀登一个高峰后往往要徘徊几年，然后再积聚力量攀登下一个高峰。新中国成立 47 年来一共出现过七个粮食增长高峰。如果从一个高峰到下一个高峰为一个周期，那么 1952 年到 1996 年共 44 年，平均 6.3 年一个周期。改革开放以来的 18 年间共出现四个粮食增长高峰，平均每个周期 4.5 年。周期缩短，增幅扩大。改革前增产高峰时年均增长 341 亿斤，改革后增产高峰时年均增长 492 亿斤。

第二，每次新的粮食增产高峰的出现，都是党和政府做了大量工作的结果。或是进行生产关系的变革和调整，使之符合生产力水平和农民的意愿；或是调整农产品价格，增加农业投入，使农民得到实惠，从而调动了广大农民的生产积极性。这七次粮食高峰，并非都是在风调雨顺的好年头出现的。农民积极种田种粮，就能充分发挥主观能动性，克服种种困难，夺取粮食丰收。

第三，前六次粮食增产高峰之后，除 1952 年之外，都出现一个或长或短的粮食生产徘徊期，而且在高产第二年都有较大幅度减产。1968 年减产 175 亿斤，较上年下降 4%；1972 年减产 201 亿斤，较上年下降 3.9%；1980 年减产 231 亿斤，较上年下降 3.5%；1985 年减产 564 亿斤，较上年下降 6.9%；1991 年减产 219 亿斤，较上年下降 2.5%。分析这五次较大幅度地从粮食高峰减产的原因，1980 年是国家调整粮棉结构，大幅度提高棉花价格，当年棉花多种 612 万亩，增产 1000 万担。其余四次是政治和经济政策不当，打击、压抑了农民生产积极性，如 1968 年和 1972 年减产是因为"文化大革命"把农村基层搞乱了，社员无心种田；1985 年是因为 1984 年丰收后农村第一次出现卖粮难，国家改变统购政策，使购粮实际价格下跌约 20%，农民生产积极性受到挫折；1990 年粮食丰收后，农村普遍出现卖粮难，粮站收购粮食压级、压价、压秤、"打白条"，市场粮食大幅降价，国家公布的购粮保护价没有实际执行，使粮农利益受到损害，导致第二年粮食减产。

1996 年粮食再一次大丰收，达到了一个新的粮食高峰。我们要保持粮食继续增产的势头，不能再从高峰上跌落下来，再次出现新的徘徊。这是经济社会发展的需要，也是有可能实现的。

首先，粮食继续增产是我国社会主义现代化建设的需要，在现阶段有重大的政治意义。自 1984 年农业大丰收至今已 12 年，粮食生产虽然有两个增产高峰，增产了 1554 亿斤，但同期人口增加 18100 万人。1984 年人均占有粮食 786 斤，1995 年只有 774 斤，今年粮食增产后也只达到 1984 年的人均水平。这几年人民的收入和生活水平有很大提高，肉类等消费大量增加，所以粮食还是偏紧的。1994 年粮食只略有减产，我们在 1995 年就不得不大量进口粮食，成了世界上仅次于日本的粮食进口大国。国外预测我国今后要大量进口粮食，提出所谓"谁来养活中国"的问题，闹得沸沸扬扬。我们如做到粮食继续增产，对内可以满足粮的需要，稳定物价，稳定社会；对外则可以用事实驳斥"中国粮食威胁论"，证明我们可以自己养活中国。

其次，粮食继续增产是有可能实现的。我国粮食增产的潜力很大，不仅提高单产有很大潜力，后备资源的开发利用也有很大潜力。1994 年我国水稻平均亩产 780 斤，美国 863 斤，埃及 1020 斤。1994 年我国小麦平均亩产 470 斤，法国 865 斤，埃及 700 斤。最近国家土地管理局公布我国现有耕地 20.16 亿亩，比国家统计局公布的耕地数多出 41%，而上述单产是按统计局原来公布的亩数计算的，所以我国现在的粮食亩产实际上比上述公布的单产要低约 40%，可见潜力还很大。何况还有近两亿亩在近期能开发的荒地，有更多的荒山、荒坡、荒沟可以利用。只要政策和措施得当，调动起来 8 亿农民的生产积极性，粮食再继续增产是完全有可能的。

从各地传来粮食丰收喜讯的同时，也传来一些令人担忧的消息：市场粮价继续下跌。有些地区玉米和早稻价格已降到国家定购价以下，如陕西的玉米降到 0.51 元/斤；相当多地区的粮库是满的或基本上满了。要新购这么多粮食，仓库容不了，如吉林榆树市 1995 年收购的 80 万吨玉米到 1996 年 8 月还没有调出，全部压在库里。今年除棉花外，多数大宗农作物都丰收，新增这么多粮食，收购资金有困难。特别是市场粮价跌到定购价以下，粮站按定购价收了，将来的大额亏损由谁来弥补等政策问题未解决。现在大批秋粮正陆续登场，已有人预测，今年秋后的卖粮难在所难免。有位资深的从事农村工作的老同志说："今年卖粮难，明年就会买粮难。"这是多年经验的总结。现在这些矛盾已经摆在面前，要尽快拿出具体方案和对策，解决这些矛盾，避免出现普遍性的卖粮难情况，保证农民在丰产后确实能够增加收入，保护农民的种粮积极性。只有这样，明年和以后粮食生产才能持续、稳定增长，不再出现到增长高峰后就跌落下来的局面。

面对当前的粮食形势，根据以往的历史经验和教训，提出以下几点政策建议。

第一，国家要明文宣布，今年合同定购的粮食要按合同和已公布的定购价全额收购上来，不限收，不拒收，不压级、压价、压秤。即使有些地区市场粮价降到定购价以下，也要按定购价收购，以不失信于民。因为以往多数年份的定购价是低于市场价的，农民是按定购价如数交售的。同时也要宣布，粮站在收购粮食时，由市场价与收购价之间差额造成的亏损由国家承担，这样可安定粮食系统的干部职工，不使他们在收购粮食时有后顾之忧。从目前市场行情看，市场价低于定购价的情况只在少数几个省出现，品种也只有玉米和籼稻，差额只有 3～5 分钱一斤，这项补贴初步估计在 10 亿元左右。数目并不大，但关系重大，影响重大。现在有关方面已决定用中央财政和地方财政共同建立的粮食风险基金补贴，这是很好的。但目前的问题是，凡粮价已下跌到定购价以下的地方都是产粮大省，财政比较困难，所建立的粮食风险基金不足。对这些产粮大省要有一些补充办法和特殊照顾，以保证粮食收购工作的顺利进行。

这 1000 亿斤定购粮食稳住了，农村粮食收购市场的大局就稳住了。议购部分则可以随行就市。现在只是少数地区粮价下跌到定购价以下，且跌幅不大，如果出现跌幅过大的情况，国家应采取保护价政策，加以宏观调控。今年是丰收年，国家可以尽可能多收一点，以补充库存。特别是对于粮食生产区，要尽可能在配额、调运、资金等方面予以照顾。这也是对粮食生产区农民和粮食系统职工干部的补偿，过去他们在粮食方面是做了大贡献的。

历史的经验和教训是，越是农业丰收的时候，越要注意保护农民的利益。一定要想方设法避免卖粮难、"打白条"之类的情况再现，损害农民利益。丰产后不能丰收，也会给农民一个错误的信号，以为粮食太多了，国家不需要粮食了，这就会挫伤农民的种粮积极性，转而从事别的挣钱的行当，粮食产量就会掉下来。1984 年、1990 年大丰收后第二年都大减产，就是上述原因造成的。俗话说，吃一堑，长一智。我们已经有了一而再的教训，可不能再而三地重蹈覆辙了。

第二，抓住丰收后粮食供给相对宽松的好时机，继续深化粮食流通体制改革。从这些年的实践看，农业生产的微观机制是比较好的，符合生产力水平和农民群众的意愿，有强大的生命力。农业和粮食生产之所以出现曲折、波动，主要问题出在农业外部，宏观调控系统还没有理顺，特别是农产品如粮食等的流通体制不适应已经变革的农业生产体制。农业生产的几次大波动，主要是流通领域出问题而引起的。这反映了社会主义市场经济的农业生产体制与基本还是计划经济的农产品流通体制的矛盾。

十多年来，从单一的粮食统购统销的计划经济体制逐步改革为现在粮食购销和价格的双轨制，改革取得了很大进展，但仍滞后于粮食生产的发展。粮食减产、紧缺时，粮食部门低价强制收购，损害农民利益；粮食大丰收、有富余时，粮食部门往往压级压价，拒收限收，形成卖粮难，打击农民生产积极性，于粮食生产很不利。所以，粮食流通体制已到非改不可的地步了。

粮食流通体制改革，目标是粮食购销市场化。这是一项复杂的工程，需要解决很多问题。今年粮食丰收是推进粮食购销市场化的好时机。可先进行两项改革。

一是购销价格双轨制并轨为市场定价的粮食贸易制，第一步先放开销价。1992年全国各地曾先后放开过，1993年底市场粮价大涨后又陆续恢复粮食平价供应。回头来总结，1992年放开销价是对的，但没有留下余地（如要规定在粮价涨幅大时给低收入者以补贴）。1993年底后恢复平价供应时，又实行对全体城镇居民的平价供应，把已放下的大量财政补贴的包袱重背起来。上海做得比较好，全部放开对城镇居民口粮供应的价格，但对一部分贫困户、低收入者给予补贴。办法是由政府确定一个最低收入标准线，符合低收入、贫困户标准者，由民政部门发给每人每月粮食补贴款票证，凭证到国营粮店购粮，粮价按市场价，补贴票证可抵交购粮款，但补贴款只能用于购粮，不能兑现。这样既放开了粮食销价，又使需要照顾的低收入者得到补贴，政府的财政负担也不重。这实际上是把原来对城镇居民实行全民性粮食补贴，改为只对贫困人口定向补贴。

今年粮食供给宽松，粮价稳中有降，正是放开粮食销价的好时机。可由各省市根据本地的实情自行决策，陆续放开对城镇居民的粮食销售价格，停止平价供应居民口粮，改销价双轨制为单一的市场价。实行时要参照上海经验，明确规定对低收入者、贫困户以粮价补贴，不要等到以后粮价波动时又恢复双轨制。

放开对城镇居民粮食供应的销售价现在已具备条件。较发达地区的城镇居民用于购粮的开支已降到月收入的 5% 以下，绝大部分城镇居民已具有承受粮价波动的能力。把粮食销价放开，双轨制改革为单一市场价，政府的大量财政补贴就可省下来。粮食购价也可逐步放开。今年已经同农民签订了购粮合同，还执行已公布的定价。以后再视有利的时机陆续放开。

二是要改革粮食流通体制和体系。当务之急是要把粮食系统的政策性业务和经营性业务分开，从国家到各市县要分设两套机构来执行各自的业务，真正实现两线运行。从这几年的实践情况看，目前国有粮食系统一身二任的状况，不利于国家进行粮食的宏观调控。今年粮食丰收后，有一个较为宽松的环境。应抓紧时机，在这季粮食收购基本完成后进行两线运行的改革。

第三，要使粮食生产持续稳定增长，还要研究整个粮食体制改革和结构调整问题。从农业生产历史看，一个好的农产品政策，必须调整处理好各方面利益关系。要兼顾生产者利益、消费者利益、经营者利益、地方政府利益、中央政府利益，中央、地方政府中还包括与此项农产品有关的各个部门如财政、银行、税务、外贸、运输等部门的利益。只有把多方面的利益关系调整好，粮食才能持续、稳定地增长和发展。

现在粮食体制和政策还不顺。种粮的农民收入低，比较利益差；产粮大县、大省对国家贡献大，负担重，调出的粮食越多财政越困难，等于给调入省、市补贴，所以多数是财政穷县、穷省；粮食系统绝大多数企业亏损，银行挂账超过 600 多亿元；国家负担也重，每年投入大量人力、物力和财力，粮食少了不行，多了也不行，牵扯从最高领导人到基层干部很多精力。粮食系统主要靠政治、靠行政力量推动，勉强维持运转，但经济和社会效益不高。这同各行各业向社会主义市场经济体制转化的蓬勃发展局面很不协调，形成鲜明对照。

除了粮食购销体制要抓紧改革，现行粮食生产、流通、加工、储存由各部门分隔管理的体制也应改革。前些年各地农村推广农业产业化经营，实行"种养加""贸工农""产供销一条龙"，实践效果很好，促进了农业生产，增加了农民收入，扩大了就业，也提高了服务农业的企业和机构的效益。但这种产业化的经营主要在县、市范围内实行，一到省、国家就遇到部门分割的阻碍，矛盾重重，互相掣肘，使宏观调控失灵。从发达国家的经验看，随着现代化的推进，农业生产越来越受到农业生产前和农业生产后特别是购销流通等方面的影响，被这些因素所左右。可以考虑建立农业食品部①，把发展农业的方针政策、生产指导、生产资料供应、农产品特别是粮食的采购和销售、市场安排、进口出口统一起来，实行产业化管理。现在有不少国家实行这种农业产业化方式，很有成效。

第四，建议今年冬天专门召开一次会议，讨论粮食大丰收后的农村形势、统一认识。具体研究解决今冬明春粮食收购中的价格、资金、仓储、运输和补贴政策等问题，针对不同情况分别采取措施，解决有些省（区）农民卖粮难的问题，务使农民在粮食丰产后能够真正增加收入，务使产粮大县、大省在经济上有效益；安排粮食流通体制的改革，争取在当前环境宽松的条件下有实质性进展；部署争取明年农业持续增产的各项工作。要使明年的粮食产量不再掉下来，许多工作特别是政策指导等工作都要在今冬做好。

今年的粮食大丰收，是8亿农民在各级党和政府的领导下持续奋斗了六年，投入大量人力、财力和物力才获得的，它凝聚着广大干部和农民群众的心血和汗水，确实来之不易，我们一定要倍加珍惜。粮食大丰收后，供应状况会相当充裕，粮食库存也会大幅增加，当务之急是解决好增加农民收入的问题，还要管好有些部门，防止趁农业丰收的机会以各种名目向农民伸手收款，加重农民负担。一定要接受1984年、1990年农业大丰收后，没有注意从各方面保护好农民利益，打击了农民生产积极性，造成第二年粮食减产的教训。真能这样做了，1997年我国的农业和粮食生产还可以继续攀登高峰。我国将用事实向世界表明，中国政府和人民有能力依靠自己的力量解决粮食供给问题，中国人不仅能养活自己，而且将使自己的生活质量一年比一年高。这样，近几年国际上一些人掀起的"中国粮食威胁论"就不攻自破了。

---

① 此处"建立农业食品部"的建议，在作者文章《居安思危：防止1997年粮食产量下滑》（人民日报《内部参阅》1997年第1期）一文中改为建议"扩大农业部的职权"。——编者注

# 走出"三年一徘徊"

## ——陆学艺谈我国粮食生产[*]

**记者：** 去年[①]我国粮食特大丰收，产量创纪录，4800亿公斤，让人们喜出望外。但前不久北京召开"两会"期间，不少代表、委员，尤其是来自产粮大省、大县的代表、委员都反映，又出现了农民不愿种田、粮食卖不出去的情况，他们担心粮食产量今年[②]会不会下降？

**陆学艺：** 你说的这点正是我最担忧的。新中国成立47年，粮食生产有过7次在2~3年内就增产500亿公斤左右的高峰。以改革开放18年来计，今年是第4次粮食增产高峰。粮食生产一直是起起伏伏、波浪式前进。第一次是1978~1979年，两年增长440多亿公斤，1980年减少100多亿公斤；第二次是1982~1984年，三年增产粮食800多亿公斤，紧接着1985年减少280多亿公斤；第三次是1989~1990年，两年增产粮食500多亿公斤，但不幸的是1991年即减少110亿公斤。[③] 这就是通常人们所谓的粮食生产"两三年一徘徊"现象。

**记者：** 有高峰就必然有波谷，粮食产量的这种增减起伏，算不算是生产上的一种规律？

**陆学艺：** 我可以非常肯定地说：不是。分析一下这几次粮食较大幅度减产的原因你就可以知道。1980年是国家调整粮棉结构，大幅度提高棉花价格，当年棉花多种612万亩，增产1000万担。1985年和1991年都是因为前一年丰收后农村出现"卖粮难"，调整了收购政策，使购粮实际价格大幅

---

 * 本文原载于《人民日报》1997年3月28日第9版，为该报记者对陆学艺的专访。——编者注
 ① 本文中指1996年。——编者注
 ② 本文中指1997年。——编者注
 ③ 国家统计局编《中国统计年鉴·1992》，中国统计出版社，1992，第358~359页。

下跌，农民生产积极性受到挫折，导致第二年粮食减产。

历史的经验和教训是，越是农业丰收的时候，越要注意保护农民的利益。一定要想方设法避免"卖粮难""打白条"之类损害农民利益的情况。丰产后不能丰收，也会给农民一个错误的信号，以为粮食太多了，国家不急需粮食，这就会挫伤农民的种粮积极性，转而从事别的挣钱的行当，粮食产量就会掉下来。俗话说，吃一堑长一智。我们已经有了多次教训，可不能再重蹈覆辙。

**记者：** 最近，国家已紧急调运列车，把东北积压的粮食运出来。看起来，政府已经在着手"防患于未然"。

**陆学艺：** 这种措施可以解燃眉之急，对保护农民利益起一个稳定的作用，但我认为还不够。国家要明文宣布，今年合同定购的粮食要按合同和已公布的定购价全额收购上来，不限收，不拒收。同时宣布，粮站在收购粮食时，因市场价与收购价之间差额造成的亏损由国家承担。这样可以让农民以及粮食系统的干部职工吃颗"定心丸"。现在，有关方面已决定用中央财政和地方财政共同建立的粮食风险基金补贴，这很好。需要注意的是，对经济不发达的产粮大省要有一些补充办法和特殊照顾。

**记者：** 从当前情形来看，粮食生产面临的症结似乎是在"卖粮难"这一关上。事实上，我国粮食生产乃至农业生产包括流通领域、储存制度的改革还不能适应，这些问题并不是丰收造成的，而是丰收后才集中暴露出来的。

**陆学艺：** 你说得非常对。从这些年的实践来看，农业生产的微观机制是比较好的，符合生产力水平和农民群众的意愿，有强大的生命力。农业和粮食生产之所以出现曲折、波动，主要是流通领域出问题而引起的。尽管这十多年来，从单一的粮食统购统销的计划经济体制逐步改革为现在的粮食购销和价格的双轨制，取得了很大进展，但仍滞后于粮食生产的发展。粮食减产、紧缺时，粮食部门低价、强制收购，损害农民利益；粮食大丰收、有富余时，粮食部门往往压级压价，拒收限收，形成"卖粮难"，打击农民生产积极性。这反映了社会主义市场经济的农业生产体制和基本还是计划经济的农产品流通体制的矛盾。粮食流通体制已到非改不可的地步了。

**记者：** 我记得早几年就有人在呼吁这个问题，但"非改不可"的结果是这几年动作迟缓，效果不佳。问题出在哪里呢？

**陆学艺：** 不敢动，怕乱。粮食流通体制改革是一项很复杂的改革，但不能因为难就不做，或者推迟做。事实上，去年粮食丰收，我们手里有粮，也就有一个较为宽松的环境。我们可以抓住这个时机推进改革。虽然不可能一步到位，但有些事情却是在现阶段可以有所作为的。

一是购销价格双轨制升轨为市场定价的粮食贸易制。第一步先放开销价。1992 年全国各地曾先后放开过，1993 年底市场粮价大涨后不少地方又恢复粮食平价供应，把已放下的大量财政补贴的包袱重新背起来。1992 年放开销价是对的，但没有留下余地。上海做得比较好，全部放开城镇居民口粮供应的价格，但对一部分贫困户、低收入者给予补贴。既放开了粮食销价，又使需要照顾的低收入者得到补贴，政府的财政负担也不重。

二是要改革粮食流通体制和体系。当务之急是要把粮食系统的政策性业务和经营性业务分开，真正实现"两线运行"。

**记者**：流通领域的改革如果解决好，是不是可以使现在粮食生产面临的困难迎刃而解？

**陆学艺**：为使粮食生产持续稳定增长，还要研究整个粮食体制改革和结构调整问题。现在，粮食体制和政策还不顺。种粮的农民收入低；产粮大县、大省对国家负担重，多是财政穷县、穷省；粮食系统绝大多数企业亏损，银行挂账超过 600 亿元，主要靠政策、靠行政力量推动。这种状况很不好。

另外，我还想补充一点，粮食的问题出在生产环节以外，而农业的问题现在也是出在农业以外。比如，乡镇企业不发展，城市工业没有起色，农业所承担的负荷就重。农村劳动力人口找不到出路，到时，什么提高劳动生产力、实现规模经营、实现农业现代化都只能是纸上谈兵。所以一句话，要解决粮食生产面临的问题，必须跳出农业看农业，跳出农业抓农业才行。

# 对 1997 年粮食减产后的几点思考[*]

　　根据多年来实践经验的总结，农口判断农业形势有个不成文的说法："阳历 8 月 15 日定旱涝，阴历八月十五定丰收。"这是说当年的农业形势如何，到两个 8 月 15 日的时候就可以有一个基本判断了。

　　今天是阳历 8 月 15 日[①]，从各地来的信息看，今年[②]农业形势的基本格局是：南方平稳，北方大旱；夏粮增产，秋粮减产；小麦增产，水稻略减，北方玉米大减；1996 年大增产的省份，1997 年多数将大减产。今年夏收以后，北方持续高温少雨，山东、河南、河北、陕西、内蒙古、吉林诸产粮大省都遇干旱，黄河断流 132 天，直到 8 月初黄河口才有水流，这是多年鲜有的。

　　1995 年、1996 年粮食连续大丰收，两年共增产粮食 898 亿斤，加上这两年进口粮食 511.4 亿斤，两年中市场总供给增加 1409 亿斤，市场粮价直线下跌。1995 年 2 月，吉林玉米市场价曾涨到 0.75 元/斤，到 1997 年 2 月下跌到 0.37 元/斤，还有价无市，无人购买。1994 年 2 月，黑龙江大米曾涨到 1.8 元/斤，1997 年 2 月下跌到 1.2 元/斤。南方有些省份的农村集市上，现在大米只卖 0.90 元/斤，小麦的市场价曾涨到 0.9 元/斤，到今年夏收普遍跌到 0.5 元/斤左右。1995 年、1996 年两年粮食增产 10.1%，而市场粮价平均下跌 4.5% 以上，大幅度减少了农民的收入，极大地打击了农民

---

＊　本文源自《"三农论"——当代中国农业、农村、农民研究》（陆学艺著，社会科学文献出版社，2002，第 83～91 页）。该文原稿写于 1997 年 8 月 15 日，首次刊载于中国社会科学院 1997 年 8 月的《要报》，收录于《1998 年中国社会形势分析与预测》（社会科学文献出版社，1998）。该文还以《粮食歉收引出一串话题》为题摘要发表于国家经济体制改革委员会主办的内部刊物《改革内参》1998 年第 3 期。——编者注

①　此处指 1997 年 8 月 15 日。——编者注

②　本文中指 1997 年，下同。——编者注

的粮食生产积极性，这是 1997 年粮食减产的重要原因。

1996 年粮食增产之后，国家曾采取了多项政策措施，以抑制市场粮价过分下滑，防止谷贱伤农。如增加粮食专项储备，1996 年 1 月至 1997 年 3 月，国家专项储备粮就收购了 322 亿公斤，现在专储粮总规模已超过 500 亿公斤。1997 年 7 月，国家专门召开粮食工作会议，明确重申，国家粮食部门要以保护价收购小麦，不拒收、不限收、不停收，受到了各地农民的热烈欢迎，这对今年秋种小麦、保证明年小麦丰收很有作用。但由于粮食购销体制正在改革，政企还未真正分开，新的粮食制度还未建立起来，各方面的关系还未理顺，制度性的障碍仍然存在，所以国家宏观调控的目标仍难如愿实现。

1997 年的粮食形势，还可以从这几年化肥供应戏剧性的变化得到反映。多年来，化肥特别是优质化肥一直是供不应求，所以化肥价格连年猛涨，1995 年平均上涨了 27.4%，1996 年又上涨 8.4%。即使化肥价高了，农民为了要粮食增产还是要买，通过走后门、托关系，才能得到化肥。今年不同了，从一开春，供销社的化肥就卖不动，特别是黑龙江、吉林、内蒙古等玉米主产区的化肥卖不动，主要是农民的粮食卖不出去，没有钱买，还由于粮食价低了，农民算账成本高就少投入了。农民买化肥少了，全国的化肥行业和供销社叫苦不迭，到 1997 年 4 月底，全国 11 家大型化肥厂积压尿素 40 多万吨，其中海南、内蒙古、渭河、九江等地几家新建的大化肥厂今年刚投产就被迫停产。到 6 月底，据全国 11 个化肥生产大省统计，库存就积压化肥 618 万吨。去年的尿素卖到 2400 元/吨，今年只卖 1500 元/吨，农民还不买。据推算，今年全国少销化肥在 1000 万吨以上。以每斤化肥平均增产 1~1.5 斤粮食计，将少生产粮食 200 亿~300 亿斤。

据各地的信息，内蒙古大旱，秋粮将减产 30%~40%；吉林大旱，有些地未种上，将减产 20%~30%；山东干旱，秋粮将减产。这些都是去年大增产的地区，今年将大减产，好在今年小麦增产 215 亿斤，两者相抵，今年全国粮食将减产 300 亿斤左右，大体与 1995 年的产量持平。

1996 年 10 月，我曾写过一个报告——《今年粮食大丰收，明年不要又掉下来》。当时有位朋友说："明年再增产，粮食往哪里放啊？"我说："少掉一些可以，我是怕大掉，所以有这些建议。"现在看来，今年将减产 300 亿斤左右，减幅在 3%~4% 之间，不算大掉（1985 年减产 564 亿斤，减幅为 6.9%，那是大掉）。

粮食在两年大丰收之后，今年减了 300 亿斤左右，而且主要减在粮食主产区，主要减在前两年粮食大增产的地区，在某种意义上说，有一定的好处，可以减轻国家库存的积压，可以使老百姓家中未出售的余粮卖出去，可以减少市场粮价继续下滑的压力，这也可说是市场调节的实现。对今年粮食减产，不必做过分的反应。要改变那种认为粮食年年增产才好、减点产就不好的观念。年成有丰歉，年产量有波动是正常的。何况我们是在两年丰收之后、粮食仓满库溢的时候，估计除了少部分地区外，全国的粮食总供给不会有大的问题。

1997 年粮食减产后，要注意的问题有两个。

第一，要注意防止粮食减产的放大效应的作用。由于我国社会主义市场经济体制还不健全，宏观调控和市场调节能力还比较弱，多年的经验是，粮食多 10% 就会出现卖粮难，沸沸扬扬；要少 10%，则全国出现买粮难，惶惶不安！我国有两亿多农户，他们既是粮食的生产者，同时也是经营主体，农民多年来形成的心理是，卖落不卖涨，买涨不买落。越是在市场粮价跌的时候，他越要卖粮食；而粮价一涨，他就惜售了，他不仅不卖，有些有财力的农民还从市场上买进粮食。所以，当粮食丰收粮价下跌时，不要以为粮食真多得不得了，当粮食歉收粮价涨的时候，也不要以为粮食真缺得这么多。这中间有个放大效应的问题。

还要注意销区采购粮食的问题。就省市来说，现在全国有 13 个粮食纯调入省市。这些省市的粮食部门，这些年也是买涨不买落。国家规定，销区粮食要有 6 个月的库存，但他们从本地的财政和粮食部门的利益出发，在全国粮食丰收的时候，往往现销现买，把粮库放在调出省，既省利息，又省大笔粮食保管费用，而一到歉年，为了保证本省市的供应，就四处采购粮食，有的还不惜抬价抢购，1993 年的市场米价暴涨，就是广东等省北上大量购米引起的。

所以，今年秋后，国家要通过各种手段调控粮食市场，特别要管好粮价。有利的条件是国家手中有 3000 亿斤的粮食库存（仅东北、内蒙古三省一区 1996 年度就有 1262 亿斤库存），调控余地较大，理想的目标是把市场粮价调控在国家定购价上下，以利于进行粮食流通体制等方面的改革。

第二，要注意保护和调动农民种粮的积极性，确保 1998 年粮食增产，至少要保证 1998 年不再连续减产。如果 1998 年再像 1997 年这样减产，将会引发新一轮粮食生产的徘徊，国家又要花很大的代价才能扭转过来。因为从总体来说，我国的粮食总供给是偏紧的，1996 年粮食特大丰收，当年人均也只有 400 公斤，1997 年将下降到 380 公斤以下。前面说，按统计，国家粮食库存 1996 年度账面上有 3000 亿斤，但真要调粮了，实际能调用的没有这么多，要大打折扣。多年的经验是，说粮食多的时候，产区、销区都说粮食胀库，而一说粮食少了，产区、销区都说没有多少库存了。宏观调控部门有几点要估计到：一是今明两年是选举年，粮食虽然减产了，但上报数还不会低多少；二是去年的特大丰收是事实，但还有些省份是报多了，实际并没有增这么多。另外，这几年粮食胀库，同 1995 年、1996 年两年纯进口 500 多亿斤粮食有直接关系，1997 年粮食不进口了，有些地区还出口了一些，粮食库存将削减得很快，对此，我们要有所预见。所以要保证 1998 年粮食增产，应是我们保证粮食供给的基本立足点。

面对 1997 年遭遇大旱粮食减产的形势，为了保证农村经济和社会等各项事业持续稳定地发展，保证整个国民经济的稳定健康快速增长，有几个方面的问题要解决好。

一要抓好 1998 年的粮食增产工作，务必不要使 1997 年减产成为新的徘徊时期的起点。1985 年粮食在大丰收后减产，徘徊了五年，直到 1989 年才恢复到 1984 年的水平，中间引发了 1988 年的市场粮价大涨。1991 年粮食大丰收后减产，徘徊了三年，直到 1993 年才恢复到 1990 年的水平，引发 1993 年、1994 年市场粮价的暴涨。邓小平同志在 1986 年就曾说过："一是农业，主要是粮食问题。农业上如果有一个曲折，三五年转不过来。"[①] 这是对多年农业工作实践的总结。1997 年粮食减产，因为有前两年的粮食库存，估计全局不会产生什么问题（减产严重的地区、农村还是有些问题的）。但如果粮食生产由此徘徊下去，就可能引发大的问题，不仅对农村经济、农业发展不利，而且会给整个国民经济的健康发展带来严重影响。现在新一轮经济增长正在萌动，会对农产品特别是粮食提出新的需求，这一点我们现在就要有所准备。

要抓好 1998 年粮食增产，现在就要抓好今年的秋种。1997 年小麦特大丰收，但小麦一登场，市场价格就大跌，再次出现卖粮难。国家在今年 7 月专门召开了会议，出台了要以保护价收购粮食等一系列政策，这对保障农民增加收入、推动今年秋种，无疑是有好作用的。问题是，由于资金不到位，亏损补贴负担未完全落实等原因，有些地区至今并没有收购多少议价粮，没有满足农民卖粮的要求。所以要做好今年小麦的秋种工作，还有很多问题需要解决，还要下一番功夫。

---

① 《邓小平文选》第 3 卷，人民出版社，1993，第 159 页。

二要调控好各地的市场粮价，务必不要使秋后粮价涨幅过大。1996 年国家制定的合同定购粮食价格是比较合理的，受到了农民的欢迎，促进了粮食生产。1995 年冬，市场粮价开始回落；1996 年冬，市场粮价普遍降到定购价以下；到 1997 年 6 月，小麦、玉米、稻谷三种粮食的市场价比国家定购价平均低 19%。1997 年 7 月，国家重申了以保护价敞开收购粮食的决定后，制止了市场粮价下跌的势头。最近华北因干旱，秋粮减产的迹象已经明显，山东、河南的市场粮价已开始回升，前几天河南广播电台已有玉米、小麦、稻谷价格都在上涨的报道。

市场粮价是农业生产的晴雨表。最近华北市场粮价先动，这是华北今年秋粮行将减产的信号。按照市场规律，一般新粮登场时，市场粮价往往是下跌的。现在才 8 月中旬，秋粮还未登场，粮价就开始上涨，这是很值得注意的。我们一定要接受 1993 年粮食丰收，但却在新粮登场时米价暴涨，带动整个粮价上涨的教训，各方面要早做准备，把市场粮价管好。

从粮食供给方面看，今年小麦丰收、稻谷略减，供给不会有大的问题。玉米减的量比较大，而玉米现在是全国饲料工业的主要原料，有全国影响。好在东北和内蒙古有大批玉米库存，供给也不会有太大问题。问题是要处理好产区和销区的关系，处理好国家与农民的关系，及时组织好流通和运输。

要预防的问题是，再过两个月，粮食减产的信息陆续传出，引起缺粮地区的领导和部门的过分反应，引起部分销区领导和粮食部门以及农民的惜售心理，一方面要多购多储，另一方面又惜售，市场粮价就有可能哄抬起来。要采取的预防措施有两个：一要管好舆论宣传，对各地区减产的宣传报道要实事求是，不能做集中过分的报道；二要密切注意各地粮价的波动，如涨幅过高，国家粮食部门就要组织粮源调运，做适当的干预。我们现在的社会主义市场经济体制还不完善，国家干预是必不可少的。以往的经验和教训是，粮食市场价格的大波动往往是各地粮食部门之间的利益矛盾引起的。有人说，前几年的几次粮食大战，就好像是八路军和新四军打仗，自家人不认识自家人。

今年粮食市场价格理想的调控目标是使玉米、小麦、稻谷的市场价格分别涨到国家的定购价，每斤价格上下浮动不要超过 0.10 元。真能做到这样，对今年农民收入的增加，对明年的农业生产，对农村社会的稳定，对粮食系统的改革，都将是非常有利的。

三要抓紧今年秋粮减产供给仍旧宽松的有利时机，继续积极推进粮食流通部门体制的改革。1994 年，国家就决定要对粮食部门的现行体制进行改革，把粮食部门政策性业务和商业性经营分开，分别核算，建立"两条线运行"机制。1996 年下半年，国家又进一步提出了"四分开一并轨"的改革设想，具体要做到：政企分开，储备与经营分开，中央与地方责任分开，新老挂账分开，完善价格机制，实现粮食价格并轨。应该说，这是根据社会主义市场经济体制的要求，根据粮食部门实际现状，提出的一个比较好的过渡性改革方案。但三年来执行的结果，却进展甚为缓慢。1996 年冬，要求粮食部门改革的呼声和期望甚高，后来因为粮食大丰收后，各地为解决卖粮难和胀库等政策性任务过于繁重，实际把改革冲了。

今年粮食略有减产，库存减少，而供给仍可保证，应是进行改革的大好时机，要抓紧这个机会，进行粮食流通体制的改革。改革的目标，仍可以是 1996 年提出的"四分开一并轨"。首先把国家粮食储备系统从国有粮食部门中独立出来，从机构、人员和财务上根据业务性质分出来，将粮食部门的政策业务和经营性业务彻底分开，专门执行国家定购粮食、中央地方储备粮的购销调存和平抑市场粮价的政策性业务。从多年来改革的经验和教训看，粮食部门的改革涉及方方面面，涉及 350 万粮食职工的利益和去向，涉及许多陈年老账，要粮食部门自身改很难，这件事必须由国家和地方政府根据建设社会主义市场经济体制的需求，从政治上推动改革，从组织上采取措施，使"四分开一并轨"的目标得以实现。粮食部门既当裁判又当运动员的一身二任的状况再不能继续下去了。

四要使粮食生产、农业生产稳定、持续、健康地发展，可以考虑在下一轮机构改革中，把农业生产的产前、产中、产后的管理统一起来，建立农业食品部，实行产业化管理。从多年的实践经验看，经过改革，农业生产的微观机制是比较好的，符合生产力水平和群众的意愿，有强大的生命力。农业和粮食生产这些年之所以出现曲折、波动，主要问题出在农业外部，宏观调控系统还没有理顺，特别是原有的农产品和粮食的流通体制已经不适应农业生产发展的要求，反映了社会主义市场经济的农业生产体制和计划经济条件下形成的流通体制还没有改革好的矛盾。现在从上到下，农业生产由农业部门管，粮食的购销、调存归商业粮食部门管，农产品和食品的加工归轻工部门管，进出口归外贸部门管，农业生产资料的供应归商业、供销部门管，各个部门都形成了相当庞大的实体，有各自的部门利益，一遇到问题，各部门之间矛盾重重，互相掣肘，很难协调，好不容易协调好了，又时过境迁，误了农时。拿粮食来说，少了不行，多了也不行，不多不少的年份又很少，牵扯了上至高层领导下到基层干部的很多精力，现在还是主要靠政治、靠行政力量推动，勉强维持运转，经济和社会效益都不高，对农业和粮食的生产很不利。从发达国家的经验看，随着现代化的推进，农业作为一种产业，已融入到市场经济之中，越来越受到农业生产的产前和产后的加工、流通等方面的影响，被这些因素所左右。所以，可以考虑在下一轮机构改革中，依据农村经济和农业发展的特点，按社会主义市场经济体制建设的要求，建立农业食品部，把发展农业的方针政策，生产技术指导，农业教育、研究和技术推广，主要农产品的购销储存，市场管理和指导，价格支持和调控，进出口等政策性业务统一起来，实行农业产业化管理。当今世界，有不少国家实行这种管理形式，是可以借鉴的。

# 农村要实施可持续发展战略<sup>*</sup>

## 一

    "中国农村可持续发展思想研讨会"是在我们党的十五大正在召开之际开幕的。12 日，江泽民同志代表十四届中央委员会向大会作了重要报告，在报告中详细阐述了邓小平理论，并将其作为党的指导思想确定下来。江泽民同志在报告中还精辟论述了可持续发展的战略和今后农村工作的方针、政策以及农村、农业发展的前景。我们这次研讨会，一定要以邓小平理论、要以党的十五大精神作为指导思想，结合当前农村改革和发展的实际来研讨农村可持续发展的问题，把会议开好。

    可持续发展理论是 20 世纪 80 年代初提出来的。18 世纪产业革命以后，世界上欧洲、北美诸国以工业化为主要内容的经济发展取得了很大成就，特别是第二次世界大战以后，各发达国家经济增长加快，随后一些发展中国家经济增长也很快，出现了世界性的经济"增长热"。社会财富空前增加，群众的物质文化生活有了很大的提高，与此同时，人口成倍增加，本世纪以来世界人口已翻了两番，达到 58 亿人。单纯的经济增长和人口膨胀使自然资源过度开发和超载消耗，并且排放了大量污染物质，导致了全球性的资源短缺、环境污染和生态破坏，使自然环境失去平衡并引发了很多社会问题。早在 20 世纪六七十年代，一些有远见的自然科学家和社会科学

---

    \* 本文源自《"三农"新论——当前中国农业、农村、农民问题研究》（陆学艺著，社会科学文献出版社，2005，第 122～132 页），系陆学艺 1997 年 9 月 15 日、17 日在西安召开的"中国农村社会学研究会"上所作的开幕词和闭幕词，作者原手稿题为《关于中国农村可持续发展的几点意见》。收录《"三农"新论——当前中国农业、农村、农民问题研究》时分作《农村要实施可持续发展战略》（一）（二）两篇，本文将其合并刊印。——编者注

家就开始研究人类与自然的尖锐矛盾，探索解决这些问题的战略和道路。1980年世界自然保护联盟委托有关方面发表了《保护地球》这一有国际影响力的文件，提出了可持续发展的概念和理论。1987年世界环境与发展委员会提出了一份题为《我们共同的未来》的报告，对可持续发展进行了更加科学的界定和阐述。可持续发展理论一提出，就受到了各国的认同，逐步形成为世界人民的共识，成为世界性的潮流。1992年6月联合国在里约热内卢召开了环境与发展的世界各国首脑会议，通过了《里约宣言》和《21世纪议程》，与会的各国都一致承诺要走可持续发展的道路。

20世纪80年代初期，中国翻译出版了关于可持续发展问题的著作，自然科学界和社会科学界的同志就开始研讨这个重大的战略问题。大家知道，改革开放以后，我们国家的经济建设突飞猛进，各方面发展得很快。就全国而言，我们现在正处于工业化的中期阶段，处在经济高速增长的时期，但由于我国人口众多，自然资源相对短缺（人均占有的淡水量为世界平均水平的28.1%，农地为32.3%，森林为14.3%，矿产资源不足50%），环境污染不断加剧，生态环境令人担忧，实际上我们已感到人口、资源、环境问题的严重性了，所以，当可持续发展理论一传入，就受到了社会各界的欢迎。1992年，我国政府领导人参加了联合国环境与发展大会，并签署了上述文件。1994年，中国政府编制并发表了《中国21世纪议程》，确定并提出了到2000年要实现的战略目标，受到了国际各界的好评。1995年，党的十四届五中全会通过《中共中央关于制定国民经济和社会发展"九五"计划和2010年远景目标的建议》时，就明确把可持续发展列为重大的发展战略。江泽民同志在讲话中还着重指出："在现代化建设中，必须把实现可持续发展作为一个重大的战略，要把控制人口、节约资源、保护环境放到重要位置，使人口增长与社会生产力的发展相适应，使经济建设与资源、环境相协调，实现良性循环。"① 根据中国的国情，选择可持续发展道路是历史的必然，是现代化建设必须遵循的发展方针，只有这样，才能既符合当代人的利益，又不损害下一代、下几代人的利益，这样的发展，才能持续、协调、长远。

我国的农村发展，也必须走可持续发展的道路。我们这次学术研讨会，就是要研究探索我国农村如何实施可持续发展战略方面的问题。

---

① 中共中央文献研究室编《十四大以来重要文献选编》（中），人民出版社，1997，第1463～1464页。

在农村实施可持续发展战略，必须结合农村的实际，必须结合农村面临的历史任务。根据党中央多次农村工作会议的部署，根据中央有关文件的指示，当前我国农村工作的主要任务，有以下四个方面，可以用四句话概括：农业要增产，农民要增收，社会要稳定，生态要平衡。

第一，农业要增产。要保证全国全社会的农产品供给，尤其是要保证"米袋子""菜篮子"的充足和丰裕。农业是国民经济的基础，我国人口众多，经济要持续增长，人民生活要不断改善，对于农产品的需求是与日俱增的。而我国耕地有限，可开垦的荒地也不多。所以今后的农业增长，主要靠提高单位产量，要依靠广大农民创造性、积极性的发挥，要依靠科学和技术的进步。还是小平同志说的"一靠政策，二靠科学，三靠投入"。

第二，农民要增收。集 40 多年的农村工作的基本经验，农业要增产，必须依靠调动亿万农民的生产积极性。要调动农民的生产积极性，除了政治思想教育之外，主要靠保证农民的收入稳定地增长。农业要增产，农民要增收，这是一个问题的两面，必须同时兼顾好。但从这些年的历史看，我们有些地方、有些部门的领导，往往把农业增产、保障供给看得更重一些，抓得更实一些。其实，如果不抓好农民增收，挫伤了农民的生产积极性，农业的增产就没有保障。1995 年、1996 年两年，全国增产粮食 900 多亿斤，增长了 10%，但市场粮价下降了 40% 以上，使农民实际收入减少。今年①农民种粮的积极性就下来了，加上北方大旱，秋粮减产已成定局。当然从长远讲，要大幅度地增加农民收入，使整个农村富裕起来，还必须实现农村工业化、农村城市化，使相当多数的农民从土地上转移出来。有些学者讲，只有减少农民才能富裕农民，这是有道理的。

第三，社会要稳定。农村要发展，农村要进步、要富裕，首要条件是社会要安定，农村社会的安定也是全国稳定的基础。就全国来说，农村社会是安定的，农村的基本政策是正确的。但这几年有些地区的农村、农民负担加重，农民和基层干部的矛盾加剧，小范围局部的冲突时有发生，有些农村的治安状况也不大好，前几年有车匪路霸，社会风气也不好。这些问题是要解决的，这次议题里专门有探讨如何解决农村社会问题和研讨农村基层政权建设的。

第四，生态要平衡。这些年，关于城市环境治理讨论得很多，投入了很多的人力、物力，也取得了很大的成绩。但农村的生态和环境问题还讨

①　此处指 1997 年。——编者注

论得比较少。其实就生态环境来说，全国960万平方公里，600多个城市的区域只占大约1%，99%的面积在农村。要解决好生态环境问题，首先要花力气把农村的生态环境搞好。耕地减少，森林减少，草原退化，水土流失，沙漠化，江河淤塞，江水、河水、湖水、海水污染，大气污染，酸雨成灾，等等，虽然许多污染源在城市，有许多问题是由城市问题引起的，但恶果主要都集中在农村。这些都是要花大力气整治的。我们一定要按可持续发展的理论，把生态环境治理好。要实现农业可持续发展，必须控制和治理好环境污染，保护生态环境，维护生态平衡，实现人口、资源环境和经济发展的良性循环。

当然，农村要实现可持续发展，还有个农村社会可持续发展的问题，这涉及更广、更深层次的问题，这次研讨会上，有几位同志已写了这方面的论文。

总的说来，我国农村正处于这样一个历史阶段，一方面要以经济建设为中心，努力把经济发展起来，尽快改变贫穷落后的面貌，逐步摆脱不发达状态，尽快富裕繁荣起来；另一方面，我们又不能走过去的一些国家走过的单纯增长经济的老路。总结国内外的历史经验，经济发展不能以牺牲农业为代价，经济发展不能以牺牲生态环境为代价，经济发展不能以牺牲精神文明为代价，而要走经济、社会、文化、生态全面协调良性循环的发展道路，所以选择走可持续发展的道路，是历史的必然，是一条正确的道路。

我们这次学术年会，就是研讨农村走可持续发展道路的问题。会议筹备组经过协商确定这次研讨会具体研讨以下五个问题：（1）农村可持续发展的理论；（2）当前农村社会转型中的社会问题；（3）农村经济、社会、文化、生态协调发展；（4）中国农村发展道路和对下个世纪中国农村发展的展望；（5）农村发展中的基层政权建设问题。研讨这样五个专题，目的是要在邓小平理论的指导下，研讨农村发展中的问题，使大家取得共识，为党和政府的农村工作提供决策参考和建议。大家事先都准备好了论文，希望大家在今后的会议中，畅所欲言，展开讨论，进行交流，使大家都得到收获，提高认识，推动农村可持续发展的各项工作。

## 二

我们的研讨会，历时三天，到此全部议程已经结束了。这次会议共有

100 多人参加，提交了 60 多篇论文。由实际工作部门的同志、专业工作者、基层组织的领导同志"三结合"，互相就农村可持续发展这个新课题展开了研讨，大家都很认真、投入，交流看法，沟通了信息，几个村镇的领导还介绍了经验和情况，使大家开拓了思路、提高了认识，从各自不同的侧面都有收获、都有提高。可以说，我们这次会议取得了圆满成功。

现在就会议讨论的几个问题做一个小结。

第一，关于可持续发展的理论。这个理论是在 1980 年提出的，受到了世界各国的欢迎、政府和理论界的认同，得到了世界性的传播，增加了人们观察认识世界、认识社会发展自身的一个视角。这是对工业革命以后单纯追求经济增长，忽视人口、资源、环境平衡的一种反思。

这个理论是 1980 年提出的，但酝酿形成这个理论的时间更长。产业革命、工业革命第二次浪潮掀起以后社会财富大量增加，科技生产新成果大量出现，生产力突飞猛进。但另一方面对于环境的破坏，使原来的生态失去平衡，本身已引起人们的警觉。早在 20 世纪五六十年代，一些科学家就做了反思，对人口爆炸、严重污染、生态破坏、环境恶化，都分别做了研究。

到 20 世纪 70 年代，罗马俱乐部的一批科学家对增长的极限发表了看法。总的思路是悲观的。人口爆炸，全球一年增加 8000 万～9000 万人，地球承受不起，资源枯竭，一次性矿产不可再生，预计淡水资源不足，石油要没有了……

可持续发展理论是在这些现实的基础上建立起来的，但克服了悲观论的结论，从积极方面提出经济社会发展要走可持续发展的道路，不仅要照顾当代人的利益，而且要兼顾后代人的利益；不能只向地球和自然索取，搞掠夺性经营，而是要保护生态、培育资源，要和自然共处，要"天人合一"。不能单纯追求经济增长，而要走经济、社会、文化、生态全面协调发展之路。

这个理论对于正处于经济建设发展高潮中的我国很有积极意义，所以引进、传播得很快，而且引起了高层领导的注意，被引入高层决策之中，成为社会共识。

农村可持续发展理论是整个可持续发展战略的一个重大组成部分。国外在这方面也已经有了很多的研究成果。这可以说是农村发展理论的前沿学科。

我国的农村科技工作者、理论研究工作者也做了不少研究，开这样一次会，引起大家的重视。农村社会学工作者有理论联系实际，为实践服务，为农村、农民服务的传统。这次会开一个头，有了一定的成果，希望继续下去，会做出成绩来的！

第二，可持续发展理论，包括自然的可持续发展和社会的可持续发展两部分。自然生态要正确处理好人与自然的关系，社会生态要处理好人与人的关系。从当前我国的国情看，要搞好社会的可持续发展、处理好经济社会的协调发展，以使社会结构优化、社会经济体制和政治体制更加完善。会上提出，在当前要处理好可持续发展与发展是硬道理的关系，使经济健康协调、快速发展更加迫切。在现有的条件下，有了经济实力，有了正确合理的经济社会政策和制度，才能保证清洁，不走先污染后治理的生产道路，才能把已经不平衡的状态治理好。一些发达地区对有些项目已经不接受了，但孙秀民主任讲，内蒙古的一些地区，为了生存还不得不接受有污染的项目。这就是说，我们要找到可持续发展与经济发展结合的角度。这是很重要的。

有同志提出，可持续发展的理论和实践，就世界来说，不同发展阶段的国家其要求是不能相同的。在我们国家，对于城市和农村、对于发达和欠发达地区的要求不能相同。这一点，我认为是有道理的。因此，就当前我国国情来说，更要重视社会生态的完善，要使我们的社会结构优化，政治、经济体制更加完善，要通过深化改革，使社会主义市场经济体制尽快建立和完善，使经济、社会、文化、生态全面协调地发展。

第三，人口问题。控制人口、计划生育是我们的基本国策，坚持抓了20多年，成绩巨大，在全国逐渐取得了共识，人口自然增长率和妇女生育率都下降了，人口的各项指标都达到了中等发达国家的水平。少生了两亿多人口，所以我们在世界人口中的比重下降了。20世纪70年代中期，我们占世界人口的22%，现在只占21.2%。这件事现在在城市、在经济发达地区已不是老大难了，但还要抓下去，这个仍是农村工作的重要方面。

第四，土地问题。这仍然是农民的基本问题，保护耕地是我们另一个基本国策。

民主革命中的根本问题是农民问题，农民问题中的根本问题是土地问题，中国共产党从一建党就抓这个问题，进行土地改革，得到了农民拥护，取得了民主革命的胜利。

社会主义建设也要依靠农民，农民问题说到底也是土地问题，但我们在这个问题上不是很自觉。"土改"以后有一段农村发展的黄金时代，但很快被一些假象所迷惑了，接受了苏联的集体农庄模式，开始搞的是初级社，还可以土地分红，等到搞高级社不久，又搞人民公社，土地扫大堆，搞集体所有，转移了农民对于土地这个基本生产资料的所有权、经营权，后来连自留地也没收了，农民生产积极性受到压抑，农业生产就此一蹶不振。1962 年搞"三级所有、队为基础"，但集体经济的基本格局未变。

党的十一届三中全会以后，农村实行家庭联产承包责任制，实质是将土地经营权交还给了农民，农民得到了商品生产自主权，由此调动了农民的积极性，农村发生了历史性的变化。农村的一切变化都是由此而来的。

但是对于这样一个革命性的变动，我们有些同志至今还未自觉。所以一有风吹草动，就对这个改革有议论，总想动这个根基。中央三令五申要稳定这个基础，15 年不变，1993 年又重申 30 年不变。所谓土地承包制度不变，这是马克思主义合作理论的新发展，这是国际共产主义运动的新经验、新创造。从大局上说，这个制度没有动摇，但局部的变动时有发生，有些地方借口人地变化，过几年就重分一次、调整一次。有些地方借口搞"两田制"①，收社员的田，有些地方借口搞规模经营，无偿收农民的田。自 1993 年下发文件至 1996 年上半年统计，搞了 30 年不变、续签合同的地方只有 50%。从大局上讲这些都是动摇这个土地制度的。

最近中央"两办"② 发了个文件，再次重申家庭联产承包责任制不变，重申 30 年不变，明确讲中央不赞成搞"两田制"，也重申了不具备条件的，不搞规模经营，而且要落实 30 年不变的合同续签。

从多年的经验看，土地制度不完善、不稳定，农村可持续发展是不能坚持的。这次会上有人提出"永佃制"，提出实行股份合作制。要有《土地法》，可以明确把土地使用权长期交给农民，使农民放心，给农民吃"定心丸"，把保护耕地的措施真正落实，这样，土地质量可以改善，农业还可以继续发展。

乱占乱用耕地，谁来保护？农民有了权才能保护。全国近几年已占用了一亿多亩耕地，已经有 2000 万无地农民。

荒山荒地的利用，这是个大问题。因为产权不明晰，乱砍乱伐屡禁不止。正因为是集体所有，谁也不管。山西吕梁、陕北搞荒山拍卖是成功的。要从理论上、实践上、政策上解决土地的使用权长期稳定的问题。这方面

---

① 指将集体土地划分为口粮田和责任田的制度。——编者注
② 指中共中央办公厅、国务院办公厅。——编者注

要下功夫调查研究，总结农民的经验。

第五，农村基层政权建设问题。新中国成立48年来，大政方针定了，政治、军事、外交、经济等基本体制定了，这几年正在进一步完善，应该是有大成就的。我们的社会是基本稳定的，这些年经济建设取得的伟大成就，是在这个稳定的政治体制基础上取得的。

相比而言，我们的基层政权建设则几经大的变动，至今没有较为稳定的、完善的体制。我们现在的乡镇政权和村级自治组织是在人民公社、"政社合一"、"三级所有、队为基础"上改变而来的。公社改为乡镇，大队改为村，小队改为村民小组。"政社合一"的问题有所改变，但在理论上、实践上并没有解决好。

现在的乡镇基层政权，主要问题是，乡镇、村基层政权到底管些什么？哪些该管、哪些不要管？同村民自治委员会的关系是什么？到底应设哪些机构？应该有个说法。有个《基层政权设置条例》才好。现在的问题是机构设置太多，干部队伍庞大。有些社区实际上成了县政府的体制。乡长一做报告，就像总理政府工作报告一样。超编是普遍的，而且超得太多，乡镇一级，正式编制只有20～30人，实际有100～200人，最多有400～500人的。普遍设立了财政所，实际有了一级财政。人多，开支就大，农民负担的根源在这里。所有这些问题是到了该解决的时候了。

# 发展市场经济，促进农村经济
# 和社会的发展<sup>*</sup>

　　我国的改革开放，首先是从农村开始的。农村的改革，又是以市场经济为导向的改革。改革开放打破了我国农村长期存在的自给半自给的封闭状态，使农村经济和社会发生了历史性的变化。纵观世界近现代社会发展的历史可以看出，市场经济的发展过程，也就是农村工业化和城市化的过程，是由一穷二白变为富裕文明的过程，是农村产业结构和社会结构发生巨大变化的过程，是由传统社会向现代社会转变的过程。从另一个方面说，发展市场经济不仅能够促进农村经济的发展，而且能够促进农村社会的发展。不过，我们也应看到，在有些发展中国家，市场经济的发展，虽然使城市和工业有所发展，但带给农村的并不是经济的繁荣和社会的发展，而是生态的破坏、环境的恶化、农业的凋敝、农民的破产、农村的衰败。我国是社会主义国家，优越的社会主义制度能更好地发挥市场经济的积极作用，促进农村社会发展。但是，市场经济对我们来说毕竟是新事物，发展市场经济对我国农村社会发展究竟会产生什么影响，在发展市场经济的过程中可能会产生哪些社会问题，在市场经济条件下如何才能实现农村经济社会的协调和全面发展，这些都是我国农村在发展市场经济的过程中所面临的重大理论问题和实践问题。

　　赵喜顺同志所著《农村发展社会学——市场经济与农村社会发展研究》，在这些方面进行了有益的探讨。作者从经济发展与社会发展的关系入手，通过对市场经济功能的深入考察，全面系统地分析了发展市场经济对

---

　　* 本文源自《农村发展社会学——市场经济与农村社会发展研究》（赵喜顺著，电子科技大学出版社，1997，第 1~3 页），系陆学艺为该书撰写的序言，原稿写于 1997 年 10 月 15 日，现标题为本书编者根据发言内容所拟定。——编者注

农村社会发展的积极作用和可能存在的某些负面影响，以及由此导致的一些社会问题，并有针对性地提出了解决的办法和建议。

该书的一个重要特点，就是注意把对社会学一般理论的探讨同对我国农村社会发展的实际问题的剖析结合起来，通过对改革开放以来农村产业结构、职业结构、阶层结构、社区结构、人口结构、婚姻家庭和生活方式、农民素质和社会心理、社会交往和社会控制，以及社会保障方式的变迁的具体分析，充分肯定了市场经济对农村社会发展的巨大促进作用。同时，结合改革开放以来农村社会发展中出现和存在的一些问题（如贫富差距拉大、环境污染加重、乱占和浪费土地、封建迷信活动泛滥、社会治安恶化等），对市场经济对农村社会发展所产生的某些负面影响也进行了分析，并在此基础上提出，市场经济对农村社会发展的促进作用是主要的、根本的，要促进农村的社会发展，就必须大力发展市场经济；同时也应重视可能产生的负面影响，采取措施加以克服限制，把它对农村社会发展的不利影响尽可能减少到最小。这种密切结合实际的研究，使该书不仅具有重要的理论意义，而且对当前我国农村正处在迅速发展中的市场经济实践，也具有积极的现实意义。

农村市场经济的发展，引起了农村经济社会广泛而深刻的变化。中国农村自 1978 年实行改革开放以来，正在发生有史以来少有的历史性大变化。传统的农业正在被现代化农业替代；传统的农民正在分化，很大一部分正在转变为城镇居民，少部分则转变为现代农业的经营者。传统的农村正在工业化、城镇化。这样大的社会变迁，为社会学工作者研究农村发展提供了千载难逢的大好机遇。我国社会学自恢复重建以来，许多社会学工作者深入农村进行调查研究，取得了许多重要的研究成果。伟大的时代，将会产生伟大的科研成果，可以预见，不久的将来，中国社会学界将会产生一批有国际水平、国际意义的科研作品。赵喜顺同志的《农村发展社会学——市场经济与农村社会发展研究》一书，是他多年来从事农村社会调查和农村社会学研究的结晶，是研究农村社会发展的一本较系统、全面的专著。值此书出版之际，特写序以表祝贺。

# 社会主义初级阶段与中国
# 农村发展的前景[*]

这次十五大工作报告，重申了社会主义初级阶段的理论。邓小平理论的精髓是实事求是，一切从实际出发。党的十五大指出，中国最大的实际是中国现在处于并将长期处于社会主义初级阶段。邓小平说：要搞清楚"什么是社会主义，怎样建设社会主义"。改革开放就是从这里起步的，因为十一届三中全会前对这个基本问题的认识有偏差，所以搞了30年连个温饱问题也解决不了。

社会主义初级阶段包含两层含义：第一，我国已经进入了社会主义，我们必须坚持而不能离开社会主义，那种说我们现在又恢复了新民主主义和所谓的共产党领导下的资本主义的说法都是不对的；第二，我国的社会主义还处在初级阶段，我们的一切工作，必须从初级阶段的实际出发，而不能超越这个阶段。

## 一 为什么我们还处在社会主义初级阶段呢？

新中国成立48年来，我国在各个方面取得了巨大的进步，但是我们离发达的现代化国家的差距还很远。

第一，我们人口多，底子薄，生产力不发达的状况没有根本改变，劳动生产率还很低。我们是地大物博，但有12亿多人口，一平均，人均资源就少了。如人均耕地只占世界人均耕地的32.3%、水资源占28.1%、森林

---

　＊　本文源自作者手稿。该文稿系陆学艺 1997 年 11 月 19 日在衡水的演讲提纲，手稿未完成。——编者注

14.3%、草地占 32.3%、矿产占 50%。我们 1996 年的 GNP 是 67560 亿元①，人均才 5520 元，才合 665 美元。全世界 100 万以上人口的国家有 120 多个，我们在 100 位以下。

**表 1　1996 年中国与美国主要工农业产品产量和进出口总额的比较**

|  | 谷物 | | 钢 | | 发电 | | 汽车 | | 电视机 | | 进出口（亿美元） | | |
|---|---|---|---|---|---|---|---|---|---|---|---|---|---|
|  | 总产（万吨） | 人均（公斤） | 总产（万吨） | 人均（公斤） | 总产（亿度） | 人均（度） | 总产（万辆） | 人均（辆） | 总产（万台） | 人均（台） | 总额 | 进口 | 出口 |
| 美国 | 33058 | 1240 | 9500.4 | 356 | 33453.1 | 12550 | 1179.9 | 0.044 | 1388.1 | 0.52 | 14471 | 8220.3 | 6250.7 |
| 中国 | 45127.1 | 369 | 10124.06 | 82.7 | 10813.1 | 883.5 | 147.52 | 0.0012 | 3496.2 | 0.029 | 2899 | 1388.4 | 1510.6 |

资料来源：《中国统计年鉴·1997》，北京：中国统计出版社，1997 年 9 月，第 69、383、446、447、450、588、836 页；其中中美电视机数、美国主要工业品产量、1996 年全年进出口贸易数和人口数参见《中国统计年鉴·1998》，北京：中国统计出版社，1998 年 9 月，第 923、931、933、937 页。——编者注

第二，地区发展不平衡。中国是个发展很不平衡的国家，我们的地势是从西北向东南倾斜，而富裕程度是自东南向西北倾斜。如东西差别，山区与丘陵、平原的差别（山区占 67% 以上），沿海和内陆的差别，城乡差别，城市中心与郊区的差别，等等，这些方面都是不平衡的。

第三，社会主义制度还不完善。社会主义制度是一个体系，正因为生产力还不发达，经济基础还太薄弱，上层建筑也必然不可能完善，社会主义经济、社会主义政治和社会主义文化的建设还需要一个很长久的历史过程。

第四，社会主义市场经济体制还不成熟。我们本来是一个自然经济的国家，但有市场。20 世纪 50 年代学苏联，搞计划经济体制，一边倒，农村从统购统销开始，导致吃饭要粮票，吃肉要肉票，抽烟要烟票，穿衣要布票，直到"文化大革命"，经济搞到崩溃的边缘，搞不下去了。

1978 年搞包产到户，实际是探索搞市场经济，办乡镇企业，城市也改革开放，搞商品经济。一直到 1992 年小平同志提出社会主义也可以搞市场经济②。党的十四大明确要建设社会主义市场经济体制，才正式搞起来，这要有一个过程，估计还得 10～20 年才能使社会主义市场经济体制完善和成熟。

① 国家统计局编《中国统计年鉴·1997》，中国统计出版社，1997，第 42 页。

② 参见《在武昌、深圳、珠海、上海等地的谈话要点》，载《邓小平文选》第 3 卷，人民出版社，1993，第 373 页。

第五，社会主义民主法制还不够健全。民主法制建设是一个较长的历史过程。资本主义国家用了两三百年的时间，我们新中国成立后，20 世纪五六十年代也搞了民主法制建设，但"文革"中，"砸烂公检法"一句话，几乎都毁了。十一届三中全会后，从六届人大开始，加快了立法的步伐，现在经人大通过的各种法律法规有 300 多个，国务院颁布的有 400 多个，还有各省、市、自治区通过的地方法规 4200 多个。现在还在立法，人大、人大常委会每年要通过一批法。有了法律、法规，要有人执行，要有人依法办事，老百姓依法行事，这很不容易。我们的群众中，法盲太多，公务员中也有不知法的。更有甚者，我们有一些法官、检察官，有不少是从部队转业进来的，从外部门调进来的，对一些法也不熟悉。大家要依法办事，这要有个过程，现在有人批评我们有法必依（衣），执法必严（烟），违法必究（酒）。说明这个健全还要有个过程。

第六，封建主义、资本主义腐朽思想和小生产习惯势力在社会上还有广泛影响。在中国封建主义搞了两千年，资本主义有一百多年的历史，又是小生产的汪洋大海，要建设一个富强民主文明的社会主义现代化国家，确非易事。对封建主义、资本主义的东西，有些要彻底清除，有些要加以改造，有些也要加以利用。

从这六个方面看，我们国家目前仍处于社会主义初级阶段，这就是目前我国的基本国情，我们的一切工作必须从这个基本国情出发，脱离了这个基本国情，就要犯"左"倾或右倾的错误。这个基本国情的核心，是人民日益增长的物质文化需要同落后的社会生产力之间的矛盾。而要解决这个矛盾就要集中力量发展社会生产力，要以经济建设为中心，把发展生产力放在第一的位置。这是 1956 年党的八大就明确指出来的。但 1957 年以后就放在一边了，搞所谓的阶级斗争为纲，实际上是以阶级斗争为中心，折腾了 20 年，也就耽误了 20 年。直到 1978 年十一届三中全会拨乱反正，小平同志提出把工作重心转移到以经济建设为中心的轨道上来。1957～1977 年、1978～1998 年，这两个 20 年，前后对比，就可以清楚，关于社会主义初级阶段这个基本国情的分析是何等重要了。

最近北京有位学者，把 20 世纪的中国划分为四个 22 年，很有水平。

从 1899 年（义和团起义、八国联军侵华）到 1921 年共产党成立，是寻找道路的 22 年，找到了马克思列宁主义，成立了共产党。

从 1927～1949 年，浴血奋战，三次革命战争，夺取政权，是祖国统一的 22 年。

从 1956～1978 年，经济建设徘徊反复，是"扭秧歌"的 22 年。

从 1978～2000 年，是改革开放光辉灿烂的 22 年。

这个概括是很有道理的，体现了十五大指出的 20 世纪这一百年经历了三次历史性大变化，产生了三位走在时代前列的伟人：孙中山、毛泽东、邓小平。

我们现在还处在社会主义初级阶段，那怎么样才能达到发达的社会主义现代化阶段呢？十五大文件说，这个阶段至少需要一百年。从邓小平"三步走"的发展战略看，从 1980 年到 2000 年，我们的国民生产总值翻两番，实现"两步走"战略。而在此基础上前进，大约到 2050 年，可以达到或赶上世界先进国家的水平，也就是毛主席所说的"跻身于世界先进民族之林"。这一点，经过这 19 年的改革开放，我们是有信心的。

前面说过，我们 1996 年的人均 GNP 已有 665 美元。但这是用美元的官方汇率折算的，事实上不止此数。1980 年我们的人均 GNP 是 250 美元。世界公认，这 17 年我们的 GNP 已经翻了两番还多，也就是 1000 美元。这是因为一般在经济发展中为了鼓励出口，有意地让货币贬值。1980 年美元兑人民币汇率为 1∶15，现在是 1∶8.3，所以只有 665 美元。现在世界上还有一种计算方法，就是购买力平价。这就是说，规定若干种世界通行的商品（如 1 份可口可乐、麦当劳汉堡）和劳动（如住三星级宾馆一天的费用），等等，然后综合计算，这比较合适。如同样是 1 公斤大米，我们是 3 元钱，合 0.36 美元，在日本 1 公斤大米要 3 美元。1 份麦当劳的巨无霸汉堡在美国是 4 美元，在中国只要 9.8 元。所以，以麦当劳汉堡折合美元同人民币汇率是 1∶2.45。以购买力平价计算，国外推算 1994 年我国的 GNP 是 2400 美元/人。由此推算，到 2020 年，我们的 GNP 绝对值将仅次于美国，成为世界第二，但人均值还会比美国差 5～6 倍（他们 2.5 亿人，我们 12.4 亿人）。估计到 2049 年，建国一百年，我们可能达到中等发达国家的水平。条件是国际国内局势稳定，我们的改革开放政策能稳定、持续，不出大的问题，前景是乐观的。

当然，除了经济建设，我们在这个初级阶段还有许多工作要做。按照十五大文件，在社会主义初级阶段，要实现九个方面的转变和过渡。

据我学习体会，这九个转变中，最主要、最核心的是两条，这就是文件讲的第二个和第三个转变。其余都是实现这两个转变的条件或实现这两个转变的结果。

第二个转变是说："由农业人口占很大比重、主要依靠手工劳动的农业国，逐渐转变为非农业人口占多数、包括现代农业和现代服务业的工业化国家的历史阶段。"① 这是说要实现工业化，实现城市化。由以农业为主的乡村社会向以工业为主的城市社会转变。

第三个转变是说："由自然经济半自然经济占很大比重，逐步转变为经济市场化程度较高的历史阶段。"第七个转变是说要"建立和完善比较成熟的充满活力的社会主义市场经济体制"。② 这就是要建设社会主义市场经济体制，让市场对资源配置起基础作用。也就是说要实现由计划经济体制向社会主义市场经济体制的转变。

这两句话用我们社会学语言来讲，前一句说的是实现工业化、城市化，也就是实现农业社会向工业社会、乡村社会向城市社会的转变，这是社会的转型；后一句说的是计划经济体制向社会主义市场经济体制转变，这是经济体制的转轨。

这就是目前我国社会的基本特征，也是我们每个地区、每个单位面临的基本形势，我们都是在这样一个宏观形势背景下进行工作的。我们的许多问题、许多困难都可以从这个宏观背景得到说明。所以自觉地认清这点至关重要。

改革开放 19 年以来，我们取得了很大的成绩，各方面都取得了很大的进步，这是大家公认的。但有一些问题，是困扰大家的。

第一，为什么我们经济发展这么快，成绩这么大，而我们的财政状况却不好呢？从中央到地方，从行政机关到企事业单位，几乎没有一个单位财政状况不困难的，钱都到哪里去了？是怎么一回事？

第二，过去讲"饥寒起盗心""衣食足知荣辱"，但为什么现在生活这么好了，犯罪的、偷的、抢的、车匪路霸等反而多起来了？为什么？

第三，大家的生活改善了、收入提高了，为什么大家却有意见呢？生活从来没有这么好过，意见从来没有像现在这样多过，20 世纪 80 年代讲"端起碗吃肉、放下筷子骂娘"，这是怎么一回事呢？

我首先讲一讲第三条，为什么？一是转型，二是转轨。

……

---

① 江泽民：《高举邓小平理论伟大旗帜，把建设有中国特色社会主义事业全面推向二十一世纪》，载《中国共产党第十五次全国代表大会文件汇编》，人民出版社，1997，第 16 页。
② 《中国共产党第十五次全国代表大会文件汇编》，人民出版社，1997，第 16 页。

## 二　当前农村形势和农村的发展前景

我们全国处在社会主义初级阶段，就农村而言，更是处在初级阶段。说实在的，我们一些大中型城市已经相当现代化了。单从北京、上海等大城市看，都可以算是现代化城市了。但把广大农村一平均，我们的水平就下来了。

但话要说回来，这些年城市为什么变化这么大、这么快，靠的是农村，靠的是农民。我同许多外国朋友说过，要研究中国城市这些年经济腾飞的奥秘，动力、源泉在农村，不研究农村的改革开放，就不了解中国的巨大变化。

中国的农村担负着双重任务，一方面仍要支持城市，用人力、物力、财力支持城市的工业化、现代化；另一方面城市、工业改革还不好，自顾不暇，城市还有失业的，支援不了农业，所以农民还要靠自己来实现自身的工业化、现代化、城市化。

一是农村这些年的成就。

二是农村面临的问题。农村内部的问题：土地承包权稳定的问题、干部群众关系问题、农民负担重的问题、农村基层组织建设问题、剩余劳动力出路问题、发展乡镇企业问题；农村的外部问题：商品购销体制问题、信用存贷问题、粮棉收购问题。解决农业问题的答案在农业之外，解决农村问题的答案在城市。大背景是，要建设三峡、小浪底、1000公里的高速公路等；搞好国企改革；城市计划经济体制的改革和完善。

三是农村的发展前景。

# 我国农村当前面临的问题及发展战略[*]

党的十一届三中全会以来，中国实行的经济社会政治体制改革，首先是从农村开始的。20年来，中央在农村改革中实施了一系列的方针、政策和措施，有步骤地使农村逐步地繁荣和发展起来。农村经济社会、农业生产、农民生活都有了很大的改善和提高，与20年前相比有了历史性的显著变化，这是有目共睹的。这些成就的取得：一是源于中国农民的自我发展和创造精神；二是中央适时地鼓励、支持和引导农民走繁荣发展之路。社会的繁荣与发展离不开人民的辛勤努力和社会的稳定，更与党的富民政策息息相关。回顾改革开放的20年，在中国大地上发生变化最大的是农村，生活水平有了显著提高的也是在农村的农民身上，农民是20年改革的直接受益者。现在，农民不但初步解决了温饱问题，而且在少部分乡镇，农村的农民已经拥有了与现代城市高收入阶层等同的现代物质生活水平。绝大多数农民安居乐业，固守在传统与现代并存的农村家园中，耕种着自己承包的土地，经营着自己艰苦创办发展起来的乡镇私营与民营企业，还有一部分从土地中富余下来的农民（农村剩余劳动力）则在自己所在的乡镇企业（离土不离乡）中打工，或者离土离乡到外面的世界闯一闯，以寻求发展或挣些钱来再回到家乡开办企业。这些已成为大部分农村生活的普遍景象。

我国是一个人口大国，是主要以农业生产为主的传统农业生产国，农业人口占全国人口的2/3，近9亿人，而可供农业生产的土地资源有限，农村人口与土地之间的矛盾较大。随着农村生产水平的提高，农村剩余劳动力必将越来越多，解决这些农民生活、吃饭的问题已经成为我国经济社会发展、进步和现代化进程中的大问题，解决得好将推动社会繁荣稳定和发展；否则，将可能会影响社会的稳定、经济的发展，乃至拖延我们现代化

---

* 本文源自作者署名的打印稿，该稿写于1998年。——编者注

目标的实现。

20 年的改革，我国农村生气勃勃、农业发展显著、农民生活稳定，成绩喜人、果实累累，其影响是深远的。农村改革成为引导全国各行各业进行全面改革的先行军，为大局的稳定和政治改革的实施奠定了坚实的基础。在总结农村 20 年改革成绩的同时，还要看到在改革发展中亟待解决和暴露出的问题，通过对这些问题的分析，有助于我们在未来的改革发展中不断总结经验，研究解决对策，使我们在"三农"工作上少犯错误，少走弯路；也使我们的政策更具有科学性。

# 一 农村改革 20 年来存在的主要问题

对过去的工作以及所发生的经济社会历史变迁景象进行分析，即描述成绩、陈述事件的经过、记载显现事物的变化以及历史事实结构的功能分析，也就是我们常说的社会变迁的正功能分析，从社会学学科角度都是能够予以研究的。问题在于这一社会历史过程中所显现或隐含的负功能，亦即所存在的问题的研究分析，并不是一件非常容易的事情，对问题的过程的把握程度是我们制定下一步工作和发展战略的关键，也是研究问题的重要因素。十年前的 1988 年，我在研究分析我国农村改革十年的经验时，详细论述了第一个十年的农村改革情况，并提出了农村、农业、农民（之后普遍称之为"三农"）问题[1]。回过头来看，一些问题虽然进行了解决，但还不彻底，留有尾巴；还有一些问题根本没有解决，而且有的个别问题不但没有解决，反而变得更加严峻了。从 1978 年农村开始改革至今的 20 年里，特别是 1988 年以来的十年，农村的改革工作已经步入艰难的跋涉阶段，农村改革以来出现的一系列问题都要在下一步的改革过程中予以解决。因此，我还是要结合 1988 年在分析农村改革十年经验时谈到的问题，来讨论这十年来没有解决的以及新产生的问题。主要有以下几方面。

## （一）农村大量剩余劳动力的流动存在的问题

我国农村实行"包产到户"，农村社会发生了巨大的变化，农民生活水平有了较大的提高，农民的思想观念也发生了明显的变化。而且，由于农村科学种田水平的提高，农村中出现了从土地上"失业"的大量从事非农业生产

---

① 陆学艺：《当代中国农村与当代中国农民》，知识出版社，1991，第 346～373 页。

的农民，还有一些农民受现代社会生活的影响，不愿意固守在传统的土地耕种方式上生活，自愿从土地上"下岗"，自谋职业生路。我们从 1997 年全国第一次农业普查资料来看，从事农业生产的农业户及非农户的结构，与 1978 年农村改革之初的 100% 的农民必然有 100% 的从事农业生产的农民相比，已经发生了非常显著的变化。1996 年末，全国从事生产经营活动的农村户数为 21455.74 万户，根据抽样分析，农业户约占 90.47%，非农业户约为 9.53%；而且在全部农业户中纯农业户约有 62.81%，亦农亦工商副业的农户大概占 30.57%；属于农户但不从事农业生产的农民户占到 6.62%。并且，地区间发展也很不平衡，基本是按照东部从事农业的户数少于中部，中部少于西部的顺序排列。① 由于东部、中部、西部地区的经济社会发展水平不一样，所以各地农村的有关农业户的划分比例及所占的比重也就极不平衡（见表 1）。

**表 1　东部、中部、西部地区农村住户结构**

单位：%

| 地区 | 农村住户 | | 农业户 | | |
| --- | --- | --- | --- | --- | --- |
| | 农业户 | 非农业户 | 纯农业户 | 农业兼业户 | 非农兼业户 |
| 东部地区 | 84.71 | 15.29 | 55.24 | 34.90 | 9.86 |
| 中部地区 | 94.53 | 5.47 | 66.70 | 28.56 | 4.74 |
| 西部地区 | 95.80 | 4.20 | 70.27 | 26.01 | 3.74 |

从表 1 中，我们可以看出农业户占比由东至中、西呈上坡曲线形状，数字逐步增大；而地区发展水平则是东部发展较快，中部、西部的非农户占比与农户相反，呈下坡曲线状，二者交叉则呈 X 形线。由此看来，X 形状的两条曲线的合并（或者是吻合）是一条理想的农村人口住户与经济社会发展水平同步的曲线；但这只能是一种假设，我们所要分析研究的应是现实中的农村基本状况。

农村经济社会的发展愈来愈与农村社会结构，特别是与农村人口结构发生较为直接的联系。富裕农村地区的剩余劳动力从土地下岗分流出来，这些农民近些年绝大多数并没有外出打工，反而是一些不发达或者落后地区的农民外出打工人数呈上升趋势，形成了有中国特色的"民工潮"。东部发展快的农村地区的剩余劳动力的消化，主要是在本地的乡镇企业、民营企业、个体私营企业以及经营产业多样化的行业中；而中西部，特别是西

---

① 参见全国农业普查办公室：《从农业普查看我国农业和农村经济》，《中国统计》1998 年 2 月 10 日 ~ 12 月 16 日。

部却没有东部的这些优势，农村剩余的劳动力主要源于人口生育的过度化（关键在于还没能详细统计隐含的超生人口）与有限土地资源的矛盾，造成大量的"非农"农民。

我国劳动力结构与经济社会结构发展密切相关。新中国成立初期，我国仍然是一个以传统农业为主的落后的农业国。社会生产力的落后性，表现在以手工劳动为主的生产技术的多层次性结构。社会就业结构表现在劳动力主要集中在传统农业部门。1949 年，中国总人口已达 5.4 亿人，占全世界人口总数的 25%。其中农业人口有 4.4 亿多人，占总人口的 82.6%；非农业人口占总人口的 17.4%。到 1952 年，全国总人口达到 57482 万人，农业人口增加 49191 万人，所占比重上升为 85.6%；非农业人口 8291 万人，所占比重下降为 14.4%。从我国这些社会结构的状况可以看出，我国农村劳动力占主要地位，社会整体上还处在传统农业社会，处在前工业化阶段。1978 年以后，随着我国农村体制改革的完善和提高，农民的生产积极性进一步高涨，农业机械化、现代化进一步发展，农业科学技术普遍推广，农村剩余的劳动力逐步增多。据有关方面测算，我国农村劳动力（主要指 18 岁以上 60 岁以下具有劳动能力的农民）按现在的趋势发展，到 2000 年农村劳动力将达到 3.8 亿人。按我国现在的农业生产力水平、每个农业劳动力平均耕种 10～15 亩计，全国约有 1 亿～1.5 亿劳动力就可以保证所有农业土地的耕种了。因此，全国的农村劳动力剩余是庞大的，其潜力更是巨大。这支巨大力量的流动一直呈无序状态，农村剩余劳动力的合理流动问题已经成为一项需要我们进一步认真研究解决的大问题，需要组织专门的研究人员来分析这个大问题。目前，如何统筹安排好、使用好这支力量，也是我国经济社会发展的一项长期的重要战略任务。

很明显，我国农业劳动力过剩，这是农村由来已久的矛盾造成的。但是，为什么它在一个较长的时期里没有尖锐地表现出来呢？这是因为：1978 年以前，我国农业经济体制和经营管理方式长期不适合农业生产力的发展；生产上的瞎指挥，劳动中的"大呼隆"，分配上的平均主义，多劳不能多得等，严重地挫伤了亿万农民的生产积极性，使农民对集体劳动不感兴趣。因此虽然投入了许多用于发展农业的资源等农业生产资料，农业生产却没有得到相应的发展，农业经济效益很差。农业在传统的农业社会中，主要的生产力是人力和畜力，一般不会出现劳动力过剩，相反有可能会出现劳动力不足现象。农业劳动生产的平均主义表现为更加严重的是造成农民生产没有积极性，许多农地不能及时播种、管理和收割，农业生产损失比较大，以致误认为劳动力不足，大肆发展人口生产。党的十一届三中全会以来，党在农村工作方面克服了过去指导思想上长期存在的"左"的错误观念，落实了各项农村政策，特别是逐步实行了以包产到户、包干到户为主要形式的家庭联产承包责任制，把亿万农民的积极性充分调动起来。农民努力生产，充分利用已有的现代生产资料提高农业生产水平，结果产生两个相互矛盾的方面：一是农业生产发展很快，二是长期潜在的劳动力过剩的矛盾暴露出来。农民真正种田后，却发现田已经不够种了，农村剩余劳动力逐渐增多起来，这使我国面临两个方面的巨大压力：一是人口压力；二是农村剩余劳动力压力。第一个压力可以说没有任何可表白优势的余地；第二个压力虽然弊多利少，但还有使得我国劳动力具有成本低的优势。

农业劳动力过剩，除了上述讲到的外，还有其他种种因素长期积累的原因，并成为目前农村中一个比较突出的问题。从世界经济发展的状况看，一个国家在进行工业化建设过程中，首先是由农业国转变为工业国，农村必然出现大量的剩余劳动力。因此，一般都有一个农业劳动力逐渐转向工业、商业，农村人口逐渐减少的过程，随之城市人口也逐渐增多起来。世界工业文明开始之后，发达国家从农业社会向工业社会转变，生产力水平的提高和科学技术的进步，逐步开始淘汰农业传统的生产力，社会出现了大量过剩的农业劳动力，这时城市拾遗补缺地及时吸纳了全部农村剩余劳动力人口。目前，大多数发展中国家正处在这样的状况之下。中国是一个典型的农业大国，农业生产力水平相对比较低，随着农业科技的普及和专业化生产的开展，工业文明将扫荡传统农业社会的愚昧，农村社会正逐步迈入现代文明，现代农村出现的大量剩余劳动力的安排必是本着中国国情特色，并遵循着全球化发展的轨迹逐步进行，最终将由中小城市（镇）解决。农村剩余劳动力的出现，加速了社会流动，剩余劳动力正在跨地区、跨国家流动，流向发达地区，流向城市（镇）。

## （二）城乡收入差距的扩大与农村贫富分化问题

社会主义市场经济是否必然要产生贫富差距的极度扩大？虽然在经济学那里的市场经济是一个通过竞争优化资源配置的经济，但是经济学里还讲了市场缺陷下的社会经济福利，作为对市场经济的补偿。社会有失公允、公平和公正，必然要导致社会分配的不公正，也必然会出现社会贫富阶层间差距的拉大。在一个以贫穷为绝对阶层的社会里，特别是处于温饱线以下的社会群体与通过不正当手段暴富的富有阶层的矛盾冲突是社会不稳定的主要根源之一。

改革开放前，城乡居民的收入就已经存在着明显的差距。1978年城镇家庭人均年生活费收入为316元，农村则为134元，二者间比例为2.36∶1。改革开放后，城乡居民收入差距曾一度缩小，但以后又呈现出反弹，并呈逐步扩大的趋势。到1994年，城镇居民家庭人均年生活费收入为3179元，农村居民家庭人均年纯收入为1221元，城乡居民收入比为2.60∶1，超过了1978年的城乡居民收入比。上述悬殊的收入差距过大不但一直是悬而未决的问题，反而还进一步加剧和扩大。城乡收入差距主要是城镇居民与农村居民之间的收入差距，在这两个不同的利益群体中，农村人口占有绝对的比重，涉及面非常广。在目前农村人口占全国总人口70%多的情况下，如果这一群体的切身利益不能很好地解决，问题就大了。"农村不稳定，整个政治局势就不稳定，农民没有摆脱贫困，就是我国没有摆脱贫困。"[1] 农村、农业、农民（"三农"）的情况关系全国的大局，这一块稳定繁荣了，其他问题也就好办了，整个大局也就繁荣稳定了。农民的收入长期低于城镇居民的收入，不仅拖延了农村现代化的实现步伐，也使城乡差别格局难于消灭，而且影响到了国民经济的持续发展，进而影响社会的稳定。

在城乡产业经济中，农村主要以第一产业为主，即农业生产，城镇则以第二、三产业为主。因此，城乡收入差别问题主要还是在第一、二、三产业协调发展问题上，亦即如何提高第一产业投入和产出的问题，使农民的收入逐步接近或超过城镇居民的收入。但是，长期以来，城乡收入差别始终没有得到很好的解决，农民农业劳动收入长期过低，城乡收入差正在逐步拉大，这严重地影响了农民种粮积极性。农业生产除了受老天安排外，农业粮食产量的不稳定性也表现在农民种粮的投入上。通过对城乡收入差距的比较分析，我们更能清楚地看到城乡收入差距的存在与拉大问题。可以用基尼系数分析城乡居民收入差距，基尼系数是判断收入均等程度差异的一种重要的方法，下面将几年来的基尼系数值进行分析对比（见表2）。

表2　1978～1995年中国基尼系数

| 年份 | 城镇居民占总人口百分比（%） | 农村居民占总人口百分比（%） | 城镇居民收入占全国的百分比（%） | 农村居民收入占全国的百分比（%） | 基尼系数 |
|---|---|---|---|---|---|
| 1978 | 17.92 | 82.08 | 34.05 | 65.95 | 0.1613 |

[1] 《邓小平文选》第3卷，人民出版社，1993，第237页。

续表

| 年份 | 城镇居民占总人口百分比（%） | 农村居民占总人口百分比（%） | 城镇居民收入占全国的百分比（%） | 农村居民收入占全国的百分比（%） | 基尼系数 |
|------|------|------|------|------|------|
| 1980 | 19.39 | 80.61 | 35.59 | 64.41 | 0.1620 |
| 1982 | 21.13 | 78.87 | 32.91 | 67.09 | 0.1179 |
| 1984 | 23.01 | 76.99 | 33.83 | 66.17 | 0.1028 |
| 1986 | 24.52 | 75.48 | 38.83 | 61.17 | 0.1431 |
| 1988 | 25.81 | 74.19 | 41.68 | 58.32 | 0.1587 |
| 1990 | 26.41 | 73.59 | 42.04 | 57.96 | 0.1563 |
| 1992 | 27.63 | 72.37 | 47.07 | 52.93 | 0.1944 |
| 1993 | 28.14 | 71.86 | 50.52 | 49.48 | 0.2238 |
| 1994 | 28.62 | 71.38 | 51.08 | 48.92 | 0.2246 |
| 1995 | 29.04 | 70.96 | 50.24 | 49.76 | 0.2120 |

数据来源：国家统计局编《中国统计年鉴·1993》，中国统计出版社，1993，第81页；国家统计局编《中国统计年鉴·1996》，中国统计出版社，1996，第69页；赵满华主编《中国城乡收入差别研究》，经济管理出版社，1997，第75页。

由表2可以直观地看出，从1978年改革开放以来，我国城乡居民收入的基尼系数呈逐步递增趋势。基尼系数的分析是根据洛伦曲线计算出来的，是因意大利社会经济学家基尼提出而得名。基尼系数是实际收入分配曲线与绝对平均线之间的域值，同实际收入分配曲线与收入分配绝对不平等线之间的域值二者间的比值。当基尼系数等于零时，收入分配绝对平均；当基尼系数等于1时，收入分配绝对不平均。实际上，基尼系数总是在大于零小于1之间变化。基尼系数越小，收入分配越平均；基尼系数越大，收入分配越不平均。世界通用的指标是基尼系数高于0.5为高度不平等，在0.4～0.5之间为中度不平等，在0.4以下为低度不平等。我国学者认为，基尼系数如果在0.4以上则为差别偏大，易出现影响社会稳定的事件。

中国农村地区农民的收入差距也呈扩大的趋势，这主要是各地区农民家庭人均纯收入增长不平衡的结果。高收入家庭（与家庭人口和家庭状况直接相关）、高收入地区农民人均收入增长较快；反之，则相反。亦即中国农村不同地区、不同家庭的农民收入差距正在逐步扩大，农村贫富开始分化了。我国东部地区的居民收入比较高，中西部地区居民收入相对比较低，两个地区的居民收入存在着一定的差距。改革开放以来，这种差距不是缩小了，而是相对拉大了。对于这些问题，国家在制定政策时要充分认识到问题的存在。

### （三）农村基本政策的稳定性问题

稳定党在农村的基本政策是深化农村改革的关键，尤其强调的是稳定以家庭联产承包为主的责任制，特别是完善统分结合的双层经营体制。家庭联产承包责任制的核心是土地承包制度，稳定家庭联产承包责任制的重点是稳定土地承包制度。中央明确宣布，土地承包期30年，并在一定程度上可以流转。中央的规定，既满足了农民要求土地承包制度长期稳定的愿望，又符合土地作为生产要素需要合理流动起来的要求，是一个符合国情的、完整的土地承包政策，深受广大农民的欢迎。

当前农村土地承包关系总体上是稳定的，但少数地方也存在着延长土地承包期政策落实得不够和随意收回农民承包地等问题。尽管是局部的、苗头性的，但必须引起高度重视。土地承包期再延长30年，是关系农村稳定和发展全局的大政策，必须坚决贯彻落实。"肯定农村家庭联产承包责任制不变。一变就人心不安，人们就会说中央的政策变了……就很容易动摇我们的方针，影响改革的全局。城乡改革的基本政策，一定要长期保持稳定。当然，随着实践的发展，该完善的完善，该修补的修补，但总的要坚定不移。即使没有新的主意也可以，就是不要变，不要使人们感到政策变了。有了这一条，中国就大有希望。"①

土地承包制度是农村政策的基石，绝对动摇不得。完善双层经营体制，是在稳定以家庭联产承包为主的责任制基础上的完善。没有稳定就谈不上完善，完善要有利于稳定。各地的情况很不一样，完善的方法和途径也不会完全一样，但都要建立健全集体经济民主管理制度，使集体的每个成员真正成为集体的主人，有效防止集体资产流失，并实现保值增值；各地都应开展为农户的生产经营服务的工作，在服务中增强家庭承包经营的活力和农村集体经济的实力。在稳定家庭联产承包经营责任制基础上，建立健全农业社会化服务体系，这是深化农村改革的重要任务。在社会主义市场经济条件下发展农业，特别是在我国小规模农户生产条件下发展农业，如果服务跟不上去，不仅难以实现农业的现代化，就连日常的一般生产活动都将变得困难。乡、村集体经济组织要尽可能为农户生产提供服务，把那些一家一户办不了、办不好、办起来不合算的事办起来。政府在农村的服务组织要充实力量，重点办好那些受益面广而农民个人难以独立承担的农

---

① 《邓小平文选》第3卷，人民出版社，1993，第371页。

业生产项目，如主要农产品的技术推广、技术培训等。并且，充分发挥政府在农业社会化服务体系中的主导作用。要大力发展农业产业化经营，通过龙头企业开展服务。这种企业服务，既是商业性的，又具有一定的合作性，龙头企业通过一定形式向农户返还经营利润，与农户结成利益共同体。它既是专业性地，又是全面性地向农户提供产前、产中、产后全程服务的体制。引导一些农民自愿组合，成立诸如专业协会等经济组织，开展技术交流，在生产经营的环节上分工合作。这是具有合作性质的服务。通过政府服务、集体服务、企业服务、民间服务等方式强化农业生产结构基础性稳定地位，使国家的各项政策得以稳定地贯彻实施，从而也使得我国的农村基本政策持续发展下去。这些服务组织要各自找准自己的位置，寻求发挥最大的作用，要互相支持，共同发展，形成网络，形成体系，共同为农业农村经济社会服务。要深化农产品流通体制的制度改革，完善农副产品市场体系，使我国农业逐步摆脱自给自足的传统结构，跟上和适应农村商品市场经济发展的步伐。

目前，我国农村正在逐步形成以广大城乡集贸市场为基础，以全国性批发市场为中心，以区域性批发市场和专业市场为骨干的农产品市场经济体系，搞活了农产品的流通市场。为此，要加强市场建设和管理。既要规范市场交易主体的行为，又要规范市场开办者和政府管理部门的行为，拆除壁垒，打破垄断，鼓励各经营主体进入市场，参加公开平等的竞争，真正发挥市场机制的作用。现行的粮食棉花购销体制弊端甚多，非改不可。要抓住目前粮棉供给比较充裕、宏观经济形势显著改善的有利时机，着眼于保护农民的生产积极性和广大消费者的利益，积极稳妥地推进粮棉购销体制改革，为粮棉稳定增长提供保障。要建立起比较完善的农业保护、支持体系，这也是深化农村改革的重要任务。

农业在国民经济中的基础地位和它自身的自然经济特点，决定了农业是离不开政府支持保护的产业。正是这个原因，所有发达国家对农业都有完整的保护支持体系。我国农业人口多，农业基础薄弱，农村家底薄，财力有限，如何建立既符合市场经济要求，又符合我国国情的农业保护支持体系，还需要认真探索研究。从我国的实际出发，重点是建立健全三项调控制度：一是以农产品为主的粮食价格制度；二是重要农产品储备调节制度；三是以农产品为主的粮食风险基金制度。国家通过给予农村一系列农业市场上的制度保证，确保农民种粮积极性的提高，从而使我国粮食生产能够稳定增长。

## （四）农村土地管理中存在的问题

对于这个问题在第 3 个问题中已经初步讨论过了，但是我认为还是有必要再专门进一步讨论。农村改革以来，土地分到农民手中，农村实现了家庭联产承包责任制，农民对土地经营有了极大的自主权，调动了农民种粮的积极性，农村经济社会发展迅速，农民生活逐步得到改善，农村社会生活发生了明显变化。随着农村经济社会的发展，特别是农村实行家庭联产承包责任制的 20 年来，农村、农业、农民（"三农"）状况的改善，以及农村家庭自主责任权的增大，使农村土地的管理问题也随之暴露出来。虽然农村土地实行了分田到户，但是土地使用权却不能自主流动，生产经营决策权受国家产业政策制约过多，规模经营的条件和促进经济社会发展的机制依然还没有形成。农村土地的承包不同程度上含有一定的生活保障性质，一般都称为"口粮田"。因此，坚持这种土地制度可以保障农民的最低生活水平。农村为什么要创造和坚持以人均承包土地为核心的家庭联产承包责任制？主要是土地太稀缺了，在中国这样的农业大国，土地是农民赖以生存的根本，性质极其重要。土地同其他生产资料的最基本的区别在于它是维持人们生活和生命的第一需要。民以食为天，吃饭是人类第一头等的大事。土地越紧缺，它作为人类社会生活资料的功能就越强。可是，在中国现阶段，农村这种以人均土地的方法也出现了许多问题，需要渐进地加以改进。比如农民"离土不离乡"或"离土离乡"等情况，这种状况已经存在了好多年，这些农民基本上不是以土地生产作为自己生存的主要手段，他们已经完全脱离了农业的生产劳动。对此应该规定一些对其原有的土地经营使用权管理上的办法，比如长期脱离农业土地生产劳动的农民，他原来承包的农地已转包或荒废，其土地使用权期限应有所调整，如未使土地经营形成规模，可通过土地转移等手段，将土地转由专业家庭农业大户承包经营。而对已经离开土地的农民，应引导他们逐步转化为城（市）镇人口，成为城（市）镇自食其力的一员。

农村土地制度近几年已成为农民关心的大事。经济发展较快的地区都把"农地"的适度规模经营，作为本地区农村土地制度创新的努力方向，各地在实践中做法不一，也没有较为成熟统一的规范。若要进行划分的话，概括起来主要有以下几种：两田制、集体农场、股份合作制和家庭农场。我国农地的稀缺性决定了在没有大的技术进步条件的前提下，实现口粮自给后的剩余土地并不多，农地经营规模受到了限制，因此两田制有其内在的不可克服的缺陷。村办集体农场在土地产权上的激励机制已经丧失了家庭联产承包责任制的优点，存在着管理监督费用过高和分配不公的问题。股份合作制在农村土地产权安排方面也没有超过家庭联产承包责任制的制度功能，随着农村经济社会生活的进一步发展，也将面临一系列问题。家庭农场充分发挥和继承了家庭联产承包制的土地制度优点，并在一定程度上克服了家庭联产承包责任制的农地经营规模较小的不足，在未来的农村土地经营管理上将会成为我国农地规模经营的主导模式。

### （五）农业生产经营结构的管理问题

农村改革是在渐进中确立起来的，农村以及农业的改革虽然经历了超前、高效、典范的过程，但目前正逐步逆转为滞后于整个经济社会发展水平，致使社会整体渐进的发展不够协调，农业发展缺乏稳定性，从而固化了农村二元经济社会的格局。这些只能表明我国农业改革的不配套和局限性。随着现代农业的发展，传统农业生产现象已经逐渐被淘汰，农村中的商品市场经济代替了传统农业经济。但是，目前农村市场经济的发育及对农业的投入水平都不高。

农村的管理涉及诸多方面，但主要不外乎以下几方面：一是土地的管理（这已在第 4 个问题中专门论述过了）；二是农业生产格局的管理；三是农村市场的管理。在这里重点谈第二、三个方面，即农业生产格局和农村市场的管理问题。

农村改革 20 年来，由于实行了家庭联产承包责任制，农业生产取得了巨大的成就，农民生活水平有了较大的提高。特别是农村社会主义市场经济的发育，以及国家对农民种粮前后政策的放宽（包括粮食品种、粮食价格、粮食的收购与流通、农业生产投入以及农业生产结构的布局等），极大地促进了农业生产的发展，农民种粮的自主权愈来愈大，农村农业生产结构的调整过程正在转向国家宏观控制、农民微观搞活的局面。这些年来，国家向农业的投入对农业整体格局的影响并不太大，投入有限，重点也不突出，国家宏观调控的局面还没有完全展开，大农业的生产格局还没能够建立起来，从全国这一盘棋来看，农业生产格局的分布可以说是不完全合理的，这在不同程度上为下一步农业规模发展带来了困难。农业粮食生产的稳定和提高，一靠老天、二靠地力、三靠科技、四靠农民的"耕种犁管收仓运销"等环节，这四个"靠"一个也不能少。对于老天，我们现代的科学技术水平还没能达到按照人的意愿来控制的地步；对于地力（从全国这一大局来看各地的土地质量），全国各地农村的土地结构不一样，四季种植水平也不一样，如东北地区一年只能种一季粮食，但土地质量较好，而南方一年四季皆可种粮食，平均可种 2～3 茬粮食，但土地质量可能稍差一点，因此从这一整体角度来说，人的作用还不能达到完全改地的能力；对于科技来说，作用可就大了，农业产量与国家的农业科学技术水平是呈正相关的，农业科学技术投入越大，越能刺激农业产量的增加，在这一点上国家还是大有作为的；第四"靠"主要讲的是农民从粮食生产到销售这一系列环节的作用与关系问题，这个问题很大，也是最棘手问题，从中央到地方乃至农民自己都在探讨和寻找一条适合中国的"耕种犁管收仓运销"的科学体制。我们国家在前十多年对于农民的要求一直放在了粮食的"耕种犁管收仓"以及运输上，而忽视了销售的市场化，亦即粮食市场的科学管理，特别是在农村市场经济的建设上，我们还缺乏经验。还有我国粮食市场发育差，环节复杂，政策多变，限制多以及市场资源配置不合理等，都是制约粮食市场建设的不利因素。我国农村人口多、土地少，而且农村土地可耕种面积有限，粮食的产量问题历来是各级政府的头等大事。1978年以来，中央政府曾多次以每年第一号文件的形式发布关于农业的政策，由此可看出国家对农业的重视程度；而且中央在 1978 年召开的十一届三中全会到 1998 年的十五届三中全会的 20 年里，先后两次召开以中国农村、农业、农民为主体，重点是农业工作的会议。会议总结了过去"三农"工作的经验，确定了下一步的发展目标和实施战略，以使得我国的"三农"工作持续、健康地发展下去。农村中粮食的"耕种犁管收仓运"的格局，全国既有整合的统一，又要有各地区的特点，开药方应该是因病施治对症治疗，不能用一个药方就解决全部问题，各地区粮食的问题也应该因地施策、对点管理，点（指不同的地区）面（指整个全局）结合，采取发挥各地之长处的政策，从而使我们在这些问题上能够有清醒的头脑和正确的认识。

农村市场的问题主要表现在农村市场与城市市场经济发展的不同步及滞后性上，还有农民商品的市场经济观念上。农民富裕起来以后，手中有了富余的农副产品，需要拿到市场上销售，以期换得更多的现金上的经济收入，提高自己的生活水平，这是一件大好事。但是，问题在于是否能与现代市场经济相关联，市场经济中主要的一点就包括规模经济问题，农村小商品交换性的小农经济是不能适应现代市场经济的需要的。怎样引导农民走向农业的规模经济发展轨道，应成为农村经济建设的一件大事。国家引导的农村市场经济是农村经济发展的一个重头戏，由于全国各地农村的人口、社会交往及经济规模都比较小，农民渴望市场的愿望可想而知，在大部分农村地区一般都有赶集的传统习惯。这种赶集式的农副商品的交换方式，有时跨村、跨镇、跨县甚至跨市、地、区，按照固定的日期集中在一起，进行小商品交换；而且这种赶集具有极大的自发性，农民头天将自己需要交换的商品准备好，第二天起大早，赶半天或一天的路来到集市地点，参加农副商品买卖和交换。农民自己说得好：我们应该用看得见的脚踩"市场"，用看不见的"手"适应市场。这里的"手"是指农民手中的商品的价格是不固定的，随着市场定价。由此，我们可以看出农民急切地盼望着建立农村自己的大市场的迫切心情，政府如何引导农民发展农村市场经济也是需要研究的大问题之一。

## （六）农村干群关系的紧张问题

评价20年来我国农村的干群关系，确实是一件复杂的事情，农村经济社会取得的成绩是喜人的，发展速度也是惊人的，占人口绝大多数的农民解决了温饱，其中一部分走上了发家致富的道路。在相对发达的中国南方地区的农村，先富的农民住上了自己的小洋楼，开上了自己的小轿车，有的建起了工厂，办起了公司，当上了大小老板。但是，这些并不具有普遍性，只是富裕农村地区的特例，多数农民还生活在温饱线至富裕生活之间，这是指的发达地区而言。那么，对于那些不发达或欠发达的地区，农民解决温饱是追求，富裕则是理想，在这些地区只有极少数农民才奢谈生活富裕。农村还有近7000万贫困人口生活在温饱线以下，生活步履维艰。近几年，城市中也出现了极少数生活贫困户。农村贫困问题的解决主要关注区域经济的发展和面上与点上的个体扶贫，这些都取得了较好的成果，问题在于我们不能这边扶贫，那边又出现新的贫困人口，这样的不良循环延误了我们扶贫工作的时间，也拖延了农村现代化的步伐。解决这个问题除了靠国家、靠局部区域经济社会的调整外，较为重要的就是农村干部的素质，特别是农村干群关系问题。农村干群关系说得具体一点就是农村干部（主要指县、乡、村领导干部）与农民的关系。农村改革以前，农村干部虽然有特权，但其生活水平与农民大体相当，干群矛盾暴露得不很突出，还处于隐性状态。1978年农村改革之后，农村经济有了较快的发展，尤其是落后农村地区，干部生活水平相对比较高，而本地普通农民百姓的生活则与之相差较大，干群关系相对紧张。这种紧张是否具有普遍性，下结论还为时尚早。如前所述，我国农村经历了一场举世瞩目的深刻变革，形势有了根本的好转，实现了具有伟大意义的历史性转变。进一步发展这个大好形势，进一步开创新局面，关键在于继续完善和加强党对农村的领导。

如何继续完善和加强党对农村的领导？就目前来说，一是要调整和改革政治、经济领导机关的结构，使上层建筑能更好地为经济基础服务。例如我们的县级机关，基本是个偏重行政管理的机构，也可说是个管理农民的机构。在新的历史时期，要领导农村发展较大规模的商品生产，搞四个现代化建设，搞两个文明的建设，原来的那套机构就非改革不可。二是要调整农村干部队伍，加强农村干部队伍建设，以适应实现农业现代化的要求。广大的农村党员和干部长期战斗在第一线，经过长期革命和建设的磨炼，政治上比较成熟，有丰富的实际斗争经验，工作上任劳任怨，艰苦奋斗，是党在农村进行现代化建设的骨干力量。但是由于种种原因，目前在农村工作的干部有相当一部分年岁偏大，文化程度偏低，缺乏现代科学技术和经营管理的知识，还有一部分干部，由于受传统的农业模式束缚，对农村社会主义市场经济的建设缺乏思想准备，不能适应当前正在突飞猛进的农业现代化建设的要求。因此，要通过调整、培训、教育等各种途径来解决农村干部队伍的建设问题。党的农村路线确定之后，干部就是决定的因素。干部队伍问题，是改善和加强党对农村领导的核心问题，是关系到我国农业现代化成败的大问题。

应该指出，农村中那些劳动致富户是新的历史时期涌现出来的佼佼者。他们中有相当一部分人，不仅在生产上有技术，有经验，会管理，善经营，是致富的"能人"，而且在政治上有胆识，关心国家大事，主动研究和领会党的政策精神。他们不仅为国家和集体做出贡献，而且热心帮助群众，传授技术、经验，支援资金和物资，扶贫解难，受到领导和群众的赞誉。对于这部分人，我们不仅要在经济上继续扶持、鼓励他们，而且在政治上也要关心、帮助他们，对于一部分优秀者，要选拔他们到各级领导岗位上来，以充实农村干部队伍的素质。

但是，我们也不能陶醉于已取得的成绩之中，在农村经济发展中，农村出现了负面现象，所表现出的一些问题不能不使我们把眼光放在农村干群关系这一焦点上。农村干部是农村社会的中坚力量，在农村社会中有着举足轻重的作用，是农村工作的领头雁，一群作风正派有能力的农村干部集体是可以带领当地农民走上繁荣致富；这样的事例不但在发达农村地区，就是在落后农村也有许多。因此，培养和造就一大批知法、懂法，爱农村、爱农民群众，有知识、有能力的县、乡、村干部应是我们党农村工作的重点。

现时农村干群关系紧张主要表现在农村干部脱离群众，高高在农民群众之上，工作上发号施令，实际的调查研究少，"官架子"愈来愈大起来。农民对干部只有仰头的义务，而没有平视的权利，农民对干部产生惧怕的心理，采取了敬而远之的态度。农村干部与农民群众间的距离拉大了，干部在群众中的威信逐渐下降；农民群众对他们也缺乏信任感。这样的一种局面下，农村的工作是不可能搞好的。还有一个最大的问题就是少数农村干部腐败霸道，更使农民群众深恶痛绝。虽然这都属于个别现象，但在社会上影响是极坏的。这些问题都需要在今后的农村改革中予以清除和解决。

### （七）农村小城镇建设中存在的问题

我国目前的工农商业等各行业都处于经济社会市场化的调整时期。近年来，城市吸收不了大量的农村劳动力。但是，农村经济社会的发展还始终滞后于城市的发展，农村的农业机械化程度不高。这种农业机械化、现代化发展与城市的发展不同步的情况，使得我国在现阶段不能走发达国家已经走过的使大量农民进大城市的老路。解决的办法就是我们一直在办和正在进行深入研究的小城镇之路。

但是，我们又必须把农业部门中多余的劳动力转移出去。"我国百分之八十的人口是农民。农民没有积极性，国家就发展不起来。八年前我们提出农村搞开放政策，这个政策是很成功的。农民积极性提高，农产品大幅度增加，大量农业劳动力转到新兴的城镇和新兴的中小企业。这恐怕是必由之路。总不能老把农民束缚在小块土地上，那样有什么希望？"① 现在我国的农业生产力已经发展到一定的水平，继续把这么多的农业劳动力限制在农业部门中，让 5 个人去干 3 个人就可以干的事，这在经济上是极大的浪费。这不仅对农业本身发展不利，对提高农业劳动生产率不利，对发展农产品的商品生产不利，而且对整个国民经济的发展也不利。那么，怎样安排愈益增多的农业剩余劳动力？第一，要通过调查研究，弄清目前我国农村劳动力过剩的实际状况和走向。要用发展社会化大生产的观点来看待劳动效率问题，改变那种片面地认为"人多好办事""人多热气高"的观点，因为这是小生产的劳动效率观点。社会化大生产是千百万人分工协作进行生产活动，它的原则是"用最少的人办最多最好的事"，强调提高劳动生产

---

① 《邓小平文选》第 3 卷，人民出版社，1993，第 213～214 页。

率，讲究经济效益。世界上经济发达的国家，农业劳动力占总人口的比重都在10%以下，而我国的农业劳动力则占总人口的1/3。世界各国经济发展的历史表明，随着农业机械化、现代化的发展，农业劳动生产率不断提高，农业生产所需要的劳动力会越来越少。我国现在这样多的劳动力挤在农业部门，并不是农业生产的需要，而是由于种种原因，没有适时地把剩余劳动力从农业部门中转移出去。这样多的劳动力挤在农业部门：一是不能充分发挥这些劳动力的作用，造成劳动力资源的浪费；二是不能提高农产品的商品率，妨碍农业生产的专业化和社会化；三是影响农民收入，使农民不能更快地富裕起来。因此，及时把农业部门中的剩余劳动力转移出去，是当前加速发展农业，推动整个国民经济迅速前进，并使农民更快地富裕起来的必由之路。第二，各个地区、各个部门都要为农业剩余劳动力转移广开门路。我们要鼓励一部分农民弃农经商、弃农经工、弃农经副，奔向农村的小城镇，真正成为小城镇的一员，这也是市场经济和现代化发展的必然趋势。第三，建设好中小城镇，发展农村城镇人口。

前面讲到，要使农业剩余劳动力充分就业，不仅要鼓励农民发展多种经营，还要鼓励农民去从事工业、商业和服务业。而要发展工业、商业、服务业，就必须要发展农村中小城镇。因为工商服务业等与农业不同，这些行业的经营特点要求相对集中。近年来，我国的中小城镇容纳了一定的农业劳动力人口。当然，由于目前我国城市建设比较落后，让几亿农民一下子拥进城市会产生许多问题。或者说，目前的不合理的人口城乡结构，是过去长时期造成的，不可能一下子改变。但是，我们可以采取一些过渡的办法来逐步解决这个问题。第一步建设中小集镇，容许并鼓励从事工业、商业、文教、卫生等的农民进入集镇，办多种形式的工厂、商店和其他企事业。把全国众多的乡镇所在地建设起来，使之成为农村工业生产的基地、城乡商品集散的市场、本地交通的枢纽，成为当地政治、经济和科学、文化的中心。如果每个小集镇能容纳2000~5000人，那么全国就可容纳1.5亿~3亿人。第二步把全国2000多个县的县城都建设发展起来，使它们全部成为拥有2万~8万人的小城市，这样也可容纳4000万~1.6亿人。这样，加上大中城市的继续发展，到20世纪末，我国在城市（镇）以上从事工业、商业、服务业、科学、教育等行业的非农业劳动力将超过总劳动力的50%，全国城市（镇）人口将超过40%。

究竟应该建设和走出一条怎样的有中国特色的小城镇发展道路（我将在农村发展战略中详细讨论这个问题）？这个问题一直是我国现代化发展道

路不断研究的课题。全国各地，特别是南方发达地区近几十年来，结合本地实际摸索了一些小城镇建设之路，并且也出现了部分具有地方特色和示范作用的小城镇。这些小城镇确实为分流农村剩余劳动力发挥了不可替代的作用，其功能也逐步适应了区域化经济发展的需要，奠定了现代化发展进程的基础。小城镇将成为农村现代化过程中不可替代的重要步骤和阶段，是减少农村直接从事农业生产劳动人口的主要手段。对于小城镇在农村现代化过程中所起到的作用及所发挥的功能怎样评价都不为过。但是，近些年在小城镇建设的过程中逐渐暴露的问题以及其自身存在的缺陷，不能不引起我们的重视。比如，小城镇建设的标准问题、建设的规模问题、发展的方向问题、人口的结构问题、地理分布问题、功能作用问题等，有的还没有搞清。尤其是小城镇的规划问题，一直困扰着我们的研究与决策部门。小城镇建设的视角是应该从全国这盘大棋统筹考虑，还是应由着各地自行其是，各自为建，小棋运作？对此，我认为还是应大小棋盘兼顾，大棋盘上树规矩，小棋盘内搞活。亦即全国制定一个有约束力的小城镇规划、建设、区域功能分布及发展方向的标准，各地按照国家的要求和部署，结合本地实际情况，有步骤地规划和建设区域内的小城镇。其中关键的一条就是要符合国情、地情，就是结合地方实际情况发展小城镇建设。

## （八）保护和调动农民积极性的问题

农村改革和发展取得的巨大成就，是广大农民群众干出来的。党的政策调动了农民的积极性，农民群众发挥了极大的创造性。因此，我们必须始终把保护和调动农民的积极性作为农村工作的根本出发点。

保护和调动农民的积极性，说到底，就是要给农民以看得见的物质利益，保障他们公平民主的生活权利。1992 年以来，党中央、国务院集中连续不断地治理"一高一低一重"问题。经过两年的努力，化肥等农业生产资料价格已趋于合理，"一高"的问题基本解决，农民比较满意。1994 年和 1996 年，中央在当时通货膨胀压力很大的情况下，两次大幅度提高粮食定购价格，解决了多年以来粮食定购价偏低的问题。不仅农民满意，对于抑制通货膨胀也发挥了重大作用。从 1992 年至 1996 年初，中央为减轻农民负担，多次下发专门文件，召开数次专门会议，中央各部门为此也作了部署，还组织了多次执法检查和案件督察工作。并且，中央领导同志作了一系列重要批示，基本上遏制了农民负担加重的势头。为解决"一高一低一重"而进行的所有这些努力，初步保护了农民的利益，调动了农民的积极性，促进了农业的丰收。农民收入增加了，全社会的稳定就有了保证。

从1996年底至今，中央为保护和调动农民积极性，主要采取了四项措施：一是针对一些地方在丰收之后农民负担出现反弹的情况，党中央、国务院作出了《关于切实做好减轻农民负担工作的决定》，制止各种加重农民负担的错误做法；二是采取果断措施，刹住乱占耕地的势头；三是在1997年夏粮丰收之后，一些地方市场粮价下跌，中央及时作出决定，保证农民粮食的收购价格；四是针对一些地方在土地承包政策方面存在的问题，就进一步稳定土地承包关系问题发出通知。中央采取的各项政策措施，集中到一点，就是保护农民的利益，调动农民的积极性。回顾这一过程，我们可以从中汲取丰富的营养。农民问题是社会主义现代化建设中必须正确处理的一个基本问题，而农民问题的实质是各项利益问题，使农民得到实惠是我们必须遵循的最基本的政策原则。在我们的工作中，要加强调查研究，注重从农民实际利益的变动及趋势中制定适时的农村政策。在此，我们各个研究部门要加强农村政策研究，选准研究的方向和课题。

保护和调动农民积极性，还必须切实保障农民的民主权利。这就要大力推进基层民主政治建设。村里的事情要由村民代表会议讨论决定，使村委会真正成为群众自治组织。要制定乡规民约，立下规矩，自我约束，共同遵守。要建立健全集体经济民主管理制度，集体的收支标准、收支程序、收支结果，都向农民群众公开，接受大家监督。村干部要由农民群众民主选举产生。农村干部要学会同群众商量办事，善于用说服教育的方法、典型示范的方法、做出表率的方法去推动工作。要加强农村干部的民主法制教育，使他们在法律准许的范围内行事，一定要严禁违法行政和强迫命令。只有使农村干部成为为农民群众服务的公仆，农村、农民的工作才有可能进入良性的循环。

### （九）乡镇企业产权制度存在的问题

我国的乡镇企业首先是由农民兴办起来的，经过20年的改革开放，乡镇企业蓬勃发展起来，遍布于全国各地，尤其是在发达的沿海和南方地区相对较为兴盛。乡镇企业的发展既解决了农民剩余劳动力的转移与就业，又发展了地方经济。"长期以来，我们百分之七十至八十的农村劳动力被束缚在土地上，农村每人平均只有一两亩土地，多数人连温饱都谈不上。一搞改革和开放，一搞承包责任制，经营农业的人就减少了。剩下的人怎么办？十年的经验证明，只要调动基层和农民的积极性，发展多种经营，发展新型的乡镇企业，这个问题就能解决。乡镇企业容纳了百分之五十的农村剩余劳动力。那不是我们领导出的主意，而是基层农业单位和农民自己创造的……同时，乡镇企业反过来对农业又有很大帮助，促进了农业的发展。"① 乡镇企业在带动地方经济发展方面的功绩是永远不能抹杀的，不但要鼓励其大力发展，而且还要引导乡镇企业走向现代企业制度，使其真正成为中国农村现代化"四步走"的动力之源。

我国现阶段在统计口径上将乡镇企业划分为乡（镇）办、村办、联户办和户办四种类型。我们现以乡（镇）办与村办集体企业为重点剖析它们在产权上存在的问题。根据《中华人民共和国集体所有制企业条例》，乡村集体企业的财产"属于举办该企业的乡或者村范围内的全体农民集体所有，由乡或者村的居民大会（农民代表会议）或者代表全体农民的集体经济组织行使企业财产的所有权"。而在现实农村经济生活中，乡（镇）办企业在很大程度上是乡（镇）政府所有的企业，由乡（镇）政府主管；村属企业则由村党支部及村委会掌握。在实践中，集体资产的所有者并不能行使财产权利，而产权的代理人（乡镇行政组织）却能享有完全的财产权利，但又不对企业资产的保值和增值具体承担责任，这就造成了集体资产的流失。集体企业产权上的缺陷导致的第一种情况，是用行政手段干预经济，造成政企不分；第二种情况是有的乡镇村领导将集体资产作为自己的"小金库"，化公为私，或凭借自己掌握的资源进行交易，以致大量寻租行为产生。对集体资产的实际经营者来说，如乡（镇）、村有关机构对企业实行承包制，则容易导致企业的短期行为，具体表现为承包者拼设备、拼人力，进行掠夺性经营，集体资产不能增值，流失严重。企业承包制则会出现家族式的企业，企业由个别家族把持，集体资产被家族控制。而且，即使是实行承包制，在运行中不按承包合同办事，"负盈不负亏"的现象也时有发生，最终是"肥了和尚穷了庙"。如果乡（镇）、村政府管理机构对企业不实行承包制，一种值得注意的现象是在企业使其制度现代化的过程中，国营企业旧体制的一些弊端的出现。如在一些乡镇企业发达的乡（镇）或村，建立了公司领导企业的科层组织，企业的经营管理趋于正规化，但通过公司用盈利企业的上缴利润去弥补亏损企业的现象也出现了。可以说，行政依附性是一把"双刃剑"，行政主管部门一方面向企业索取，另一方面又保护企业，与企业之间形成了"父子关系"，对企业的约束逐渐软化。这样的

---

① 《邓小平文选》第 3 卷，人民出版社，1993，第 251～252 页。

乡镇企业如果亏损，是不会有人出来负责的。

至于户办企业，许多企业在起步时实际上处于家庭手工业的阶段，而联户办企业在很大程度上属于合伙企业，这两类企业在发展过程中也遇到一些问题：第一，个体、私营及合伙企业由于生产规模小，技术水平低，无法从事社会化大生产，不能有效地参与市场竞争。它们要形成一定的规模效益，又受到资金、技术、土地等生产要素的制约，必须要引入新的制度规范。第二，这类企业在创业之初，内部是亲族朋友为主的非正式的企业制度关系，制度安排上缺乏规范性管理。但当企业发展到一定阶段，规模扩大了，那种原有的血缘、地缘、亲朋、宗族的纽带联系变得不那么可靠了，物质利益驱使这种非正式的企业组织制度开始解体，企业的非正式制度安排脆弱到已不能适应合伙关系的需要，所谓的"买卖好做，伙计难搭"，即是指由于非正式的制度安排所造成的产权关系界定不清，导致了各方利益的冲突，最终不得不散伙。在这种形势下，企业要求有正式的制度安排，就是要通过章程、条例、规则将成员各自对财产的权利界定清楚，否则企业无法在竞争的环境中生存。第三，乡镇企业的规模与社会发展需要的矛盾问题，使得它们成为制假、贩假的窝点，并且企业成本高，污染严重。特别是那些一家一户或联户经营的小企业，有的是无营业执照、无厂名、无商标的"三无企业"。第四，个体、私营及合伙企业在发展过程中，雇主和雇工之间收入差距较大，致使劳资矛盾逐渐突出，企业内部管理成本提高。正是由于上述各类乡镇企业在产权方面存在的诸多问题，才迫使乡镇企业为了生存和进一步发展而走上企业制度创新和产权改革的道路上来。

全国乡镇企业的发展经历了一波三折的过程，这种曲折性也促使乡镇企业更加努力在有限的空间里寻求发展的市场，顽强地走过来，并且逐步发展壮大。这一过程本身就说明它们在未来的农村经济社会现代化进程中必将起到非常重要的"火车头"作用。

## （十）农业生态环境的保护问题

现代农业生产中大量使用化学农药和不合理地施用化肥，工业和城市产生的废水、残渣和废气向农地直接排放，对农业环境造成了比较严重的污染。尤其是近些年来，农村小城镇的建设和乡镇企业的发展，产生了大量的"三废"（废水、废物、废气）污染物，影响了周围农业生产的发展，农地损害比较严重。农村小城镇在发展建设中规划不科学，有的根本就没有"三废"治理排放设施，直接排放和倾倒于水沟、河道、地下、农地等处。乡镇企业污染问题更大，企业领导人的环境意识淡泊或者有的人根本就没有环境意识，这种现象表现在各类乡镇企业身上。目前，我国大部分乡镇企业的技术和管理水平落后，规模小、生产效率较低，其存在着一些自身难以克服的矛盾和不足。比如，人们在用"处处办厂，村村冒烟"来形容乡镇企业蓬勃发展的同时，实际上也揭示了在实现农村城（市）镇化道路过程中必然要面临的各种各样的挑战。农村要走现代化道路，乡镇企业是其过程中不可分割的重要环节和步骤；但是它自身存在的环境污染问题一直是我们在讨论乡镇企业发展方向时的一个重要的话题，其污染问题已经成为时代关注的焦点。

当前，我国工业化程度较西方发达国家尚有很大的差距，然而我国农业环境污染却并不比这些国家轻，有些地区或某些方面的农业污染还要比西方发达国家更严重，这成为了制约农业发展的瓶颈之一。20世纪80年代初期，我国按单位农地面积生产每公斤粮食所用化肥量比美国高近20%，农药用量也比其高85%左右。近十多年来，许多发达国家化肥和农药产量以及消耗量已稳中有降，而我国却一直保持迅速增长的势头。目前，我国化肥产量较20世纪80年代增加了近一倍，农药产量增加也非常迅速。近年来，我国农地受"三废"污染的势头有明显的上升趋势，这不能不引起我们的注意和重视，必须加速治理，否则，我们将难予后人一个清洁的世界、良好的环境、优质的土地。我国现代化发展步伐也将受其影响而放慢。

从全国总体来看，农业生态环境还处在继续恶化的状态。虽然，国家为改善生态环境投入了大量的人力、财力、物力，兴建了一大批水库等水利工程、农业森林防护带和一些农地保护设施，这些对农业的发展及粮食生产上台阶起到了基础性的作用，但是，这些方面的建设还远远不够，应当继续加强。我国实施跨世纪的生态建设工程，要使历史遗留的生态环境落后局面有一个根本性的改变，这无疑是一项长期的、艰巨的任务，还有一段较长的路要走，任重而道远。我国国民经济和农业的发展为国家进行大规模的生态建设创造了良好的物质条件；而且我们也积累了丰富的改造环境的经验和有着大批科研及实际工作者，这又为我们进行有效的治理提供了可靠的技术人力保证；另外还有广大农民群众强烈的脱贫致富的愿望和不息的奋斗精神，更为我们进行规模生态建设奠定了坚实的群众基础；再有就是国家政策的保证、科学的规划、治理工作的组织以及充足资金的保障。只有这样，全国环境的根本治理工作才能得以实现。

# 二　农村发展战略的基本格局

对于我国存在的关于"三农"的问题，只要全国各个部门及广大群众共同努力，是可以解决的。那么，我国农村未来的发展出路又在哪呢？这是我们大家比较关心的问题，厘清这方面的思路，有助于明确农村、农业、农民下一步的发展方向。对此，我们是不能马虎的。农村作为农民的栖息之地、农业生产的唯一环节，关系着农民、农业发展的大事。农村搞活、搞好了，农民生产生活也就随之提高了，农业的发展也就有了根基和保证。我们谈农村、农业、农民的发展，主要还是离不开农村的发展。农村发展战略是一个大题目，这里只谈有关这方面的发展思路。

农村现代化是一个长期的历史发展过程，不能急功近利，否则事倍功半，会给我们带来一系列的社会问题，对此我们要有清醒的认识。农村现代化的过程只能通过渐进与突变、以渐进为主的发展来实现，既不能以渐进为名，循规蹈矩，丧失发展机遇；又不能搞大起大落的突变，造成社会问题成堆，乃至引起重大的社会失序，反过来制约现代化的发展速度。现在中国正处于社会转型的历史时期，寻求社会经济持续、稳定、协调、快速的发展是国家实现现代化的前提。现代化作为一种发展过程和历史现象以及现代社会经济形态，有着深远的历史意义和现实影响。我们在描述这一发展过程时，眼光、视角因每个人的研究视角不同而不同，得出的研究结论也不尽相同。但是，我们探求的目标是一致的，期盼实现社会经济发展的愿望也是一致的。研究农村发展战略的目的就是分析农村现代化的实现途径，下面我从三个主要方面来阐述农村发展战略问题。

## （一）农村发展战略的途径与步骤

这里主要讨论农村发展道路的问题。社会主义制度是我国人民的选择，市场经济是社会主义社会进步的历史需要。国家的兴旺发达是社会主义制度优越性的体现。中国在世界发展史上曾经有过一段辉煌的历史时期，近现代以来，我们落后了，这个伟大的民族在世界上曾受到过不公正的对待，有过一段屈辱的历史。但中国人民有着勤奋图强的品格和顽强不屈的毅力，面对那一段辛酸的历史，我们并没有沉沦不醒、自甘落后，而是凭着不屈的血脉精神奋勇直追，特别是我国实行改革开放以来，社会发生了前所未有的历史变化。

世界发达国家的现代化道路并不是完全一样的，它们都会根据本国国情选择一条适合自己的发展道路，特别是实现农业现代化道路的选择更是千差万别。中国农村现代化不能照搬发达国家的现代化模式，需要选择一条适合本国国情特色的发展道路。我国农村现代化应选择一条怎样的发展道路呢？从理论上说，摆在中国农村面前的现代化道路主要有：一是依附性发展，即农村依赖城市以及周边发达地区发展起来；二是自发性发展，即依据本地实际，创造条件发展起来；三是互补性发展，即与周围地区结合起来，相互借鉴，发挥各自优势，共同发展起来；四是融合性发展，即与周围地区形成区域融合，形成一个大的经济社会区域发展起来。以上四种发展途径说明了我国农村现代化发展道路的多样性，因此也不可能存在一个统一的、普遍性的发展模式。这是由我国农村分布广、条件不平衡、相互差距较大等原因造成的。因此，不同的农村地区采取的发展途径也不尽相同。沿海等南方发达地区农村的发展道路比较适合并已经采取了互补性与融合性发展两种途径；沿江、沿边等区域的农村较适合于自发性与互补性的发展途径；相对落后的农村地区应采取依附性与自发性等发展途径。以上划分也并不是绝对不变的，每个地区都应当结合本地实际，创造出一条适合自己的发展途径。

中国农村和农民真正开始探索其现代化道路，严格说来是 20 世纪 70 年代末期以后的事，经过 20 年的探索，具有中国特色的农村现代化发展道路已在实践中形成了比较清晰的轨迹，成为建设有中国特色的社会主义现代化事业的重要组成部分，实践证明这是一条切实可行的道路。若对其加以理论概括，这条道路的现实轨迹表现为：中国农民将在逐步经历家庭联产承包责任制、乡镇企业、小城镇、城乡一体化和区域现代化之后走向终结，亦即我们所称的"传统农民的终结"。通过上述四个步骤，使我国农村、农业实现现代化的建设过程。

农村家庭联产承包责任制是农村现代化"四步走"的第一步，也是我国农业现代化过程中不可缺少的过渡形式，它作为中国农村现代化道路的起始点，起到了"启动器"的作用。家庭联产承包责任制除了人们较易感受到的直接或显性功能外，在促进农村社会结构和城乡格局的转型上还具有影响深远的间接或隐性社会功能，并为乡镇企业发展准备了条件。乡镇企业的发展是中国农民的一个伟大创造，乡镇企业将进一步带动全国农村经济繁荣与发展，是中国农村现代化"四步走"的第二步，并已成为牵引农村现代化进程的"火车头"。乡镇企业已发展成为产业和行业结构较完整的农村工业体系，它加快了中国农村工业化步伐，并最终促进了整个国家的工业化进程。乡镇企业利用家庭联产承包责任制提供的契机，促进了农村社会分化过程，使农村社会从简单的社会结构向多职业、多阶层的现代社会结构转变。并且，乡镇企业的经营、管理最早引进市场机制，实现了从计划经济向市场经济的转变，为国有企业实现体制转轨积累了经验，有力推动了我国现代化过程中所需要的社会转型期的经验。乡镇企业比家庭联产承包制更深刻地影响了农村社会的传统生活方式和价值观念的改变，并打破了农村城市化因二元格局阻隔而无法取得工业支援的局面，走出了一条靠自己发展工业来实现农村城市化之路。所以说，乡镇企业的发展，特别是乡镇工业的发展，是中国工业化（主要在城市）的另一方面军。它加快了全国工业化的步伐，是现代化的一种经济实现形式。

这几年乡镇企业的发展为农村的小城镇建设提供了基础。小城镇建设在农村现代化进程中起到了极其重要的不可替代的作用，是"四步走"的第三步，也是最关键的一步（这一步将在下文中专题讨论）。农村小城镇建设不仅保留和发扬了乡镇企业对农村现代化的积极作用，还弥补和矫正了它的不足，完善了中国农村现代化建设。小城镇不仅是农村工业化的基地，也提高了农村社会发展的综合水平。它不但丰富了农民的社会生活内涵，提高了他们的生活质量，而且还为农民创造了各种发展自我、实现自我、提高自我的机会，使他们走出传统，从生活方式、价值观念和技能、素质方面渐渐地向现代演变、发展。小城镇还是农村与外部联系的桥梁，有助于打破农村的封闭性，使整个社会的联系变得更加密切。小城镇有助于农民走向市场、走向社会的广大空间，也有助于消除农村宗族、亲属关系的消极影响，建立起更加适应现代化要求的现代社会关系。小城镇建设实现了农村劳动力向第二、三产业和城镇的转移，有助于降低农业人口和农村劳动力在三大产业中的比重，并且逐步使农民从农村向城镇转移，提高现代化水平。按照这样的模式发展，小城镇建设确实将中国农村现代化向前推进了一大步，它不失为一条在中国二元城乡格局仍占重要地位以及大城市人口超负荷的情况下，实现农村现代化的切实可行之路。但是从发展的眼光看，现在的小城镇建设以及小城镇自身也还存在着某些局限性。总的来说，改革以来中国的小城镇建设只是从农村地区自身的发展角度来作规划的，而忽略了它与大中小城市之间的空间、经济、社会关系角度的同步和协调。所以一些农村地区虽然建了一些小城镇，但并没有因此带动周围农村的发展。当然，这背后还有另外一个重要原因，即小城镇规模小、功能不全，其辐射能力相当有限，不像大中城市那样能带动周围很大一片农村地区发展商品农业、服务业甚至农村工业。因此，小城镇建设不能不考虑它与大中城市的关系，以及进行相互间的有效接轨。如果失去了大中城市的依托，那么小城镇就难以有效地促进农村现代化发展。苏南地区的发展为此提供了经验，苏南乡镇企业和小城镇之所以发展那么快，并能在农村社会经济发展中发挥巨大的作用，一个重要原因就是它结合了本地的实际，而没有照搬西方的现代化模式。因此，只有靠中国农村和农民自己来为农村的现代化探索一条发展之路了。

随着各地的乡镇企业纷纷向小城镇集中，以及各级政府一系列鼓励小城镇发展之优惠政策的贯彻实施，小城镇建设已经成为各地农村现代化建设的共识。在江浙一带，依靠上海、南京以及苏州、无锡、常州等大中城市，在那里已经形成了一个错落有致、规模层次分明、空间布置合理的大中小城市和城镇构成的城市化体系，即城市带。这样的城市带有一个最大优势，那就是功能互补、互相促进。一方面大中城市能通过小城镇的沟通，将其规模效应辐射到本区域内所有的农村，即将各种信息和技术传播到农村，使农民能更快地更新观念、获取知识和技术。同时大中城市分布密度如此之大，意味着它们对周围农村的需求也很大，并使周围农村向大中城市转移一定的剩余劳动力。此外，由于大中城市技术和工业产品更新换代越来越快，一些城市企业将从大中城市中转移出来，这些地区周围的农村就能迅速发展起乡镇企业。与苏南的情形相类似的，还有京津唐地区、珠江三角洲以及辽东半岛、胶东半岛等沿海、沿江、沿边和沿城市地区。可以说，沿海发达地区农村正是借助于大中城市分布密度高、辐射力强以及辐射范围大等条件发展乡镇企业，并以此进行小城镇建设，才基本上实现了城乡发展同步进行的要求，并逐渐使城乡趋向一体化、完成区域现代化，最后实现农村现代化。

从农村家庭联产承包责任制，到乡镇企业的发展、农村小城镇建设，再到区域现代化，这个过程被称为中国农村现代化的"四步曲"。① 农村现代化"四步曲"战略的每一步及各步之间，既相互独立，自成一个发展体系，又密不可分，各步相互衔接、交互、补充和促进。这四步在中国农村现代化过程中属于发展过程中的整体，每一步都不可能独立发展成为现代化，只有四步相互结合起来，才能完成农村现代化发展的进程，缺少了哪

---

① 陆学艺：《中国社会主义道路与农村现代化》，江西人民出版社，1996，第223～229页。

一步都是不行的。

## （二）农村小城镇建设的可持续性发展

1. 小城镇建设与农村经济社会的可持续性发展。人口压力过大、农业资源承载过重、生态环境日益恶化、农业投入经济效益递减是我国农业可持续发展面临的主要困境。从人口、资源、环境、经济这四大制约农业可持续发展的因素来看，关键因素还在于人口问题。这是由于我国人口基数过于庞大，大量剩余劳动力积压在农村，形成了沉重的劳动力积淀。而且农地分散，规模偏小，农业机械化操作受到了限制，影响了规模收益的获得，农村中农业的劳动生产率提高缓慢，人均收入水平较低，并且对农业的投资增长缓慢，进而制约农村经济整体实力的提高。农村人口过多的现实必将引起社会需求的不断增加，从而导致资源需求压力的加大。再有，我国农村人口素质偏低，农业生产经营方式粗放，结果导致了资源过度消耗和生态环境恶化。面对我国农村的现状，农村社会如何跳出"人口增长、需求猛增、生产衰退、技术落后和生态失衡"的怪圈，实现农村可持续发展，关键还是要解决人口问题。解决人口问题，一是人口增量的控制，二是存量的转移。增量可以通过计划生育政策得以解决，而存量的转移则是一项涉及诸多问题的复杂的系统工程，不是几项政策就能解决得了的。对于这类问题需要综合分析考虑，以防止出现严重的负面效应，影响整个国民经济的持续、协调、健康发展。因此，我国农村实施小城镇发展战略，应着重放在调整小城镇人口结构的功能上，就是用可持续发展思想来指导小城镇建设发展，这种新型的发展战略是解决农村现代化发展的最佳模式。

农村发展小城镇道路是解决农村人口问题，实现农村剩余劳动力转移较佳的途径。农民进城、乡镇企业吸纳和流向小城镇，是我国农村剩余劳动力转移的三种主要途径。由于城市改革的逐步推进，城市对农村的拉力加大。然而，城市目前面临着就业难的巨大压力，农民进城受阻。乡镇企业发展也面临严峻挑战，其吸纳农业剩余劳动力的能力也有所弱化，未来唯一可行的途径就是向小城镇转移。随着我国市场经济的进一步发展，农业将逐步向工业、商业和服务行业等第三产业延伸、扩展，农村人口和劳动力必然趋于集中，农民的科学文化素质和生活质量也将逐步提高，镇（乡）村逐渐演变成为城（市）镇，这是农村经济社会发展的必然规律。农村人口向小城镇转移恰好适应了这一客观规律的需要。另外，小城镇的发展给农村剩余劳动力带来了巨大的发展空间。由于小城镇是乡村与城市连接的桥梁，并且处于城市化前的初级阶段，小城镇在发展过程中必然需要大量人口和劳动力去完成城（市）镇功能建设的需要，而这些是不能靠大中城市人口的倒流来实现的，这也违背了社会经济发展的规律。

小城镇的建设与发展是实现农村（农业）现代化，促进农村市场经济发展的必由之路。这主要源于小城镇的发展实现了农村劳动力的顺利转移，使土地流转和土地集中成为必然。土地规模经营也会得到实现。土地规模经营，一方面带来规模效益；另一方面也促进了农业机械的推广，使农业机械化得以普及。由于小城镇一头连着农村，一头连接城市，既受城市的辐射，又能引导农村发展，起到了不可或缺的纽带作用，从而加强了农村与城市的联系和交流。小城镇通过向农业提供产前、产后服务，降低了农业生产交易成本，提高了农产品的经济价值，促进了城乡共同繁荣与进步。而且，通过推广小城镇建设，既带动了农村经济发展，又发挥了其自身的功能作用。同时，它也向农村传播了城市文化、价值观念，从而有力地推动了农村文化事业的繁荣与发展，这对农民素质的提高、农业科技的推广应用和农业增长方式的转变也起到了巨大的促进作用，推动了我国农业生产技术水平的提高。

我国小城镇建设必须进行科学的规划、合理的设计和完善的区域布局，一定要把农业资源的节约和生态环境的改善作为其建设的重点。只有这样，才能保证提高农业资源的综合利用水平，改善农村社会的生态环境，尤其是能够吸引农村人口的适度集中，使得农民生活质量逐渐与城市居民接近，引导农民的价值观念紧跟现代社会生活的步伐。农民对小城镇功能要求的提高，必然有利于农村开展科技进步和经济增长方式的转变，有利于农民居住水平的提高，有利于农业资源的合理利用，有利于带动乡镇企业的发展和农村经济的规模化。农村乡镇企业的发展也会逐步改变自身存在的"村村点火，家家冒烟"的分散经营格局，从而使农村社会生态环境走上良性发展的循环轨道。

2. 农村小城镇建设的结构分析。农村 20 年的改革，最引人瞩目的是农村乡镇工业的迅速崛起和农村小城镇的快速发展。农村小城镇的迅速发展有力地促进了农村经济的发展。但是，农村小城镇的发展过程中也存在着诸多制约因素，影响其进一步发展。一是农村产业结构不合理。1997 年我国的小城镇第一、二、三产业结构比为 78∶12∶10，结构层次过低，农业比重太大，属于传统型农业社会，小城镇整体经济社会效益不高。而且小城镇工业结构的布局不合理，与城市工业结构无法形成优势互补的格局。因此，出现了城乡工业结构重合、趋同的局面，相互间争资源、争市场的局面愈演愈烈，小城镇的发展受到了严重影响，造成小城镇的工业资本积累度下降，限制了小城镇吸收农村剩余劳动力，同时也弱化了农村工业和农业的关联度，使农村的乡镇工业不能发挥应有的潜在优势。二是农村小城镇基础设施落后。这是小城镇目前普遍面临的问题，尤其是一些低层次小城镇表现得更为突出。三是农村小城镇布局分散化。小城镇过于分散已经成为人们广泛关注的问题。小城镇的分散布局造成乡镇企业的过度分散，无法形成规模经济优势。我国乡镇企业的近80%分布在各个村落，18%分布在农村集镇和建制镇，只有2%左右分布在县城及以上地区。四是农村小城镇的乡镇企业环境污染和资源浪费严重。农村人口向小城镇的迅速转移，造成了农地的大量减少，同时，由于缺乏治理污染的措施，小城镇的乡镇企业所排放的"三废"还污染了大量农田，严重影响了农地的质量，造成了环境的污染和生态的恶化。这是近年来农村城镇化带来的负面效应，尤其是农地数量的减少和农地质量的退化，已经成为人们对农村城镇化政策提出异议与诘难的焦点。建设小城镇本来具有节约大量农地的优势，但是我国的小城镇却出现了占用农地，使农村耕地减少的尴尬局面。究其原因就在于我国土地使用与流转的分离，农民只有使用权，而没有流转的交换权利，土地还没有商品化，土地的非生产化造成人们滥用耕地。此外，乡镇企业的分散布局占用了大量耕地，由于农民进乡镇企业做工属于"离土不离乡"，因此农民在进入城镇及乡镇企业的同时，继续在本乡扩占土地以及宅基地，这是造成耕地面积减少的部分原因所在。对此，我们应该采取切实可行的措施，化解这些制约小城镇建设与发展的消极因素，使我国的小城镇建设走向健康、繁荣、发展的轨道。

3. 农村小城镇建设的发展趋势。农村社会结构的整合与发展，主要体现在农村社会管理制度的整合与经济制度整合两方面。农村社会管理制度的整合是指农村民主管理上的日常生活的制度化层面，农村经济制度的整合是指农村经济市场化建设与发育的层面。目前，我国农村正在推行的村级民主选举就是进一步完善农村社会管理制度的重要步骤，它必将对我国农村社会的未来发展产生深远的影响。我国农村社会的市场化建设，经过几年的孕育，正走上稳步发展的轨道，农村经济欣欣向荣，可以相信再经过十几年的培育，定然步入成熟的发展时期。这些都为农村小城镇建设的健康发展带来巨大的契机，小城镇建设的结构调整力度也将逐步加大，从而促进农村城镇产业结构的升级。小城镇结构的调整一是要从协调劳动力过剩（将在下文专项讨论）与农村经济结构失衡这一矛盾着手，调整小城镇第一、二、三产业的比例，大力发展第二、三产业，弱化小城镇的农业功能，提高整体效益；二是要在第二产业发展的产业选择上，强调资源利用与市场比较优势相结合的原则，以特色产业为依托，通过资源与市场的整体效应，吸引一大批相关的乡镇企业融合扩大，形成规模经济，同时强调城镇间、城镇与城市之间的产业结构优势互补，发挥小城镇建设在工业上的潜在优势；三是强化第三产业的发展，随着小城镇发展水平的不断提高，在对各种传统服务行业的需求已经相对饱和的情况下，大力发展各种为工业生产和居民服务的新型服务行业。

小城镇建设为大力发展农村绿色产业开辟了新空间。20 世纪 70 年代以来，全球掀起了一场空前壮阔的绿色革命。绿色农业、绿色经济、绿色科技、绿色规划、绿色教育、绿色市场、绿色城镇等在全球蓬勃兴起。展望 21 世纪，注重环保、追逐绿色世界将成为这个世纪的“流行色”。小城镇建设必须首先把环保放在第一位，其产业的发展也要放在对绿色产品的开发上，绿色产业将成为 21 世纪经济社会发展的主导产业和新的经济增长点。小城镇的建设发展要在实现可持续发展的过程中顺应这一潮流的发展需要，使小城镇在自身结构和功能上都具有鲜明的时代特色。小城镇建设应大力推行绿色规划，促进生态小城镇的发展。我国有着重视小城镇环境建设的传统。今天，随着科技水平的提高和人民生活水平的不断改善，人们对环境质量和建筑美学的要求也不断提高。小城镇要实现可持续发展，必须要在规划中自觉融入可持续发展思想，注重环境生态建设，首要的是进行绿色规划。小城镇实施绿色规划战略就是要从原有注重大气、水体、噪声环境的污染整治的规划，转向把小城镇环境、生态作为系统工程与人工环境结合起来进行规划设计，并充分体现安全性、生活便捷性、环境舒适性、经济性、生态持续性五大原则，使小城镇建立在可持续发展的基础之上，促进生态小城镇的建设与发展。

保证小城镇建设健康发展的要素还包括加强宣传、教育和提高小城镇人口素质。小城镇的可持续发展，归根结底取决于其人口的素质，特别是其人口参与可持续发展的意识和能力。要对小城镇居民进行可持续发展知识的宣传教育与培训，使可持续发展的思想及相应的科学技术广泛地渗透到群众的物质和精神生活之中，提高他们在小城镇可持续发展建设中的参与意识和能力。

### （三）社会发展过程中农村剩余劳动力的转移

农村经济社会的发展必然伴随着农村劳动力人口的转移问题。我们谈农村发展战略，不能不讨论这一重大的涉及农村未来社会发展的农村剩余劳动力人口的转移问题。前面已经谈了不少有关这方面的问题。下面，我就从几个方面详细探讨农村劳动力人口的转移战略。

1. 农村城（市）镇化过程中的农村劳动力转移。城市化是伴随着工业化进程所必然发生的现象。随着我国社会分工协作程度的提高，产业间和部门间的经济联系更加密切了。城（市）镇人口规模逐步扩大和数量的增加已成为社会发展的必然趋势，这一趋势推动和加速了农村现代化建设的进程。农村社会的渐进城（市）镇化包含诸方面的社会变迁过程，这是因为现代城（市）镇化不仅具有经济的集聚效益，而且还具有综合现代生活方式的功能。我国1979年以前的城（市）镇化年平均速度只在3%左右，20世纪80年代以来，我国城（市）镇化过程快速向前推进，1980～1990年的十年间，城镇以上人口占总人口的比重由19.4%提高到26.4%。但是考虑到我国目前正处于社会转型期，农村农民已分化出若干非农职业群体散居于全国各地，以及沿海与江南部分区域的城（市）镇发展的程度，我国实际城（市）镇人口已近总人口的30%。我国农村乡村特征在社会总体上正发生着重要变化。

近20年来，在五类城市（镇）中（特大城市、大城市、中等城市、小城市、镇），城镇人口的高速扩展很大程度上是由于城镇的发展，且城镇人口增长速度较快。20世纪70年代末，以农村家庭联产承包责任制为开端的农村改革推动了非农产业的发展，而非农产业的专业化、社会化和集中化又促进了城镇的繁荣和发展。在广大农村，城镇越来越成为农民的聚集中心、农副产品流通中心、商品交换中心、资金积累中心、交通运输和信息传递中心，发挥了不可替代的作用。我国尽管事实上依然存在着城乡壁垒（如限制人口流动的户籍制度、教育制度、医疗制度、就业制度、社会保障制度、劳动保护制度等），有些方面城乡壁垒甚至更加强化，但改革已经在一定程度上打破了原有体制对生产要素流动限制的坚冰。城市生活繁荣的自身需求也促进了城乡劳动力人口的流动与转移，城市对农村具有极强的拉力作用，特别是农村劳动力人口向城（市）镇的转移已成为不可遏止的发展趋势。

那么，我国城（市）镇的人口承载能力还应有多大？这主要是由农村城（市）镇化的进程和我国城市的功能所决定的。目前我国几个最大城市的人口密度还是低于国外一些大城市的人口平均密度。这也就是说，随着城市基础设施和生活服务设施的完善，我国大城市的人口承载能力和聚集能力还会有很大提高，但是这还需要考虑到我国城市人口负担和耕地相对稀缺等问题。

农村城（市）镇化的过程必然会打破原来封闭半封闭的社会状态，从而走向开放。表现在内部的开放，主要是指社会流动的加快。社会流动的状况是区别封闭社会与开放社会、传统社会与现代社会的重要特征。过去我国把社会流动与社会稳定对立起来，在社会管理中强调结构的高度稳定，限制了社会流动，每个人的出生地点、家庭出身和工作分配往往决定了自己的终身职业身份。近 20 年来，我国对劳动、就业、分配制度的改革使劳动力资源趋向合理流动。在全国几千万的流动人口中，仅北京市就有 300 多万人，农民工是其中的大多数。对农民工进城过去采取了许多不适当的做法，有"堵"无"疏"，或"堵"多"疏"少，结果造成农民工流动盲目无序、到处流窜，这种落后的管理是不适合逐年增多的流动农民工有序流动的。随着社会发展，农民进城是社会流动和劳动力转移的必然趋势，应当因势利导，进行疏导，并从管理体制上解决问题，特别是在提高城市的发展程度和缩小城乡体制的差别上。

我国劳动力的结构同社会经济发展和产业结构密切相关。新中国成立初期，我国仍然是一个以传统农业为主的落后的农业国。社会生产力的落后性，表现在以手工劳动为主的传统农业生产技术的多层次性结构上。社会就业结构的落后性，表现在劳动力主要集中在传统农业部门。1949 年，中国总人口已达 5.4 亿人，占全世界人口总数的 25%。其中农业人口有 4.47 亿人，占总人口的 82.6%；非农业人口占总人口的 17.4%。到 1952 年，全国总人口达到近 5.75 亿人，农业人口增加到 4.92 亿人，所占比重上升为 85.6%；非农业人口 8291 万人，所占比重下降为 14.4%。社会劳动者人数共有 20729 万人，在三大产业结构中，第一产业就业人数 17317 万人，占 83.5%；第二产业就业人数 1531 万人，占 7.4%；第三产业就业人数 1881 万人，占 9.1%。[①] 从我国当时社会结构的状况可以看出，我国农村劳动力占主要地位，社会整体上还处在传统农业社会，处在前工业化阶段，

--------

① 参见国家统计局国民经济综合统计司《新中国五十年统计资料汇编》，中国统计出版社，1999，第 1~2 页。——编者注

而当时的发达国家基本上处在从工业化后期向后工业社会的转换过程之中，而美国基本上已进入后工业社会。中国同世界发达国家甚至世界平均水平都存在着相当大的差距，因此面临着工业化的艰巨任务。1978 年是一个重要的转折年，是中国经济改革和发展的一个标志年。当年国内生产总值为3624.1 亿元，人均 379 元。在当年国内生产总值中，第一产业 1018.4 亿元，占 28.1%；第二产业 1745.2 亿元，占 48.2%；第三产业 860.5 亿元，占 23.7%。改革开放以来，我国国民经济保持快速发展的势头，1979 年国内生产总值年增长率达到 9.1%。特别是进入 20 世纪 90 年代以来，我国国民经济进入高速发展时期。1991~1995 年，平均每年增长达 11.9%，其中第二产业增长达到 17.3%，第三产业增长达到 9.9%，第一产业年均增长4.1%。到 1995 年，国内生产总值达到 58260.5 亿元，人均 4754 元。第一产业占国内生产总值的比重下降为 20.6%，第二产业比重上升为 48.4%，第三产业比重上升为 31%。从产业结构变迁来看，表现出农业产值比重不断下降而工业产值比重不断上升的趋势。[1] 在工农业总产值中，新中国成立之初，农业产值比重高达 70%，社会产业呈"一二三"结构。1956 年是一个重要转折点，农业产值比重下降为 48.7%，工业产值比重上升为 51.3%，社会产业呈"二一三"结构。而到 1992 年，农业产值比重则降为 19.7%，工业产值比重上升到 80% 以上，[2] 初步完成了工业化的过程。20 世纪 90 年代初，我国的国民生产总值中第三产业产值超过第一产业产值，社会产业结构由"二一三"结构转变为"二三一"结构，标志着我国经济已进入了工业化后期发展阶段。

随着社会现代化的发展，传统社会的职业结构正逐步转变为现代社会的职业结构，最突出的表现就是农业劳动者比重不断下降，从事工商服务业劳动者的比重不断上升。在以工业化和城市化为代表的社会现代化进程中，社会生产力的巨大发展带来整个社会结构的根本转变，从农业社会进入工业社会，从农村社会进入城市社会。可以说，世界性的社会现代化是一次最大规模的社会职业结构变迁。工业革命所创造出来的巨大社会生产力抹去了过去一向受人尊崇和令人敬畏的职业的神圣光环，把无数依靠种地为生的农民变成了新的产业工人，彻底地改变了人们的职业观念和职业生活方式。这些都是社会转型过程中必然发生的社会结构变迁。在现代化

① 国家统计局编《中国统计年鉴·1996》，中国统计出版社，1996，第 42 页。
② 国家统计局编《中国统计年鉴·1993》，中国统计出版社，1993，第 50 页。

过程中社会结构变迁有两个重要的标志：一个是社会产业结构的转变，一个是社会职业结构的转变。这两个方面是相联系的，社会产业结构的转变带来社会职业结构的转变。这两个转变是吸引农村剩余劳动力进行流动的催化剂和导火索，由此引出"民工潮"涌动的热浪。其根本在于城市与乡村之间所体现出的上述两个转变的差异格局。

2. 农村剩余劳动力转移的安排。我国在从传统农业社会向现代工业社会转型的过程中，农村必然会出现大量的过剩劳动力人口，城市也因社会结构和产业结构的调整出现了大量的下岗职工。以上两者都可以称为社会失业。这种情况在现代发达国家历史上是没有过的。对于农村剩余劳动力（也称闲置人口）该如何认识？让我们来看看英国。英国是一个老牌的工业化国家，在其国家现代化历程中，社会是如何消化、处置、承载闲置人口的呢？必须承认，工业化初期英国虽不存在"生存危机"，但的确出现了相当数量的闲置人口，尤其在农村，大批失去土地的农民四处流离，引起了当时社会的极大关注，成为了传统史学上的一个重要话题。这些流浪人群的出现并不是当时人口数量超出社会和自然所能承载限度的结果，而是工业文明初期英国农业生产、经营和技术模式均发生结构性调整或变革的产物。以寻求利润为终极目标的租地农场经营制度日渐兴起，以向市场提供商品为主的农牧混合作业模式日趋普及，经营规模和所需劳动人手诸方面的排斥，都在冲击着传统小农经营模式和小土地占有制度，故而大批小农业者，在地主、农场主以及工业的侵入的双重压力下离开土地，被迫成为社会上的"闲置人口"，亦即剩余人口。为了寻觅生计，他们四处流浪，构成了英国工业化初期人口迁徙运动特有的时代现象。大批盲流乞丐的出现给当时社会秩序造成巨大冲击，并引起了像托马斯·莫尔等社会伦理学家的同情。当时的英国政府也意识到了这是个必须加以遏制和妥善解决的社会问题。历届政府都频频颁布"劳工法""贫困救济令"。一时，无论城乡都出现了以教区为单位的救济院、赈济所等宗教慈善机构，但其效用究竟有多大尚值得研究。闲置人口迁徙流潮的初步遏制和逐步解决皆有赖于社会及经济结构的变革本身。除了人口问题之外，当时经济变革还表现在城市经济功能的增强、地区分工加大、海外殖民贸易的开始与发展等方面，而正是这些在一定程度上成了闲置人口的"蓄水池"或人口压力的"泄洪渠道"。从功能上讲，可以从改善性和生存性迁徙两方面来解释这些问题。我们知道决定人们是否迁徙应具备推力与拉力两项条件，原居住区生存条件的恶化形成一种向外推力，而拟迁往区的有利环境和前景又具有一种不可抗拒的拉力作用。伦敦人口由 16 世纪初的 4 万人一跃发展成为 17 世纪末的 50 万人，大大超出了该市人口自然增长的限度，这意味着若无外来移民的补充，绝不会出现这种局面。北美在 16、17 世纪英国人的眼中是块神奇的土地，对既充满活力又富有冒险精神的青年人尤具吸引力，对于英国往北美的移民其历史影响是深远的。从英国人口迁移的发展状况及其成就，我们可以从中获取到一些借鉴：首先，应正视人口流动在社会结构运动中，特别是在社会转型过程中的地位及历史作用，并予以应有的关注和研究。其次，科学地、历史地审视社会的整体结构及其转变演进过程，注重发掘、阐发经济、政治、观念等社会结构运动与人口流动之间关系的多样性与复杂性。

从我国社会劳动力人口结构的变迁历程看：一是农业劳动者绝对数增加，相对数减少，并且减少的速度缓慢。中国人口总数从 1949 年的 5.4 亿增加到 1995 年的 12 亿多人。而且，农业人口数不断增加，但农村土地所需劳动力有限，农村剩余人口大量增多。二是第二产业就业人数不断增加，其所占比重不断上升，在第二产业中工业劳动力人数保持了快速增长，1978 年为 6091 万人，到 1995 年就达到了 10621 万人。三是第三产业从业人数不断增长，所占比重逐步提高，并大有超过第二产业就业人数的趋势。1995 年第三产业就业人数达到 17090 万人，所占比重上升为 24.8%，接近 1/4。社会产业结构开始由"一二三"向"一三二"转变。

从以上国内外的社会劳动力人口结构变化的比较分析中，可以看到社会就业结构的变迁具有一个共同的趋势，这就是：传统农业部门的就业人数不断减少，且在社会总就业中所占的比重不断降低，工商服务业的就业人数不断增加，在就业中所占的比重不断上升，农业就业人数降低到 50% 以下，实现社会就业结构的第一次转换，整个社会由农业社会进入工业社会。接着第二产业的就业人数也开始减少，在社会就业中所占的比重也开始降低，而第三产业特别是商业服务业和知识信息业的就业人数不断增加，其在社会就业中的比重不断上升，并达到 50% 以上，实现社会就业结构的第二次转换，整个社会由工业社会进入后工业社会。在这一过程中，脑力劳动者人数不断上升，体力劳动者人数不断下降，整个社会产生并逐步形成了白领阶层，即中间阶层（或中产阶层），整个社会进入富裕社会。中国社会劳动力结构的演变也不可避免地要遵循这一趋势，虽然在这方面我国遭受过挫折，走了弯路，但最终还是要遵循这一社会产业劳动力结构变迁的基本趋势。

3. 城乡劳动力结构功能的互补。在社会现代化过程中，必然发生农村人口向城镇转移的过程。世界上许多经济发达国家都先后经历了这一过程，我国也决不会例外。这个转移过程的长短和速度的快慢，诚然受多种因素的制约，但主要取决于我国社会现代化的发展水平，特别是农业劳动力掌握科学技术知识的水平，以及农村社会生活水平的提高和城乡结构差距的缩小。农业是国民经济的基础，是城（市）镇化进展的基础，也是城（市）镇化的立足点。由于我国人多地少，农村劳动力过剩和资金、技术不足将是一个长期存在的问题。这种多层次的经济社会结构格局在相当长的时期内将一直存在下去。因此，我国城乡功能受布局、规模以及结构的影响，将会相应地发生变化。同时，受国情和地情的限制，这种多层次的经济社会结构，必然有利于农村数以亿计的过剩人口向城（市）镇流动，农村人口城（市）镇化既有利于支援农业、促进农业的发展，又可以大力减轻农业土地分配上的压力，有利于农业规模生产水平的提高。

从目前我国城市的实际状况来看，大城市可以吸收、容纳的人口是有限的，中小城（市）镇的数量众多，特别是从全国小城镇来看，可吸收的农村人口总量是可观的。所以解决农民就业的出路就在于多建设小城镇，使他们"离土不离乡"。今后 10 年，若把小城镇人口扩大 3 倍，即建制镇的平均人口为 6 万人，就能容纳两亿多农村劳动力。就小城镇而言，它们拥有的物质技术力量和文化力量虽然无法与大中城市相比。但是，它们是工业与农业的接合点和桥梁，它们在加强工农业之间的内在的各种联系方面都具有特别条件，可发挥特殊的作用。这就要充分发挥大、中、小各级城（市）镇的作用和相互间的互补，城市是工业生产、交通运输、商业和科学文化教育集中之地，是经济中心、技术文化中心、信息中心。它在发展工业，支援农业，扩大城乡商品生产、扩大社会分工和就业，以及在促进城乡文化交流和提高全民族文化水平等方面都有巨大的作用。在严格控制大城市规模的同时，要更好地发挥其中心作用。控制大城市的发展，绝非限制大城市作用的发挥；相反，我们要通过人口和社会结构的合理安排、技术革新、城市经济体制和管理方法的改进，更好更充分地发挥其应有的作用。

我国正处于历史性的社会转型时期，受农村社会转型期城乡关系的传统影响，工业在城市、农业在农村、工人在城市、农民在农村的这种状况还将持续一段时间。城乡之间的文化和社会对立，这种空间分离不会很快得到缓解，这是由于它们各自的劳动工作、生活方式、生活环境和土地观念等不同造成的。农村城镇向城市的发展，只有通过城市化的扩散，吸引农村工业向其集中，形成产业化、规模化的经营。农村城镇初始的工业规模的完成，为农村社会服务范围的扩大奠定了基础，也为农业的发展和剩余劳动力就业提供了物质条件。农村小城镇的发展状况是同它周围地区的农业生产发展程度呈正相关的，农村经济的发展是小城镇得以繁荣发展的基础，而农村借助于小城镇的聚集、集中效应提高工业化水平，逐步形成完整的城市功能。这就为农村剩余劳动力提供了大量的就业机会，一部分农民跻身小城镇之中，也相应地使小城镇的人口聚集和聚居规模得到扩大。农村城（市）镇化的根本是农村的大部分人口逐步转化为城（市）镇人口的过程，亦即在全部人口中，城（市）镇的人口比例大幅度增加、乡村人口比例明显减少的过程。有人说农村剩余劳动力向城市的转移，是在与城里下岗职工争"饭碗"。这种说法是没有根据的，农村人进城恰恰填补了城里人不愿意做的工种，是相互补充的过程，谈不上谁抢谁"饭碗"的问题，城里有许许多多的岗位可以做，只不过是下岗职工还未能认识到和无法承认这个现实吧。

随着我国农业劳动生产水平的提高，同量土地所需投入的劳动量还会不断减少。而在人类垦殖了几千年的今天，耕地的扩充已不大容易，甚至还有减少的趋势。这样，有限的耕地就成了不断吸收劳动力的天然障碍。而农村劳动力又总是随着人口的增长而增长的，当这一增长超过了土地所能吸收的量时，农业剩余劳动力还会增多。受种植业自然生长周期的限制，不可能像工业生产那样对生产工艺过程进行分工，而农业生产从时间向空间转换的延续过程中的社会结构的变化关系，也只有靠增加要素投入、扩大生产规模来缩短生产时间。农业生产的这一特点限制了粮食增加的复杂变量因素，从而构成了对吸收劳动力能力的限制。然而，我国农村劳动力数量庞大，今后将会长期处于供过于求的局面，农村过剩的劳动力人口压力，也就决定了农业劳动力必须向非农产业部门转移。目前，我国大量劳动力积压在农村、农业上，非农产业劳动力需求增长相对缓慢，这是我国农民剩余劳动力转移不畅的重要原因。

如何调整我国农村社会劳动力结构，特别是要从根本上调整城乡差别结构，是促进城乡发展的重要措施，也为实现劳动力结构的转换创造条件。我国社会一直处于城乡二元社会结构、城乡之间长期处于相互分割的状态，工农业发展速度不平衡，城乡差距不断扩大，国家只管城镇居民的劳动力安排及他们的社会福利，而没有兼顾农民的利益，这就形成了事实上城乡间的对立。我国要建立市场经济体制，就必须建立开放的统一的社会劳动力市场，过去那种对农村劳动力进城镇打工采取围追堵截的做法再也不适应了，"民工潮"正以不可抗拒的力量冲击着城乡之间的壁垒。因此，从根本上改变城乡两套体制和城乡分离的状态已势在必行。城乡分割同时也说明我国城镇化发展水平低、城（市）镇化滞后于工业化发展的进程。打破城乡之间的隔离状态，实现城乡之间的开放、交流和融合，有利于缩小城乡的差距。

农村城（市）镇化是我国城市化的重要环节和基本推动力量。加快农村城镇化建设已经成为我国经济生活中的一个最重要的趋势。农村城镇化对城市的贡献率随着城（市）镇化的水平发展将会有较大的提高。在没有打破城乡二元体制的情况下，还将继续发生农民要进城的客观要求，这从另一个侧面反映了我国农村要求加快农村城（市）镇化发展步伐的实际。

4. 我国农村劳动力转移趋势。对于我国农村劳动力剩余问题，需要动员社会力量扩大他们的工作就业机会，努力降低就业成本。从我国 2000 年农业劳动力占社会劳动者比重的发展趋势来分析，预计农村中农业劳动力占农村总劳动力的比重应在 65% ~ 75% 之间，1987 年的同类比重近 80%，相比之下，到 2000 年该比例大体下降了 5 ~ 15 个百分点。从另一方面看，1987 年，农村非农产业劳动力占总劳动力的 1/5 多，2000 年大体上升到 1/4 至 1/3 间。这也体现了合理蓄水转移战略中农业劳动力适度转移的思想。如果进一步从农村社会劳动者结构的发展趋势来看，可以大体估算出，到 2000 年，我国农村中农业劳动力和非农业劳动力二者人数相当。

从我国非农业劳动力转移趋势来分析，到 2000 年时非农产业劳动力预计在 4 亿人左右，其中农村中非农产业劳动力约为 1.5 亿人，城市中的非农劳动力约为 2.5 亿人。1987 年农村非农产业劳动力 0.8 亿多人，城区 1.3 亿人。前者到 2000 年年平均增长 4% 以上，每年增加近 500 万人；后者到 2000 年年平均增长也近 4%，每年增加 600 万人以上。到 2000 年每年平均新增长的城（市）镇劳动力为 250 万人，如果这些人全部进入城市非农产业就业，则从城市每年增加的 600 万以上的社会劳动者中减去这 250 万，余下的就是增加的农业转移劳动力数量，约为 400 万人左右。加上每年农村新增非农产业劳动力的 450 万人，合计约 850 万人左右。考虑到 2000 年各部门因离退休人员以及乡村非农产业劳动力等每年自然减员的因素，从总量上说是可以为农村剩余劳动力的转移提供工作岗位的。而且，在我国农村劳动力就地转移中，多为农民兼业的情况，农村劳动力自然减员影响并不大。由此，我们可以看出，2000 年以后每年平均转移的农村劳动力人口将达到千万人以上，若真正实现这样的转移量，农业劳动力剩余将会基本得到解决。

实际上，上面这些问题可以归结为两个方面：一是农业劳动力转移的农村和城市产业结构的确定，二是在确定上述转移结构的同时，验证国民经济中非农产业发展对农业转移劳动力吸收的可能性和城市化道路的宏观前景，以及转移战略与国民经济发展总战略之间的关系。一般来说，国民生产总值的增长速度、结构与农村劳动力转移战略，二者联系非常紧密。党的十一届三中全会以后，我国经济建设的战略部署大体分三步走。第一步，实现国民生产总值比 1980 年翻一番，解决人民的温饱问题。这个任务已经基本实现（到 1987 年）。第二步，到本世纪末①，使国民生产总值再增长一倍，即翻两番（这也已完成），人民生活初步达到小康水平。第三步，到下个世纪中叶②，人均国民生产总值达到中等发达国家水平，人民生活比较富裕，基本实现现代化。如果，较为顺利地完成这个宏伟目标的话，那么，在社会转型期间市场经济发挥的作用将是巨大的，也将有力推动农村劳动力的转移安排。这期间需要解决好的问题主要有两个：一是人口控制和农业劳动力长期转移的协调问题；二是落实农村教育，减缓转移压力的协调问题。

关于人口控制和农业劳动力长期转移问题，即使能够有效地控制人口，到 2000 年，我国总人口也将达 12.5 亿～13.5 亿人，2000 年以前出生的人口大体在 2015 年左右陆续进入劳动年龄。因此，目前控制农村人口数量的过快增长，对未来若干年后的农业劳动力转移将起到预防性控制的作用。众所周知，我国总的人口政策是实行计划生育，控制人口数量增长，逐步提高人口素质。但在执行中，针对农业劳动力长期转移的影响而言，全国各地城乡普遍存在着两个方面的问题。一方面是农村人口增长控制不力，出生率明显高于城市，落后地区的人口出生率又高于一般地区。这使农业劳动力转移的压力更大，也是贫困落后地区的农村剩余劳动力转移压力大大高于一般及发达地区的重要原因之一。有资料表明，我国农村出生率高出城市出生率 5 个百分点左右。各地区人口平均年增长率超过 2% 的大都是"老少边穷"等落后地区，这些地区经济发展落后，文盲率高，人口素质

---

① 指 20 世纪末。——编者注
② 指 21 世纪中叶。——编者注

低，唯独生育率居高不下。另一方面是农村流动人口的计划生育控制不力，流动性逃避计划生育的现象各地都有不同程度的表现。由此对农业劳动力转移产生直接和间接两方面的影响。直接影响是增加了长期待转移农业劳动力的数量，间接影响是人口的素质难以提高。所以，未来这些待转移农业劳动力的文化素质必然很低，转移能力较弱，加大了转移难度。因此，严格控制人口增长对农业劳动力长期转移来说是十分重要的，也是保证我国劳动力转移安排得以顺利进行的根本。

我国农村劳动力的转移安排战略是一项长期复杂的工作。这些工作搞好了，不但农村的各项工作好做，城市各方面的事情也显得比较顺。我国农村现代化必然是建立在人口控制及农村剩余劳动力转移性安排顺利进行基础之上的长期发展战略。对于这个问题我们各级部门必须认识一致。

# 1997 年粮食减产是市场调节的体现[*]

**编者按**：农业是国民经济的基础，农业生产形势历来为各界所关注，而粮食生产形势又是农业生产形势的重要内容。为此，本刊记者专访了我国著名社会学家陆学艺先生，请他就 1997 年粮食生产形势谈一谈个人看法。

**记者**：民以食为天，粮食生产的波动，不仅为各级党组织和政府所关注，也牵动着亿万人民的心。不知您对 1997 年的粮食生产形势有何评价？

**陆学艺**：1997 年的粮食生产形势可以说夏粮增产，秋粮减产；小麦增产，水稻平产或者说略减，玉米大减；南方增产或者是平产，华北、东北、西北秋粮减产。虽然小麦增产了 200 多亿斤，早稻也是增产的，但是，由于华北、西北减产，玉米减产幅度大，估计要超过 500 亿斤，增减相抵，我估计 1997 年全年要减产 300 亿斤左右。

**记者**：做出这种估计，您是以什么为根据的呢？

**陆学艺**：粮价就是一个证明。玉米最低时卖至 0.35 ~ 0.37 元/斤，现在提高到了 0.50 ~ 0.60 元/斤。这是客观的形势，谁也不能否认。价格提高的原因就是粮食减产。据河南反映，有些地区玉米的价格已经超过小麦的价格，这是比较反常的，小麦总是比玉米好，但是，现在竟出现了玉米价格超过小麦价格的现象，原因就是华北、东北的玉米减产。

**记者**：您认为 1997 年粮食减产的主要原因是什么？

**陆学艺**：1997 年粮食减产的原因有以下几条。第一是旱，黄河断流，有些地方甚至绝产，吉林、内蒙古、山东、山西、河北山区、辽宁的西部，

＊ 本文原载于《调研世界》1998 年第 1 期，第 12 ~ 13 页，发表日期：1998 年 1 月 10 日。该文是《调研世界》记者专访陆学艺的访谈稿，原标题为《陆学艺说：一九九七年粮食减产是市场调节的体现》，现标题为本书编者根据内容所修改。——编者注

这几个大省受旱灾影响比较严重。据我考察，陕西有些地方没有种上，八百里秦川上，凡是没有水浇的地方，受灾都比较严重。

第二个原因，也是主要的原因，就是去年①粮食增产以后，市场粮价降得太快。玉米从 1994 年、1995 年的 0.60 ~ 0.70 元/斤下降到 0.35 ~ 0.40 元/斤，小麦从 0.80 元/斤降到 0.50 元/斤，大米从每斤 2 元多降到 1.40 ~ 1.50 元/斤。水稻是平产，所以价格降幅小，现在价格也没有太大的恢复，玉米的价格已经开始回升，可见玉米减产幅度大。原因就是 1996 年底和 1997 年上半年的粮价太低。粮价太低带来两个问题：第一，部分农民粮食没有卖出去，价值没实现，因此没有力量购买农具和化肥；第二，农民因此积极性不高，当然，即使有钱，农民积极性也不高，因为粮价这样低，投入就会减少，所以这也是主要原因。谷贱伤农，伤农的结果就是投入减少。从化肥情况看，今年的化肥要少卖近千万吨，尿素的价格也下降了，从 2300 ~ 2400 元/吨降到了 1500 ~ 1600 元/吨，碳酸氢铵最后降到了 400 ~ 500 元/吨，还是没有人买。前几年化肥紧张，今年却出现供过于求的现象，许多新投产的化肥厂被迫停产。当然，进口的化肥还在进，因为订了合同了，不进也不行。所以，从这几个原因来看，有关部门说今年减产不多这一点我不太相信。很明显，一是旱得厉害，二是化肥没卖出去，如果按平均 1 斤化肥增产 1 斤粮食计算，则 1000 万吨即增产 200 亿斤，少用了 1000 万吨化肥，就意味着少生产了 200 亿斤粮食。所以说，我不相信统平起来只减 100 亿斤粮食。今年②是选举年，从中央到地方，都在搞选举，所以有些数估计会报不出来。统计局搞一点抽样调查或实地考察也许会好一些。

**记者：** 看来，粮食减产已成定局，您对此持什么态度？

**陆学艺：** 1997 年减产点粮食在一定程度上是好事，不是坏事。不要总认为增产粮食才是好事，今年略减，当然不能大减，是好事。为什么？因为 1995 ~ 1996 两年，连续增产了大约 1000 多亿斤粮食，又进口了 600 亿斤粮食，这 1600 亿斤粮食就形成了粮食供过于求的局面。1995 年和 1996 年粮食大丰收又大进口，造成中国的粮库到处爆满，农民家里的粮食卖不出去，市场粮价又那么低。所以，要改变这个观念，不是年年增产才是好事。今年略减，总的来说是市场调节的结果，有好的一面，既能减轻一点库容的压力，又可使农民手中的粮食卖得出去，同时粮食价格也有可能恢复到

① 本文中指 1997 年，下同。——编者注
② 本文中指 1998 年，下同。——编者注

原来的水平。今年中央强调用保护价来买小麦等粮食这个政策，我认为，对稳定农村生产、保证今年小麦的播种和明年的小麦丰收都有好处。当时小麦市场价格是 0.49 元/斤，保护价 0.69 元/斤就已经比市场价格高 40%多，7 月份收购时，市场价格只有 0.49～0.50 元/斤。当时国家是吃亏的，现在价格已经上来了，小麦已经涨到 0.70 元/斤，玉米涨到了 0.60 元/斤。涨了以后，市场价格与国家的定购价格一致，上下差不到 0.10 元/斤。这样，既不会出现排队卖粮难，也不会强迫农民卖粮，还可缓解干部与群众的矛盾。

当然，我也担心有坏的一面，就是怕明年粮食还会减产。因为，中国的国情是，增的时候总是连续地增，减的时候连续地减。上去以后降下来很容易，而提起来是很难的，一徘徊就是四五年。气候因素是一个方面，人为因素更重要。如 1995 年和 1996 年自然气候也不是太好，还是有很大的增产，就是因为粮价比较高，许多民工返乡，认为种地的收益比较高。像现在这样的价格，0.60 元/斤的玉米，0.78～0.80 元/斤的小麦，种粮食还是有收益的。所以要控制明年不能减产，至少要与今年拉平。

中国有一个事实，增产时，都说自己粮库大涨，实际上需要调进粮的销区粮库是空的。去年像吉林、安徽、江苏等地粮库确实爆满，但是销区的粮库就是空的。原因很简单，是利益问题。增产时，需要粮食的销区不怕买不到粮食。不买粮食，不储存粮食，吃多少调多少，既可节省保管费用，节省利息，又可以不用担风险，还有可能因供给方的竞争得到一些利益。然而，一旦粮食减产时，这些销区的人就会恐慌，就会到处抢购粮食，1993 年冬天为什么大米价格抬得那么高，就是因为广东等销区的抢购。可以说，"粮食大战"往往就是粮食局之间的问题。

农民本身也是企业，买涨不买落，卖落不卖涨。粮食越多，价格越低农民越要出售粮食，因为担心更加便宜；相反，价格越高，越不愿卖出粮食，总希望还会涨。所以，如果今年粮食一涨价，而农民又不肯卖，如果有钱，也许他们还会买进粮食，那样问题会更加严重。如果每户农民囤积2000 斤粮食，那么，全国 2 亿农户就能囤积 4000 亿斤粮食。所以，今年我担心，一旦粮食减产消息传出去，南方又要到北方来买粮食，老百姓又不肯卖，库存粮食就会受到很大威胁。而粮食局粮库里具体有多少粮食是说不清的，要他存粮食时，他说涨库，真正要他调出粮食时，他又说没有粮食。所以，我担心粮食一抢购，粮价就会被抬上来。

现在总的来说，粮食定购价还是比较恰当的，玉米、小麦、稻谷三种产品的价格比较合理，上下浮动不要超过 0.10 元/斤，农村社会就会稳定，农民积极性就会被调动起来。今年到目前为止，粮食价格虽然已经上涨，但并未超出预期的幅度。如果玉米保持 0.65 元/斤，小麦在 0.70～0.80 元/斤，粮食供求就不会出现很大的缺口。问题是要在明年不能再减的前提下，如果明年再减 500 亿斤就会有问题。

总的来看，有政府的政策，有现在的价格，农民明年有希望取得中等收入。

**记者：**面对 1997 年的粮食生产形势以及各界对此的反映，您认为今后需要做哪些事情呢？

**陆学艺：**我认为农村有两件事要做。第一，一定要贯彻中央关于家庭联产承包责任制要稳定的政策，即 1993 年讲的承包期再延长 30 年不变，不能 3 年一小调，5 年一大调。目前，农村土地问题存在的矛盾有以下两点：（1）农民与农民的矛盾，即人多地少户和人少地多户的矛盾。原来人口少的农户，由于结婚、生孩子等原因，人均土地减少；而另一些农户因为女儿出嫁、老人死亡等原因，人均土地增加。这是干部调整土地的理由之一。（2）村干部、乡干部与普通农民的矛盾问题，也是主要的问题。实际上，他们是想通过调整土地给村里留出机动地、责任田，提高承包费用，变相加重农民负担。所以中央反复强调，地不能变，要稳定。这样做对个别人来说是困难的，但对国家来说，应该是增人不增地，减人不减地，不能因为 1%～2% 的户影响大局。因为总的来说，国家在实现工业化、城市化，应鼓励这部分人向二、三产业发展。另外，从国外的经验来看，如日本也是人多地少的国家，在私有制条件下，也不主张土地分散，而是实行"长子继承"制，鼓励其他人去从事商业等活动。

第二，我建议改革粮食购销体制，主张粮食局与粮食公司分开，实行两线运行。把定购部分、平抑市场的任务交给粮食局或储备局来管，将其他事情分离出来，成立粮食经营公司，防止以前丰收时按市场价格收购，而粮食少时强迫农民将粮食卖给粮食部门，所谓"卖爱国粮""两得利"，而农民则两头吃亏。

如果这两件事办好了，农民种粮有中等以上收入了，种粮积极性还是会很大的，能够进一步发挥农业生产的潜力。

# 对当前农业生产形势的看法与建议<sup>*</sup>

李鹏同志在全国人代会所做的政府工作报告中，对我国农业做了全面系统、实事求是的总结和分析。过去的五年，我国农村经济全面发展，农业增加值平均每年增长 4.5%；1997 年粮食总产量 4925 亿公斤，比 1992 年增加 500 亿公斤，农村形势是大好的。摆在我们面前的任务，就是要进一步稳定和加强农业。决不能因为连续几年丰收、农产品充足而放松农业。1998 年要确保农业再有一个好收成，力争农民收入增加，保持农村社会安定，粮食总产稳定在 4925 亿公斤以上。应该说，我们今天有这样大好的形势，经济实现"低通胀、高增长"，实现了软着陆，全国政治稳定，社会全面进步，农业是立了头功的，广大农村干部、全国 8 亿农民是做出了重大贡献的。

纵观世界各发达国家，除了美国及其少数国家外，多数国家在实现工业化、现代化的过程中，在工业化初期，经济高速增长一般都引起农业的萎缩，甚至出现农业危机。有的是农业从此一蹶不振。从二战后看，如日本、韩国和我国的台湾地区，原来农业还是可以的，韩国及台湾省都是农业出口国和出口地区，但后来都不行了，农业萎缩了，现在都变成粮食和农产品的纯进口国和纯进口地区，自给率已经是很低了。

我国自 1978 年改革开放以来，20 年经济持续高速增长，农业不仅没有萎缩，而且是大大发展了。就粮食而言，1978 年只有 3047.5 亿公斤，人均 319 公斤，1996 年达到 5045 亿公斤。18 年增加了 2000 亿公斤，在人口增加 2.6 亿人的情况下，人均 414 公斤，18 年人均增加 95 公斤，超过了世界平均水平。不仅保证了经济发展的需要，也保证了有效供给，保证了人民生

---

* 本文源自《中国农业资源与区划》1998 年第 3 期，第 6~8 页。该文系陆学艺 1998 年 3 月 9 日在全国人大九届一次会议江苏代表团会议上的发言。——编者注

活的提高和社会的稳定。这要归功于党中央一贯重视农业，把农业放在经济工作的首位，对农村进行了一系列行之有效的改革。事实证明，这个重视农业的方针是完全正确的。可以说，这也是中国特色社会主义建设的一个特点，是邓小平理论的一个体现。

李鹏同志讲："农业事关全局，决不能因为连续几年丰收，农产品供应充足而放松农业。"此话讲得语重心长，含义深刻。这是对农业多年发展经验教训的总结，我们在 1984 年和 1990 年，都因粮食大丰收，放松了农业，引起了粮食生产的徘徊，出现了"扭秧歌"现象。粮食少了引起粮价上涨，牵动物价上涨，政府不得不花大力气抓农业。据我们研究，大概是 6 年一个周期。1979 年农村改革，实行包产到户，生产力大解放，粮食连续增产，到 1984 年达到 4073 亿公斤，跨越了两个大台阶，1985 年粮食大减产，徘徊了 5 年。1990 年粮食产量达 4462 亿公斤，接近 4500 亿公斤的大关，但 1990 年以后粮价大跌，又徘徊了 5 年，1995 年粮食产量 4666 亿公斤，直到 1996 年粮食产量才上到 5049 亿公斤。

1996 年两次出现卖粮难，粮价大跌，加上北方干旱，国家虽然出台了粮食保护价、定购价等政策，狠抓农业不放松，1997 年粮食还是减产 120 亿公斤。只是因为库存多，农民存粮也多，加上 1995 年和 1996 年两年进口 300 亿公斤粮食，因而 1997 年虽然减产了，但 1998 年供给还是宽裕的，供给不会有问题，不少地方还是卖粮难，市场粮价还是在定购价以下。

我们千万不能对 1998 年的农业生产掉以轻心，因为粮食购销体制还未理顺，还未形成粮食的市场经济格局，一面是 3.5 亿城市人口，一面是 8.7 亿农民、2.3 亿农户，即所谓小生产和大市场。1998 年的粮食生产形势并不乐观，一旦再遭严重灾害，秋后就可能出大问题，我们是不可不防的。

首先，1998 年的夏粮减产已成定局，只是减少减多的问题。1997 年小麦卖粮难，价格太低，保护价出台后，各地真收购的不多，打击了农民的积极性。其次是 1998 年北方大旱。从各方面的情况看，小麦减产在 50 亿～100 亿公斤。最后是 1998 年的秋粮也不容乐观。因为 1997 年南方水稻是丰收的，稻米的市场价都跌到定购价以下。苏北的稻子只有每公斤 1.20 元，苏南的大米也只有每公斤 1.80 元。稻谷也有保护价，但地方无钱收购，至今还有不少稻谷压在农民手里。北方 1997 年玉米减产约 250 亿公斤，仅吉林就减产 22%。由于减产太多，玉米市场价格又未恢复到 1995 年的水平，所以，北方农民收入减少很多，农民购买力下降了，1998 年秋粮的投入就会受很大影响。

我们一定要防止这样的情况发生：夏粮减产，1998 年夏天麦收后，小麦市场价一定会上涨，可能会涨到定购价，这是好事。但如果 1998 年秋粮再长势不好，那么到八、九月间，整个粮价就会上涨。若涨到与定购价持平或稍高一些，这还是好事。如果宏观调控不好，涨到 1994 年、1995 年的市场价，比如大米超过每公斤 3.20 元，小麦超过每公斤 2 元，玉米超过每公斤 1.60 元，就会出问题。这种情况是很可能出现的。

　　中国现在的粮食状况是，多 10% 的粮食就会出现卖粮难，少 10% 的粮食就会出现粮食抢购。2.3 亿农户是一个一个的小企业，粮价上涨时，它不仅惜售，而且还会到集市上去买粮囤起来。现在的粮食局，因为有个群体利益问题，它要发奖金，自负盈亏，也是买涨不买落。如广东、上海等纯调进粮食的省市粮食局，按国家规定要储存半年口粮。粮齐的时候，它不愁价格，把仓库设在产区，吃多少，买多少，调多少。既省保管费，又省利息，还无风险；而一旦粮食紧了，价格涨了，它就四处抢购粮食，不惜抬高价格。所以，不要以为现在仓库里有多少存粮，实际是靠不住的。这个教训以前在 20 世纪 80 年代中期和 90 年代初期都发生过，如果出现这种情况，损失就大了。我们要预先有所防范。

　　为此，我有三点建议。

　　第一，要抓紧现在粮食供给宽裕的时机，下决心进行粮食购销体制的改革。粮食购销体制改革，从 1985 年开始改，改了 13 年，至今还没有突破性进展。现在的体制是计划经济条件下形成的，与现今农村的家庭联产承包很不相称。对农民来讲，丰收了，卖粮难，吃亏；减产了，要交爱国粮，也吃亏。对国家而言，粮食少了，平价供应市场，要补贴；丰收了，要保护价收购，也要补贴。所以，粮食部门亏损挂账已超过 700 亿元，而且越丰收，挂账越多，亏损也越大。为什么这样，谁也说不清。

　　要下决心改了，这件事单靠粮食部门自己改不行，要党和政府从全局出发来改，建立与社会主义市场经济相适应的粮食购销体制。

　　市场供销放开，要与储备局业务分开。不要只有粮食部门一家，垄断是不行的。上海等地已经这样做了，效果是好的。希望其他省市也可以仿效试点。

　　第二，要把粮食储备局建设好，使储备基金尽快到位。真正做到粮食多了，按保护价收，粮食少了，粮价上涨过多，储备局有计划抛售，以平抑物价，使粮价不要大起大落。保护农民生产积极性，使粮食生产稳步发展，保证市民的正常供给。

这些年的经验说明，如果把粮价管好了，购销体制改好了，粮食就能稳步增产。中国耕地的生产潜力还很大。我认为，现在的农业生产，生产关系是好的，家庭联产承包责任制是好的，农民有生产积极性，农业科研是好的，科技贡献越来越大，农业生产资料供应也在逐步好转。现在的起伏，问题不在农业本身，而是农业以外，就在供销体制上，如果供销体制改好了，农业就能稳步上升。要使粮食供给有保证，就要保证粮价平稳，对农民增加收入有利，农民就有积极性，粮食就会增加。

第三，从农业发展的阶段看，我国已经越过了农产品绝对短缺的阶段，今后再抓继续增产，要注意抓提高农产品优质高效的问题，要提高效益、增加收入。要在农产品的加工、运销方面做文章。大力发展农产品的加工业。世界上发达国家农产品的产值和农产品加工的增加值一般是 1∶3，还在增加。我国现在还是卖毛粮、卖毛菜，两者比率 1∶1.5 还不到，如果做到 1∶3，把农产品加工的利润留在农村，大约比现在乡镇企业的总增加值还高。

所以，我建议像苏北，要富起来，不必走苏南的老路，可以在抓农产品优质和发展农产品加工业上做文章，省里做些支持，可以让乡镇企业办，也可以让农民办农产品加工业。

# 改革开放 20 年来，中国农村跨越了三个时代[*]

"白衣苍狗多翻覆，沧海桑田几变更。"从安徽凤阳小岗村的 18 位农民在包干到户的"章程"上按上 18 个手印算起，中国农村改革已经过去了 20 年。20 年在历史的长河中只能算转眼一瞬，可对中国来说，是值得自豪、值得永远记住的 20 年，是沧海桑田的 20 年。

就在这 20 年，中国农村跨越了三个时代。20 年前，当农民实行包干到户的时候，他们不得不冒着"蹲班房"的危险；20 年后，我们已经不再争论包干到户走的是"阳关道"还是"独木桥"，是姓"资"还是姓"社"，因为它的意义已经在实践中得到了证实。农村实行包干到户，后来称为家庭联产承包责任制，是中国农民的第二次解放，它使农民有了经济上的自由，有了自由支配自己劳动时间的权力，促进了农业生产的发展，增加了农村剩余劳动力和剩余资金。针对这种情况，党中央及时调整政策，引导农民发展多种经营，进行专业分工，使农村突破了单纯生产粮食的局面，各种乡（镇）村办、联户办、户办等乡镇企业如雨后春笋般发展起来，力量日益壮大，逐步成为我国国民经济的一支重要力量，占了国民经济的半壁江山。乡镇企业的发展推动了农村小城镇建设，农民从"离土不离乡、进厂不进城"，到"离土又离乡、进厂又进城"，踏上了城镇化之路，使中国农村跨入一个新时代——城镇化的时代。中国农民在党和政府的领导下，以自己的勤劳和智慧，创造了特有的形式，在实现工业化、城市化、现代化的过程中，走出了一条有中国特色的新路。

---

[*] 本文源自《中国农村现代化道路研究》（陆学艺、王春光、张其仔著，广西人民出版社，1998，第 1~4 页）。原稿写于 1998 年 4 月 10 日，系陆学艺为《中国当代农村问题研究丛书》撰写的总序，现标题为本书编者根据序言内容所拟定。——编者注

就在这20年中，农民的生活发生了质的变化。从追求温饱到追求富裕，从追求旧三件（手表、收音机、自行车）到追求新三件（电视机、电冰箱和小洋房），从过去像"种在地里的庄稼，半截埋在土里，移动不得"，到今天走南闯北、务工经商，这种巨变完全超出了任何人的想象，不仅农民自己没有想到，就连中国改革开放的总设计师邓小平开始时也没有想到。他说："农村改革中，我们完全没有预料到的最大的收获，就是乡镇企业发展起来了……异军突起。……解决了占农村剩余劳动力百分之五十的人的出路问题。农民不往城市跑，而是建设大批小型新型乡镇……这是我个人没有预料到的，许多同志也没有预料到……"[①] 难怪美国国际制药有限公司主席安特先生在参观了河南巩县竹林村后，意味深长地题词：竹林的进步是不可思议的，就像是一个梦。安特先生的题词说的不仅仅是一个村庄，这个小小的村庄只不过是整个中国农村的缩影。

1978年党的十一届三中全会做出了一系列战略决策，实现了全党工作重心的转移，确定了正确的政治路线，重新恢复了党的实事求是的根本路线，确立了经济工作、民主法制建设等方面的正确方针，这一切为农民群众进行伟大创造提供了空间，开启了农民群众创造合法化的大门。

党的十一届三中全会是一次伟大的盛会，具有深远的历史影响。为了纪念这次全会，也为纪念这次全会后中国农村走过的20年的辉煌历程，为了中国21世纪的发展，广西人民出版社决定出版一套"中国当代农村问题研究丛书"，由我来组织编写。起初决定出8本，后来经过认真细致研究，决定以农村发展四部曲为主线组织编写，所以，最后商定先出5本。5本中的"中国农村现代化道路研究"相当于总论，其余4本分论农业、乡镇企业、城镇化与可持续发展战略问题，是一个完整的体系。

1996年广西人民出版社找到我，要求我为他们组织编写这套丛书，我欣然答应，并就丛书的质量要求达成一致，提出该丛书要力求做到"三性"：学术性、实践性和国际性。这个要求很高，不仅要求作者具备很高的理论造诣、对农村有深入贴近的观察与体验，还要求作者下硬功夫、啃硬骨头。我尽可能按这个要求去选择作者，并和广西人民出版社一道召开了数次作者讨论会，尽可能地按这个标准去要求作者。现在看到的这几本书，就是在这个标准下写成的，经过作者和编者及出版社的艰苦努力，可以说基本达到了这个要求。

---

① 《邓小平文选》第3卷，人民出版社，1993，第238页。

我们这些写作的人都亲身经历了 20 年的农村改革与发展的历程，而且是清一色的农村出身，对农村这场巨大的变革深有体会，但由于农村变革的复杂性，由于农村改革还正在进行之中，很多实践的深远意义只有待日后实践的展开才能看得清楚，加上我们这些作者有这样或那样的局限性，这套丛书难免有这样或那样的不足，我们诚恳地欢迎读者和学术界的同行批评指正。我相信，只有批评和敢于接受批评才是提升学术水平的正确道路。

　　这套丛书从筹划到出版历时约两年，广西人民出版社在这两年中为丛书的写作提供了各种帮助，为作者提供了多种写作上的便利，特别是广西新闻出版局夏永翔副局长和广西人民出版社区向明社长、彭石生总编辑、温六零副总编辑为了出版好这套丛书付出了大量心血。广西人民出版社在商品经济的大潮中，下决心出版这套丛书已经难能可贵，而出版社的领导和有关编辑为这套丛书竭尽心智、不辞劳苦的精神，更是可敬可佩。如果没有他们的辛勤劳动和坚韧不拔的精神，这套丛书就不可能出版。借此机会，我代表所有的作者向广西人民出版社深表感谢，并顺致崇高的敬意。

# 关于农业农村文件学习的体会*

## 一　文件起草的经过

今年①4月，党组织调派我们参加十五届三中全会文件起草小组的工作。我们4月28日报到，温家宝同志讲话，5月4日江泽民同志讲了文件基本主题和要求。到10月19日开总结会，前后175天，起草组共25人，基本上都是十五大报告起草组成员，加了我们几个农村问题的研究者。起草组组长是温家宝同志，副组长是华建敏同志。6月初形成基本框架，7月初写出草稿。以后就不断讨论修改。7月下旬到北戴河，8月初写成讨论稿，8月上旬送政治局常委，8月11日政治局常委讨论审稿，提了意见，我们当即修改。修改稿定了，送政治局，8月16日政治局开会审议，委员们提修改意见。我们回京后，讨论研究，最后形成征求意见稿。9月初中办印发到各省、市、自治区和各部委办征求意见。9月中下旬意见陆续返回，共1000多条（143个单位）。我们分别送到各组，根据这些意见，斟字酌句地改。10月初才最后定稿，10月11日发到了各位中央委员手里，12日、13日、14日又讨论了两天半，我们分到各组听会，再根据中央委员们提的意见逐句修改，一直到14日上午12时，才最后定稿。总书记签字后，发印厂，3点开会时送到中央委员座位上。会议正式通过，会议结束后7位常委专门到福建厅和起草的全体人员合影。

这5个多月，我第一次参加了文件起草的全过程，深受教育，像进了一

---

　　* 本文源自作者手稿。该文稿系陆学艺于1998年10月15日就学习《中共中央关于农业和农村工作若干重大问题的决定》（1998年10月14日中国共产党第十五届中央委员会第三次全体会议通过）所作的辅导报告发言提纲。——编者注

　　① 本文中指1998年，下同。——编者注

次党校，学到了很多东西。什么叫集体智慧，什么叫集思广益，什么叫字斟句酌，经过这个过程，有体会了。

今天我谈两个问题。一是关于十五届三中全会讨论农业农村工作的原因和背景。二是关于十五届三中全会文件的基本内容和精神。

## 二　关于农业农村文件的背景和基本内容

### （一）关于确定文件内容的背景

中央领导决定今年要开十五届三中全会，经过酝酿，决定全会集中讨论研究农业和农村工作若干重大问题，并作出相应决定。为什么要在这个时候讨论农业农村问题？文件序言部分和江泽民同志在预备会上的讲话中讲了四个方面的理由，文件的引言部分也专门讲了。

第一，贯彻落实十五大提出的战略部署，实现跨世纪发展的宏伟目标，必须进一步加强农业的基础地位，加快农村经济和社会的全面发展。

这是我们党长期的历史经验，是党中央一贯强调的重大方针。12亿人，9亿在农村，这是基本国情，农村、农民、农业问题是关系改革开放和现代化建设全局的重大问题。农村稳住了，搞好了，就有了把握全局的主动权。这次经济软着陆，物价很快降下来，很重要的一条就是，1996年、1997年丰收，粮食、农产品价格下来了，稳住了。出了问题，就会增加工作的难度，使不突出的问题变得突出。这不仅是今年的工作，对全面完成"九五"计划和实现2010年远景目标也将起到巨大作用。这个文件不仅管今年，要管今后若干年。

第二，认真总结20年来农村改革积累的丰富经验，对于自觉坚持十一届三中全会以来的路线、方针、政策，进一步推动农村乃至全国的改革和发展具有重大意义。今年是农村改革开放20周年，改革率先从农村开始，总结好了，可以对广大干部进行一次系统的邓小平理论和基本路线的教育。

第三，面对亚洲金融危机和经济全球化的挑战，加强农业，繁荣农村，提高农民的购买力，有利于扩大内需。保证国民经济发展的良好势头，开拓国内、特别是农村市场，是我国经济发展的基本立足点。

第四，在新形势下，农村"两个文明"建设也遇到了一些新问题，需要统筹解决，推动农村经济的发展。农产品全面出现"卖难"，价格下跌，乡镇企业滑坡，农民增收趋缓，负担加重，差别扩大，有些基层组织瘫痪，干群关系紧张，农业基础薄弱，抗灾能力降低，农村社会发展也遇到不少问题。

这些都要认真研究，提出切实解决问题的政策和措施，所以要讨论研究农村问题。

就我在参加起草过程中听到的中央领导同志的讲话和参与的讨论，我自己体会还有以下几点深刻的含义。

第一，酝酿时，领导同志说，就年初来看，从近期看，国有企业改革问题更加迫切（相对而言，农业连年丰收）。国有企业长期亏损，下岗职工 1000 多万，还有亚洲金融危机正在袭来，因此更加紧迫一些。但考虑到农村、农业问题更加根本，农村工作搞好了，内需扩大，国有企业有了大市场，这盘棋就活了。事实证明，这个决策是正确的。

另外，20 年农村改革和发展取得了伟大成就，实践证明改革是成功的。经验比较成熟，进行认真总结，对进一步统一思想、增强信心、稳定民心有好处，对国际也是个贡献。前东欧社会主义国家，倒退到私有制，推翻土改成果，却不成功。今年俄罗斯还要进口粮食。北边的邻国不改革，没有饭吃。越南改革了，这几年成了大米出口大国。古巴也开始改革了。这个总结做好了，对今后有长远的历史意义。其他方面有的还在摸索，还不到总结的时候。这个文件要管若干年，是个长远的纲领性文件。

第二，这次会上，有人写了一篇从七届三中全会到十一届三中全会，再到十五届三中全会的文章。这几个三中全会都是讨论农业、农村问题的，七届三中全会讨论土改，十一届三中全会决定农村改革。20 年来开了五次三中全会，十二届三中全会是讨论经济体制改革的，提出有计划的商品经济理论；十三届三中全会是讨论治理整顿的；十四届三中全会讨论建立社会主义市场经济体制的问题，都很重大。每到重大的历史关头，党中央讨论解决好"三农"问题，在历史上都起过重大的里程碑式的作用，开辟了新的局面。这次会议，又到了一个重要的关口，是进入一个新阶段的关键时期。为什么这样说？公报说，当前我国改革和发展正处在一个非常关键的时期。

就农村来说：（1）解决了温饱问题，正在向实现小康迈进，发达地区正在率先向实现社会主义农业农村现代化迈进。（2）由卖方市场（农产品短缺，什么都要票）到全面过剩，形成买方市场。（3）由计划经济体制向社会主义市场经济体制转化，到了一个新阶段，社会主义市场经济体制正在形成。统购统销取消了，棉花明年完全放开，粮食正在改革，价格由市场确定。（4）劳动力的 50% 转而从事二、三产业。农村工业化，乡镇企业产值占 2/3，农村劳动力的半数转向二、三产业。（5）小城镇正在各地兴起。

现在农村发展已经到了一个"坎"上。在新的历史条件下，出现了一些新的问题，用老办法不行了。如过去讲增加生产，保障供给，现在是抓什么，什么卖不出去。说过剩，算算账应该是不够的，城市工业品也是，就是卖不动。什么问题？城市工业品、日用工业品卖不出去，生产资料也卖不出去。这不是问题吗？这不是调整产品结构的问题，是什么都卖不出去，一、二产业都过剩。

新的历史阶段要有新的举措。按 GDP 我们人均才 800 美元，怎么会产能过剩？真的多了吗？产品结构呢？事实上东西并不多。我们的粮食人均才 800 斤，美国是 1800 斤，俄罗斯 1500 斤，还进口粮食。我们的肉、蛋、奶、鱼一共才 100 多斤，肉才 70 斤，水果更少。美国肉类要 160 多斤。工业品方面，彩电 2000 多万台，城市是普及了，农村才 20%。家用电器，有钱也买不了，没有电，没有自来水，冰箱、洗衣机怎么用？洗衣机用来洗土豆白菜了。

不是东西真的多了，而是相对于购买力，东西过剩了。同时，也不全是购买力问题，还有消费方式、消费结构的问题。在农村，自给自足的消费习惯和结构限制了农村市场。

所以，不是产业结构的问题，是一个大的结构问题，是工农比例不合理，是城乡结构不合理。农业不需要这么多人（劳动力），农村也容纳不下这么多人。而我们的城市化滞后于工业化，世界城市化率达到 42%，我们只有 30%。国外城市化与工业化是同步的，我们是滞后的。乡镇企业呼唤城镇化，"民工潮"也呼唤城市化。

这次会议的重大成就如下。

（1）不能就农业谈农业，就农村谈农村，就工业谈工业。1998 年 9 月 25 日，江泽民总书记在安徽说："我们研究农村改革、发展问题，不能脱离全国宏观经济的发展，不能脱离世界经济的潮流，不能就农业论农业。这也是解放思想，实事求是。比如研究农村问题就要考虑，合理调整城乡经济结构、建立城乡统一的大市场问题，因为农村改革发展走到今天，已经超出了农村的范围。"[1]

---

[1] 江泽民：《全面推进农村改革，开创我国农业和农村工作新局面——在安徽考察工作时的讲话》（1998 年 9 月 25 日），《人民日报》1998 年 10 月 5 日第 1~2 版。

（2）发展小城镇也是一个大战略。这一点上下取得了共识，写进了会议的决定里，一直到10月11日才写进去，这在党的文件中是第一次。会议的决定指出："发展小城镇，是带动农村经济和社会发展的一个大战略，有利于乡镇企业相对集中，更大规模地转移农业富余劳动力，避免向大中城市盲目流动，有利于提高农民素质，改善生活质量，也有利于扩大内需，推动国民经济的更快增长，要制定和完善促进小城镇健康发展的政策措施，进一步改革小城镇户籍管理制度。"① 会议公报也指出："加快乡镇企业的结构调整和体制创新，制定和完善促进小城镇健康发展的政策措施，增强农村经济活力。"②

可以看出，这个新阶段是由工业化向城镇化发展的一个阶段。这次会议，为这个转变做了准备。可以预期以后城镇化的发展，会带动新一轮的经济增长。我想这次会议会成为一个新的起点，有里程碑意义，由此开拓农村工作的新局面，推动国民经济的新高涨。这是我的体会。

## （二）关于文件的主要内容和精神

文件过几天就公布了，建议大家要结合江泽民总书记在安徽和上海、江浙的两次讲话一起来学习。两次讲话主要内容有了，而且有些重要内容，更深刻，还有一些新的论述。

就文件来说，一共是十个部分，一个导言。第一部分是20年的总结。第二部分是今后农村发展的目标和方针。第三、四部分讲调整农村的生产关系，保护农民发展生产的积极性。第五、六、七部分讲发展农村的生产力，增加农民收入，提高农民生活水平。第八、九、十部分讲农村经济社会协调发展。

归纳起来，我有这些体会。

第一，一个中心。要从中国国情和农村的实际情况出发。必须始终把发展经济、提高农业生产力水平作为整个农村工作的中心，一切政策都要有利于增强农村经济活力，放手依靠农民，改变落后面貌，不断提高农民物质文化生活水平。这是完全符合国情、符合社会主义原则的。说一千道一万，还是要把经济搞上去，许多问题还要通过发展生产力来解决。这是

---

① 见《中共中央关于农业和农村工作若干重大问题的决定》，载《〈中共中央关于农业和农村工作若干重大问题的决定〉学习辅导讲座》，人民出版社，1998，第1、19页。
② 见《中国共产党第十五届中央委员会第三次全体会议公报》，载《〈中共中央关于农业和农村工作若干重大问题的决定〉学习辅导讲座》，人民出版社，1998，第34页。

小平同志的一贯思想。

第二，两个不变。文件这次总的基调是强调稳定，长久政策要稳定，要有继承性、连续性。家庭联产承包责任制长期不变，是这次文件反复强调的一点。长期稳定是农村的基本政策，是农村政策的基石。（1）以公有制为主体，多种所有制经济共同发展的基本经济制度；（2）以家庭承包经营为基础，统分结合的基本经营制度；（3）以劳动所得为主和按生产要素分配相结合的基本分配制度。这些都必须长期坚持，尤其以稳定家庭联产承包责任制为重点。土地承包权，重申再延长30年不变，30年后也没有必要再变。

这些年来，在这个问题上，还是有反复的。1984年宣布土地承包权15年不变后，实际还是在变。说不变，就是因为有认为要变的。为什么？

理论上有这样一些观点需要说清楚：（1）认为承包制是私有制，没有两样。需要说清楚承包制就是公有制的一种实现形式。（2）认为家庭承包不能搞现代化。需要说清楚承包制适合现在的小农业生产，将来加上社会化服务，也可以搞现代化。（3）认为承包制不能壮大集体经济。需要说清楚，集体经济本身是家庭联产承包责任制的一个层次，一个基本的层次。

实践上，一些地方借口壮大集体经济，借口规模经营，缩短承包期，收农民地，多留机动地，提高承包费用。出现这些做法的原因还是现实利益。人多地少的要先收再分，这种户有3%～5%；主要是干部要权力，要增加收入，在土地上打主意。因此造成农村干群关系恶化，土地纠纷成为农民上访的主要内容。

要制定政策确保土地承包期长期不变。这样做了，既延长了承包期，给农民吃了"定心丸"，干部也安心了，不能在这上面打主意。这样做对农村的土地改良、农业生产的发展、农村社会的稳定起了很大的作用。

第三，三个伟大创造。

（1）家庭联产承包责任制。这是中国创造的，是从计划经济体制到社会主义市场经济体制，从单一公有制经济到以公有制为主体，多种所有制经济共同发展的转变的关键一着，从此，整个国民经济从社会主义计划经济转过来了。所以，有人说这是第二次"农村包围城市"（两次"农村包围城市"，第一次是毛泽东领导的，第二次是邓小平领导的）。

（2）发展乡镇企业和建设小城镇。大力发展乡镇企业，多渠道转移农业富余劳力，立足农村，向生产的广度、深度进军，发展二、三产业，建设小城镇。开拓广阔的就业渠道，同时适应城镇和发达地区需要，引导农村劳力合理有序流动。大力发展乡镇企业是一个战略，是农村工业化。还有一条，关于小城镇建设，也是中国农民的伟大创造，被认为是解决目前经济问题的一着好棋。

（3）实行村民自治。这是党领导亿万农民建设中国特色社会主义民主政治的伟大创造。民主选举、民主决策、民主管理、民主监督。中国民主化将来会在这个基础上发展起来。

第四，四个方面的伟大成就，四项基本建设。（1）以水利为重点的农业基本建设。增强防洪抗洪能力。节水农业作为革命性措施。（2）以可持续发展为战略性目标，加强农村生态环境建设。（3）农业的根本出路在科技、在教育，要加强农业科学技术的研究和开发，加强农业科学教育的基本建设。（4）以村民自治为核心的农村基层民主建设。

第五，五条基本经验和十大方针。五条经验和十大方针都是对 20 年改革经验的总结，保持了工作的连续性、稳定性。这次讲得更加概括，更加明确，提高到理论高度。

按照这样做，就抓住了要点、关键，就可以稳住大头。农村稳了，农民富了，农业搞活了，就什么问题都好办了。农村经济上去了，城市的改革就有了基础，有了市场，进一步改革、发展就顺了。

# 日本农村发展变革的经验中有许多值得中国研究和借鉴*

以农村家庭联产承包责任制的实施为标志的举世瞩目的中国改革开放,至今已经走过了整整20年的光辉历程。这20年间,由于中国农民的首创精神得到了充分发挥,农村社会发生了深刻的变革。以家庭联产承包经营为基础、统分结合的双层经营体制的建立,乡镇企业的异军突起以及小城镇的蓬勃发展,彻底改变了农村单一的集体所有制结构和产业结构,建立了适应市场经济需要的农村新经济体制,农民就业型人口流动促使城乡二元社会结构逐步解体。经济变革引发了政治结构和社会结构的深刻变革,人民公社制度废除之后,农村的行政管理体制开始向民主选举、民主决策、民主管理和民主监督的村民自治制度转变,农村基层政治民主不断扩大。农民的社会意识随之变化,自由、平等和理性主义的价值观念逐步增强。刚刚召开的党的十五届三中全会《中共中央关于农业和农村工作若干重大问题的决定》全面总结了农村改革的基本经验,强调了农村改革在中国社会经济发展中的基础地位,中国农村已经走上了由家庭承包经营、乡镇企业和村民自治这三个伟大创造构成的具有中国特色的农村现代化道路。

目前,中国农村改革进入了一个新的发展阶段,新阶段的主要特征是什么?我认为,过去我们主要关注农村经济领域的变化,农村社会变革的推动力主要来自经济领域和农村社会内部,经济变革走在社会变革的前面,农村改革走在城市改革的前面。然而,今天农村所面临的进一步促进农民阶层分化、不断解放和发展农村生产力、减轻农民负担、建立农村社会保

---

\* 本文源自《日本农村的社会变迁——富士见町调查》(李国庆著,中国社会科学出版社,1999,第1~4页),系陆学艺为该书作的序,现标题为本书编者根据序言内容所拟定,原稿写于1998年11月14日。——编者注

障制度、保持农村良好的社会秩序和治安环境、推进农村社会主义精神文明建设等一系列发展目标已经远远超出了经济领域和农村领域。过去我们习惯于将城市和农村视为两个异质的、相互分离的社会体系，现在需要转变这一思维方式，将城市和农村视为具有连续性的社会体系，制定经济与社会、农村与城市相互联系的综合农村政策。从社会学的角度而言，就是必须充分注意研究经济发展对社会变革的影响，同时研究社会因素对农村经济发展所起的或促进或阻碍的作用。

因此，要研究今后的中国农村发展，首先要考虑外部环境对农村变动的作用。对农村产生重要影响的外部环境，主要是国家政策对农村的渗透、城市功能向农村地区的扩展、全国和地区层次市场体系向农村的延伸。随着中国由传统经济和计划经济向社会主义市场经济转变，城乡二元结构开始解体，农村和城市的有机联系越来越密切，城市不仅吸纳了大量农村流动人口，而且由于城市的物质产品生产与流通功能、信息和知识的生产与流通功能、各种服务功能水平的提高，城市对农村经济、农民文化生活的渗透作用日趋显著。从农村角度看，农村市场的启动将对城市工业的进一步发展产生重大影响，农民生活的改善、精神文明程度的提高将对城市的社会稳定产生直接影响，农村已经成为国民社会体系的有机组成部分。目前，城市改革和国营企业改革的滞后在相当的程度上制约着农村的变革，农村要得到进一步发展，有待于彻底改变城乡社会关系，有待于整个国家工业实力的增强。在现阶段，大力发展小城镇，尽快将我国城市化水平提高到世界平均水平，是带动农村乃至全国经济社会发展的一个重大战略。国家应当适时地制定适应各个阶段特点的农村政策，为农村发展创造良好的外部环境，引导农村进一步变革。

要研究中国农村未来的发展，还要研究已经走过农村现代化道路，实现了城市、农村一体化的发达国家的经验，以此作为观察中国农村发展的参照系。过去我们极为重视农民的首创精神，这无疑是正确的，但问题是社会科学研究往往跟在实践的后面，家庭承包经营、乡镇企业、小城镇建设和村民自治都是农民的创举，社会科学研究更多的是跟踪农民的实践活动，加以理论化，并通过政策使之合法化。这无疑是十分必要的，而当农村改革发展到现在的阶段，再往前发展，如果缺少理论和政策的指导，仅仅靠农民的摸索，将会付出过高的代价。因此必须加强对包括国外农村变迁在内的社会变迁的理论研究，预测中国农村、农业和农民的未来，认清今天的中国农村在现代化进程中所处的历史位置，找出差距，制定适当的政策。

本书作者李国庆同志是中国社会科学院社会学研究所的研究人员，1991年赴日本庆应大学研究生院社会学系，师从著名社会学家、该校法学系主任也是我的老朋友十时严周教授，攻读社会学博士学位。李国庆同志在庆应大学接受了严格的社会学理论和方法的训练，同时按照导师的指点，经常深入日本的工厂、农村等基层社会进行调查研究。做博士论文期间，到日本长野县诹访郡富士见町蹲点生活了一年多，做了十分深入的收集第一手资料的工作。本书就是他在 1996 年 7 月获得庆应大学社会学博士学位的论文。

本书是关于日本农村经济社会现代化变迁的研究专著。日本农村发展变革的经验中有许多值得中国研究和借鉴。战后日本在不同的历史时期制定了不同的政策，例如，战后初期的农地改革政策、20 世纪 60 年代经济高速增长时期的农业结构改善政策，以及 20 世纪 70 年代以后稳定增长时期的综合农业政策，都对日本农村经济产业化和政治民主化发展起到了巨大的推动作用。与此同时，以福武直为代表的农村社会学者极为重视社会学的实践性，对日本农村各个阶段的重大变化加以研究和理论化，例如，战后初期研究了村落共同体对于农村民主化的阻碍作用，经济高速增长时期重点研究了农民阶层的分化以及村落共同体的解体问题，20 世纪 70 年代从城乡关系和培育农村发展主体的视角研究重建村落社会的条件。这些农村政策和理论研究对农村的变革起了重要的指导作用。

我曾经多次实地调查日本的农村，1993 年和 1994 年曾到本书的调查地长野县诹访郡富士见町调查农村经济和农民生活，李国庆同志两次陪同我在那里一起调查。我认为，本书的意义首先在于作者带着解决中国农村社会问题的强烈意识，运用地域社会学和社会变迁理论，对日本农村各个时期的社会变动、农村政策以及日本农村社会学的研究成果做了系统研究，分析了日本农村现代化的过程，并得出了对中国具有借鉴意义的结论。更为可贵的是，中国学者对日本农村进行了长期的实地调查，以日本的一个农业町的变迁为例，运用大量的第一手资料，详细描述和分析了地区发展的内在动力机制与国家农业农村政策的相互作用关系，研究了农业和农村地区工业结构的转变对农民阶层分化和农村社会产生的深刻影响。同时通过对地方行政、村落组织与社会团体、居民社会意识等方面的分析，阐述了非经济因素对经济发展所发挥的作用，分析了经济、行政与社会生活等各个领域的发展对农村社会整体稳定性的形成所起的促进作用，为我们勾画出现代化农村的社会结构。其中，关于日本系列生产体制的研究，对地方行政中"地方交付税"制度的分析，对村落至今仍保持的严密的村落组织、村落财务以及宗教因素的分析，对我们研究中国农村经济的发展、农村行政制度的改革以及农民自治制度的完善具有重要的参考价值。

中国的农村现代化任重道远。在这场伟大的社会变革中，社会科学工作者必须不断总结农民的实践活动经验，同时借鉴国外的理论和经验，建立中国的农村社会学体系，为不断探索具有中国特色的农村现代化的道路发挥积极作用。

# 中国农村现代化问题[*]

　　一个国家农村社会的现代化是整个国家现代化的有机组成部分。从已经实现了现代化的国家的历史看，一般都是在实现工业现代化、城市现代化的过程中，大量的农村资金、农产品以及劳动力进入工业、进入城市，待城市工业发展起来后，再反哺农业、武装农业，使农村实现现代化。

　　我国内地从 20 世纪 50 年代前期开始，就进行了大规模的工业化建设。到 1978 年，内地全社会总产值达到 6846 亿元，其中工业总产值 4237 亿元，按可比价格计算，比 1952 年增长 16.6 倍；农业总产值达到 1397 亿元，比1952 年增长两倍。就整体来看，可以说已经初步建立了门类比较齐全的工业体系。就工业、农业关系而言，1952 年工农业总产值 810 亿元中，工业产值占 43%，农业产值占 57%，而到 1978 年，工业产值占 75.2%，农业产值占 24.8%。[①] 可以说，已经实现工业化了。但是，城市化和农村现代化还远没有解决。

　　内地农民在实现工业化过程中是做出了巨大贡献的。整个 20 世纪 50～70 年代，农村通过多种渠道和形式，向城市和工业贡献了大量的农产品和资金。据原农村发展研究中心测算，30 年间，农民大致贡献了约 6000 亿元资金。可是由于特有的人口和历史原因，自 20 世纪 60 年代初期以后，国家实行了限制农业人口转为非农业人口的户籍制度，这样，在大量农产品、农业资金进入城市的同时，农村劳动力、农业人口不能进城。所以，到了

＊　本文源自《"三农论"——当代中国农业、农村、农民研究》（陆学艺著，社会科学文献出版社，2002，第 261~267 页）。该文系作者 1993 年 8 月 2 日出席台北"中国现代化学术研讨会"时提交并宣读的论文，原稿写于 1993 年 7 月 14 日，原题为《中国大陆农村现代化问题》，收录《"三农论"——当代中国农业、农村、农民研究》时改为现题。该文曾发表于《农村经济导刊》1993 年第 9 期，内容有较多删节。——编者注

①　国家统计局编《中国统计年鉴·1983》，中国统计出版社，1983，第 13、16、20 页。

1978 年，内地 96259 万人口中，农村人口为 79014 万，占 82.1%，城市人口为 17245 万，占 17.9%。[1] 我国还是农村人口占绝大多数的农民国家。

1978 年以后，实行改革开放，农村首先启动，十多年间，经济发生了很大变化，但由于户籍制度没有根本改革，所以城乡分隔的社会结构仍没有相应改变。1991 年内地社会总产值为 43803 亿元，其中工业总产值 28248 亿元，按可比价格计算，比 1978 年增长 3.46 倍；农业总产值为 8157 亿元，比 1978 年增长 1.1 倍。在工农业总产值中，工业占 77.6%，农业占 22.4%。[2] 但是在 1991 年内地 115823 万总人口中，城市人口为 30543 万人，占 26.4%，农村人口为 85280 万人，占 73.6%。1991 年内地社会总劳动力为 58360 万个，[3] 其中，从事农业的劳动力为 34186 万个，占 58.6%。农民还是占绝大多数，农业劳动力还是占大多数。就绝对数而言，1991 年的农民比 1978 年还多了 6266 万人，1991 年从事农业的劳动力比 1978 年还多了 5873 万个。

一个严酷的事实是，我们一面在发展经济、实现现代化，一面是农村人口越来越多，从事农业的劳动力越来越多（从 1978 年到 1991 年内地新增人口 19564 万，平均每年纯增 1504 万人。其中大部分要在农村定居，在农村就业）。在这种状况下，我们怎么实现农村社会的现代化？

实行改革开放以来，农村的改革和发展都取得了巨大的成绩，特别是在江苏、浙江所处的长江三角洲、广东珠江三角洲等经济发达地区农村和大中城市的郊区农村，乡镇企业出人意料地迅速崛起，经济和社会等各方面发展都很好，不少难题通过群众实践创造性地解决了。总结这些地区的实践和经验，我们可以看到中国内地农村实现现代化的道路和前景。农村未来的发展将经历以下几个阶段。

第一阶段：普遍实行家庭联产承包责任制，农民获得了土地的使用权和自主经营权，成为独立的商品生产者，可以自己决定种什么、怎么种、怎么收获，自己支配农产品，而且还可以从事农业以外的其他职业。这无疑是又一次解放。由此，农民得到了自主、自由，得到了实惠，所以极大地调动了农民的生产积极性，农业生产连年增产，农村经济发展了，农民的收入也有了很大的提高，农民生活改善了，基本解决了内地农民的温饱问题。

---

① 国家统计局编《中国统计年鉴·1984》，中国统计出版社，1983，第 81～82 页。
② 国家统计局编《中国统计年鉴·1992》，中国统计出版社，1992，第 47、54、57 页。
③ 国家统计局编《中国统计年鉴·1992》，中国统计出版社，1992，第 77、101 页。

内地普遍实行家庭联产承包责任制之后，政府因势利导，于 1984～1985 年撤社建乡（镇），把人民公社改为乡（镇），把生产大队改为村，把生产队改为村民小组。相应成立乡（镇）人民政府、村民委员会和村民小组。从此正式取消了"一大二公、政社合一"的人民公社体制，为农村社会分化、社会流动、社会结构的迅速变化奠定了基础，准备了条件。

第二阶段：发展乡镇企业。这是中国内地农民继创造家庭联产承包责任制后的又一个伟大创造。乡镇企业在 20 世纪 60 年代末、70 年代初就在苏南等经济水平较高的地区产生出来①，但真正大规模发展，是在 1984 年以后。实行家庭联产承包责任制使农业大幅度增产，而且有大量的劳动力剩余，田不够种了，大批的农村劳动力要向第二、三产业转移。而城市方面，改革不如农村那样迅速、有效，本身还有许多待业的劳动力，加上返城的大批下乡知识青年也都需要安置，于是，农民就自己筹集资金、自造厂房、自置设备、自学技术、自找供销渠道，办起了各种形式的农村工厂，农村劳动力纷纷向农村的第二、三产业转移。1984 年 3 月，政府发布了《关于开创社队企业新局面的报告》，正式把"社队企业"更名为"乡镇企业"，并且制定了对新办乡镇企业可以免税三年和给予低息贷款等一系列政策。从此，乡镇企业就在农村蓬勃兴起了。

**表 1　乡镇企业发展状况（1978～1991 年）**

| 年份 | 单位数（万个） | 职工总人数（万人） | 总产值（亿元） |
|---|---|---|---|
| 1978 | 152.4 | 2826.6 | 493.1 |
| 1983 | 134.6 | 3234.6 | 1016.8 |
| 1984 | 606.5 | 5208.1 | 1709.9 |
| 1987 | 1760.3 | 8805.2 | 4765.3 |
| 1988 | 1888.2 | 9545.5 | 6495.7 |
| 1991 | 1907.9 | 9609.1 | 11621.7 |

资料来源：农业部乡镇企业局编《中国乡镇企业统计摘要》，1992，第 7～11 页。

表 1 反映了乡镇企业的发展概况。需要说明三点：第一，1983 年的单位数比 1978 年少，这是因为，在实行家庭联产承包责任制初期，有的省区把一部分社队企业也分了，或散了，所以少了；但就整体说，社队企业还是发展的，职工人数和总产值都是增加的。第二，1984 年比 1983 年各项指

---

① 最初叫"社队企业"。——编者注

标有突然的增加，这一方面是因为这一年确实是大发展的一年；另一方面是统计口径不同，1983 年前只统计乡办、村办两类企业，1984 年以后的统计加进了联户办和户办。1984 年，如按原口径统计单位数只有 186.4 万个，职工总人数为 3982 万人，总产值为 1465.9 亿元。第三，1987 年又是个关节点，当年农村社会总产值为 9441 亿元，其中农业总产值为 4675.7 亿元，占 49.5%，乡镇企业总产值为 4765.3 亿元，占 50.5%，乡镇企业总产值第一次超过农业总产值。1991 年乡镇企业总产值已占农村社会总产值的 58.8%。

现在乡镇企业已经成了农村经济的主要支柱，而且成了整个国民经济的重要组成部分，乡村工业的产值已占到全国工业总产值的 1/3。1991 年乡镇企业交税 454 亿元，占当年各种税收的 15.2%。乡镇企业也是农民增加收入的主要来源。乡镇企业的最大成就还在社会方面，乡镇企业成为教育农民的"大学校"，上亿农民通过乡镇企业学习技术、经营，劳动方式变了，生活方式变了，思想方式变了，人际关系也变了。亿万农民正通过乡镇企业的熏陶成为现代人，涌现了一大批巧工能人，涌现了一大批乡镇企业家，促进了农村的社会分化，推动了农村的社会变迁。所以，有人说，发展乡镇企业是农村的产业革命，是中国内地的第二次工业化。

第三阶段：建设小城镇。现在中国内地有 11.5 亿人，3 亿人在城镇，8.5 亿人在农村。人口要城镇化，几亿农民要进城，这是历史发展的趋势。但城市特别是大城市和特大城市因多种原因，本身就很困难，增容能力有限。怎么办？20 世纪 80 年代初期，就有相当多的学者、专家，指出要发展小城镇，提出了"离土不离乡，进厂不进城"的口号，农民可以进小城镇。这些年实际上也正是这样做的。随着乡镇企业的发展，小城镇发展起来了，吸纳了很多农民到镇上来劳动和生活。小城镇大多是在原来的乡（镇）政府所在地扩大发展起来的，也有的是完全新建崛起的。如浙江省苍南县的龙港镇，原来只有数十户人家的一个江滩小村，完全依靠农民自己的力量，现在已发展成为拥有 13 万人的城镇了。

乡镇企业创办初期，因陋就简，规模小，比较分散，真可说是"村村办厂、处处冒烟"。但是，从经济效益和社会效益来看，办第二、第三产业还是要求相对集中，太分散了，用电、用水、用气、交通、通讯都太浪费。另外厂与厂之间，厂与店之间，店与店之间要有交流，要优势互补，所以也有规模效益问题。另外，发展社会事业，如办教育、推广科技、办医院、办文化娱乐设施，也要求相对集中，现在各地的乡镇企业逐渐在向小城镇集中，有很多乡镇制定了优惠政策鼓励各村和农民到集镇来开店办厂。近几年，各地的小城镇发展得很快。1978年内地只有2874个镇，1991年已达10587个镇，正反映了这种小城镇化的趋势。可以说，小城镇的发展和繁荣是乡镇企业发展的必然结果。

乡镇企业创办初期，农民在乡镇企业里劳动，一般是早出晚归，住在本村自己的房子里，回家之后，还要到自己的承包田里干农活。"上工三班倒，种田早中晚。"随着乡镇企业规模扩大、经济水平提高，对技术、对管理的要求越来越高，农民工的收入主要来源于工业，生活水平也相应提高，于是现在相当多的农民工，特别是青年农民工，要求到镇上居住。据调查，现在上海郊区的农民，已有40%要求移居到镇上，嘉定县马陆镇已有800户农民买了商品房，在镇上安居了。这些农民从到乡镇企业工作，到在镇上定居，已实现了从农民到工人的转变，只是他们的农民身份还未变，所以还叫农民工。

第四阶段：城乡一体，实现区域现代化。从内地农村这十多年发展的经验看，乡镇企业、小城镇的发展和繁荣，都是因为有大中城市的带动和辐射影响的结果。现在，中西部的乡镇企业和小城镇举步维艰，发展缓慢，其中一个很重要的原因是缺少大中城市的带动和影响。如安徽阜阳地区1400万人，连一个20万人以上的中等城市都没有，这里的乡镇企业、小城镇发展都比较困难。所以小城镇本身，只是整个发展过程中的一个环节，或者说是一个中间站。随着内地整个经济社会事业的发展，大中城市甚至特大城市还要有一定的发展，从长远看，内地必须改革以农为本的战略设想，要改变城乡二元社会结构，实现城乡一体，实现区域现代化。

所谓区域现代化，是指在一个自然、地理、环境、资源、经济、社会、文化、历史传统形成的较大地区内，以某个特大或大城市为中心，以若干个中小城市为中介，与地区内众多小城镇和农村形成网络，带动、影响本地区整个经济社会协调、持续发展，实现区域的工业化、城市化、市场化和现代化。内地现在的京津唐地区，沪宁杭地区，广州、深圳、珠海地区，沈阳、大连地区，青岛、烟台、潍坊地区，福州、泉州、厦门地区，等等，都是通过大中城市本身的发展和联系，通过区域内乡镇企业的大量发展、小城镇的建设，城乡交流日益密切，互补优势，城乡逐步融合，浑为一体的。这些地区都在渐渐地成为我国第一批实现区域现代化的地区。

从全局来说，内地地域辽阔，农民众多，东、中、西部差距很大，实现农村现代化将是一个很长的历史过程，而且将会有多种实现的模式，以上说的这四个阶段，是现在从一些发达地区总结、看到的一个轮廓。但是这种前景确是已经很明显的了。当然，要在内地全部实现农村现代化，还要做很多工作，但必须这样做。只有广大农村实现了现代化，我们中华民族才能跻身世界先进民族之林。所以说，实现农村现代化应是我们这一代、这几代中华儿女应完成的历史使命。

# 中国农村现代化道路的方向[*]

从理论上而言，摆在中国农民面前的现代化之路，主要有 3 条：一条是西式的道路，一条是苏联式的道路，还有一条就是有中国特色的农村现代化之路。西式的道路中国曾经尝试过，苏联式的道路也曾经尝试过，但都没有持续下来。为什么不能长期走下去呢？仅从主观认识方面或意识形态方面去解释，并不能完全令人信服。而且这样做会夸大个人的作用，夸大人的主观能动性，从而把中国的现代化过程视为受了错误的引导。在我们看来，西式的道路和苏联式的道路之所以没有长期坚持下来，最根本的原因是它不完全适合中国的国情和民情。中国国情一个最重要的特征，就是城乡分隔。城市同农村相比仍然"势单力薄"，处于被农村包围而不是支配的地位。如果仅依靠现有城市的力量，实现农村现代化将遥遥无期。农村要实现现代化，主要依靠的还只能是农村本身，也就是农村需要走一条具有相对独立意义的现代化之路。

经过一段较长时期的探索，我们找到了一条实现农村现代化的正确道路，即有中国特色的农村现代化道路。这条道路是马克思主义的普遍原理同中国具体实际相结合的产物，是在中国建设的逐步实践中和借鉴其他国家的经验的基础上形成的。它可以概括地表述为：以市场作为资源配置的基本手段，在稳定家庭联产承包责任制的基础上，经由家庭经营、乡镇企业、小城镇建设和城乡一体化的过程实现农村现代化。

**市场是配置资源的基本手段**　市场经济作为一种资源配置和调节经济运行的机制，不为资本主义所独有，不是不能为社会主义国家所借鉴和加

---

　*　本文原载于《百科知识》1995 年第 3 期，发表时间为 1995 年 3 月 1 日。该文有关内容包含于《中国社会主义道路与农村现代化》（陆学艺主编，江西人民出版社，1994）一书的前言中。本文涉及的相关省市农村经济社会数据源自作者调查过程中获得的资料 。——编者注

以利用。正如邓小平同志 1992 年南方谈话所说，市场多一点还是少一点不是区别资本主义和社会主义的根本标志。党的十四大以党的文件的形式明确地提出了中国经济体制改革的目标，就是要建立社会主义的市场经济体制。

实现农村现代化为什么要把市场作为调节资源流向和配置资源的基本手段呢？这要从计划经济的缺点和市场经济的优点两个方面来考虑。实行完全的计划经济，不能充分发挥各个方面的积极性、主动性和创造性；企业没有自主权，不能有效地处理各种瞬时信息（而经济过程在相当大的程度上是一个处理瞬时信息的过程）；计划部门所制定的价格往往难以反映产品的价值和供求关系；难以避免产生政府部门的腐败行为等。市场经济较计划经济具有明显的灵活性优势，能运用价格杠杆，调动各方面的积极性，实行资源的优化配置和在竞争中实现优胜劣汰。

把市场作为资源配置的基本手段不是要完全否定国家实行宏观调控和国家干预经济，因为市场也不是十全十美的：实际中的市场，不可能是完全的自由竞争市场，市场的自我发展有转为垄断的趋向，从而破坏市场的资源配置功能；市场对于公共物品投资缺乏响应或响应微弱；不能解决分配不公的问题；对大规模的、长期的和风险较大的投资响应微弱；市场具有盲目性，任由市场发挥作用，经济波动的幅度较大。这些缺点要求政府在注意充分发挥市场作用的同时，有必要采取适当措施对经济实行宏观调控。

**家庭联产承包责任制** 在农村实行家庭联产承包责任制，是党的十一届三中全会后农村实行改革的第一步，也是农村现代化的第一步。它是中国农民在实践中的创造，是具有中国特色的一种经营形式。家庭联产承包责任制既符合农民生产的习惯，又符合农业生产的特点和农村现阶段的生产力水平。它不同于私有制。它一方面保留了土地的集体所有制性质，另一方面充分发挥了家庭经营的灵活性和家庭组织的亲缘性优势，充分调动了农民的生产积极性，使农业生产的潜力勃发，为解决广大农民的温饱问题做出了巨大贡献，为农村的发展积累了一定数量的资金，它是农村现代化的基础和起点，是农村社会安定的基础。

家庭联产承包责任制将长期作为农业生产责任制的基本形式发挥作用，虽然家庭经营的规模将随着农村现代化的推进而有所扩大。决定这一点的根本原因就在于这种形式实现了农村社会稳定和经济效率两方面的均衡，又不妨碍农村劳动力的转移，相反却能为农村劳动力的转移创造动力，减少风险。

**乡镇企业** 乡镇企业是中国农民的第二个创造，是农村现代化的第二步，是农村工业化的支柱，是吸收农村剩余劳动力的主力军和农民致富的主要源泉。

西方发达国家的劳动力吸收主要采取城市工业扩张的形式，城市工业是吸收劳动力的主要领域。中国有的学者也主张通过城市的扩张吸收劳动力，但客观上，城市扩张的力度有限。中国人口众多，农村剩余劳动力过于丰富，发展乡镇企业不仅是权宜之计，而且是城乡隔离体制下的特殊产物。它是农村现代化的必由之路和必经阶段。

就中国目前的体制而言，乡镇企业的发展有其特殊的体制环境，这个环境的突出特点是：实行户口制度，农民进城受到该制度的限制；国营企业经济效益不好。但只要中国的人口众多、农村劳动力大量过剩的条件存在，有没有上述体制环境，都会引起乡镇企业的蓬勃发展。可以认为，中国之所以采用户口制度，原因就在于人口多、劳动力过剩。国营企业经济效益不好，人口过多所产生的就业压力，也是一个十分重要的原因。所以，从最根本上说，乡镇企业的发展是中国人口多、劳动力过剩的产物。它所反映的是中国国营工业企业的规模和城市集体企业的规模、基础相对于广大农村人口和农村劳动力转移的要求而言，是过于少和过于弱了，致使广大农村人口不得不自找出路，自己为自己"农转非"。乡镇企业就是这种"农转非"的快车。

**小城镇建设** 小城镇建设是农村现代化的第三步，是把大量农村人口城市化和沟通城乡的桥梁、纽带。

如何把农村人口城市化，目前存在两种主张：第一种主张是扩展现有城市规模，创建超大型和特大型城市；第二种主张是通过小城镇建设把大量农村人口城市化。从理论上说，这两种方案都可行。但第一种方案如何操作呢？它或者是需要现有城市能创造或具备大量的就业机会，或者是国家实行强制性集中。第一个条件是不具备的，因为目前很多城市能提供的就业机会相对于城市人口而言尚显不足，更谈不上去为大量的农村剩余劳动力提供充分就业了。第二种手段需要有巨大的财力、物力作支撑和完全集中计划的体制作保障，这在目前实属不可能。中国农村人口的城市化只能走农民自我城市化道路，农民要为自己创造一个具有城市性质的生存和发展空间。这种空间就是小城镇。

**城乡一体化** 城乡一体化是中国农村现代化的第四步。农村的现代化就是农村的城市化。城乡一体化不是说整个农村都被消灭了，农民不存在了，城乡一体化的含义包括几个方面的内容。首先是城乡分割的格局不再存在，城市的经济、政治和社会体制同农村没有重大差别，城乡间的人口流动不再有人为的政策性的障碍因素；其次是城市居民的生活水平和农村居民的生活水平不再有十分重大的差距；第三是传统意义上的农民消失了，传统农民转化成为现代农民；第四是大量人口居住在城市，过着城市生活，只有少部分人居住在农村。由此可见，城乡一体化就意味着农村人口的大量转移，同时意味着交通和通讯条件的迅速提高。没有这些，就谈不上城乡一体化。城乡一体化是小城镇进一步发展的结果。随着小城镇的发展，大量人口进入城镇，同时一部分小城镇的规模逐步扩大，形成中等城市和中心城市，在一定范围内发展成一个由大城市、中等城市和小城镇等各种类型城镇组成的城市网络体系。

**地区间发展不平衡**　中国的农村现代化虽然就总体而言要经历以上几个阶段，但由于地区间的发展不平衡，这几个阶段不可能在全国各地都同步完成，有的地区发展快一些，有的发展慢一些。就全国目前的情况看，东部沿海一带的一些地区，如长江三角洲、珠江三角洲、山东半岛等，基本上已经进入了小城镇发展阶段，而全国绝大多数农村地区基本上处于乡镇企业发展这样一个阶段。由于地区间的发展不平衡，有的地区可以不必经过这些阶段而进入农村的现代化。所以，我们说农村现代化的几个阶段不是要求每个地区都跟着这条道走，每个地区都可以根据各地自身的条件去发展，但从中国的具体情况看，走这几个阶段在绝大多数地区是必然和必要的。

# 实现农业社会向工业社会的转化<sup>*</sup>

乡镇企业的崛起，改变了中国农村的经济结构，推动了农村的工业化，促进了中国由农业社会向工业社会转化。与此同时，乡镇企业的发展，也改变了中国农村的社会结构，促进了农民的分化。因为各地的经济发展状况不同，所以农民的分化程度和各个阶层的组成状况也不同。在经济发达的东部沿海地区和大中型城市的郊区，农民分化程度高，农业劳动者大量减少，而农民工、雇工、个体劳动者、个体工商户、私营企业主、乡镇企业管理者大量增加；在欠发达、不发达地区，农民分化程度低，农业劳动者仍占多数。从整个国家来说，随着农村市场经济和乡镇企业的发展，农业劳动者将逐渐减少，而农民工、雇工、个体劳动者、个体工商户、私营企业主、农民知识分子、乡镇企业管理者将继续增加，而且还会进一步分化出新的阶层来。

因为特殊的国情、特有的政治和经济方面的原因，中国农民的转化将是一个特殊的漫长的过程：从 20 世纪 80 年代初期开始，通过发展农村市场经济、发展乡镇企业，首先是实现职业化的转化，由农业劳动者转变为非农业劳动者，现在大约已经有 1/3 的农民实现了这种职业转化；其次是居住地的转化，1993 年政府已经决定，逐步改革小城镇的户籍管理制度，允许农民进入小城镇务工经商，允许这部分农民在小城镇落户；最后，将彻底改革户籍制度，实行城乡一体的户籍制度，实现农民身份的转化，实现农民变为城镇居民的历史转化过程。

中国 9 亿农民中的大多数要逐步转化为工人、职员，转化为城镇居民，这是历史的必然。上述农民实现职业转化、居住地转化、身份转化的三个阶段，是对目前中国农村正在进行着的农民转化为城镇居民这一历史过程

---

\* 本文原载《光明日报》1995 年 4 月 25 日第 5 版。——编者注

的概述。事实上，转化的形式多种多样，而且，广大农民还在创造新的转化形式。正是通过这些符合中国特殊的经济社会条件的转化形式，中国农村社会实现了稳定而又循序渐进的变迁，实现了农村工业化，实现了农村城镇化，实现了由传统社会向现代社会的转变。

# 关于苏南现代化的几个问题<sup>*</sup>

　　江苏省社会科学院根据省委提出的苏南要在 2000 年基本实现社会主义现代化的指示精神，与无锡县联合召开本次苏南现代化理论研讨会是很适时的，对于推动苏南现代化的研究，推动苏南现代化的加快发展都将起到积极的作用。

　　我在这里讲几点意见。

## 一　苏南的发展增强了我们在中国实现社会主义现代化的信心

　　我们这次应江苏省社科院的邀请来参加苏南现代化理论研讨会。会前参观考察了太仓、昆山、吴江、张家港和无锡，受到了各地热情款待，学到了很多东西，受益匪浅。但最重要的一点就是，增强了我们对中国实现社会主义现代化的信心。

　　第一，增强了我们对经济持续、稳定、快速发展的信心。改革开放 17 年来，全国的 GDP 每年平均以 9% 的速度发展，这在外国人看来已经是奇迹了，但苏南的发展简直就是奇迹中的奇迹。苏南有 1325 万人，1.75 万平方公里土地，这在欧洲就已经是个大国了。苏南的年均发展速度是 18%，相当于全国水平的一倍，这是个了不起的纪录，这个纪录能不能继续保持下去？来苏南考察之前，我们中的不少人有疑问，但在看了太仓的港口建设、昆山的经济开发区、吴江的丝绸市场、张家港的城市建设和保税区、无锡

---

　　* 本文源自《"三农论"——当代中国农业、农村、农民研究》（陆学艺著，社会科学文献出版社，2002，第 281 ~ 289 页）。该文系作者提交"苏南现代化理论研讨会"的论文，原稿写于 1995 年 6 月 12 日。——编者注

的机械行业之后，我们都感到，苏南的经济发展方兴未艾，后劲十足，潜力很大。特别是苏南的干部，他们不但对苏南的发展信心十足，而且有奉献精神，有"为官一任，造福一方"的为人民服务、为人民谋福利的精神。有这样一支过硬的干部队伍和广大群众相结合，苏南在 20 世纪末基本实现现代化的目标就有了政治保证，就不只是一句空话。苏南现代化的意义当然不仅限于苏南，苏南是中国现代化过程中的排头兵，苏南的现代化实践已经充分证明且将更进一步地证明，邓小平同志提出的我国要在 21 世纪中叶达到中等发达国家的水平、实现现代化，是完全有把握的。苏南的发展雄辩地说明了这一点。如果全国都达到苏南现在的水平，按现在的汇率计算，中国的 GDP 就是 15000 亿美元，在世界是排第三，如果按购买力平价计算，那就更高了。

第二，增强了我们对农业发展的信心。从各国发展的历史看，不少国家在实现现代化的时候，往往是以牺牲农业或者以农业发展滞后为代价的，早的如欧洲的英、法、德，晚的如日本、韩国都是如此。日本在实现现代化的过程中耕地减少 52%，粮食减少 33%；韩国的耕地减少 42%，粮食减少 31%。所以，美国的世界观察所所长布朗预测，中国 2030 年人口将增加到 16 亿人，耕地将减少 1/3，粮食将减少 20%，进而要进口 3.8 亿吨粮食，可世界现在只能出口 2 亿吨。因此，他提出了"谁来养活中国"这样一个耸人听闻的问题。

对于这个问题，苏南的实践做出了最好的回答。改革开放 17 年来，苏南的经济总量增加了 11 倍，耕地虽然有所减少，但农业总产是增加的，粮食单位面积产量是增加的，仍能自给有余。我们看了各地的农业，特别是太仓的千亩丰产田、无锡的标准田（这在世界上是第一流的）。我们感到，中国农业发展还有潜力，中国完全能靠中国农民养活，也只有靠中国农民才能养活中国。

第三，增强了我们对环境保护、环境治理、建设清洁文明城市的信心。不少国家和地区的经济发展是以牺牲优美的环境为代价的。前几年苏南的污染，特别是河水的污染也很严重，鱼米之乡的鱼少了，鱼不能吃了。有的地方脏、乱、差的问题十分突出。这次到苏南考察，情形有了很大改观，各地都开始注意"三废"的治理。特别是张家港市，不但城乡都很整洁，看不到垃圾，也看不到废弃的纸和塑料膜，而且车间、办公地点都很干净，环境都很优美。这充分说明，只要努力和重视，我们完全可以达到世界现代文明的高度，形成一种高度文明的风气，创造一个优美的环境。

第四，增强了我们对办好教育，实现人的现代化的信心。苏南历来尊师重教，教育也很发达。但在"文革"期间，苏南的教育也被弄得百孔千疮，校舍比较简陋。这次到苏南参观考察，发现苏南各地都很重视教育，领导们意识到未来的竞争归根结蒂就是人才的竞争这条真理，教育事业的发展有了很大的成绩。我们看了张家港的梁丰中学、无锡的洛社镇新开河小学以及华庄镇的成人教育中心、幼儿园等。这些教育基地的物质条件已经很不错，在发达国家也是第一流的，在教学方法和内容上也很具有现代教育的特征。

## 二 对苏南模式的再认识

我们国家目前正处于由农业社会向工业社会、由农村社会向城市社会的转型过程中，也就是正处于由传统社会向现代社会的转型过程中，同时我国还处于由计划经济体制向社会主义市场经济体制转变这样的一个过程中。从传统社会向现代社会转化，实现工业化、城市化，是所有现代化国家都经历过的，不同的是他们并没有同时伴有由计划经济体制向市场经济体制转化这样一个过程。中国的现代化不但要实现工业化和城市化，同时要完成体制的转轨。苏南模式正是在这样的一个大的背景下产生和发展的。它充分利用了计划和市场的优势，是计划和市场相结合的范例，是比较适合中国国情的经济形式，对中国的工业化起了很重要的作用。苏南模式以集体经济为主，把计划和市场很好地结合起来，其优势主要有以下几点。

1. 有利于动员各种经济社会资源进行工业化建设，有利于有组织地把农民转移到第二、第三产业上去。

2. 有利于协调工业、农业之间的关系，在工业发展之后大力扶持农业的发展，以工建农，稳定农业这个基础。

3. 有利于协调社区内农民之间的关系，防止两极分化，实现共同富裕。

4. 有利于乡镇企业向大规模的集团企业、现代企业转化，提高乡镇企业的水平和档次，增强企业的竞争力。

5. 有利于公共设施建设，有利于小城镇建设。

6. 有利于"两个文明"一起抓，社会比较稳定，社会秩序较好。

7. 有利于社会主义教育事业和科技事业的发展。

当然，我们还能总结一些其他的方面。我相信，随着苏南模式的进一步发展和人们认识的进一步深入，对苏南模式还将概括和总结出新的东西来。

# 三 苏南模式要完善，要发展，要创造新的经验

苏南模式不是一个僵化的体系，它需要在实践中发展和完善，需要随着生产力的发展不断进行改革，在新的形势下创造新的经验。根据我们的研究和这次参观考察，我想苏南模式可以在下述三个方面继续发展和完善。

第一，要在城市化方面创造新经验，在发展和完善上下功夫。

从传统社会向现代社会转型的主要内容：一是实现工业化；二是实现城市化。在实现工业化方面，苏南模式发挥了巨大作用。苏南模式吸引了广大农民参与到工业化的建设中去，避免了有些国家在农民转向工业时的那种"血与火""羊吃人"的痛苦的历程。在这方面，苏南模式是成功的，起了带头示范作用。苏南的工业化可以说已经基本完成。但城市化滞后问题依然十分严重。苏南的城乡人口比例大约为 30∶70，无锡县是 42∶58。这就是城市化滞后问题。这个问题怎么解决？我看苏南完全有能力、有条件创造新的经验，要想加快经济的发展，继续在全国起示范带头作用，那就要在如何实现有中国特色的城市化、农民市民化上做文章。在这方面要有创造性的举措，总结出新的经验来，这对全国各地的现代化建设是有意义的，也将在国际上产生新的影响，这篇文章做好了，苏南模式就有了新的发展，新的意义。

要解决城市化滞后的问题，主要应抓好三个方面的工作。

一是城市如何建？是按照现在 3 个中等城市、12 个小市，345 个镇这样一个行政格局，按级别、分层次建起来，还是按照经济发展和社会事业进步的要求，建成一个区域现代化的城市群、城市带？目前苏南的城市化建设是各搞各的，3 个市有自己的规划，12 个小市和 345 个镇也有自己的规划。例如，苏、锡、常三个市，周围是吴县、无锡县和武进县，各管各的，形成所谓"荷包蛋现象"，蛋黄归蛋黄，蛋白归蛋白，各不融合相关，现在上述三个县都要改为市了，并且都在老城附近建了新城。但原来的规划和体制并没有变，只是"单黄蛋"变成"双黄蛋"，"荷包蛋"还是"荷包蛋"，城乡仍是分隔的。这样做恐怕不行。应该对 1.75 万平方公里统一进行规划，还要考虑到上海、南京等的辐射和影响。要以大城市为中心、中等城市为卫星城、小城镇为纽带、现代化的农村为基础来规划我们的城镇建设，实现区域现代化。

二是城市建了之后谁进来？现在 1325 万人，真正的城市户口在 20%～

30%之间，而实际上主要务农的人口已经不到20%了。从中国的国情看，中国式的城市化要分三步走，农民首先是职业要变，当离土不离乡的农民工；其次就是居住地要变，搬进小城镇或其他城市去居住；最后方是身份变化，有了非农业户口，农民身份才能变成城镇居民的身份。从中国人多地少的国情出发，我认为还是要让农民进城，住楼房、住公寓为好。城市和农村的区别不仅仅表现在高楼大厦方面，更主要的是表现在各种各样的"软设施、软服务"上。后者不是盖一些高楼大厦就能解决的。我认为至少要以数十平方公里的镇为社区单位来规划，镇为中心，有居民住宅区、工业区、商业区、文教区，等等，周围有若干个中心居民点、大片的农田分布。现在有的先富裕起来的村，千把人，也在规划商业区、工业区、文教区、住宅区。那里的商店很宽敞豪华，但没有多少人。这样的规划值得考虑，都这样做是不行的。

还有就是现在苏南已有的300万外来人口让不让进？已经进来了，还是把他们规划进来的好，实行一视同仁，否则将会遗留不少的社会问题。

三是城市如何管？我调查过几个县城，人进来了，城也扩大了，但还是归城镇管，很多问题根本管不过来。城市建了，发展起来了，就应有自己的社区组织，就要有街道组织把要管的事管起来。

城市化问题是下一阶段的热点问题。我希望苏南今后在这方面创造出新经验来。这就是苏南模式的新发展，苏南模式就能在新的形势下做出新贡献。

第二，要在促进社会全面进步和促进经济社会协调发展上下功夫。

现代化是一个系统的概念，既包括经济的现代化，也包括社会的现代化、政治的现代化、环境的现代化和人的现代化，等等。使经济协调发展、经济繁荣，使国家富起来，这方面，我们已经做了，经济正在起飞，特别是像苏南这样的地方。但不能只有经济增长，如果只顾经济增长，经济的发展就没有后劲，社会也没有全面进步，个人的生活质量就不会提高，社会也肯定没有秩序。经济当然是基础，但富裕不等于幸福，现代化就是要实现社会的全面进步。

社会的全面进步最主要的是社会结构的进步，就是社会结构的优化。判断一个社会的社会结构是否优化，主要看以下几个结构是否优化：①人口结构；②家庭结构；③阶级阶层结构；④就业结构；⑤城乡结构；⑥地区结构；⑦消费结构；⑧组织制度结构，等等。我这里重点讲一下就业结构和城乡结构。

**1. 就业结构** 到 1994 年，无锡县劳动力的就业结构是：第一产业为 16%，第二产业为 65%，第三产业为 19%，是"二、三、一"顺序；全国的情况是：第一产业为 56.4%，第二产业为 22.4%，第三产业为 21.4%，还是"一、二、三"的结构。一般地说，就业结构和经济结构应该是一致的，可现在事实上存在严重的偏离。按户籍计算，无锡县 1994 年农业人口占 88%，这是指承包有田有地的人，只有 12% 的非农业人口。大量是"亦工亦农"人口。这种"亦工亦农"是在以前那种僵化的城乡、工农分隔体制下不得已而采取的办法。从长远的发展看，从现代化的要求看，这种"上工三班倒，种田早中晚"的办法对于专业化分工、对于提高劳动者的素质都十分不利，对发展经济也不利，应该尽快解决。

**2. 城乡结构** 全国 1994 年是城市居民占 28%，72% 的人口还是在农村。事实上，无锡县现在真正务农、靠农业为生活来源的人已经很少很少，无锡县 109.8 万人中非农业人口只有 13 万多人，占 12%，但 88% 还是农民身份。这当然不反映人口居住的实际情况，但就按实际居住人口计算，无锡县城镇人口也只占 42%，而非农产业产值已经占 95% 以上，城市化滞后的问题十分严重。在这方面苏南还有很多工作要做。

第三，要在提高人的素质，实现人的现代化问题上下功夫。

改革开放以来，苏南有现在这样的成绩，一靠的是党的领导和政策，二靠的就是人才优势。但如果再向前发展，初、中级人才就不够了。根据有关方面预测，到 2000 年，苏南急需高新技术和管理人员 5000 名左右。要解决这个问题，单靠借、靠挖不够了。按现代化的标准，每万人中应有大中专人才 450 人，苏南现在只有 196 人，缺一半还多。苏南的初高中目前办得很好，但大学很少，比不上本省的宁扬地区，苏南每万人口在校大学生仅为 19.7 人，而宁扬地区为 39.7 人，全国是 21.4 人。苏南的高等教育水平低于全国平均水平，这好像是不可理解的，但这是事实，可见问题的严重。因此，要实现现代化，达到现代化的标准，唯一的办法就是要自己办大学，要办几所重点名牌大学，自己培养人才。这是苏南地区实现现代化的当务之急。

苏南完全有能力、有条件做到这一点。1979 年以来，无锡县在 39 所大中专院校代培 5027 人（26 个专业，146 个大专班），按人均 5000 元计算，也要 2500 万元，比办一个大学每年所需的经费要高多了。苏南在外面的人才也很多，苏南籍的教授、研究员、副教授、副研究员在全国有数千乃至上万人，已经退休和将要退休的也很多。他们有丰富的经验和知识，请一些人回来，办几所大学不成问题。所以，苏南自己办高等教育，不是能不能的问题，而是为不为的问题。希望有关领导、决策部门关注这件事。

从总体看，苏南的现代化在工业化、在经济发展、在人均 GNP 等方面已经达到中等发达国家的平均水平，所以我认为苏南要在 2000 年实现现代化，很重要的一点是要"填平补齐"，有些方面有些项目要重点加强，例如高等教育、科研、环境保护等，这几个方面要重点抓。

总的说来，苏南的经济现代化已经有经验了，看得见了，有了很大的成就，在社会发展和社会事业的进步、社会结构的优化上也已经有了一个好的开端。我相信，苏南在新的形势下，一定能创造和发展出新的经验，继续在中国现代化的过程中起示范带头作用。

# 关于中国农村现代化发展道路问题[*]

## 一 农村现代化的目标

现代化社会是有标准的。对此，国际上的经济学家、社会学家已经进行了广泛研究，美国斯坦福大学的英格尔斯提出了十项标准（见表1）。这些标准是基本的、起码的。世界上很多国家已经超过了这些标准，如1993年的人均 GNP，按购买力平价计算，美国24410美元，德国20260美元，日本20020美元，法国18800美元，意大利17820美元，英国16840美元。这些国家的农业产值都在10%以下，城市人口都在80%以上。

中国第一步当然也是要达到这些基本的标准。只有达到了这些标准，我国才能说实现了现代化。这些基本标准，就城市这一块来说，相当一部分大中城市已经基本达到了。问题是我国的农村人口占很大比重，12亿人口中有72%是农民，而农村的经济社会发展水平普遍不高，城市和农村人口一平均，各项指标就和现代化的基本标准差距很大了。中国要实现现代化，首要的是解决农业、农村和农民的问题。

就农村来说，现有8.6亿农民中，大约2亿人在沿海发达地区，4.4亿人在欠发达的中部地区，2.2亿人在不发达地区，其中有8000万人还没有

---

\* 本文源自《晋江模式与农村现代化》（陆学艺主编，知识出版社，1995）一书代前言，原稿写于1995年6月21日。该文原系作者在"中国农村发展道路（晋江）研讨会"上的发言，后作为代前言刊载于《晋江模式与农村现代化》一书。该文第二部分以《关于中国农村现代化发展道路问题》为题刊发于《社会科学战线》1995年第6期。该文还以《〈晋江模式与农村现代化〉前言》为题收录于文集《"三农"新论——当前中国农业、农村、农民问题研究》（陆学艺著，社会科学文献出版社，2005）。本文涉及的相关省市农村经济社会数据源自作者调查过程中获得的资料。——编者注

解决温饱问题。

表1 现代化的基本标准

| 项目 | 英格尔斯标准 | 1993 年（中国） | 2000 年（中国） |
|---|---|---|---|
| 人均 GNP | 3000 美元 | 470 美元 | 800 美元 |
| 农业在 GNP 中的比重 | 15% 以下 | 24% | 20% |
| 第三产业在 GNP 中的比重 | 45% 以上 | 32% | 42% |
| 城市人口比重 | 50% 以上 | 28% | 40% |
| 农业劳动力在就业人口中的比重 | 30% 以下 | 55% | 45% |
| 成人识字率 | 80% 以上 | 70% | 75% |
| 大学生占 20～40 岁人口比重 | 10%～15% | 2% | 5% |
| 人口自然增长率 | 1% 以下 | 1.2% | 1.1% |
| 平均预期寿命 | 70 岁以上 | 70 岁 | 72 岁 |
| 每一名医生服务的人口 | 1000 人 | 700 人 | 700 人 |

资料来源：参见孙立平《社会现代化》，华夏出版社，1988，第24～25页。

从发展来说，进入现代化社会的过程是个梯度发展的过程。发达地区和大中型城市的郊区、农村将率先进入现代化社会。目前，这些地区，如晋江，经济和社会发展水平已经到了比较高的水平，但总体上离现代化标准还有距离，有些方面已经接近或达到了，有些方面还差得很多。不发达和欠发达地区离现代化的目标则更远。

## 二 关于中国农村现代化发展道路问题

中国原来是一个典型的自然经济的农业社会。1840 年，帝国主义用长枪大炮打开了中国的大门，引起了很大的社会变化，在客观上促使中国社会迈开了走向现代化的步子。经过 19 世纪后期的洋务运动，中国开始有了近代工业，但发展很缓慢。中国的民族资本很脆弱，而且具有极大的依附性。直到全国解放，中国的工业产值只占 17%，就是包括手工业在内也只占 30%，农业产值占 70%，城市人口占 12.5%。中华人民共和国成立后，更确切地说从中国共产党提出过渡时期总路线，从 1952 年第一个五年计划开始大规模的国家工业化建设后，中国的现代化事业才步入快车道。

1952～1957 年，中国的工业化发展是相当快的。其间，全国进行了以 156 个大中型企业为主要项目的建设，奠定了国家工业化的基础，搭起了工业化的骨架，至今这些企业还在发挥着骨干作用。当时，一方面，经济结构发生了变化；另一方面，社会结构也随之有相应的变化。每年约有 200 万 ~ 300 万的农村人口转变为城市人口，一批新型的城市拔地而起，如包头、阜新、三门峡，等等。

就农村来说，在 20 世纪 50 年代初期，完成了土地改革运动，将 7 亿多亩耕地分给了无地或少地的雇农、贫农和中农，使他们成为土地的主人，成为耕者有其田的小农。农民得到了土地，生产积极性、政治积极性空前高涨，使农业生产平均以 5% ~ 6% 的速度向前发展。1954 年，遇上特大涝灾，长江大堤决口，但当年全国粮食仍然增产。自 1953 年起，开始在全国推行农业合作化的试点，原定用三个五年计划的时间完成全国的合作化，准备通过从互助组到初级生产合作社，到最终实现高级农业生产合作社的形式。开始的试验是成功的，但是到 1955 年，党内发生了争论，批判了所谓党内"右倾"思想，批判"小脚女人"，掀起了农业合作化高潮，结果只用一年多的时间，就在全国实现了高级合作化。大部分农民一步登天，没有经过互助组、初级合作社，到 1956 年下半年，就都成了高级合作社的社员。如此，一场涉及 5 亿多农民，从土地和农业生产资料私有到集体所有，农业生产过程由个体劳动分散经营到集体劳动集中经营，遍及全国的生产关系变革，靠着共产党、毛泽东在农民群众中的威信和政权力量，比较顺利地实现了。当然也产生了一些新的矛盾和问题，有些地方在这种转变过程中，集体生产和分配等没有组织好，如 1957 年，出现了部分群众要拉牛退社的问题。这本来也在情理之中，应采取逐步调整、完善的方针和方法加以解决。但是，却采取了进行社会主义教育以及大批判等手段，把农民的意见打了回去。到 1958 年下半年，又在"大跃进"和新的总路线的口号下，在全国掀起了人民公社运动，仅用三四个月的时间，便把全国 60 多万个合作社合并成 5 万多个人民公社，实行一大二公，政社合一，工农兵学商、农林牧副渔为一体的人民公社制度。在公社内部，实行组织军事化、行动战斗化、生活集体化的体制，没收自留地，关闭集贸市场，不仅否定了私有制，也否定了按劳分配，乃至在全国实行公共食堂，建立起了货真价实的"吃大锅饭"制度。农民只剩下一只碗、一双筷子。

这种"左"的做法，理所当然地遭到农民的反对，但农民这时已经一无所有，他们的唯一表现就是消极怠工。一方面，大量的农业劳动力在大炼钢铁、大办工业的口号下流入城市；另一方面，留在农村中的人出工不出力。1958 年本来是个大丰年，但丰产没有丰收，很多庄稼烂在地里。可是，各地却都报丰收，刮起了浮夸风。到了年底，政府不仅没有收购到应有的粮食，而且猪肉、白菜也收购不上来，出现了供应紧张。当然，党中央和毛泽东同志及时发现了这个问题，于1958年冬和1959年春开了两次"郑州会议"，重申了人民公社仍然是集体所有制，重申了按劳分配原则，提出了"三级所有，队为基础"的方针，反对浮夸风，反对说假话。1959年上半年，对农村工作做了调整、整顿，本来是想纠正1958年过头的做法，7月的"庐山会议"本来也是准备反"左"的，后来由于彭德怀等提意见，转为反"右倾"。以后，全国规模的反"右"，使"左"的东西继续兴风作浪。结果，1959年出现粮棉大减产。1960年形势更加恶化。几年的折腾，农村生产力遭到严重破坏，粮棉产量降到了1952年的水平，有些地方甚至退到了1949年以前的水平。1959年、1960年，全国出现了非正常死亡，许多地方到了人无粮、马无草、村无树的地步。农村山上的树木被砍伐，森林覆盖率下降到11%以下，农村的元气大伤，中国的元气大伤。

真正发现问题已到了1960年的秋天，于是不得不急刹车，开始反"五风"、整社，吃饭买粮开始普遍实行粮票制，以后又清退进城的农民，下放了约2000万职工回农村。从此，实行城市、农村分隔管理的户口管理制度，严格控制"农转非"，每县每年"农转非"的指标仅为1.5‰，城乡分割的二元结构开始稳固化。1962年提出"调整、巩固、充实、提高"的"八字方针"，1963～1965年农村的生产、生活逐渐恢复。可是1966年又开始了"文化大革命"，一下子折腾了10年，把经济搞到了崩溃的边缘。1976年粉碎"四人帮"，结束了"文化大革命"，却搞"两个凡是"，"按既定方针办"，又耽误了两年。

虽然在20世纪60年代就提出了"四个现代化"建设问题，可是经过20年的折腾，不仅现代化的目标没能实现，而且中国同世界发达国家的差距拉大了，同周边国家和地区的差别显著了。1960年，我们和日本的经济总量是一样的，1956年我们就有了"解放牌"汽车，他们还没有，1958年我们有了半导体，他们也还没有。20世纪50年代的香港和新加坡不如上海，20世纪60年代的韩国也不如中国，20世纪60年代台湾同大陆也差不多，可到了20世纪80年代初，情形就大不一样了。回顾这段历史，是要说明我们今天是在什么样的基础上进行现代化建设的。

20年的折腾留下了三个东西：一是庞大的人口。20世纪50年代中国只有6亿人，到1978年已达9.6亿人，平均每年增加1500多万人。随之而来的是一个庞大的失业群体，在农村和城市都不能充分就业。二是基本上按苏联模式建起来的计划经济体制。这个体制，毛泽东在1956年就发现并不理想，有问题，所以写了《论十大关系》。想改，可是到底也没有进行实质性的改动。三是城乡分割而且形成了固化的二元社会。工人、干部搞第二、三产业，持有非农业户口，住在城市里。农民搞农业，住在乡下，是农村户口。一个国家两个社会，这是中国特有的。这三大遗产现在都成了巨大的包袱。所以，十一届三中全会以后，抓住了改革开放这个关键问题，改计划经济体制，改城乡二元社会结构，改与之相适应的有关机构、思想、文化、生活方式等方面的东西。16年过去了，我们在各方面都取得了伟大的成就。现在来总结城市的改革，第二、三产业的改革，特别是国有大中型企业的改革，虽然有了进展，但基本上是打外围战，还没有找到改革的最佳方案。国有大中型企业至今还有相当一部分没有活力，到1994年仍有40%处于亏损状态，很多企业效益不好，而有的已名存实亡、资不抵债，但因社会要养其中的就业人员，仍不能实行破产。中共十四大已经明确了要由计划经济体制转向市场经济体制，但这毕竟是一个长期过程，尚需时日。

相对来讲，农村改革要比城市改革效果好得多。十一届三中全会后的农村改革，实行了以包干到户为主要形式的生产责任制，使农民得到了土地使用权、经营自主权、职业自由选择权和自身劳力的支配权，由此调动了八亿农民的生产积极性。1979～1984年，农业每年以9%的速度增长，农民收入以15.1%的速度增加，粮、棉、油、糖等主要农产品产量都超过了历史最高水平，改变了原来需要进口的局面，且1984年可以出口粮棉。但1985年以后，农业出现了徘徊，农业生产增长缓慢，农民收入的增加也放缓了。

我认为，出现这种徘徊并不是因为农民和农业生产本身有了什么问题，不是农民积极性降低，也不是农业生产技术等方面的落后，更不是自然灾害，而是城市改革，第二、三产业改革没有跟上来的缘故。

1984年粮棉大丰收后，有关方面做了错误的估计，以为粮棉过关了，有人甚至说三年不种棉花也够用。从1985年起实行粮棉限购，粮食改统购为合同订购，农民要凭计划交售粮食，多一斤也不收购，粮食产量大幅度下降。1985年计划收棉花8500万担，可是1984年就已生产12516万担，于是很多收购部门压级、压价、压秤，刁难农民。1985～1986年，对棉花收购的优惠政策全取消了，对棉农"连砍五刀"，结果出现了大减产，两年共减5500万担。

按一般发达国家的经验，在现代化过程中，农村的问题是要靠城市带动来解决的。工业发展了，城市发展了，反哺农业，反哺农村，把农村的劳动力吸收进去，现代农业生产资料下乡，把农业武装起来，使农业现代化；由国家出资，把农村的道路、邮电、通信等基础设施建设起来，使农村现代化；国家提高农产品的价格，使农民普遍富裕起来。可是，我国城市第二、三产业改革滞后的原因，一是第二、三产业自顾不暇，不仅不能吸纳农村劳动力，连自己的劳动力都不能全部利用，至今城镇还有数百万失业人口；二是企业效益普遍不好，不仅不能支援农业，连城里职工的生活水平也是靠农产品的低价格才得以维持的；三是因为第二、三产业效益不好，上缴税收不多，国家的财政收入常常入不敷出，城市的基础设施和社会事业投入与所需尚有较大缺口，农村的基础设施和社会事业国家无力管好，还要靠农民自己去解决。

正是在这样一个历史背景下，在这样一个特定的二元结构条件下，才有一个农村现代化发展道路问题，这本身就是有中国特色的问题。

广大农民不能等城市改革改好了，第二、三产业改革改好了，让城市来支援，也不能等国家来帮助，只好依靠自己的力量来进行农村现代化建设，于是就有了自创造包产到户以后的一系列伟大创造。这是农民取得土地使用权之后，在解决了温饱问题之后，要求发展，要求继续改变面貌，改变自己的政治、经济地位而做出的富有创新性的努力。

农民作为一个阶级，本来是封建社会的基本阶级，是要求解放、要求获得土地的阶级，他们在工业化、现代化社会中将逐步分化，逐步减少，最后剩下的一部分，也要转变为现代化农业的经营者。从经济上、产业上说，农业在国民经济中的基础地位虽然不变，但在国民经济中的份额越来越少。随着机械化、现代化的发展，从业人员也越来越少，只占10%左右。所以，马克思认为，在资本主义条件下，农民阶级将两极分化，一小部分成为资本家，而绝大部分将要沦落为一无所有的无产者。恩格斯说我们预见到小农必然要消亡。20世纪70年代，法国社会学家孟德拉斯在《农民的终结》一书中认为，在法国社会中，原来意义上的自给自足的农民已经消亡了，他们绝大部分进城转化为工人，而留在农业上的也成为农业经营者了。这便是农民阶级的命运。对此，中国农民是早有觉悟的，所以当我们在20世纪50年代实行工业化时，广大农民背起行李就涌向东北，涌向大西北，从事工业建设。像王进喜等一批后来成为工业战线上的劳动模范和著名人物，都是那时从农村中出来的。但是，这个进程到20世纪50年代末就被打断了，农民没有了进城转业的机会，被死死地卡在了农村。这几乎成为一代农民的遗憾。

一个材料上讲，20 世纪 80 年代中期，安徽来安县有位 60 岁的农民死了，他的四个儿子替他办了一场很隆重的葬礼，墓前去了很多人，除火化了纸扎的冰箱、彩电、轿车之外，还火化了两样东西：一是公安局的户口准迁证，二是工厂的工作证。儿子是最了解父亲心愿的，这位农民生前最盼望得到的两样东西（成为工人、获得城市户口），都未能如愿以偿，只好死后到阴间去兑现了。这位农民的心愿，代表了中国农民的意向，我认为这是符合历史潮流的。但是，我们工业化、现代化的曲折道路，阻挠了农民心愿的实现，他们要求改变自己历史地位的希望破灭了。

农村改革后，农业生产发展，农民不等城市改革，不等第二、三产业改革，自己集资，自己办工厂，自己学技术，自己生产，自己销售，创造了乡镇企业这个好形式，从职业上首先实现了由农业向非农产业的转变。到 1993 年，全国已有各类乡镇企业 2300 万家（其中村办、乡办的 152 万家）；有 1.1 亿乡镇企业职工，几乎同城市职工的总数相等；总产值 2.9 万亿元，已经成了国民经济的重要组成部分，约占全国工农业总产值的 40%；所交税额占国家税收净增部分的 50%；职工收入占全国农民纯收入净增部分的 60%；出口商品占出口商品收购总量的 45%。在经济上，乡镇企业已经成了国民经济成长的一个重要支柱。

从社会学的观念看，办了乡镇企业，整个农村社会的面貌就变了，变得生气勃勃、繁荣兴旺。其中，变化最大的：一是人变了，涌现了一大批企业家、供销人员和能工巧匠；二是劳动方式变了，不再是日出而作、日落而息，而是按工业、商业生产的程序工作和劳动了；三是生活方式变了；四是思想观念变了。乡镇企业改造了农民，乡镇企业把农民领进了现代社会的门槛。所以，1985 年争论农村第二步改革是什么时，我在《经济日报》上发表过一篇文章，认为农村第二步改革的中心，就是兴办、发展乡镇企业，这是农村包产到户之后要实现新的发展的关键。实际情况也正是这样：凡是办了乡镇企业，而且办得比较好的地区，不仅经济发展了，劳动力有了出路，收入增加了，办社会事业有钱了，而且农村服务体系也有了物质基础，有了补农业的钱，农业生产也就可以稳步提高了。所以说，乡镇企业是农民在中国共产党领导下的第二个伟大创造，是农村实现现代化的第二步。

农村现代化发展的第三步，就是要搞好小城镇建设。从经济上说，乡镇企业的发展，本身要求聚集，要求第三产业为之提供服务，这个载体便是小城镇。工业本身是有聚集效应的，它不能像农业那样分散在广阔的天地里，要求相对集中，这样可以节省资金，减少成本，如集中供电、供水、供热等。分散了，效益就不高了。所以，这几年兴起的工业小区，就是乡镇企业发展的客观要求。另外，乡镇企业的职工（农民工），为了要过真正的工人生活、城市生活，也要求进城镇居住。他们认为居住在城镇有许多好处：一是上下班方便；二是业余生活可以丰富多彩；三是子女能上城镇的中小学。这样，农民就可以通过自身的力量，实现全面的"农转非"。这一步实现了，农民就不再是原来意义上的农民了。

做到了这些，农村是不是就实现了现代化？还不是。因为农村的现代化有待于城市的现代化，有待于全国的现代化。为此，需要与城市改革及第二、三产业的改革相协调，也就是说，目前的状况必须改变。单有农村现代化的发展，城市还是"吃大锅饭"，效益不好，用不了多少年，农村乡镇企业和小城镇发展就会像前几年农业受阻一样，遇到来自城市的压力，形成徘徊或停滞的局面。所以，城市的改革及第二、三产业的改革有所突破，城市大中型企业真正走上市场经济的轨道快速发展，出现城乡融合、城乡一体，实现区域现代化，就是实现农村现代化的第四步。

所谓区域现代化，就是以一个特大或大城市为中心，以若干个中小城市为纽带，带动一片小城镇，带动实现了规模经营的农村，实现城乡协调发展。现在的北京、天津、唐山地区，大连、鞍山、沈阳地区，烟台、青岛、潍坊地区，上海、南京、杭州地区，珠海、广州、深圳地区，福州、泉州、厦门地区，已经可以看到这种区域现代化的雏形了。这些现代化区域正在由东向西、由南向北推进。

就全国来说，第一步已经普遍实现了；第二步在发达地区也基本实现了，正在向中西部推进；第三步也在实现中，如果这几年户籍制度等改革能够顺利推行，第三步将在2000年左右在东部沿海地区实现。

这条农村现代化发展道路，是中国农民在党的领导下，依靠自己的力量开辟出来的。这是前人从来没有走过的路，这是有中国特色社会主义现代化的道路。它避免了"羊吃人""血与火"的过程，避免了两极分化、沦为无产者的过程。这是具有世界历史意义的一场社会大变革。

这条道路最终能否走得通，我看取决于两条：一是在地方上要有强有力的领导班子，敢于和善于坚持这条道路，坚忍不拔地走下去，一步步前进；二是要有顺畅的改革开放的大环境，舍此，仅靠地方无力回天。因此，没有整个国家的现代化，也就没有农村的现代化，而农村不现代化，全国的现代化也不可能实现。现在就已经遇到问题了，由于农村改革成功在前，城市改革相对滞后，并且效果又不很理想，所以这十多年来，总的政策是向城市倾斜的，农业投入下降了，工农业产品价格"剪刀差"也扩大了，再加上流通领域改革不力，少了赶、多了砍的问题没有得到根本解决。养鸡生蛋的不如"倒"蛋的；养猪的不如杀猪的，杀猪的不如卖猪肉的；种菜的不如贩菜的。这就打击了农民生产积极性，特别是生产粮、棉、油、糖等主要农产品的积极性，粮棉生产徘徊，供给出了问题。

现在，全国总的改革、发展形势是好的，连续三年 GNP 增长速度超过 10%，世界为之瞩目。经济工作会议决定对国有大中型企业实行集中攻关，这个难题解决了，我们的整个现代化进程将更上一层楼，反过来又会促进农村现代化的发展，使两翼齐飞，最终走上城乡一体、城乡融合的道路。前景是乐观的。

# 三　晋江的经验

我们这次研讨会是中国农村发展道路（晋江）研讨会。我们几家发起单位，春天就决定开这个会议。晋江在农村发展道路上创造了第一流的成绩，走出了一条贯彻中央改革开放方针、符合晋江市情的道路，有很多经验值得总结和推广。这些经验的总结和推广，对推动当前农村的全面发展是很有意义的。

大家来了，听了施书记的报告、介绍，看了省、地、市三级总结的材料，实地参观考察了青阳、陈埭、安海等五个镇的状况，都有了较深刻的印象，都觉得好。晋江到底好在哪里？晋江的经验主要是什么？晋江模式、晋江道路到底指的是什么？今年①春天，我们在这里考察了一周，我当时提了以下四个问题。

一是晋江人多地少，地也不好，原来是个高产穷县，为什么短短 15 年功夫，就发生了如此巨大的变化，走过了别人一般要走数十年甚至上百年的路，靠的是什么？

二是按一般的规律，经济基数越大，发展速度越慢，为什么晋江市越发展，发展的速度越快？

三是 20 世纪 80 年代初晋江创造了晋江模式，走在全国前面。现在全国

---

① 此处指 1995 年。——编者注

农村城市化、农村经济社会协调发展遇到了难题，晋江在城市化、在经济社会协调发展方面却又走在头里，为什么？

四是全国各地区大多数县市的发展一般都是时起时伏的，而晋江始终保持持续、稳定、协调、快速的发展，为什么？

对于这些问题，这次会上，许多同志都讲了话，从不同的侧面做了回答。今天我们从中国农村发展道路的角度来看晋江的经验、晋江的道路，我想主要有以下几点。

1. 找到了一条正确的符合市情的发展道路

以市场经济为导向，以经济建设为中心，从本身的实际情况出发，扬长避短，扬长补短，自己创造条件，实现了从农业社会向工业社会、城市社会转化，实现了从计划经济体制向社会主义市场经济体制转化。

10 多年来，他们从学习人家开始，实行包产到户，以后及时利用本地优势，以"三闲"① 起家，大力发展乡镇企业，创造了以联户办为主的晋江模式，逐渐走到了全国前列。近几年又在办工业小区，进行基础设施建设，掀起了建设小城镇的高潮。这是符合经济社会发展规律的，因此发展得很顺。这样大的发展，这样大规模的建设，再过几年，晋江的面貌又会有一个大的改变，晋江的经济社会又会有一个大的飞跃。

2. 有一个以市委为核心的好的领导班子

晋江有好的条件，可以打台胞、侨胞的牌，有传统的经商精神，有位居沿海、靠近厦门等大城市的优势。但是，这些好条件要有人来利用，要有人带头，要有人领路。这个带头领路的人就是晋江市委。这个市委班子，不是一个人，而是一个集体；不是一届，而是改革开放以来的连续四届，正如郁昭同志说的，不是一届否定一届，而是一届继承一届，后一届在前一届的基础上继续前进。

3. 有一个符合历史潮流的晋江精神

晋江人在地不多、地不好的条件下创造了如此好的一流成绩和速度，是有一个精神在支撑着。这就是晋江精神。市委提出了"诚信、谦恭、团结、拼搏"八个字是很有见地的，也符合晋江的实际。

诚信是晋江人立身、处世的精神。这在市场经济社会是十分重要的，讲诚实、讲信用是商业社会的基本要求。

谦恭就是不自满、永无止境，就是要学习他人。

---

① 闲资、闲房、闲人。——编者注

团结就是力量。打天下要团结，建设天下也要团结，市委班子要团结，工厂、企业、单位要团结，家庭也要团结。

拼搏最能体现晋江精神。在这样不利的条件下，只有拼搏才能发展，只有永不满足，继续拼搏，才会有晋江的持续发展。

此外，晋江人还有市场经济头脑，善于抓住市场机遇；有风险意识，敢冒风险；有开拓意识和创新精神；有质量意识。这些精神培养了整整一代人，是晋江发展的力量源泉。

4. 有一个明确的奋斗目标

当前最值得总结的晋江经验就是经济社会协调发展，把促进经济发展和社会的全面进步作为目标。

现在，有的地方情况很不好，经济上去了，但犯罪增加，社会不安宁。经济上去了是好事，但只有经济上去了，别的都一团糟，社会风气变坏了，还有什么意义？富裕不等于幸福，增长不等于发展。在抓经济的同时，抓社会全面进步，是晋江的一个重要特色。在经济发展的同时，适时地投入人力、物力和财力，抓科技、社会事业、社会秩序和社会治安，取得了很好的成绩，其成功的经验很有总结和推广的意义。

晋江的经验是发展的。社会在发展，经济在进步，经验也在实践中创造。过几年，晋江就会有新的变化。但对晋江目前的经验适时做些总结，不仅是晋江自身继续发展的需要，而且对于加快我国的农村现代化进程是很有好处的。如果全国有1/3的县市能发展到晋江这样的水平，中国的社会就会有一个大的飞跃。

我相信，这样的期望一定能变成现实。

# 走有中国特色的农村现代化道路<sup>*</sup>

在中国现代化过程中，拥有9亿农民的农村究竟该走什么样的现代化道路，已引起人们的广泛关注。日前，记者就此走访了中国社会科学院社会学所时任所长陆学艺研究员，并与他进行了深入的讨论。

**记者**：众所周知，农业是国民经济的基础，农民是我国最大的社会群体，那么，作为农业经济的载体和农民的聚居地，农村在我国现代化中的地位如何？

**陆学艺**（以下简称"陆"）：任何国家都有其特殊的国情，作为一个最大的发展中国家，中国的特殊国情就集中体现在农村。首先，"人多地少"这一最显著的中国国情就体现在农村，中国农业人口之多是举世无双的，当今世界上3个农民中就有1个是中国农民。其次，中国经济发展很不平衡，城乡差别很大。再次，中国的传统文化在农村体现得最为根深蒂固。最后，与农村相对应的城市普遍面临着人口严重超负荷、设施跟不上要求、体制转轨困难重重等问题，因而对广大农村发展的辐射作用大受限制。这些特点就决定了中国现代化的关键在于农村现代化，其难点也在于农村现代化。可以说，没有农村现代化，就没有中国现代化；农村现代化的命运如何，决定了整个中国现代化的发展前途。

**记者**：中国农村现代化应选择一条什么样的道路呢？

**陆**：从理论上看，摆在中国农村面前的现代化道路主要有三种选择，即西式（西方式）道路、苏式（苏联式）道路和中国独特的道路。若走西式道路，必须具备这样一些条件：资金、资源比较充裕，随经济发展而来

---

* 本文原载于《人民日报》1995年6月27日第9版，系该报记者对陆学艺的专访稿，收录于《"三农论"——当代中国农业、农村、农民研究》（陆学艺著，社会科学文献出版社，2002）。——编者注

的就业机会增长迅速，而劳动力供不应求，以及城市吸纳人口能力很强，等等。这些条件不但过去和现在中国都不具备，而且将来也不会在中国出现。所以，这条道路对中国农村不仅在理论上是行不通的，而且新中国成立前近百年的中国早期现代化过程也证明了西式现代化道路是走不通的。至于苏式道路，新中国成立后几十年的实践也证明此路不通。因为苏式道路的最大缺陷是容易抹杀个人利益，遏制其积极性，结果会导致发展动力的丧失。因此，剩下的只有靠中国农村和农民自己在借鉴国外现代化模式的有益经验基础上，结合对中国国情的深刻把握来探索有中国特色的农村现代化道路。

**记者：**一般说来，中国农村现代化是与整个中国现代化历程同时开始的。但是，中国农村和农民真正开始探索其现代化道路严格来说是 20 世纪 70 年代末期的事。那么，经过 16 年来的探索，具有中国特色的农村现代化道路是否已在实践中形成了清晰的轨迹？

**陆：**具有中国特色的农村现代化是建设有中国特色的社会主义现代化事业的重要组成部分，实践证明这是一条切实可行的道路。若对其加以理论概括，则这条道路的现实轨迹表现为：中国农民将在逐步经历家庭联产承包责任制、乡镇企业、小城镇、城乡一体化和区域现代化之后走向终结。这可以称为中国农村现代化的"四部曲"。

**记者：**家庭联产承包责任制是由农民创造而最后由政府肯定和推广的农业生产经营形式。由于它基本上符合中国农村生产力发展水平，它的普遍推行，很快使农民得到了自主、自由和实惠，极大地调动了他们的生产积极性，促进了农村经济的发展。但是，把实行家庭联产承包责任制看作中国农村现代化道路的一个起始点，是否意味着其有更为深刻的内涵？

**陆：**是的，家庭联产承包责任制除了上述人们较易感受到的直接或显性功能外，在促进农村社会结构和城乡格局的转型上还具有影响深远的间接或隐性社会功能，表现在以下四个方面。（1）家庭联产承包责任制的引入，为农村社会在职业、收入等方面出现分化提供了契机。（2）家庭联产承包责任制使区域流动有了可能，一方面，就地、就近的小城镇、旧集贸中心因流动而得以繁荣、扩大；另一方面，许多农村人口在完成责任田的生产任务时试探着走向大中小城市务工经商，从此旧有的城乡关系网络被撕开了裂口而开始变化。（3）伴随家庭联产承包责任制的实行而带来的农村商品经济的发展与繁荣，为我国从计划经济向市场经济的转变开了先河，积累了初步经验。（4）伴随着上述这些变化，农民的生活方式和价值观念也开始从传统小农经济的桎梏里走了出来，为农村的进一步发展甚至中国整体现代化准备了思想观念条件。

**记者：**但是，家庭联产承包责任制随着实践的发展也不可避免地暴露出了其自身的某些局限性，它不可能完全解决我国农村现代化过程中的所有问题。

**陆：**正因为这样，所以普遍实行家庭联产承包责任制后不久，中国农村一方面在不断完善该制度上下功夫，另一方面开始了寻求深层的社会变迁或现代化之路，即实现农村工业化。

**记者：**发展乡镇企业作为中国农村现代化的第二步，确实是中国农民的又一伟大创造。它的发展，既适应了转移数以亿计的农村剩余劳动力的需要，又极大地促进了农村经济的发展和农民生活的改善，有力地推动了农村现代化进程。

**陆：**乡镇企业的发展，使中国农村现代化上了一个新台阶，主要表现在：（1）乡镇企业已发展成为产业和行业结构较完整的农村工业体系，它加快了中国农村工业化步伐并最终促进了国家的整个工业化进程；（2）它利用联产承包制提供的契机，促进了农村社会分化，使农村社会从简单的社会结构向多职业、多阶层的现代社会结构转变；（3）乡镇企业的经营、管理最早引进市场机制，实现了从计划经济向市场经济的转变，为国有企业实现体制转轨积累了经验，大大推动了我国现代化所需要的社会转型；（4）它比联产承包制更深刻地影响了农村社会的传统生活方式和价值观念的改变；（5）乡镇企业的发展打破了农村城市化因二元格局阻隔而无法取得工业支援的局面，走出了一条靠自己发展工业来实现农村城市化的道路。

**记者：**应该看到，乡镇企业的发展在推动农村现代化进程的同时，也存在着一些自身难以克服的不足。比如，人们在用"处处办厂，村村冒烟"来形容乡镇企业蓬勃发展的同时，实际上也昭示了光靠乡镇企业为什么不会自动实现农村城市化的根源所在——乡镇企业分布的极度分散性。

**陆：**正是看到了乡镇企业在农村现代化进程中存在的诸多不足之处，所以，早在20世纪80年代初期就有学者提出要发展小城镇，让农民自理口粮就近进入小城镇务工经商。于是，中国农民从此又走上了独特的农村城市化之路——小城镇建设。

**记者：**随着各地的乡镇企业纷纷向小城镇集中，以及各级政府一系列鼓励小城镇发展之优惠政策的贯彻，近几年来各地的小城镇确实发展得很快，现已基本形成一个分门别类、功能较全、具有一定层次的体系。

陆：与乡镇企业相比，农村小城镇建设不仅保留和发扬了乡镇企业对农村现代化的积极作用，而且弥补和矫正了它的不足，完善了中国农村现代化建设，主要表现在：（1）小城镇不仅是农村工业化的基地，而且能综合地提高农村社会发展水平。因为它不但丰富了农民的生活内涵，提高了他们的生活质量，而且还为农民创造了各种发展自我、实现自我、提高自我的机会，使他们走出传统，从生活方式、价值观念和技能、素质方面渐渐地向现代演变、发展；（2）小城镇还是农村与外部联系的桥梁，有助于打破农村的封闭性，使整个社会的联系变得更加密切；（3）小城镇有助于消除农村宗族、亲属关系的消极影响，建立起更加适应现代化要求的现代社会关系；（4）小城镇建设实现了农村劳动力向第二、三产业和城镇的转移，有助于降低农业人口、农村劳动力在三大产业中的比重，逐步使农民从农村向城镇转移，提高现代化水平。

记者：如此来看，小城镇建设确实又将中国农村现代化向前推进了一大步，它不失为一条在中国城乡二元格局仍占重要地位以及大城市人口超负荷的情况下，实现农村现代化的切实可行之路。

陆：从发展的眼光来看，现在的小城镇建设以及小城镇自身也还存在着某些局限性。总的来说，改革以来中国的小城镇建设是只从农村地区自身的发展角度来做规划的，而忽略了从它与大中小城市之间的空间、经济、社会关系的角度进行建设，所以一些农村地区虽建了一些小城镇，但并没有因此带动周围农村的发展。当然，这背后还有另外一个重要原因，即小城镇规模小、功能不全，其辐射能力相当有限，它不像大中城市那样能带动周围很大一片农村地区发展商品农业、服务业甚至农村工业。因此，这说明小城镇建设不能不考虑它与大中城市的关系，如果失去了大中城市的依托，那么小城镇就难以有效地促进农村现代化。

苏南地区的发展为此提供了经验。苏南乡镇企业和小城镇之所以发展那么快，并能在农村社会经济发展中发挥巨大的作用，一个重要原因就是它们依傍上海、南京以及苏州、无锡、常州等大中城市。在那里，已形成了一个错落有致、规模层次分明、空间布置合理的大中小城市和城镇构成的城市化体系，即城市带。这样的城市带有一个最大优势，那就是功能互补、互相促进：一方面，大中城市能通过小城镇的沟通，将其规模效应辐射到本区域内所有的农村，即将各种信息和技术传播到农村，使农民能更快地更新观念、获取知识和技术；另一方面，大中城市分布密度如此之大，意味着它们对周围农村的需求也就很大，农村因此就能加快发展"两高一优"农业，并向大中城市转移一定的剩余劳动力。此外，由于大中城市技术和工业产品更新换代越来越快，一些对城市企业来说不合算但又是社会需要的行业将从大中城市中转移出来，工厂技术管理人员退休后能就近转移到农村工厂去发挥作用、因而这些地区周围的农村就能迅速发展起乡镇企业。与苏南情形相类似的，还有京津唐地区、珠江三角洲以及辽东半岛、胶东半岛等地区。可以说，沿海发达地区的农村正是借助大中城市分布密度高、辐射力强以及辐射范围大等条件，发展乡镇企业，并以此进行小城镇建设，才基本上实现了城乡发展同步进行，并逐渐使城乡趋向一体化、区域走向现代化。

**记者**：像沿海发达地区正在出现的城乡一体化和区域现代化趋势，在中国大部分农村地区恐怕还是很遥远的事。

**陆**：遥远并不意味着不可能。我认为，沿海地区的发展是先行者，代表的是一种目标，其他地区也将先后分阶段地走上这一步。因此，在以后的规划中，特别是对中西部农村发展进行规划时，一定要从区域角度出发，考虑到大中小城市与小城镇的功能、作用及空间距离的关系，做出合理的布局，以更快地促进农村区域现代化和城乡一体化的到来。如果我国中西部农村也能发展到现在沿海农村的水平，那时就可以说，中国现代化和中国农村现代化基本实现了。

**记者**：中国农村现代化的四部曲无疑是诱人而美好的。但要实现它所蕴含的宏伟目标，可以说是任重而道远的，在前进路上还将面临重重困难。因此，中国农民必须在党和政府的正确领导下，正视困难，坚定地沿着建设有中国特色的社会主义道路去迎接现代化的明天！

# 产业化提出的社会和历史背景<sup>*</sup>

现在我国正处在一个社会结构转型的历史时期，即从传统的农业社会向现代的工业社会转型，这种转型不光是经济结构在变，人口结构、整个社会结构都在变。从某种角度说，这种社会转型实际上就是我们常说的工业化、城市化。现在我们的工业化应该说已经搞得很不错了，但城市化却显得非常落后，用国际通行的标准衡量，我国基本上已经处于工业化的中期阶段，但据国家统计局的统计，我国的劳动力就业结构仍表现出典型的农业社会的特征（1995年农业劳动力占劳动力总数的52.2%），城市化率也很低，约为29%。<sup>①</sup> 这显然是不协调的。现在在农村社会总产值中，第二、三产业产值都已超过农业产值，而城市化水平仍然这么低，这种状况迟早是要改变的。这种改变就是社会结构转型。现有西方发达国家，包括日本和亚洲"四小龙"都经历过这种社会转型，不过是时间先后、过程长短不一样。中国也正在经历这种社会转型，在发展阶段上是没有什么特殊可言的。

在从传统社会向现代社会转型过程中会产生许多社会问题，现在看，西方国家在18～19世纪处于转型期所发生的许多现象、所遭遇的许多问题现在在我们周围都能看到。这些问题通常被称作"社会转型病"，主要表现为农村人口大规模涌向城市，生产方式、生活方式都发生急剧变化，出现许多矛盾、摩擦、冲突，诸如贫富差距拉大、社会分配不公、家庭破裂、离婚率提高、犯罪增加、社会治安不好，等等。但是我们现在的情况与它们当时还有很大区别，其中一个重要特点就是我国还正在进行从计划经济

---

＊　本文源自《农业产业化的理论与实践——全国农业产业化研讨会文集》（徐静主编，中国农业出版社，1997，第135～136页）。——编者注

①　参见国家统计局编《中国统计年鉴·1996》，中国统计出版社，1996，第69、88页。

向市场经济转变，这是经济体制转轨。这种特殊的转变同时也带来许多特殊的问题，如"民工潮"问题、户籍问题、"打白条"问题、"价格双轨制"问题，等等。这些都是转轨要解决的问题。这两种转变交织在一起，况且我们又是12亿人口的大国，问题之多、问题之复杂就可以想见了。社会转型、体制转轨就得有代价，就得有投入，就得付成本。国家的钱大部分都投到这里去了，因而对农业、农村投入时就没钱了，农业长期面临投入不足的问题，国外通常有的工业化过程后工业反哺农业现象在我国就没有了，农业发展、农业现代化还得靠农民自己。

农业产业化正是在这样一种背景下创造出来的。它之所以把生产、加工、销售、服务等连为一体，就是把本来应该由加工企业、商业部门、流通领域承担的事拿过来自己干，农民自己来突破原来体制的束缚，自己来理顺经营体制和管理体制，自己来提高效益，增加积累，解决发展难题。如果说农民办乡镇企业是把工业利润过高有剪刀差那部分利益拿回来，那么，农民搞产业化的实质是为了改善农产品的流通条件，并拿回一部分流通领域的利益。正是从这个角度看，可以把农业产业化称作农民的又一个伟大创造。

# 中国农村现代化道路的探析[*]

在中国现代化过程中，8亿农民究竟处在什么样的地位、发挥怎样的作用以及将向何处去等问题，已引起海内外广泛的关注。这些问题与中国的现代化息息相关，可归属为中国农村现代化问题之列。在这样一个农村人口占绝大多数的泱泱大国进行现代化建设，如果忽略了农村现代化，那么这样的现代化是不可思议的，中国想通过现代化跻身世界发达国家之林也是不可能的。可以这么说，农村现代化如何，是中国现代化前途所系，反过来也可以说，中国现代化的关键在农村现代化，其难点也在农村现代化。

从现代化角度来研究中国农村社会的变迁，必须具体情况具体分析，因为中国的现代化包括农村现代化，既不能照搬西方现代化的模式，又不是孤立地进行的，而是在开放的现代全球体系中进行的，对于西方现代化中的合理因素和做法、经验并不全然排斥，实际上也不能排斥。应做到一方面既能了解西方现代化的模式，另一方面又能深刻地把握中国国情特别是中国农村情况，才能知彼知己，防止一些发展中国家全然照搬或排斥西方现代化模式而带来的灾难性结局。我们将把对西方现代化模式的借鉴和对中国国情的深刻分析结合于研究中，一方面，积极地吸取他国的适合中国国情的一些做法，更快地推进中国现代化进程；另一方面尽可能地减少

---

\* 本文源自《"三农论"——当代中国农业、农村、农民研究》（陆学艺著，社会科学文献出版社，2002，第297～325页）。该文系《中国农村现代化道路研究》（陆学艺、王春光、张其仔著，广西人民出版社，1998）的导论，原题为《中国农村现代化的道路》，原稿写于1998年4月。该文部分内容曾收录于《中国社会主义道路与农村现代化》（陆学艺主编，江西人民出版社，1994）一书的前言，题目为《前言：农村现代化的第三条道路》。该文部分内容还曾以《中国农村现代化的道路》为题发表于《教学与研究》1995年第5期，本文涉及的相关省市农村经济社会数据源自作者调查过程中获得的资料。——编者注

西方现代化所付出的发展代价，如伴随西方发展而来的各种社会弊病，探索出一条符合中国国情的现代化之路。

就世界各国而言，任何国家都有其特殊性，既有历史的特殊性，又有现实的特殊性。作为最大的发展中国家，中国更是如此，中国的农村在这一点上体现得尤为明显。首先，"人多地少"这一最显著的中国国情就集中体现在农村，中国农村中农业人口之众，是举世无双的。迄今为止，中国乡村有8.6亿农民，大约占世界总人口的1/6，当今世界每三个农民中就有一个是中国农民。其次，中国的二元经济结构和二元社会结构特征也是世界罕见的，发展很不平衡，城乡差别极大，既有与世界发达国家一样先进的现代文明城市，又有相当落后的还是传统社会和自然经济的农村，彼此长期共存。在这样的二元格局情况下建立了一套系统的并运转了几十年的计划经济体制，现在正通过改革向社会主义市场经济体制转变。这种情况不但在西方国家不曾有过，而且在大多数发展中国家也是仅有的。再次，中国的传统文化在农村根深蒂固，至今在相当大一部分的农村社区仍然生生不息，具有顽强的生命力，这一点也很有特色。最后，与农村相对应的许多城市面临着人口严重超负荷、基础设施跟不上要求、体制转轨困难重重等问题，对中国农村发展的辐射作用大受限制。这些方面也就决定了中国现代化特别是农村现代化的特殊性。

## 一 中国农村现代化的历史

中国农村现代化和中国现代化，实际上两者在一定意义上是一致的。因为城市现代化和农村现代化是中国现代化过程的两个主要方面，就其整体而言，并不存在两者的分野，否则，单独研究某一方面都没有什么意义，也是不可能的。因此，可以说，中国农村现代化是与中国现代化同时出现的，从这个意义说，中国农村现代化的历史就是中国现代化的历史。

学术界一般都把鸦片战争作为中国现代化的起始。不过，在我们看来，这一看法带有一定的西式现代化模式色彩。即使按广为接受的现代化理论来看，中国现代化的历程也应始于洋务运动，因为它开辟了中国现代工业之历史。当然，这些分歧不是本文所要论证的，也不是我们所专攻的方向。但不管怎样，我们可以将中国现代化分为三个基本的历史时期或阶段。第一阶段始于清末，终于1949年；第二阶段始于1949年中华人民共和国成立，终于1978年；第三阶段始于1978年中国共产党第十一届三中全会决定实行改革开放政策，迄今仍在进行之中。

第一阶段是一个建立在自给自足的农业经济基础上的封建社会系统和体制不断解体、资本主义性质的近代工业得以兴起、以科学和民主为核心的近现代价值观念得以传播并伴随内忧外患的过程。在这一阶段，有这样几次运动对中国现代化的影响很大：第一个运动就是洋务运动，有人将其称为"器物层次的现代化"，其主要内容就是"开铁矿、制船炮"，以期"师夷长技以制夷"，其对现代化的贡献就是使中国有了近代意义上的工业，使中国开始走出传统的农业和农村社会，走上发展近代工业的道路。第二个运动就是康有为领导的戊戌维新运动，虽没成功，但从思想、观念上对中国传统社会产生第一次冲击波，并比洋务运动走上了更高的现代化层次，即"制度现代化"，表明中国一些知识分子对现代化有了一定程度的自觉认识。第三个运动就是孙中山先生领导的辛亥革命，它结束了封建帝制，使中国现代化在政治形态上有了一次质的突破和创新。第四个运动则是新文化运动，主张中国要真正走上现代化之路，非从改变民众思想上下功夫不可，这是中国观念现代化的第二次冲击波。第五个运动是中国人民在中国共产党领导下经过长期斗争，终于推倒了三座大山，建立了中华人民共和国。总而言之，这一时期的现代化涉及面很广，从经济、政治、国家独立到价值观念、意识形态等方面，都发生了巨大的变化。从中国农村现代化角度来看，这个时期的现代化从一开始就是农村现代化，即使传统的农业和封建的农村社会向现代的城市社会转变，使中国在农业经济之外形成了一个与之相对应的城市经济。不过，在这几个阶段的现代化过程中，中国人民都进行了艰苦卓绝的斗争，付出的代价是沉重的，虽然最终取得了民族的独立，建立了具有现代意义上的民族国家，但与此同时其经验教训也是深刻的，从这个过程也说明中国走西式现代化道路是走不通的。

1949 年中华人民共和国成立，中国开始走上了一条与西方不同的现代化道路，即以完全集权的计划经济体制实现现代化，这是一条苏联模式的现代化道路。从 20 世纪 50 年代到 70 年代后期，虽然取得了功不可没的成就，比如在这一阶段，国家建立了初具规模、具有现代化水准的国民经济体系，保持了民族和国家的独立，实现了一部分城市由前现代化城市向现代化城市转变的任务，创造了新的社会、行政组织；但它的代价过于沉重，而且存在着极其严重的问题和弊端，其中一个最大的弊病是它将城市现代化与农村现代化决然隔离开来，也就是说这个时期中国现代化实际上就只是搞城市工业化，即现代工业体系形成于城市，农村人口很少被城市吸纳，农村经济仍以农业为本，农村的第二、三产业十分不发达，结果使大量农村劳动力滞留在农业，大量人口滞留在农村，使中国的工业化与农村现代化严重脱节，城市里的现代工业与农村里的传统农业同时共存，形成了二元社会结构，阻滞了现代化特别是农村现代化的进程。

中国步入比较正常的现代化道路还是始于 1978 年中国共产党第十一届三中全会决定实行改革开放以后，而今还在进行之中，这也就是我们所说的第三个阶段。在这个阶段，城市现代化水平在不断提高，农村现代化被提上议事日程，但这方面的困难很多，真可说是步履维艰，这也是因为第二阶段现代化不完善的结果所致。

## 二　中国农村在中国现代化中的地位和作用

世界现代化历史经验表明，任何一个国家的现代化开始都是以牺牲农村和农民的利益为代价的，只是这些代价以及支付方式因国家具体情况不同而不同。开始都是从农村取得大量的资金、农产品，同时大量农村劳动力进城，以支持工业的发展，支持城市的发展，待工业和城市发展起来以后，再反哺农业，实现农业现代化；反哺农村，使农村现代化。从中国现代化的第二阶段情况中也可以看到，农村和农民为中国现代化牺牲了很多的利益，做出了巨大贡献。大量农村资金和农产品被用于支援国家的工业化建设和城市发展。按原国务院农村发展研究中心的测算，30 年间农民大致贡献了约 6000 亿元资金，这样使农村和农民难以通过积累发展自己，改善生活。相反，工业在这样的支援下取得了很大的发展和成就。到 1978 年，中国工农业总产值达到 5634 亿元，其中工业总产值达 4237 亿元，占75.2%，[①] 按可比价格计算，比 1952 年增长 16.6 倍，而农业总产值 1397 亿元，只占 24.8%，比 1952 年只增长 2 倍。同期，农村人口由 50319 万人增加到 79014 万人，纯增 28695 万人，增加 57%。[②]

不但如此，城市建立了门类齐全的现代工业体系，而农村仍维持以农业为单一产业的传统经济，农民不能向其他产业转移。与此同时，自 20 世纪 60 年代初期以后，国家又实行严格限制农业人口转为非农业人口，限制农村人口向城市转移的户籍制度。这样，在大量农产品、农业资金进入工

①　国家统计局编《中国统计年鉴·1992》，中国统计出版社，1992，第 42 页。

②　国家统计局编《中国统计年鉴·1983》，中国统计出版社，1983，第 103 页。

业和城市的同时，农村劳动力、农业人口不能向其他产业转移，也不能迁移到城市中去。所以，到了 1978 年，全国 96259 万人口中，农村人口就有 79014 万人，占 82.1%，城市人口 17245 万人，只占 17.9%。由此可见，这时的中国还是农村人口占绝大多数的农民国家。根据现代化理论以及发达国家的经验，只要农村和农业人口占绝大多数，那么这样的国家就不可能是现代化国家；只要农村人口仍然只从事农业生产，那么他们就不会富裕，谈不上实现农村的现代化。

现实已不能再允许继续用牺牲农村、农业和农民的利益的方式来保证城市工业建设和市民生活的提高了。也就是说，到 1978 年，中国现代化到了作出战略选择的关头，即必须首先实现农村改革，否则中国不可能再有更快的发展。而就农村现代化的具体道路而言，也到了抉择的时候。中国一个最主要的国情就是农民众多，城乡分隔。虽然城市因工业的带动，达到了比农村高得多的发展水平，但是，由于计划经济体制的局限，城市经济也存在效率低、后劲不足的问题，而且大多数大中城市已处于超负荷状态。因此，既不可能寄希望于通过城市工业积累足够的资金反哺农村和农业，又不能通过现有的城市吸纳农村人口以弥补第二阶段城市化不足的缺陷。所以，1978 年中国的改革开放，首先是从农村改革开始，这当然是党中央在十一届三中全会以后，拨乱反正，把工作重点转移到以经济建设为中心的轨道上的结果，实际上也是现代化发展的必然要求。

从理论上看，摆在中国农村面前的主要有三条现代化之路，即西式道路、苏联式的道路和中国独特的道路。若走西式道路，必须具备这样一些基本条件：资金、资源比较充裕，随经济发展而来的就业机会增长迅速，而劳动力供不应求，以及城市吸纳人口能力很强，等等。而这些条件不但我们现在不具备，甚至 20 世纪五六十年代也不曾在中国出现过。所以这条道路对中国农村是行不通的。至于苏联式的道路，经过几十年的实践，证明此路也不通，因为要保证沿这条道路顺利走下去，必须具备这样两个基本条件，即：第一，政府是万能的，其行为是合理的；第二，个人具有绝对的利他性。显然这两个条件都是不可能的。任何政府都不能事先把任何事情都设计得合情合理，合乎实际，将其完全、彻底地付诸行动，并让所有的人和组织都接受，都感到满意和有利；而作为个体的人也不能永远表现出利他主义精神和合作意识。苏联式道路的最大缺陷是：容易抹杀个人的利益，扼制其主动性、创造性和积极性，结果导致发展动力的丧失。剩下的只有靠中国农村和农民自己探索现代化道路。从中国共产党第十一届三中全会开始，8亿农民的这种探索终于得到了政策的认可和法律的保证，广大农民的创业积极性得以大大地调动和发挥，中国农村出现了前所未有的发展，从而推动了中国整体社会经济的前所未有的发展和繁荣。改革开放的20年不但是中国农村现代化的黄金时代，也是中国现代化发展得最好、最快的时期。

## 三　中国农村实现现代化的四个步骤

实行改革开放以来，农村的发展取得了巨大的成绩，中国农村终于逐步找到了具有中国特色的现代化道路。若对其加以理论的概括，我们可以称之为农村现代化"四步曲"，中国农民将在逐步经历家庭联产承包责任制、乡镇企业、小城镇、城乡一体化和区域现代化之后走向终结。这首农村现代化宏伟乐曲主要是中国农民在政府支持下自己创作的，现仍在进行之中。下面分别对这首"四步曲"作具体的剖析。

第一步：普遍实行家庭联产承包责任制。

家庭联产承包责任制是农民创造而最后由政府肯定和推广的农业生产经营形式。早在1956年和1957年曾出现过其最初形式，是在"三包一奖"制（包工、包产、包成本和超产奖励）基础上发展起来的，后因被作为资本主义受到批判和打击而被压制下去了。1978年秋安徽省肥西县山南区和凤阳县一些生产大队为克服大旱种麦的困难而自发地实施了"三包"到田、责任到人的生产经营方式，第二年夏收就取得了特大丰收。安徽省肥西和凤阳两个县部分社队的包产到户试验取得的成功，为整个农村改革打开了新的视野。在此之前，曾经有过一种提法，就是农村各项改革都可以进行，但是不许"分田单干，不许包产到户"。1979年9月，党的十一届四中全会正式通过《中共中央关于加快农业发展若干问题的决定》时，加写了几句话："不许分田单干。除某些副业生产的特殊需要和边远山区、交通不便的单家独户外，也不要包产到户。"[①] 1980年4月，党中央召开经济发展长期规划会议。会上，邓小平、姚依林同志指出：像甘肃、内蒙古、云南、贵州等省区的一些农村，生产落后、经济困难，与其每年要调粮食救济，不

---

① 中共中央文献研究室编《三中全会以来重要文献选编》（上），人民出版社，1982，第185页。

如索性实行包产到户。①

1980 年 9 月，党中央在北京召开各省市自治区第一书记座谈会，专门讨论农村生产责任制的问题。在讨论包产到户问题时，发生了"阳关道"与"独木桥"的争论。一部分同志说，集体经济是"阳关大道"，搞包产到户是走"独木桥"，危险得很。另一部分同志说，就像有人住在深山老林，不走独木桥就走不出山，走不上阳关大道一样，包产到户就是独木桥也要走。这些同志根据试点成功的实例，要求给包产到户报个"户口"。会议制定了《关于进一步完善农业生产责任制的几个问题》的纪要，综合了两方面的意见，既肯定了"集体经济是我国农业向现代化前进的不可动摇的基础"，同时也指出：实行生产责任制，要"因地制宜，分类指导"，"应当区别不同地区、不同社队采取不同的方针"，"在那些边远山区和贫困落后的地区，长期'吃粮靠返销，生产靠贷款，生活靠救济'的生产队，群众对集体丧失信心，因而要求包产到户的，应当支持群众的要求，可以包产到户，也可以包干到户，并在一个较长时间内保持稳定"。② 这个文件一下发，各地的包产到户、包干到户就蓬勃发展了，到 1980 年 11 月，全国已有15% 的生产大队实行包产到户和包干到户。到 1981 年 10 月统计，全国已有97.8% 的生产队实行各种形式的生产责任制，其中包产到户和类似包产到户的形式占 64.6%。

1981 年 10 月，党中央在北京召开全国农村工作会议。主要议题是讨论农业生产责任制问题。不少省区负责农村工作的同志在会上介绍了实行包产到户、包干到户的生产责任制以后，农业生产和农村工作出现了前所未有的好形势，大大改变了人们对包产到户、包干到户的看法。会议制定了《全国农村工作会议纪要》，并作为 1982 年中央第一号文件下发。该文件指出："目前实行的各种责任制，包括小段包工定额计酬，专业承包联产计酬，联产到劳，包产到户、到组，包干到户、到组，等等，都是社会主义集体经济的生产责任制。"③ 至此，包产到户在社会主义经济体系中第一次报上了"户口"。也

① 参见中共中央文献研究室编《邓小平年谱·1975～1997》（上），中央文献出版社，2004，第 614～616 页。另参见《杜润生自述：中国农村体制变革重大决策纪实》，人民出版社，2005，第 114～115 页。——编者注

② 《关于进一步加强和完善农业生产责任制的几个问题》，载中共中央文献研究室编《三中全会以来重要文献选编》（上），人民出版社，1982，第 547 页。

③ 中共中央文献研究室编《三中全会以来重要文献选编》（下），人民出版社，1982，第 1063～1064 页。

就是在这个会上，正式提出了"家庭联产承包责任制"这个概念，作为对包产到户、包干到户这几种责任制的概括，成为以后的文件用语。

1982年中央一号文件下发之后，各地的包产到户、包干到户发展得更快，到1982年6月统计，包干到户的生产队已占总数的67%，包产到户占4.9%，两项共占71.9%。1982年11月，党中央召开全国农村思想政治工作会议和全国农业书记会议，讨论了新形势下的若干经济政策问题和如何做好农村思想政治工作问题，会议制定了《当前农村经济政策的若干问题》，并作为1983年中央第一号文件发表。文件指出："我国农村发生了许多重大变化。其中，影响最深远的是，普遍实行了多种形式的农业生产责任制，而家庭联产承包责任制又越来越成为主要形式……这是在党的领导下我国农民的伟大创造，是马克思主义农业合作化理论在我国实践中的新发展。"[1]

1983年中央一号文件下发后，家庭联产承包责任制继续发展，势不可挡，到1983年底，全国实行包干到户、包产到户的农户已达90%以上。而且许多国营农场也开始采用家庭联产承包经营的形式。1983年11月29日，万里同志在全国农村工作会议上说："家庭联产承包责任制作为亿万农民在党的领导下的伟大创造，已经在中国大地扎下了根，它不是解决温饱问题的权宜之计，而是涉及整个农村经济体制的一项根本性改革，对建设具有中国特色的社会主义事业有着不可估量的意义。"[2]

包产到户、包干到户，也就是家庭联产承包责任制，从1956年第一次在浙江温州永嘉燎原生产合作社诞生，到1983年在全国普及，前后经历了27年。从1978年开始提出"不许"包产到户，到"不要"包产到户，到"不如"包产到户，到"可以"包产到户、"也可以"包干到户，到包产到户、包干到户都是社会主义集体经济的生产责任制，到家庭联产承包责任制是党领导下我国农民的伟大创造、是马克思主义农业合作理论的新发展，这些提法前后也经历了5年。这表明了我们探索建设有中国特色的社会主义现代化道路，是经历了艰苦曲折的过程的，特别是在党的十一届三中全会以后，由于坚持实事求是的方针，认识也是不断深化的。到1984年底，全国农村共有71.9万个生产大队，已普遍实行家庭联产承包责任制，只有0.2万个仍实行集体统一经营。到1984年，全国5.4万个人民公社也改为

① 中共中央文献研究室编《十一届三中全会以来重要文献选读》下册，人民出版社，1987，第616页。

② 中国农业年鉴编辑委员会编《中国农业年鉴·1984》，中国农业出版社，1984，第350页。

9.1 万个乡、镇，生产大队改为村民委员会，实行了 25 年的人民公社体制至此宣告结束。

可以这么说，实行家庭联产承包责任制，为中国农村现代化找到了恰当的起始点。因为它基本上符合了中国农村生产力发展水平，使农民真正获得了土地的使用权和自主经营权，成为独立的商品生产者，可以自己决定种什么、怎样种、怎么收获、如何支配农产品，而且还能从事农业以外的其他职业。这无疑是中国农民的又一次解放，由此农民得到了自主、自由和实惠，极大地调动了他们的生产积极性，农业生产连续增产，农村经济得到了发展。在实行家庭联产承包责任制之初的 1978 年，平均每个农业劳动力才生产 2152 斤粮食，而 1996 年已达 2902 斤；从 1978 年到 1996 年，农业总产值从 1397 亿元增加到 23429 亿元，粮食由 6095 亿斤增加到 10090 亿斤，棉花从 217 万吨增加到 420 万吨，农村人均年纯收入从 1978 年的 133.6 元增加到 1996 年的 1926 元，农副产品的商品率从 1978 年的 39% 增加到 1996 年的 65%。[①]

我国普遍实行家庭联产承包责任制后，政府因势利导，于 1983 年、1984 年撤社建乡（镇），把人民公社改为乡（镇），把生产大队改为村，把生产队改为村民小组，相应地成立乡（镇）人民政府、村民自治委员会和村民小组，从体制和组织上进行改革，改变了"政社合一"的农村行政管理体制，以适应实行家庭联产承包责任制以后进行社会调控和管理的要求。

若再作深一层的分析，我们便会发现，家庭联产承包责任制除了具有调动农民的生产积极性，充分有效地配置农村土地、人力以及生产资料等资源，促进农村经济发展，解决大多数农村温饱问题等直接或显性功能外，还具有影响深远的间接或隐性社会功能，即大大地加快了农村社会结构和我国城乡格局的转型。具体地说，其隐性功能表现在这样几个方面：家庭联产承包责任制的引入为农村社会分化提供了契机，因为农民有了相对自主的生产和经营自主权，不但有可能对农业结构进行调整，出现一批农业生产专业户，改变了农业经济以粮为主的单一结构，而且还使剩余的农村劳动力摆脱土地的束缚，向其他行业作水平和垂直社会流动，在职业、收入等方面出现分化，因为不同行业的经济效益、工作性质是不同的；家庭联产承包责任制使劳动力的区域流动也有了可能，一方面就地、就近的小

---

① 国家统计局编《中国统计年鉴·1997》，中国统计出版社，1997，第 94、313、369、383～384 页。

城镇、旧集贸中心因劳动力的流动而得以繁荣、扩大；另一方面许多农村人口在完成责任田的生产任务后，试探着走向大中小城市务工经商，从此旧有的城乡关系网络被撕开了裂口，进而开始变化。家庭联产承包责任制实施后农村生产发展确实很快，许多地区的农民不但很快就解决了温饱，而且有了剩余产品，农村商品经济得以发展和繁荣，冲破了高度集中的计划经济体制不允许商品经济发展的限制，为我国从计划经济向社会主义市场经济的转变作了试验，开了先河。农村在 20 世纪 80 年代初形成了许多农村专业市场、集贸市场，确实为中国的经济体制积累了经验，奠定了进一步改革的基础。职业流动和城乡流动，连同农村商品经济的发展，使农民的生活方式和价值观念从传统小农经济的桎梏里走出来，变得开放、灵活和多元，这为农村进一步发展甚至为中国整体现代化准备了思想观念条件，因为人的现代化特别是价值观念现代化是现代化的关键，一大批农村能人因观念上改变而得以脱颖而出。

当然家庭联产承包责任制仅是新时期中国农村现代化的起步，它不可能完全解决我国农村现代化过程中的所有问题，其局限性也是很明显的：首先，它以土地小块分割为基础，妨碍了土地规模经营和农业生产规模化，难以容纳较先进的农业生产力，与农业现代化经营对规模生产的要求相去甚远，它只是适应我国现阶段农村生产力水平的一种过渡形式。其次，联产承包制以家庭经营为主，而农村现代化要求对农村产业结构和职业结构进行调整，从以农业为主向工业、服务业等第二、三产业转变，但家庭经营承担不了第二、三产业的组织和生产任务，因为它们不是最有效的经营方式。再次，联产承包制在一定程度上削弱了农村组织化程度，近几年相当多的农村基层组织涣散就是例证，但现代化要求农村社会产生现代意义上的一系列组织生产服务的组织，这也不是联产承包制所能做到的。最后，联产承包制仅仅是对农村集体经济体制的改革，主要从经济上推动农村现代化，但现代化是一个系统的工程，包括经济、社会和人的发展等方面的转变，仅靠联产承包制是远远不够的，需要农村社会进行巨大的改变。

所以，农村在实施家庭联产承包责任制后不久，又在寻求深层的社会变迁或现代化之路，即农村现代化的第二步——实现农村工业化。

第二步：农村工业化——乡镇企业的崛起。

乡镇企业是中国农民继家庭联产承包责任制后的又一次伟大创造。它在 20 世纪 60 年代末 70 年代初就在苏南等经济发展水平较高的农村地区产生出来，那时称为"社队企业"，但真正大规模发展，还是在 1984 年以后。

实行家庭联产承包责任制使农业大幅度增产，积累一部分资金，同时也使大量农业劳动力剩余出来，田不够种了，因而急需向第二、三产业寻找就业机会。但改革伊始，农村工业十分不发达，拿 1979 年来说，全国社队企业只有 148 万家，职工 2909.34 万人，产值 548.41 亿元。显然仅靠现有的农村工业水平无法吸收数以亿计的农村剩余劳动力。而城市方面，当时改革不如农村那样迅速、有效，限制城乡流动和迁移的户籍等各项制度几乎没有改变，城市国有企业效益不好，本身还有许多待业的劳力，加上以前上山下乡的近 2000 万知识青年中有大批人返城，需要安置就业，由此看来，靠国家通过城市和国有企业渠道来转移农村剩余劳动力的路子几乎不可行。农村只能自想办法，自谋出路。于是，中国农民就自筹资金，自造厂房，自置设备，自学技术，自找销售渠道，自己学经营，办起了各种形式的农村工厂，进一步发展了社队企业，农村劳动力纷纷向农村第二、三产业转移。1984 年，政府鉴于农村社队企业对农村发展的巨大作用，发布了开创乡镇企业新局面的文件，并正式把"社队企业"更名为"乡镇企业"，制定了对新办乡镇企业可以免税三年和给予低息贷款等一系列优惠政策。从此农村乡镇企业出现"处处办厂，村村冒烟"的蓬勃发展景象。

如今乡镇企业已成了农村经济的主体和国民经济的一大支柱。早在 1987 年，乡镇企业总产值就超过农业总产值，占农村社会总产值的 50.5%，乡镇企业持续高速发展，现在已成了整个国民经济的重要组成部分，取得了"三分天下有其一"的地位。1997 年，全国乡镇企业创造的增加值达 1.8 万亿元，占国内生产总值的比重达 30%，占农村社会增加值的 60%；工业增加值占全国工业增加值的比重接近 50%；出口交货值占全国的比重超过 40%；上缴国家税金占全国财政收入 26%，农民人均年纯收入 2080 元中 38% 来自乡镇企业。[1] 乡镇企业对国民经济和农村经济的发展起到重要的支撑和拉动的作用。表 1 基本上反映了中国乡镇企业的发展情况。当然乡镇企业的深远影响还在于大大地推动了农村现代化进程，使农村现代化上了一个新台阶。

表 1　乡镇企业基本状况表

| 年份 | 单位数（万个） | 职工总人数（万人） | 总产值（亿元） |
|---|---|---|---|
| 1978 | 152.42 | 2826.56 | 493.07 |
| 1979 | 148.04 | 2903.34 | 548.41 |

———————————

[1]　《挑战与机遇同在》，载《人民日报》1998 年 1 月 25 日第 9 版。

| 年份 | 单位数（万个） | 职工总人数（万人） | 总产值（亿元） |
|------|------|------|------|
| 1980 | 142.46 | 2999.56 | 656.90 |
| 1981 | 133.75 | 2969.56 | 745.30 |
| 1982 | 136.17 | 3112.91 | 853.08 |
| 1983 | 134.64 | 3234.64 | 1016.83 |
| 1984 | 606.52 | 5208.11 | 1709.89 |
| 1985 | 1222.45 | 6979.03 | 2728.39 |
| 1986 | 1515.30 | 7937.14 | 3540.87 |
| 1987 | 1750.24 | 8805.18 | 4764.26 |
| 1988 | 1888.16 | 9545.45 | 6495.66 |
| 1989 | 1868.63 | 9366.78 | 7428.38 |
| 1990 | 1850.40 | 9164.75 | 8461.64 |
| 1991 | 1908.99 | 9609.11 | 17621.69 |
| 1992 | 2079.20 | 10581.10 | 17975.40 |
| 1993 | 2452.90 | 1245.30 | 31540.70 |
| 1994 | 2494.90 | 12018.20 | 42588.50 |
| 1995 | 2202.70 | 12862.10 | 13917.00 |
| 1996 | 2336.20 | 13508.30 | 15254.00 |

资料来源：国家统计局编《中国统计年鉴·1997》，中国统计出版社，1997，第399~400页。

资料说明：（1）1984年的乡镇企业单位和人员有好几倍的增长是因为1983年前只统计公社、大队办的集体企业，1984年以后，把个体、私营和联户办的企业也统计进去了，并从此更名为乡镇企业。（2）1995年、1996年两年为乡镇企业总产值的增加值。

乡镇企业的发展从以下几个方面推动了农村现代化的进程。

第一，加快中国农村工业化步伐并最终促进整个国家的工业化进程。现代化历史表明，没有工业化，就不可能实现现代化，前者是后者的两个最主要方面之一。迄今乡镇企业已发展成跨第二、三产业，囊括能源工业、建材业、化学工业、机械制造业、建筑业、运输业、轻工业、饮食服务业、修理业等体制较健全、产业行业结构较完整的农村工业体系，吸纳了农村劳动力的25%。总之，乡镇企业的发展使农业劳动力在社会总劳力中的比重、农业产值在社会总产值中的比重均得以减少，使农村现代化乃至国家现代化向前大大推进。

第二，乡镇企业大大地加快了农村社会分化，使农村从事单一农业的8亿多农民向多职业、多阶层转变。亿万农民正是通过乡镇企业的熏陶而成为现代人，现在已分化为 8 个有不同利益要求的阶层：农业劳动者、农民工、雇工、农民知识分子、个体劳动者和个体工商户、私营企业主、乡镇企业管理者、农村管理者。也有人将农村社会分化归纳为 4 个阶层或 12 个阶层，甚至 16 个阶层等。但不管怎么划分，有一点是肯定的，正是通过实行家庭联产承包责任制和发展乡镇企业提供的契机，促进了农村社会分化过程，使农村社会从简单的社会结构向现代社会结构转变，可见乡镇企业对实现中国从传统社会向现代社会的转型起了功不可没的作用。

第三，乡镇企业的经营、管理最早引进市场机制，实现了从计划经济向市场经济的转变。它们完全靠市场来配置资源和生产要素，靠市场来安排生产，确定产量及销售产品数量，其意义不仅仅限于农村，而且推动了城市和国有企业的改革，为我国实现体制转轨积累了经验，大大推动了我国现代化进程和社会主义市场经济体制的成长。

第四，乡镇企业的发展比联产承包责任制更能影响农村社会的传统生活方式和价值观念的改变。工业生产与农业生产不同，讲究的是时间和工作节奏，天天重复定时的工作时间，而不是根据季节和气候的变化有紧有慢地安排生产，因此从事乡镇工业的农民从工作和生活习惯上要作相应的改变，工作上要有时间意识和纪律观念，工作之余不必考虑季节、气候变化对生产的影响，而要求娱乐和学习。当然由于工业收入比农业多，因此大多数务工的农民也开始追求更高层次的生活，现代意识、新观念、各类时尚首先由他们引入农村，渐渐得以扩散、传播。乡镇企业的发展还为农村培养了一批会管理、懂经营的企业家，一大批农村能人脱颖而出，造就了一代农村企业家队伍。

第五，由乡镇企业推动的农村工业化为农村城市化打下了坚实的基础。因为没有工业化，就不可能有物质基础和人口的规模集中，也不会带动第三产业的兴起。乡镇企业打破了农村城市化因二元格局阻隔而无法取得工业支援的局面，走出了一条靠自己发展工业来实现城市化之路。

不过，光搞乡镇企业不会自动实现农村城市化，它们在农村现代化的进程中也存在一些不足：初期乡镇企业相当分散，确实有"处处办厂，村村冒烟"之景象，规模小、技术落后、人员素质低、集中程度不够，无法发挥工业集聚效益，而且也增加了分散带来的对基础设施的重复投入，不利于农村生态环境保护。简言之，就是以乡镇企业为核心的农村工业化在初期缺乏城镇的支撑，两者出现了一定程度的脱轨，这对农村现代化相当不利。另一不足就是乡镇企业是"草根工业"，与农业以及计划经济时代确立的农村体制密不可分，它们的出现没有实现农村劳动力向第二、三产业的彻底转移，因为城乡二元的身份体制限定了农村人口不论从事什么行业和产业活动，仍是农民身份，故有"农民工""农民企业家"等称呼，因而农村社会在转型中出现了体制转轨与社会结构转轨相脱节的现象，这不是现代化所要求的，不符合社会发展方向。因此，乡镇企业的不足还需城镇化来弥补和矫正。

第三步：小城镇建设——独特的中国农村城市化之路。

我国目前正处在社会主义初级阶段，在这一阶段的历史任务是"逐步摆脱不发达状态，基本实现社会主义现代化"，"是由农业人口占很大比重、主要依靠手工劳动的农业国，逐步转变为非农业人口占多数，包含现代农业和现代服务业的工业化国家"①。也就是说要实现工业化、城市化。从现代化发展的历史看，西方发达国家在实现工业化的时候，一般在开始都是从农业、农村取得资金、农产品和一部分工业原料，搞工业建设，大量农民进城，转化成工人、职员，城市居民增多，同时也实现了城市化。等工业化、城市化建设起来，再反哺农业，武装农业，使农业也实现现代化，农业劳动生产率提高，使更多的农业人口进城，再反哺农村，对农村进行诸如道路、电力、通信等基础设施建设，消除城乡差别，使农村也现代化，从而实现城乡一体化。

中国是在特有的国情和特有的历史条件下进行现代化建设的。20世纪50年代进行国家工业化建设的时候，在农产品和工业原料大量进城支持工业建设的同时，每年也有数以百万计的农民进城，转化为职工、城市居民，到1957年，我国的城市化水平已达15.4%，比1952年的12.5%提高了2.9个百分点，平均每年提高0.58个百分点。②但是由于1958年"大跃进"的失败，随后是三年经济困难，粮食和其他农副产品供应极端困难，从1960年开始，国家实行城乡分隔的户口管理制度，严格限制农业户口转变为非农业户口。城镇居民生的子女可以报城镇户口，农民生的子女只能报农业户口，农民要把户口迁进城镇，必须先取得迁入地公安户口管理部门准予迁入的许可证。自此，当农村的资金、粮食、原材料等源源进城的时候，农村的劳动力却被限制留在农村。久而久之，就形成僵化的城乡二元社会

---

① 江泽民：《高举邓小平理论伟大旗帜，把建设有中国特色社会主义事业全面推向二十一世纪》，见《中国共产党第十五次全国代表大会文件汇编》，人民出版社，1997，第16页。

② 国家统计局编《中国统计年鉴·1983》，中国统计出版社，1983，第104页。

结构。直到 1978 年，我国的国民生产总值中，工业产值已占 48.6%，农业产值只占 28.4%，已到了工业化初期阶段，但当年的城市化水平只有 17.9%，比 1957 年只增长 2.5 个百分点，21 年间平均每年只增加 0.12 个百分点，① 出现了城市化严重滞后于工业化的格局。这种格局对经济发展不利，对现代化建设也不利。

1978 年改革开放之初和 20 世纪 80 年代初期，城市和集镇也因为十年"文化大革命"的折腾，弄得矛盾重重，城市公共基础设施落后，住房紧张，供电、供水不足，国有企业不景气，城市本身有许多待业职工，而且有近 2000 万下乡知青要回城安置就业，小城镇凋敝衰败。所以当农村改革取得成效，有了大批剩余劳动力的时候，城市自身的条件根本不能吸纳这些劳动力进城，于是农民就在本乡本村办起了以工业为主的各类乡镇企业。

乡镇企业蓬勃兴起，而且有了一定的发展。但经济、技术发展本身就要求相对集中，要改变"村村办厂、处处冒烟"的局面，要求规模经营和规模效益，但乡镇企业太分散，用电、用水、用气、交通、通信都不便，而且成本太高，迁到城市又不容许，于是就向小城镇集中。另外，农民富裕起来之后，也要求改善物质和精神生活，要求第三产业的服务，要求教育、科技、医疗、文化娱乐等社会事业的发展，而这些事业也要相对集中，小城镇则是这些企事业的载体。此外，乡镇企业发展起来后，有了经济效益，本身也有财力和物力来进行小城镇建设。国家顺应这种形势，于 1984 年发布文件，允许农民可以在不改变原来身份的条件下，自理口粮进城镇务工经商，可办理在小城镇落户的手续。当时，学术界也广泛讨论了乡镇企业和小城镇的问题，并且提出了农民"离土不离乡，进厂不进城"的设想。于是从 20 世纪 80 年代中期以后，中国的小城镇特别是东部沿海乡镇企业发达地区的小城镇就繁荣发展起来。1978 年，我国只有 2874 个建制镇，1985 年全国已有建制镇 7956 个，占全国乡镇总数的 9%，到 1996 年增加到 16124 个，占全国乡镇总数的 37.4%。在苏南等发达地区，这几年已全部改为市、镇而没有县和乡了。苏南群众对这段小城镇建设有个说法，他们把这段历史概括为："70 年代造田，80 年代进厂，90 年代建镇。"

从全国的情况看，农村发展起来的小城镇，大体有如下几种类型。

1. 工业型小城镇。一般原来只有一些手工生产合作社，农产品加工如

---

① 国家统计局编《中国统计摘要·1991》，中国统计出版社，1991，第 4 页；国家统计局编《中国统计年鉴·1983》，中国统计出版社，1983，第 104 页。

面粉厂、碾粉厂以及砖窑等。20 世纪 80 年代以后，随着乡镇企业崛起，各种工厂集中到镇区发展，其中有一种或几种主要产品，如温州柳市镇的低压电器、广东顺德北窖镇的电扇、江苏无锡港下镇的红豆衬衣等带动第三产业的发展，农民工和各种商业服务的职工，集中到镇、区来，学校、医院、电影院等，也都建起来，成为繁华的城镇。

2. 集贸型小城镇。这里原来是农村集贸中心，或者地处交通要道，改革开放以后，随着农村市场经济的发展，成为人流、物流、财流的交汇点，有的发展成为闻名遐迩的专业市场，如温州桥头镇的纽扣市场、江苏盛泽镇的丝绸市场、河北保定白沟镇的箱包和小商品市场。

3. 旅游型小城镇。这里原来有自然风景或人文景观，随着城乡经济发展，人民生活的改善，旅游者的增多，商店、饮食服务业、旅馆业以及旅游纪念品生产等乡镇企业就发展起来，有了经济收入，又整修了景观、游览设施，建设了道路和基础设施，使本镇繁荣富庶起来，如海南岛的"天涯海角"所在地天涯镇、苏州昆山市的周庄镇等。

4. 政治、文化型小城镇。它们本来是本地乡、镇政府所在地，各类党政机构，学校、医院、农技站等事业单位，以及粮食局、商业局、供销社、银行等的下设机构，都集中在此，本身有一批干部、职工、教员、医生和科技人员，并相应地有一批商店和车站、旅店以及餐饮服务、文化娱乐场所等。乡镇企业兴起之后，常住镇区人口几倍、十几倍地增加，成为本地区的政治、经济、文化、教育、科技、商业乃至交通的中心。这类镇比较普遍，每市每县都有若干个。

从发生发展的历史看有以下几种类型。

1. 多数是上述第 4 种类型，即由原来的乡镇所在地的集镇发展起来，待经济发展到一定水平，镇区人口增多，于是就从乡升格为建制镇。1984 年国务院发文规定，凡总人口在 2 万人以下的乡、乡政府驻地，非农业人口超过 2000 人，总人口在 2 万人以下的乡、乡政府驻地，非农业人口占全乡总人口 10% 以上的可以升格为镇。前述我国建制镇自改革开放以来，逐年增多，主要是按这些条件经过有关部门批准，由乡升格来的。

2. 有些是在原来乡镇驻地建立工业小区、开发区发展兴旺起来的。前面说过乡镇企业开始在乡和村办，逐渐地向乡镇所在地集中。特别是在 20 世纪 90 年代以后，明确提出办开发区，办工业小区，有的一个乡镇还不只办一个。到 1995 年，全国建立了各类乡镇工业小区有 4 万多个。除本乡本镇办之外，还引进外省外市的客商，引进外来资金办。如苏南地区的苏州、无锡、常州三市，现已办了新技术开发区、经济技术开发区、旅游度假区、保税区等8类省级开发区16个，419个镇几乎都有工业小区。这些开发区、工业小区的兴办，集聚了资金、人才，增加了各种设施，使镇区繁荣起来。

3. 有些则是在原来没有城镇的地方新建起来的。如开展边贸以后，新建了一批边贸镇。又如浙江温州苍南县的龙港，原来只是鳌江边的小渔村，1984年由政府牵头，依靠农民自身的力量建立了一个新的小城镇。10多年工夫，已经初具规模了，1994年已建成镇区7平方公里，集聚了13.5万人，建了80多家工厂，个体工商户达8000多家，当年工农业总产值20亿元，财政收入6500万元，被誉为"农民城"。天津的大邱庄，原来也是一个只有3000多人比较贫困的村庄，20世纪80年代以后，发展了乡镇企业，集聚了约2.5万外来人口，工业产值接近100亿元，1993年在村的基础上建立了大邱庄镇。

4. 有的虽然名义上还是村，但因为发展了乡镇企业，集聚了人才和几倍几十倍于本村的外来农民工，村里不仅建了工厂、商店，而且办了学校、医院，有的还建立了科研所，建了水泥（或柏油）马路等城镇的设施，还有银行、邮局、车站、旅店和文化娱乐场所，群众也住进了有现代化设施的楼房或别墅式的洋房，过的是相当现代化的城镇生活。如江阴的华西村、深圳的万丰村、河南临颍的南街村、北京南郊的韩村河村。据初步估测，像这样的村，全国大约有上千个。当然，这些村的经济规模、集聚的人口不一定个个都及得上这4个村，但都已是亿元村，都有这4个村那样的现代化小城镇设施。

这些小城镇的建设大大加快了中国城市化的进程。前面说过，由于我国的计划经济体制实行了近30年，形成城乡分割的二元社会结构，至今城市改革比较缓慢，大中城市本身也多数是在超负荷运转，基础设施等跟不上发展的需要，所以，至今城乡分管的户籍制度还没有改变，还不可能吸纳大量农村的劳动力进城。这显然是不符合社会主义市场经济发展要求的，但这只能有待于城市和国有企业进一步深化改革，逐步得到解决。

如果说，乡镇企业的发展，增加了工业建设的一支生力军，加速了我国工业化的步伐，那么农村小城镇建设则是为我国实现城市化开辟了一条有中国特色的新路，加快了城市化的步伐。正如邓小平同志说："农村改革中，我们完全没有预料到的最大的收获，就是乡镇企业发展起来了，突然冒出搞多种行业，搞商品经济，搞各种小型企业，异军突起。这不是我们中央的功绩……乡镇企业的发展，主要是工业，还包括其他行业，解决了占农村剩余劳动力百分之五十的人的出路问题。农民不往城市跑，而是建设大批小型新型乡镇。"① 1997年第一次全国农业普查，对所有的农村镇进行了全面查点，汇总结果：1996年，全国农村镇（不包括城关镇）16124个，每个镇镇区面积平均占地2.42平方公里，平均总人口4520人，平均非农业人口2072人。如果再加上2000多个城关镇，那么，小城镇的人口就在1亿人以上，约占全国总人口的8%以上。

一般发达的现代化国家，它们在实现工业化、城市化、现代化过程中，农民进城找到职业，一次就转化为第二、三产业的职工，转化为城市居民。而在我国的二元社会结构条件下，农民通过办乡镇企业，首先在职业上转化为乡镇企业的职工；接着在农村建设小城镇，乡镇企业逐渐向小城镇集中，小城镇也有了现代的生产生活的基础设施建设，乡镇企业职工也逐步迁到镇上居住，成为小城镇的居民（现在约1亿人口已进到这一步）；最后随着国家户籍制度的改革，这些已进入小城镇务工经商的农民工人或农民职员、农民企业家被批准登记上了城镇居民的户籍，身份改变了，才完全实现了农民向职工向居民的转变。

从发展的前景看，现在国家有关部门已在各地进行小城镇户籍管理制度改革的试点，对在小城镇已经有固定的职业，有稳定收入，有居住地的务工经商人员可以准许在小城镇落户。可见，这1亿多人转变为城镇居民身份的愿望，不久就可以实现了。随着经济的发展，随着户籍制度的改革，小城镇还将有更大规模的发展，还会有更多的农民进入小城镇。

当然，中国要实现工业化、城市化、现代化，光办乡镇企业、只建设小城镇是不够的。乡镇企业是个过渡形式，以后是要逐步向现代企业转变的，小城镇也只是农民融入城市的中间站，有些小城镇将来会发展成小城市，有少数还会发展成中等城市，多数会成为大中城市的卫星城镇，最后会形成城市化网络中的一个点。

第四步：城乡一体化和区域现代化。

建设小城镇，发展小城镇，是在中国二元城乡格局仍占重要地位，大中城市的体制正在改革，城市现有人口已超负荷，难以大量接纳农村剩余劳动力的背景下为农村现代化找到的一种过渡形式。但我们要看到现在的小城镇建设以及小城镇自身的局限性。总的来说，改革以来中国的小城镇只注重从农村地区自身的发展角度来作规划，而忽略了它与大中小城市之

---

① 《邓小平文选》第3卷，人民出版社，1993，第238页。

间的空间、经济、社会关系，所以一些农村地区虽然也建了一些小城镇，但并没有完全带动周围农村的发展。当然这背后还有另外一个主要原因，即小城镇规模小以及功能不全，其辐射能力相当有限，一般来说小城镇的工业基础和其他基础设施毕竟不强、不先进，人才和技术力量也有限，不可能像大中城市那样能带动周围很大一片农村地区发展商品农业、服务业甚至农村工业。因此一些落后农村地区虽然原有一些小城镇或新建了若干小城镇，但其社会经济状况改观不大，中西部的情况就是如此，其中一个重要原因就是缺乏大中城市的带动和影响。如安徽阜阳地区拥有 1400 万人口，前些年连一个 20 万人以上的中等城市都没有，因此其经济社会发展就受到很大的限制。这说明小城镇建设不能不考虑它与大中城市的关系，如果失去了大中城市的依托、辐射，那么小城镇就难以有效地发挥促进农村现代化的作用。

苏南地区为此提供了经验。苏南乡镇企业和小城镇之所以发展那么快，小城镇之所以在农村社会经济发展中发挥巨大的作用，有一点不应被忽视，那就是与它们依傍上海、南京以及苏州、无锡、常州等大中城市有关。据我们观察和调查，京津唐地区、长江三角洲、珠江三角洲、辽东半岛、胶东半岛一带的农村之所以发展很快，主要也是因为那里大中城市分布密度大，小城镇和乡镇企业借着大中城市多的优势得以很快发展，并承担着沟通大中城市与农村的联系。也就是说，这些地区各自都形成了一个错落有致、规模层次分明、空间布置合理的大中小城市和城镇构成的城市化体系，即城市带。这样的城市带或城市网络的一个最大优势就是功能互补、互相促进，一方面大中城市能通过小城镇的沟通，将其规模效应辐射到本区域内所有的农村，即将各种信息和技术传播到农村，使农村人更快地更新观念、获取知识和技术，同时大中城市分布密度如此之大，意味着它们对周围农村的需求（比如对农副产品以及劳动力的需求）也就越大，农村因此也就能加快发展高效、高产和优质农业，并向大中城市转移一定的劳动力。与此同时，由于大中城市技术和工业产品更新换代越来越快，一些对城市企业来说不合算但又是社会需要的行业将从大中城市中转移出来，以及大量技术工人和技术员退休后转移到农村工厂去发挥作用，所有这些都为周围农村发展乡镇企业提供了良机。总之，沿海发达地区的农村正是借助于大中城市分布密度高、辐射力强以及辐射范围大的条件，发展乡镇企业并以此逐渐进行小城镇建设，基本上实现了城乡发展同步进行的要求，也就是说正在逐渐实现区域城市化和现代化，现在在沿海区域城市化和现代化水平较高的地区，农民的生活水平（吃、住、穿、用）已接近甚至超过大中城市的市民，从这一意义上可以说那里的城乡差别已不是很大，城乡正在趋向一体化，区域也在走向现代化。

但是，中国大部分农村地区离城乡一体化和区域现代化目标仍很遥远，然而这并不意味着这是不可能的事，沿海地区的发展是先行者，是榜样，其他地区也将先后分阶段地走上这一步。因此，在以后的规划中，特别是对中西部农村发展进行规划时，必须从区域角度出发，考虑到大中小城市以及小城镇在功能、作用以及空间距离的关系，作出合理的布局，以便更快地促进农村区域现代化和城乡一体化的到来。如果我国中部西部农村也能发展到现在东部沿海农村的水平，那时就可以说，中国现代化和中国农村现代化就基本实现了。

在这里，有必要再具体地说明一下城乡一体化和区域现代化的含义。城乡一体化并不是说农村被消灭了，不再存在，事实上就目前我们的预见能力而言，农村的存在是长久的，这一点无可置疑。而城乡一体化应包括这么几方面的内容，即：首先，城乡分割的格局不复存在，从经济、政治、社会、体制以及文化上城乡不再有重大差别，城乡流动也不再有人为的政策性障碍；其次，是城乡生活方式和价值观念也不再有重大的差距；再次，传统意义上的自给自足或半自给的自然经济条件下的农民将走向终结，大部分农民将转化为工人和职员，一部分农民转化为现代农业企业经营者，实现了人的现代化；最后，城市人口在总人口中将占70%以上。而所谓区域现代化，就是指在一个较大的地区内形成一个以某个特大或大城市为中心，以若干中小城市为中介、与众多小城镇和农村组成的网络、体系，在这个体系中各个组成部分在经济、社会以及资源、文化等方面相互依赖、相互补充、相互促进，不存在人为的障碍，城乡交流日益密切，逐步走向融合，浑然一体。各地区的区域现代化的程度以及完成时间不尽相同，但有一点可以肯定，那就是当今发展很不平衡的各个地区都发展起来，逐步趋向平衡，使各地区都完成了区域现代化、城乡一体化，那也就等于实现了中国现代化和农村现代化，传统农民便宣告终结。

## 四 中国农村现代化面临的挑战

虽然我们在这里带有探索性地提出了中国农村现代化的基本历程，但要实现这一历程，并非朝夕之功，相反前进中还将克服重重困难，要解决好各种问题,因此可以说,中国农村现代化正面临着严峻的挑战。为认清这种挑战,在此有必要澄清农村现代化过程中将面对的一些主要问题。

1. 区域差距问题。改革以来,从总体上看农村是发展了,农民生活有了很大的改善。但这并不等于每个农村、每个农民都有这样的改观,事实上农村在区域之间的发展水平相差很大,基本上形成了东、中、西的差别格局;同时城乡差距也并没有因发展而缩小,相反近几年仍有扩大的趋势。当然任何国家、任何地区的发展都不是没有差别地进行的,差别是免不了的,但发展的结果不应是差别非但没有缩小反而在扩大。否则,这样的发展就成问题。因为随发展拉大了的差距问题将影响整个社会发展的健康、顺利进行。中国农村现代化在近 20 年的快速推进过程中确实存在区域差别扩大问题,从东、中、西部的经济发展水平上看,发展水平最低的西部贵州省和发展水平最高的东部广东省比较,1978 年两省的人均国内生产总值是 175∶367,即贵州省和广东省比是 1∶2.1;1993 年扩大为 1232∶4938,即 1∶4.01;到 1996 年再扩大为 2093∶22275,即 1∶10.6。全国城乡收入差距从 1978 年的 2.37∶1 扩大到 1993 年的 2.5∶1,1996 年为 2.52∶1。如果对区域发展差别不采取措施加以控制、调节,那么,由于发展起点、基础设施、技术和资金力量以及市场占有情况不同,今后的发展不但不会缩小区域差距,相反会更快地扩大这种差距。如果区域和城乡差距进一步扩大,那就会引起很多社会问题,对经济健康发展也不利,必将危及中国农村现代化以至整个国家现代化进程。

2. 剩余劳动力转移与就业问题。有人说现在中国农村剩余劳动力有 1 亿多人,也有人认为现已达到 1.5 亿人,到 2000 年我国农村剩余劳动力将达 2 亿人。不管怎么测算,中国农村蕴藏着丰富的剩余劳动力。随着改革开放进一步深入,这批人将会不断离开农村和农业去寻求更好的生产和生活条件。当然不只如此,由于农业效益和收入低,不但剩余劳动力要转移出来,连不剩余的劳动力也将纷纷离开农村和土地(因此,在某种意义上说,难以区分剩余与非剩余劳动力)。这样就向国家提出两个严峻的挑战:首先,大批农村人口外出寻找就业机会,改善现实条件,而国家能否创造相应的就业机会,特别是城市化速度能否满足城乡人口流动的要求,这是我国现代化面临的严重问题。一旦在这个问题上处理不当,那么就会使大量流入城市虽找不到工作但又不愿返乡的农村人口沦为城市贫民,城市有可能出现许多庞大的贫民窟及贫民群体,出现像墨西哥城那样的局面。其次,大批青年和有文化的农村劳动力离开农村,降低了农业劳动力的素质,有可能威胁作为维持 10 多亿人口生存的国民经济基础——农业的发展前景，甚至导致农业的衰退。目前这种现象在一些流出人口很多的农村已有表现，因此这些说法并不是危言耸听。

与此同时，在农村剩余劳动力与就业这个问题上还存在一个两难困境：一方面我国经济结构在改革中得以调整，提高了技术含量，需要大批高素质、有文化、懂技术的劳动力补充到就业大军中去；另一方面大批农村剩余劳动力大多是文化素质低、不懂技术的，因此即使未来经济和技术发展创造了更多的就业机会，农村剩余劳动力也无法胜任，也就是说，就业机会增加了，而农村剩余劳动力仍无法转移出来。

因此，中国农村现代化战略应处理好农村城市化与文化技术教育，以及农业利益保护之间的关系问题。具体地说，第一，目前中国的城乡格局对农村现代化来说是十分不合理的，一方面是城市区域布局不合理，即缺乏一个合理布局的城市体系以逐层逐级地吸纳农村人口，从而减轻大城市的压力；另一方面城市体制处于双轨状态，没有形成一个平等竞争的优化体制，这对农民是很不公平的。第二，国家应改革农村教育，提高教育的质量和实用程度，使接受九年义务教育的大批农村人口基本上能成为熟练劳动力后备军。第三，农业是一个脆弱的产业，世界各国特别是发达国家对农业都采取保护措施，以免损害人民的基本生活，我国更应该增强对农业利益的保护，使如此少的耕地能维持整个国民经济的运转。如果不这样做的话，不但中国农村现代化难以成功，而且中国现代化也将成为一句空话。

3. 社会分化与利益关系调整问题。改革以来中国农村社会的一个重大变化就是农民开始分化，不再是清一色的农业生产者了，他们分化成从事不同职业的利益群体和阶层。这样的分化仍将持续下去，而且会变得越来越明显，分化出来的群体和阶层也将越来越清楚地意识到自己的群体和阶层归属。分化与利益调整密不可分，换句话说，分化在一定意义上可以说就是利益关系的调整过程。分化后的农民在社会地位、收入分配、经济权益上都相差很大，原来的农村利益调节机制失效，要求确立新的调节机制。如果在这一点上做得不好，或新的调节机制不合理，或根本没有确立新的调节机制，那么农村的社会矛盾和冲突将不可避免，有可能酿成社会动荡和混乱，这也不利于中国农村现代化。这种情况目前并不是没有征兆：一些富村与周围邻村的关系很紧张，因为富村只考虑自己的发展而不考虑发展造成的污染对邻村的危害。一方面农村的富裕阶层畸形消费、肆意挥霍，甚至以钱行霸，将会招致邻里的极度不满；另一方面还有相当多的生活并不富裕乃至有困难的农户需要扶持，等等。这些问题都不应是中国农村现代化的产物，应及早采取措施加以扼制。

4. 体制转换和组织化问题。改变政社合一的人民公社体制，使农村获得了发展活力。这一点足以证明体制转换对农村现代化的重要性。改变了旧体制，就需要确立新的体制，那么什么样的新体制最适合农村现代化呢？这样的体制目前正在探索、试验。但从现代化的趋势上看，依法治理社会是历史发展的必然趋势，应该确立农村的法律体制，使农村管理有法可依、依法运作，如农村行政管理人员应根据选举法由农民选举产生，同时建立农村执法机构，比如建立农村法治体制。除此以外，农民和农村的组织化水平急需提高，也就是说农民和农村应有自己的合法的民间组织，一方面农民通过这样的组织来传递自己的意志，表达和保护自己的利益，监督行政官员的行动；另一方面有了这样的组织，农民就增强了自我保护能力；再就是这样的农民组织能帮助农民搜集信息，彼此交流经验，提高自身素质，甚至共同创办农村事业，如目前正在兴起的农业产业化事业；最后，它们还能降低国家管理农村社会的成本和代价，稳定农村社会秩序，国家完全可以借助于它们搞好农村社会治安，可以这么说，农村安则天下太平。组织化也是农民从传统走向现代的一个重要标志，没有农民的组织化，就不可能实现农村现代化。

当然中国农村现代化面临的问题和挑战是很多和很严峻的。只要国家充分尊重农民的创造性和积极性，并从政策上、组织上加以合理的引导，那么我国农村现代化的实现就不是很艰难、很遥远的事。

# 迈向新世纪的中国农村现代化[*]

多年来，我一直在探寻我国农村的出路问题、发展问题。这不仅仅是因为我出生于农村，与农村有着天然的情感联系，而且还因为农村的发展事关中华民族的生存、繁荣与强大，事关中国的现代化建设。我国农村集中着世界上 1/3 的农民，聚集着我国 70% 左右的人口。只要中国农村发展了，农村的现代化建设搞上去了，那么中国的繁荣、强大就不再是问题，同时也将大大缓解世界的农民问题，为人类的发展特别是发展中国家的发展做出贡献，做出表率。

但是，我国农村发展问题是一个相当复杂和艰巨的问题，可以说是世界上独一无二的发展问题，对此需要做深入的研究和探讨。我对它的研究经过了一个从点到面，再从平面到立体、从内部到外部这样不断深化、不断展开的过程。20 世纪 70 年代末到 80 年代初，我更偏重于农村经济特别是农业经济发展与农业体制改革的研究；从 20 世纪 80 年代后期开始逐渐转向农村社会、农民和农业三者之间关系的研究；进入 20 世纪 90 年代，我开始系统地从宏观的角度探讨农村现代化乃至中国现代化建设的整个进程。当然我的研究历程与我国农村发展提供的丰富实践密切相关，也就是说，是农村发展的丰富实践推动我的研究向深度和广度进军，同时也使我的研究视野发生了深刻的转变。现在向读者提供的这本著作可以说是我在研究过程中所形成的最新成果。

站在世纪之交的时间平台上，回眸我国农村的过去，展望其未来走向，我们清晰地看到了我国农村现代化的行进轨迹。虽然共和国的诞生，使我国农村现代化建设迎来了政治的春天，但是真正使农村现代化建设发生转

---

＊ 本文源自《中国农村现代化道路研究》（陆学艺、王春光、张其仔著，广西人民出版社，1998，第 1~6 页），系陆学艺为该书撰写的序言。——编者注

机的还是 1978 年开始的农村改革。这是一场由农民发动然后得到中央肯定的改革，预示着农村社会内部潜藏着的发展冲动得到突然和大规模的释放，强力驱动着我国农村现代化建设进程。从那时起到现在，就形态而言，我国农村现代化建设可以说已经经历了三个阶段，那就是家庭联产承包责任制阶段、乡镇企业发展阶段和小城镇建设阶段，这三个阶段既有时间先后的关系，又存在着齐头并进的联系，它们共同推动了农村经济增长、经济结构的现代化和非农化、社会结构的分化和多样化、城镇化等现代化变迁。家庭联产承包责任制不仅仅解决了农村的温饱问题，它对农村现代化建设最重要的贡献是充分调动了人的积极性和创造性，正如美国社会学家英格尔斯所说的，现代化首先就是人的现代化，而人的创造性和积极性则是人的现代化的重要指标。可以说，家庭联产承包责任制全面启动了农村现代化的车轮。在家庭联产承包责任制的带动下，农民开始向非农产业挺进，在解决温饱后开始寻找致富之路。于是便有了乡镇企业的发展和大量农村人口外出务工经商的非农化变化，从而在进一步促进农村经济增长的同时，使农村的经济结构、社会结构发生了巨大的变化，农村工业化和城市化得到了空前的发展。我国著名社会学家费孝通教授早在 1984 年就发现了乡镇企业和小城镇的发展对推动我国农村现代化建设的重要性。他认为："我们是把工业送进农村，或送到离农村很近的镇，把生活各方面的现代化也送进了农民家庭。这是一件很重要的事情……这就使得中国的工业化和现代化不致拉开城乡差别，而形成新的工业化的乡村。"[1] 经过 10 多年的建设，我国农村迎来了全面而深刻变迁的现代化建设新时代。乡镇企业已经超越了农村空间迅速发展，小城镇也向现代化城镇方向发展，从基础设施到人的观念、生活方式都向大都市趋近，我国整个社会的宏观经济也发生了深刻的变化，这一切都预示着我国农村现代化建设将进入一个全新的阶段，即城乡一体化的发展阶段。以上农村现代化建设"四步曲"，是从社会形态变化的角度来看待我国农村现代化进程，虽然这种看法对我们研究和了解我国农村现代化建设是有帮助的，但是它却不能从程度上把握农村现代化进程。所以我们在肯定以上四个发展时期划分的基础上，又从程度变化的层面上将农村现代化进程再划分为四个阶段，那就是起步阶段、小康阶段、富裕阶段和发达阶段，并给予相应的量化表示。

这两种划分并不相互矛盾，而是相互补充和验证的。农村家庭联产承

---

① 费孝通：《从沿海到边区的考察》，上海人民出版社，1990，第 24 页。

包责任制的实施、乡镇企业的崛起、小城镇的兴起，都标志着农村现代化建设的启动和不断推进，为农村社会走向小康和富裕奠定了坚实的基础；即将到来的城乡一体化发展既是农村社会进入小康和富裕阶段的条件，又是其标志；只有城乡一体化发展，农村社会才能进入发达阶段，最终实现现代化。可以这么说，这两种划分方法是我研究和了解农村现代化的两把定性和定量的"标尺"；反过来，我用它们来"丈量"我国各地农村的现代化建设情况，发现我国农村现代化建设存在着明显的区域性差别，为此我也提议，我国农村现代化建设需要遵循梯度推进与整体推进相结合的战略思路。

正是基于以上的研究思路，我构建了本书的写作框架。

导论：中国农村现代化道路，从总体上论述了我国农村现代化的发展历史、地位、作用以及四个步骤提出的背景和面临的难题。

第一章结合我国农村的实际情况，回顾、评述了现有的现代化理论，特别是与农村有关的现代化理论，为分析我国农村现代化建设提供了理论视野和理论背景，在借鉴当代可持续发展理论和社会发展理论的基础上，提出了我国农村现代化"四步曲"理论。

第二章和第三章着重于勾画出我国农村现代化建设的社会历史和传统背景。任何国家的现代化都不能远离原有的社会历史和传统轨迹，我国农村社会既有着悠久的历史传统，形成了非常僵化的社会关系准则和规范，那就是以社会关系为本的社会运行模式，同时又深深打上了社会主义计划经济的烙印，这一切决定了中国农村现代化必须利用传统的社会资源优势逐渐实现社会结构的转型：从农业向工业、从计划向市场、从农村向城市、从伦理社会向法理社会、从同质向异质的转变。

第四章和第五章将农村家庭联产承包责任制作为我国农村现代化建设进入新的转型时代的开始，从社会形态上把握我国农村现代化在新的时代的进程：从家庭联产承包责任制到乡镇企业的崛起，再到小城镇建设，最后实现城乡一体化的现代化目标。在这样的进程中，我国农村现代化的各项任务逐渐得以完成，那就是农业规模化和科技化、职业非农化、人口城市化、产业工业化和信息化、经济市场化、资源利用合理化、社会关系规范化和人与自然一体化。

如果说第五章是从社会形态上把握我国农村现代化进程，那么第六章则从实现程度上探讨我国农村现代化进程。根据实现程度的不同，本章将我国农村现代化进程划分为这样四个阶段，那就是起步阶段、小康阶段、富裕阶段和发达阶段，并根据历史发展速度、现实状况以及国际现代化经验，对这四个阶段的目标进行量化，建立了我国农村现代化阶段目标性指标体系。这个指标体系将对我国农村现代化建设实践具有重要的参照意义。通过对指标体系的综合评价，我们发现起步阶段和小康阶段对我国农村现代化建设的重要性大于后两个阶段，与此同时，这两个阶段的现代化建设的艰巨性也高于后两个阶段；通过对每一单项指标的比较评价，我们发现，农村城市化、普及九年制义务教育、基础设施建设以及区域发展平衡四个方面的进展落后于其他方面，其艰巨性也高于其他方面，所以，国家在农村现代化发展战略上应给予更多的重视。

在确定了我国农村现代化的各个阶段、目标以及衡量指标以后，我们进一步研究了如何推进我国农村现代化建设的问题。本书从这样三个方面——梯度推进、区域现代化和总体实施战略——进行探讨。第七章从我国地区发展程度差别的角度出发，提出梯度推进和区域现代化的各种对策与措施。第八章则基于当前我国农村现代化正处在世界经济全球化、我国城市改革全面推进这样的宏观社会经济环境大背景下，提出了我国农村现代化建设的总体实施战略——国家通过政策、制度、机制和组织等方面的再创新，为农村现代化建设创造更有利于激发农村内部的现代化建设动力、挖掘其潜力的社会环境条件。

全书各章的撰写分工如下。

序言和导论：陆学艺；

第一章和第二章：张其仔；

第三、四、五、六章和第八章：王春光；

第七章：张大伟。

本书由我设计写作框架、提出总体思路并最后统稿、定稿。在整个研究过程中，我们尽量从中国农村的实际出发，进行了大量的事例剖析和数据测试，力求使我们的研究更深入，理论框架和构想更切合实际。虽然我们做了很大的努力，但本书难免会存在这样或那样的不足，希望读者给予指正，更希望有更多的读者参与到我国农村现代化研究中来，以推动我国农村现代化建设。

# 农业产业化是实现农业现代化的
# 一条现实途径<sup>*</sup>

农业产业化的问题已经提了四五年了，这次十五届三中全会有新的概括，新的提法，我的体会大致是这样的。

有人问，农业本身就是产业，为什么又提农业产业化？实际上就是农工商、贸工商一体化，蓝田公司就是这样。这件事很有意义，农业产业化是实现农业现代化的一条现实途径。为什么这样讲？十一届三中全会文件里说了，就是要稳定家庭联产承包责任制。因为现在从上到下都有些人说，土地承包成一块块的，怎么实现农业现代化。所以要稳定家庭联产承包责任制，必须回答这个问题。从国外的经验来看，农业就是适合家庭经营的，但是我们的地少，农业现代化了，一个人可以耕种的土地多了，其他人干什么去？这样产业化的问题就被提出来了。农民必须建立自己的产业化体系，来解决加工、销售的问题，以改变过去农产品收购、销售方面那种计划经济的状态。最先走了这条路，而且总结出产业化这个词的是潍坊。像诸城市，它的龙头企业就是依靠外资，它来指导农民运用现代技术养鸡，然后收购加工出口，这样农产品的市场就扩大了。农业产业化扩大了，中间环节畅通了，农业的现代化就可以实现了。

这件事我认为有很重要的现实意义，中国现在像蓝田公司这样的公司不是多，而是少了，如果有几千万人去做这样的事，那么农民的蔬菜、苹果……也不会烂在地里；我觉得我们的农业问题不在生产，不在农民，而在于采取什么措施，保护和激发农民的生产积极性。首先就是要保障农产

---

  * 本文源自《中国青年报》1998 年 11 月 29 日第 3 版刊载的《农业产业化：农业现代化的现实途径》一文，系该报思想理论部与中国蓝田总公司联合举办的"农业产业化：农业现代化的一条现实途径"研讨会的发言摘要，本文仅收录其中陆学艺的发言摘要。陆学艺的发言摘要原无标题，现标题为本书编者根据发言内容所拟定。——编者注

品销售渠道畅通，为什么粮食、农副产品经常是一会儿多了，一会儿少了，就是因为销售不畅通。所以我说中国的农业问题不在农业里面，而是在农业外面，什么卖粮难、打白条、降价……都伤害了农民的积极性。再就是农产品的加工，中国人不是不爱喝果汁，而是加工跟不上。农产品一经过加工，马上就可以增加收入，但现在加工是和农民无关的，就不可能很好地解决农产品的出路问题。所以农业产业化是和农业生产、农民收入紧密相关的，农业企业本身也是前途无量的。我看过一个材料，国外农产品产值和农产品加工销售的产值比为 1：3，就是说，一块钱的农产品，加工销售以后就变成四块钱了，所以农产品在国外卖得很贵，北京的大白菜连帮带根一毛五一斤，而加工后到了日本，半棵就卖 350 日元，合 20 块人民币。现在很多乡镇企业都在生产服装、皮鞋，那个不行，那不是你的优势，搞农产品加工，恐怕才是出路。所以我说农业产业化是实现农业现代化的一条现实途径，是我国农业和国际接轨的桥梁。

# 农民与农民工

# 中国农民的分化与分层研究[*][**]

9亿农民在现代化的道路上如何前进，这是中国跨世纪的重大课题。因为，一个农民占多数的国家不可能是现代化的国家。

历史是一面镜子。发达国家的历史表明，在现代化过程中，农民逐步地离开土地，离开农业，走进城市，走进工厂，转化为非农业的雇佣劳动者；即使是留在农村从事农业生产的劳动者，他们的社会身份、生产手段、生活方式、价值观念等，也将发生相应的变化，传统意义上的农民渐渐消失，新型的农业劳动者人数也极少。法国社会学家 H·孟德拉斯称这种现象为"农民的终结"[①]。我们认为，农民的这种变迁过程就是农民的分化过程，即在现代化的道路上，农民从土地上、农业中分离出来，由农业劳动者转化为非农产业的劳动者与经营者的过程。

## 一　农民分化是社会现代化的必要前提

纵观发达国家的历史，尽管社会现代化在不同国家带有不同的色彩，按照不同的顺序在不同的历史时代经过不同的阶段，但是各个国家都从不同的角度证实了同一个结论，那就是农民分化是社会现代化的必要前提。

1. 社会现代化的过程必然包含农民分化的过程

众所周知，社会现代化是指人们利用现代的科学技术，全面改造自己

---

[*]　本文源自《中国社会学年鉴》（1989～1993）（中国社会科学院社会学研究所编，陆学艺主编，中国大百科全书出版社，1994，第208～229页）。——编者注

[**]　本文的资料、数字选自中国社会科学院"农村剩余劳动力利用与转移研究"课题组（陈吉元主持）的阶段性成果《全国百村劳动力情况调查资料集》（1978～1986），中国统计出版社，1989。——作者注

[①]　参见〔法〕H.孟德拉斯：《农民的终结》，李培林译，中国社会科学出版社，1991，第211页。

生存的物质条件和精神条件的综合过程。在这个过程中，既包含有农民分化，也包含有城市化、工业化、社会生活多样化、社会流动频繁化，等等。其中，经济现代化占有突出的地位。为此，它首先要求农业这个基础产业高度发达，农业劳动生产率与综合生产能力达到一个相当高的水平。

农业之所以是经济现代化、社会现代化的基础，是因为：（1）农业主要提供生活资料及生产生活资料所需要的原料，它是人类生存之本、衣食之源；（2）只有农业的劳动生产率提高到了它不仅能够供养自身人口，而且还有一部分剩余可以供养非农业人口时，社会分工才成为可能，才能为发展工业及其他经济部门提供必要的粮食、原料和劳动力等；（3）农业的发展，也是文化、教育、科学等非物质生产部门存在和发展的基础，就是说，一个国家的工业和国民经济其他部门，以及非物质生产部门，能够以怎样的规模和速度发展，归根到底都要受到农业生产发展水平的制约。

而农业本身的进步，终究要表现在它的现代化上，即建立起广泛采用现代生产工具、现代科学技术和现代经济管理方法的农业生产体系，使得从事农业生产的劳动者逐步减少。列宁在研究俄国资本主义发展时，认为城市人口、工业人口由于农村人口减少而增加，是一个普遍的规律。"这个规律的理论，第一，在于社会分工的发展，使愈来愈多的工业部门脱离了原始农业；第二，耕种一定面积的土地所需的可变资本一般地说是减少了。"[1]

社会分工是社会生产中各种具体劳动的分化，或独立化为互相联系的各种劳动部门和劳动工种，同时也是社会成员的分化。在人类历史上，曾经有过三次社会大分工，起初是农民从牧民中分离出来，接着手工业者又从农民中分离出来。随着商品生产与商品交换的发展、市场的形成与扩大，又出现了不从事生产、只从事买卖活动的商人。每一次社会分工，都推动了社会生产力的发展与社会成员的分化。

到了近代，随着科学技术的发展与应用，社会生产力取得了长足的进步。"资产阶级在它的不到一百年的阶级统治中所创造的生产力，比过去一切时代创造的全部生产力还要多，还要大。"[2] 这些国家在社会生产力发展、社会现代化进行的同时，农民也迅速地从土地上、农业中分离出来，转化为非农产业的雇佣劳动者。在农业人口减少的过程中，劳动者的从业结构

---

①　《列宁全集》第 4 卷，人民出版社，1958，第 132 页。

②　马克思、恩格斯：《共产党宣言》，《马克思恩格斯选集》第 1 卷，人民出版社，1972，第 256 页。

也发生了重大变化。二战以来,一些发达国家的从业结构中,第一产业的劳动者已不足10%,有的只有2%~3%,而第三产业的劳动者已占50%以上,有的已达70%以上。所以说,一个国家的现代化过程,必然包含农民分化的过程。

2. 发达国家的农民分化"是用血与火的文字载入人类编年史的"

首先对发达国家农民分化进行透彻研究的,是马克思主义的创始人。他们把农民分化放到资本主义产生的历史背景中进行研究,指出资本原始积累的过程也是农民分化的过程。因为,"所谓原始积累,只不过是生产者和生产资料分离的历史过程"。[①] 而在这个过程中,"首要的因素是:大量的人突然被强制地同自己的生存资料分离,被当作不受法律保护的无产者抛向市场。对农业生产者即农民土地的剥夺,形成全部过程的基础"。[②]

马克思进一步分析到,资本产生即农民分化有两个历史前提:一个前提是一部分人手里积累了相当数量的货币;另一个前提是存在两种意义上"自由的"工人,一方面他们失去土地和任何生产资料,自由得一无所有,只能靠出卖劳动力维持生存,另一方面他们不受任何束缚与限制,可以自由地出卖劳动力。

马克思以资本主义典型的英国为例,首先阐明作为小生产者的农民是怎样变成"两种意义上'自由的'工人"的。以蒸汽动力为标志的产业革命,大力发展投资少、收效快、利润高的毛纺织业。毛纺织业的繁荣,引起羊毛价格的飞涨。于是,开始了变耕地为牧场的圈地运动。那些新贵族们贪婪地掠夺公有土地,用暴力把农民赶出自己的小屋,迫使他们流浪到城市,变成雇佣劳动者。最后一次大规模的剥夺过程,是所谓的"清扫领地"。在苏格兰的一个郡,1814~1820年,陆续地驱逐和消灭了全郡的15000人。"他们的村庄全部被破坏和烧毁,他们的土地全部变成了牧场。不列颠的士兵奉命执行任务,同当地居民发生了冲突。一个老太婆因拒绝离开小屋而被烧死在里面。"[③] 据《1861年英格兰和威尔士人口调查》记载,1851~1861年的10年间,农业工人由1241269人减少到1163217人,减少了78052人,下降6.3%;同期,牧羊人数却由12517人增加到25559人,增加了13042人,增长104.2%。难怪《乌托邦》一书的作者托马斯·

① 马克思:《资本论》第1卷,人民出版社,1975,第783页。

② 马克思:《资本论》第1卷,人民出版社,1975,第784页。

③ 马克思:《资本论》第1卷,人民出版社,1975,第789页。

莫尔惊呼道："羊把人吃了！"

与此同时，资本主义大生产也加速了农民的两极分化，少数人变成了雇用他人的农场主，多数人则不论流入城市或留在农村，都因失去土地而变成被剥削的雇佣劳动者。在现代科学技术与工业装备面前，"要保全他们那样的小块土地所有制是绝对不可能的，资本主义的大生产将把他们那无力的过时的小生产压碎，正如火车把独轮手推车压碎一样是毫无问题的"。①

殖民制度大大促进了贸易和航海业的发展。"垄断公司"是资本积聚的强有力手段。殖民地为迅速产生的工场手工业保证了销售市场，保证了通过市场的垄断而加速的积累。在欧洲以外直接靠掠夺、奴役和杀人越货而夺得的财宝源源流入宗主国，转化为一部分人手中掌握的相当数量的货币资本。

从上述的分析中可以看出，这些资本主义国家在工业化发展的初期，一方面利用血与火的方式残酷地积累原始资本，输入大量资源，开拓国际市场，靠工业化和国际贸易两个轮子使经济迅速起飞；另一方面，又用残暴的恐怖的手段把农民赶出土地，使之既是工业原料和商品粮的提供者，又是工业化资金积累和劳动力供给的主要来源。马克思指出："大工业在农业领域内所起的最革命的作用，是消灭旧社会的'堡垒'——'农民'，并代之以雇佣工人。"② 于是，资本产生的两个历史前提形成，在工业化、现代化的过程中农民也同时分化。

3. 农民分化：中国现代化面临的紧迫课题

中国农民分化，从严格意义上说，是 20 世纪 50 年代初期民主革命彻底完成、农民成为小土地所有者以后才开始的。但是，在此后的 20 多年里，农民分化速度是极其缓慢的，不仅 80% 的人口滞留在农村，积淀在土地上，而且"八亿农民搞饭吃"还填不饱肚皮，农业同人民的需要与现代化建设之间存在着尖锐的矛盾。造成这种情况的主要原因是：（1）中国的社会主义社会不是建立在高度发达的、已经工业化的资本主义社会基础上，而是建立在半殖民地半封建社会的废墟上，并且开始进入现代经济发展的时期比发达国家大约晚了 100～150 年时间，当时的农村人口与农业产值约占全国总数的 90% 左右；（2）我国的社会制度决定了不仅不能侵略他国，开辟殖民地，而且还要打破帝国主义的经济封锁、武装侵略与战争威胁；（3）为了

---

① 《马克思恩格斯选集》第 4 卷，人民出版社，1972，第 312 页。
② 马克思：《资本论》第 1 卷，人民出版社，1975，第 551 页。

能够自立于世界民族之林，必须在国内尽快地建立起比较完整的、独立的工业体系与国民经济体系。但因没有足够的资金支持和发展工业化，只得借助国家政权的力量，动员并运用全社会的各种资源，依靠农业提供原始积累，实行"高积累、低消费"的发展战略来推行工业化，并建立了高度自给自足的工业体系。这些都是在传统农业部门没有得到根本改造的前提下进行的，因而促使城乡二元结构的形成。在城乡隔绝的状态下，工业化不但无力推动农村剩余劳动力的转移，反因农村人口膨胀滞缓了二元结构的转变。农民为工业建设"纳贡"，提供积累，农产品和资金流入城市与工业部门，而剩余劳动力则留在农村。工业化与农民分化背道而驰，因而推迟了现代化进程。到1978年，全国人均占有的粮食大体上只相当于1957年的水平，全国农村有近四分之一的基本核算单位人均收入不足50元，有些地区甚至不能维持简单再生产。

## 二　中国农民分化的前提与途径

由于具体的国情、国体不同，中国农民分化不可能像发达国家那样，采用血与火的暴力手段，也不可能让农民都涌入城市，而只能另辟蹊径。实行改革开放以来，中国农民先后创造了家庭联产承包责任制、乡镇企业与小城镇，为自身分化创造了历史前提与主要途径，开始走上了具有自己特色的道路。这就是在联产承包、家庭经营的基础上，通过发展乡镇企业等非农产业与中小城镇，将从土地上、农业中分离出来的农民，在城乡广阔的地域里转化为非农产业的劳动者与经营者。由于中国的国力薄弱，农民人数众多，各地差异很大，加之体制转换与社会转型同步进行等原因，中国农民的分化过程将是漫长而又曲折的，呈现出千姿百态、丰富多彩的特点。然而，具有实质意义的是，道路已经探明，并且已经开始了艰难的起步。

1. 家庭联产承包责任制的形成和发展，为中国农民的分化创造了基本前提

要理解中国农民分化的基本前提，首先应回顾一下农村改革的发展过程。

20世纪70年代后期，一些贫困地区的农民实在是穷极了，饿怕了，于是就自发地起来采取了一些破除人民公社管理体制的办法，其中最为典型的是"包干到户"。这种办法是，在一个基本核算单位（一般是生产队）

内，将土地、耕牛、农具等主要生产资料，以人口（或人口与劳动力各占一定比例）为单位平均分包到户。同时，将农户应承担的国家征购任务与集体提留，也以同样的单位，平均分摊到户。这种办法的核心是一个"包"字。它把劳动者与生产资料、劳动过程与最终成果紧密地联系起来，把责任、权力、利益紧密地结合起来，有效地克服了干活"大呼隆"、瞎指挥与分配"大锅饭"的弊病，把集体的领导者（出包者）与农民（承包者）放到了平等的地位上，并且用合同制的契约关系固定下来，这就有利于贯彻社会主义的分配原则。因为它责任明确，利益直接，方法简单，"直来直去不拐弯"，所以很受农民欢迎，并把它概括为"交够国家的，留足集体的，剩下都是自己的"。经党中央肯定、总结、推广后，作为农村一项基本政策逐步完善，成为我国现阶段农村主要的经营管理体制。家庭联产承包责任制的确立，对于调整原有生产关系，让农民从土地上、农业中走出来，起到了"突破口"与"启动器"的作用。

（1）超越劳动者个人需要的农业劳动生产率，是农民分化的基础。家庭联产承包责任制的实行，不仅同时发挥了集体的优越性与个人的积极性，而且也把集体经济积累多年的生产潜力挖掘出来，从而使农业面貌很快发生变化，大量的农产品像变魔术一样从地下呼唤出来。"一年粮满仓，两年宰猪羊，三年草屋换瓦房。"农产品的商品量与商品率在短期内得到迅速增长。1984 年同 1978 年比较，粮食、棉花、食用植物油的商品量（收购量），分别增长了 131.1%、148.7% 和 184.2%；在同一时期内，它们的商品率也分别由 20.3%、94.3% 和 55.9%，提高到 34.8%、95.3% 和 67.4%。由农产品商品量与商品率组成的农业劳动生产率的提高，意味着农业基础地位的加强与商品经济的发展。而"商品经济的发展本身就意味着愈来愈多的人口从农业分离，就是说工业人口增加，农业人口减少"。[①] 农业基础实质上也就是农民分化的物质基础。

（2）家庭功能变迁与农民身份变化，使农民成了独立的商品生产者与经营者。农民家庭由原来的生活消费单位，变为独立核算、自主经营、自负盈亏的经济单位，成了具有积累与再生产功能的经济实体。与此相应，农民的身份也由过去单纯的劳动者，变成了既是商品生产者又是商品经营者。他们在承担国家、集体有关义务的前提下，拥有经营决策权、生产指挥权、经营管理权、产品支配权。同时，人民公社管理体制解体后，千家

---

① 《列宁全集》第 1 卷，人民出版社，1958，第 163 页。

万户直接面对市场，成了商品交换的当事人，有多少产品用于交换，怎样交换，如何进入市场，进入什么样的市场，均取决于生产者或经营者的决策。在商品交换过程中，农民出于对自己经济利益的关心与维护，必定要充分地考虑自己产品价值的实现，考虑对自己劳动投入的补偿，由此也必定要考虑在生产过程中如何使自己的产品包含的个别劳动时间低于社会必要劳动时间，以便得到更多的利润。家庭联产承包责任制的实质就是，农民摆脱了人民公社管理体制的人身束缚，成为独立的商品生产者与经营者，他们既能谋求生产的利益，又需承担经营中的风险，因而能够从个人利益上关心与发展生产。

（3）占有方式与分配方式的变化，使多数农民拥有自己可以支配的多少不等的从事非农产业生产与经营的初始资金。实行家庭联产承包责任制后，农民不仅拥有集体生产资料的经营权、使用权，而且要进行扩大再生产，还会购买、添置新的生产资料，从而使农民家庭的所有制结构发生变化，并且属于农户私有的部分迅速超过公有部分。国家统计局 1985 年的资料表明，几种主要生产资料中属于公有部分的比重较低：大中型拖拉机（台数，下同）为 38.2%，小型与手扶拖拉机为 11%，农用载重汽车为 38.9%，胶轮大车与手推车不足 10%。在分配方式上，在多劳多得原则得到贯彻的同时，也出现了非按劳分配的因素。分配的主体由集体变为农户后，原来集体按工分统一分配的办法也被包干分配代替了。"交够""留足"的部分是一个预先确定下来的份额，是一个定量，而"剩下"的部分则是一个变量。在一般情况下，农户付出的劳动数量越多、质量越好，就能取得更多的收获。同时，由于存在着部分生产资料的农户私有，而农户私有的部分又不可能是均等的，所以，农民在生产过程中，除了提供自己的劳动外，还提供了他们占有的不均等的生产资料。这种非按劳分配因素的介入，使农民即使付出同等数量与质量的劳动，也会获得不同等的收入。于是，在商品经济发展的过程中，一方面农户占有的资金迅速增加，另一方面这些资金在农户之间分布的不平衡性也扩大了，即资金占有出现了相对集中的趋势。据原国务院农村发展研究中心组织的对全国 37422 户农户的典型调查，1984 年农民人均纯收入为 399 元，比 1978 年的 134 元增长 1.98 倍（扣除物价因素），年均递增 19.9%。同时，农户的收入差距也拉开了。以调查户的总收入为 100%，以收入高、低户的人口各占 1/4 计算，低收入户与高收入户总收入所占比重，1978 年分别为 9.3% 和 47.7%，二者之比为 1：5.1，1984 年则分别为 8.2% 和 51.7%，二者之比为 1：6.3。而占总农户数 3.5%

的专业户，人均纯收入 937 元，比一般户的人均收入 378 元高出 1.5 倍。[①]就是说，绝大多数农户解决温饱问题后，都有多少不等的剩余资金，其中少数农户拥有相当数量或一定数量的货币资金。

（4）劳动方式的变化与农业比较利益的下降，使众多的劳动者成为相对自由的、愿意离开土地的剩余劳动者。劳动方式由过去的集中统一变为现在的分散进行，农业生产是在一个家庭范围内，主要依靠家庭成员的劳动来完成。很早以前的"男耕女织"变成了现在的"男工女农"。初步的商品化、工业化，不仅扯断了农业与手工业的原始的家庭纽带，而且还将家庭内部根据性别、年龄不同的自然分工，变成根据市场需求的社会分工。一家一户的小块土地，既能提供满足家庭成员必需的农产品，又不需要投入更多的劳动。农业的生产时间与劳动时间不一致，又为务工经商的农民提供了更多的便利。他们在本地务工时，可以利用"早、中、晚"务农；出外经商的，可以请亲友或雇请短工帮助抢收抢种。即使是专门经营土地，也由于人多地少，有大量的剩余劳动时间。"三个月种田，一个月过年，八个月赚钱"，即是此种现象生动的写照。特别是粮食市场放开后，更加拓宽了农民谋生的门路。

而农业比较利益过低，又加速了农民离土的行为。据 1984 年典型调查，全国平均每户承包耕地 8.35 亩，分割为 9.7 块。由于农户经营的土地规模狭小、细碎，不便机械操作，在现有的科学技术条件下，即使投入再多也不能得到相应的产出。加之工农业产品价格的"剪刀差"，社会化服务跟不上，"买难""卖难"，经营土地的比较利益下降，就是把地绣出花来，也不能多打几个籽儿。据调查测算，1984 年平均每个投工量的总收入，种植业为 4.9 元（粮食更低），农产品加工业为 8.4 元，商业、餐饮业为 8.6 元，工业、运输业为 15 元。同时，集资、摊派等各种社会负担，都是按承包田亩计算的，而且连年加重，不少地方农民经营土地无利可图。正如他们说的，"过去种田是主业，前两年种田是副业，现在种田是冤业"！农田"不可不种，不可多种，不可下本钱种"。于是，投入减少，粗放经营，甚至撂荒不种，弃农务工经商，这是近几年来过多的农民离开土地的一个原因。

2. 非农产业与城镇、市场的发展，为离开土地的农民提供了新的载体与生存空间

（1）离开土地的农民的状况与去向。根据一些典型调查资料分析，各

---

① 参见中共中央书记处农村政策研究室资料室编《中国农村经济社会典型调查（1985 年）》，中国社会科学出版社，1987。

地都有一部分农民离开土地，在本地或外地从事非农产业的工作。中国社会科学院"农村剩余劳动力利用与转移研究"课题组采用分类选点法，在全国11个省、市、区选择了不同类型的84个乡镇222个村，对1978～1986年的有关问题进行了一次性调查。调查结果：1986年调查村（指222个村）共有人口432388人，其中农业人口409478人，农村劳动力189006人，平均每个劳动力耕种土地2.86亩。调查时，实有劳动力178089人（包括外村转入的，不包括常年转出的）。1978～1986年，农民离开土地的速度很高，年均达到21.7%，1986年为70216人，占劳动力总数的37.15%。他们的去向，主要在本乡镇范围内从事非农产业，即"离土不离乡"的占其总数的61.6%，"离土又离乡"的占38.4%。在"离土又离乡"的26993人中，分布在农村与城镇的人约各占一半。但是，地区之间的差异较大，农村与非农村之比，东部地区为21.7∶78.3，中部地区为38.6∶61.4，西部地区为74.5∶25.5。而集中在大中小城市的比例，则差异更大，东部地区为60.9%，中部地区为14.8%，西部地区为10.7%（见表1）。

表1 "离土又离乡"农民的去向

单位：%

| 区域 | 总数 | 农村 | 农村集镇 | 县城及建制镇 | 中小城市 | 大城市 | 国外 |
|---|---|---|---|---|---|---|---|
| 东部地区 | 100 | 21.7 | 6.1 | 9.8 | 53.9 | 7.0 | 1.5 |
| 中部地区 | 100 | 38.6 | 12.4 | 34.2 | 11.0 | 3.8 | |
| 西部地区 | 100 | 74.5 | 3.6 | 11.2 | 9.8 | 0.9 | |
| 总数 | 100 | 48.8 | 5.3 | 12.1 | 29.4 | 3.8 | 0.6 |

另外，外地流入调查村的劳动者有7793人，占调查村实有劳动者人数的4.4%。他们来源于农村的占90.59%，其中来源于本县外乡的占44.89%，来源于本省外县的占25.21%，来源于外省的占29.9%。在来自非农村的733人中，来自县城及建制镇的占31.65%，来自中小城市的占57.16%，来自大城市的占11.19%。在外地流入的劳动者中，有工程师12人，技术员157人，老工人师傅562人，瓦匠799人，木匠1012人，其他为5251人。

在对调查资料作进一步分析时，可以看到我国现阶段离土农民主要的行为特点。第一，就地性，即在空间分布上主要是"离土不离乡"。其原因是现行的土地制度，不仅人均都有一份，而且土地已由生存资源变成了社会福利资源，便于经营，绝大多数农户都不愿彻底放弃。而要耕种，就不能远走高飞，所以许多地方都是"男工女农"，男劳力外出挣钱，女劳力在家种田。同时，农民的文化素质、生活习惯，以及户籍制，也是造成"就地性"的一个原因。第二，季节性，即在时间分布上带有明显的季节性。这主要是因为非农就业岗位不充分、非农企业生产不正常以及农业生产时间与劳动时间不一致。第三，自发性，即离土形式主要不是有组织、有计划地进行的，说明在生产要素市场中，劳动力是最活跃的。但是它同社区集体经济实力大小呈负相关关系，即实力越强，自发性越小。自发性与季节性的分布大致是一致的，它们都是由东部向西部地区逐渐增加。（见表2）在自发性中，常年性的又多于季节性的，前者为 70.72%，后者为 62.46%。

**表 2　离土农民的行为特点**

单位：%

|  | 常年性 | 季节性 | 集体组织 | 自发 |
|---|---|---|---|---|
| 总数 | 42.9 | 57.1 | 36.2 | 63.8 |
| 东部地区 | 53.0 | 47.0 | 56.3 | 43.7 |
| 中部地区 | 47.1 | 52.9 | 26.1 | 73.9 |
| 西部地区 | 29.4 | 70.6 | 19.4 | 80.6 |
| 不离乡 | 56.75 | 43.25 |  |  |
| 离乡 | 20.73 | 79.27 | 36.2 | 63.8 |

（2）离开土地农民的新的载体与生存空间。

第一，主要载体，有乡镇企业、私营企业与个体工商户等。

乡镇企业。包括乡、镇、村办的集体企业，农民群众联营的合作企业，其他形式的合作企业，以及农民家庭办的个体企业。1991 年全国共有乡镇企业 1908.9 万家，从业人员达 9609.1 万人，占农村劳动力总数的 22.3%，相当于全国国有企业职工的总数。其中，乡村集体企业 144.2 万家，从业人员 4767 万人，乡镇企业总产值 11621.7 亿元，占农村社会总产值的 59.2%。[①]

私营企业。1991 年全国农村有私营企业 62653 家，从业人员 115.8 万人，平均每家有从业人员 18.5 人、注册资金 9.58 万元。其中，注册资金 100 万元以上的 662 家（包括城镇，下同），雇佣工人 100～499 人的 582 家、500 人以上的 20 家。

个体工商户。1991 年全国农村有 997.8 万家，从业人员 1616.2 万人，平均每家有从业人员 1.6 人、注册资金 3315 元。其中，从事长途贩运的有

---

① 国家统计局编《中国统计年鉴·1992》，中国统计出版社，1992，第 389～390 页。

29.8 万家，从业人员 41.9 万人。在运输业中，有机动车 98.9 万辆，非机动车 6.2 万辆，机动船 7.5 万艘，非机动船 0.3 万艘。

另外，根据国家统计局资料，1991 年全国农村从事房地产管理、公用事业、居民服务和咨询服务的农民有 157.3 万人，从事卫生、体育和社会福利业的有 139.5 万人，从事教育、文化艺术和广播电视业的有 311.3 万人，从事科学研究和综合技术服务业的有 21.6 万人，从事金融、保险业的有 25.9 万人，乡务管理人员有 161.6 万人，其他 1909.5 万人。①

第二，生存空间。离开土地、家乡的农民，在城乡之间寻找新的生存空间。一是到经济发达而本地劳动力又不能满足安排的较富裕农村地区务农。二是到各类城市务工经商。据报载，现在全国每年的流动人口都超过 5000 万人，全国 23 个百万人口以上的大城市日均流动人口已达 1000 万人。其中，北京市有打工、经商、搞劳务的农村劳动者 100 万人以上。他们的大致分布是：国有、集体企业用工 35 万人，个体餐饮、商业、服务业等用工 30 万人，家庭保姆约 10 万人，走街串巷、各自为战的"找活儿干的"零散队伍约 20 多万人。上海市有 120 万人，其中女性占 35%。三是到集镇上居住，务工经商。如温州市的建制镇已由 1984 年的 33 个发展到目前的 132 个。在这些集镇上集中了 60% 的农村工业，61% 的农村商品零售额，43% 的农村税收。解决了 120 万个城乡劳动者的就业问题，迁移了 242 万个农村人口，将 40% 的劳动力从人均 0.4 亩的土地上转移到第二、三产业。温州市第二、三产业产值的比重已由 1978 年的 36.5% 上升到 1991 年的 72.14%。四是到城乡集贸市场上去经商。全国城乡集贸市场由 1978 年的 3 万多个，增加到 1991 年的 7 万多个，这是农民参与流通的前沿阵地。在那里，80% 的从业人员是农民，90% 的交易商品是农副产品和乡镇企业生产的工业品。

## 三　农民在分化过程中形成的不同社会阶层

### 1. 农民分层的标准

前文已述，家庭联产承包责任制与乡镇企业为农民分化创造了历史前提和主要途径，不仅使农民改变了社会身份，而且也使农民从土地上、农业中分离出来成为可能。9 亿农民作为一个阶级整体，已经分化成为从事不

---

① 国家统计局编《中国统计年鉴·1992》，中国统计出版社，1992，第 323 页。

同职业、具有不同利益、不同愿望与要求的社会阶层，这是当今中国农村社会、中国农民发展的本质特征。那么，对农民进行阶层划分的标准是什么呢？在分层标准的选择上，我们遵循三条要求，一是原则不是研究的出发点，不能用某种理论模式来剪裁客观实在，而应从中国社会变迁的实际出发；二是以马克思主义基本原理为指导，同时参照、借鉴西方社会学的理论与方法；三是在具体操作中简便易行。

马克思主义认为，存在决定意识。人与人之间的经济利益关系是最重要、最根本的社会关系，是决定其他一切关系的基础。经济地位决定人们在社会生活中的地位与作用，也决定人们的政治态度与思想意识。在现阶段，决定农民经济利益的主要有三个方面，即职业、生产资料所有制形式及其经营形式。

职业是人们为发挥个人才能、履行社会角色、获得维持生计的收入而从事的持续性的劳动。农民分化后，具有不同的职业身份，他们的经济收入、政治地位与社会声望以及愿望与要求也是不同的。在中国，分化后的农民在职业身份上也形成序列，具有层次性。

生产资料的占有形式是生产关系的基础，也是决定农民经济利益与阶层属性的重要标准。现阶段我国农村的所有制形式，主要是生产资料归农民集体所有，同时还存在着其他所有制形式。农民集体所有制形式，是一种普遍形式，生产资料归劳动者个人所有、以个体劳动为基础的个体经济，与生产资料归农民私人所有、以雇佣劳动为基础的私营经济，则是补充形式。

生产资料的经营形式，指农民实际支配、使用生产资料的具体形式。生产经营形式的多样化反映在农民身上，就表现为农民对所使用生产资料的权利差别。现阶段，农村已由单一经营发展到双层经营，即所有权与经营权相分离的经营形式。

中国的农民分化，正是在财产关系与职业系统的变迁推动产生了多样化的职业类型、生产资料所有制形式及其经营形式的背景下产生的。也就是说，当农村在集体经济之外引入了个体经济与私营经济，在所有权与经营权相结合的统一经营之外引入了所有权与经营权相分离的双层经营形式，在农业劳动者之外引入了其他多种职业类型之后，农民相互之间的地位差别才变得明显起来。上述三者的多样化反映到分化中的农民身上，就是他们的职业类型、生产资料所有制形式及其经营形式的权利差别。正是因为这些差别，原来的农民才分解为利益不同的社会阶层。所谓阶层，就是农民在分化过程中逐步形成的具有相同或相近的并且相对稳定的职业类型，对生产资料具有同类权利（即所有制形式与经营形式）的个体的聚合。

2. 农民分化成不同的社会阶层

我国现阶段的农民可以划分为哪些社会阶层呢？1989 年初，我们根据调查研究中的感性认识与统计资料，将他们划分成 8 个不同的社会阶层，但这只是理论假设。1990～1991 年，在国家社会科学基金的资助下，我们在 7 省 12 个县选择了具有代表性的 13 个村庄，组织了 100 多人次分别进行调查研究。在获得丰富资料的基础上，依据职业类型、生产资料所有制形式与其经营形式这三个因素的组合，对 13 个村庄的现有劳动者进行综合分析和实际验证。[①] 结果表明，这 13 个村庄的劳动者仍然主要分为 8 个社会阶层。不过有一点作了修正，就是农民分化的单位是劳动者个人，而不是农民家庭（见表 3）。

表 3  13 个村各个阶层的成员数量与相对规模

单位：人，%

| 村名 | 农业劳动者 | | 农民工人 | | 雇佣工人 | | 智力型职业者 | | 个体工商户 | | 私营企业主 | | 集体企业管理者 | | 农村社会管理者 | | 外聘工人 |
|---|---|---|---|---|---|---|---|---|---|---|---|---|---|---|---|---|---|
| | 绝对量 | 相对量 | 绝对量 | 相对量 | 绝对量 | 相对量 | 绝对量 | 相对量 | 绝对量 | 相对量 | 绝对量 | 相对量 | 绝对量 | 相对量 | 绝对量 | 相对量 | 绝对量 |
| 小岗 | 66 | 94.2 | 1 | 1.4 | | | | | | | | | | | 2 | 2.9 | |
| 茅坪 | 62 | 74.2 | 13 | 15.5 | | | | | 5 | 6.0 | 1 | 1.2 | | | 2 | 2.4 | |
| 沙石峪 | 186 | 60.0 | 108 | 34.8 | | | | | | | | | 11 | 3.5 | 5 | 1.6 | |
| 西铺 | 248 | 57.9 | 145 | 36.2 | | | | | 20 | 4.4 | | | 8 | 1.8 | 7 | 1.6 | 185 |
| 大寨 | 123 | 42.3 | 128 | 43.9 | | | | | 30 | 13.7 | | | 7 | 2.4 | 3 | 1.4 | |
| 西岭 | 175 | 35.7 | 197 | 40.2 | 9 | 1.8 | 4 | 0.8 | 80 | 16.3 | 3 | 0.6 | 12 | 2.4 | 10 | 2.0 | 154 |
| 房圩 | 189 | 24.0 | 324 | 41.2 | | | 5 | 0.6 | 230 | 29.4 | | | 26 | 3.3 | 23 | 2.9 | 2 |
| 列马峪 | 40 | 16.2 | 185 | 74.9 | | | | | 7 | 2.8 | | | 10 | 4.0 | | 2.0 | |
| 华西 | 90 | 10.0 | 635 | 70.1 | | | 40 | 4.4 | | | | | 115 | 12.0 | 20 | 2.2 | 1020 |
| 竹林 | | | 600 | 63.0 | 20 | 2.1 | 102 | 10.8 | 36 | 3.8 | 3 | 0.3 | 150 | 15.7 | 40 | 4.2 | 650 |
| 洪林 | 49 | 5.3 | 649 | 68.7 | | | 87 | 9.0 | 8 | 0.87 | | | 90 | 9.8 | 22 | 2.8 | 1200 |
| 刘庄 | 48 | 6.0 | 620 | 76.9 | | | 20 | 2.5 | | | | | 90 | 10.3 | 22 | 2.8 | 350 |
| 娃口 | | | 543 | 80.0 | | | 30 | 4.4 | | | | | 60 | 8.8 | 16 | 1.6 | 320 |

注：绝对量指人数，相对量指占本村劳动者总数的比重。

① 参见陆学艺主编《改革中的农村与农民——对大寨、刘庄、华西等 13 个村庄的实证研究》，中共中央党校出版社，1992。

　　下面将具体介绍13个村的农民分层状况。

　　（1）农业劳动者阶层。是一个由承包集体耕地，以农业劳动为主的农村劳动者所组成的社会群体。这个阶层占有的生产资料人均规模较小，以分散经营为主，有较大的独立性与自主权，是农村其他阶层的主体与母体。他们承担着重大的社会责任（提供农产品），承受着沉重的社会负担，是现阶段农村中最苦最累而收入又是最低的、人数最多的社会群体。进入市场经济体制后，他们中的许多人像大海中的一叶孤舟，感到茫然不知所措。"盼的是早日致富，愁的是没有门路，放开后自由种植，忧的是没有销路！"近些年来，农产品价格下跌又卖不出去，农用生产资料却不断涨价，还有假冒伪劣产品；"剪刀差"加大，各种摊派和杂费名目繁多，使农民不堪重负。职能转变过程中的政府又不能做好排忧解难的工作，农业劳动者意见很大，有些地方的矛盾激化。

　　农业劳动者阶层可以划分为：一般农户，这是最大量、最普遍也是最主要的；少数专门从事一定规模种植业、养殖业的专业户；"离土离乡"到非农产业发达社区，仍然从事农业生产劳动的"外来工"。在调查中我们发现，在一个村庄，农业劳动者的人数多少与他们的经济地位高低成负相关关系。这是由机械化程度与规模效益决定的，也符合农民分化的规律。从发展趋势看，这个阶层人数逐年减少，他们在农村经济社会舞台上的社会角色，正在由主角变为配角。

　　（2）农民工人阶层。是一个以在乡、村集体企业里从事非农业劳动为主的社会群体。他们对集体生产资料具有所有权、经营权与使用权，一般还经营一小块土地（责任田或口粮田），和农业有着天然的联系。多数人"不离土不离乡"，8小时以内是工人，8小时以外是农民，是"吃住在家"的工人，又是"劳动在厂"的农民。他们一方面接受工业文明的训练、熏陶，掌握了一定的现代生产技能与工业知识；另一方面，还没有割断小农经济的"脐带"，同土地、乡村、农业有着不可分离的联系。在他们身上，集中反映了我国农民在转型社会中的基本特征。但是，毋庸置疑，在中国现代化过程中，他们是农村中的产业大军，代表着农民的未来，是一个充满希望和前途并不断壮大的农村社会阶层。他们最担心企业生产不景气，更怕企业倒闭关门，重新回到土地上去。

　　（3）雇佣工人阶层。是由受雇于私营企业，提供劳动、获得工资收入的农村劳动者组成的社会群体。他们对所使用或经营的生产资料没有所有权，但同资本主义制度下的雇佣工人又有本质区别。他们不是"除了两只手以外，自由得一无所有"的雇佣劳动者，而是在家中也拥有一份属于自己所有的生产资料，以及可以使用与支配的集体生产资料，但数量不足。在这个意义上也可以说，他们是"有也不多"的剩余劳动者。他们出雇的主要目的，不是养家糊口，而是增加收入，学点技术，看看"外面的世界"。由于集体企业和其他就业空间的狭窄，他们在家里难以充分发挥自己的劳动能力。所以，一些青年雇工说："在家里是浪费青春，受雇佣是出卖青春。"他们与农村其他社会群体一样，享有一定的择业自主权，可以相对自由地流动，而且其雇工地位也不是一成不变的，"今天的雇工，明天的雇主"是常有的事情。他们的收入同雇主相比较，相差悬殊，但同农业劳动者比较，却要高些。

他们可以分为"白领"或"蓝领"两大部分。前者或是因为有专业技术或经营管理能力，或是因为是雇主的亲朋好友、同村近邻，主要负责经营管理或技术岗位工作。"蓝领"从事的是体力劳动，大部分是外村人，这是雇佣工人阶层的主体部分。雇佣工人阶层缺少归属感、稳定感，既担心企业经营不善、亏本而发不了工资，更怕企业倒闭。他们有的一旦赚了钱或是学到了一些本领，便会远走高飞，或自己办企业，或务工经商。所以，从总体上看，这是一个流动性大、不稳定的社会阶层。

（4）智力型职业者阶层。由具有一定的专门技能，从事农村教育、科技、文化、医疗卫生、艺术等智力型职业的农村劳动者所组成的社会群体。他们都具有一定的技能或某方面的知识，用智力为其他阶层服务。他们的生活、工作情况，直接关系到农村下一代和全体村民的素质，关系到农村精神文明建设和科学技术的普及。我们在调查中发现，他们的收入、地位与声望，在经济发展水平不同的村庄差别很大，基本上与社区经济发展水平呈正相关关系。但是，一般来说，有多种因素都会影响到这个阶层的稳定与自身素质的提高。这是当前农村工作中亟须认真对待的问题。

（5）个体工商户与个体劳动者阶层。是生产资料归劳动者个人所有，以个体劳动为基础，劳动成果归劳动者个人占有或支配，具有专门技艺或经营能力，从事某项专业劳动或自主经营小型的工业、建筑业、运输业、商业、餐饮业、修理业、服务业等农村劳动者组成的社会群体，多为农村中的能工巧匠。他们的经营活动方式有很大差别：有的摆摊设点，有固定场所或固定门面，有一定的经营范围，在当地的工商行政管理部门登记、注册，领有营业执照；有的独立经营，走村串巷，肩担手提，没有固定的经营场所与营业时间，散居村中，他们一般没有登记、注册，没领营业执照。少数有特殊技艺的，还可以请一两个帮手，带三五个学徒。这个阶层成员原来的职业多种多样，思想极其活跃，道德水平参差不齐。但就总体而言，他们多守法经营，凭本事、凭力气赚一个批零差价、地区差价或少许的劳务费，他们对发展农村经济、扩大就业门路、方便人民生活有着不可替代的作用。

（6）私营企业主阶层。指生产资料归私人所有，以雇佣劳动为基础，由营利性经济组织主要经营者组成的社会群体。这是一个在中国"绝种"了 20 多年以后，于 20 世纪 80 年代初期重新产生、逐步发展起来的新的社会群体。他们的权力基础是对一定规模的生产资料的私人占有，并借此占有雇佣工人的剩余劳动，总揽企业的全部权力，拥有对企业的人、财、物的支配权，生产经营决策权、指挥权与企业内部的分配权。他们的经济收入较高，但政治地位与社会声望不一定很高。他们对党的方针、政策极其敏感，"没有哪一天不关心，也没有哪一天不担心"。偏紧的经济社会环境，导致私营企业主阶层的畸形发展与短期行为。但在实践过程中，人们逐渐形成共识：不应把现阶段的私营企业主与 20 世纪 50 年代的私营工商业者简单地等同与类比，对私营经济不再进行社会主义改造。对私营企业主阶层的方针是"团结、帮助、引导、教育"，而不是"利用、限制、改造"。

（7）集体企业管理者阶层。包括乡、村集体企业的厂长、经理、会计、主要科室负责人与供销员。他们对企业的经营管理有决策权、指挥权，与企业职工（农民工人）是管理者与被管理者的关系，与村干部（农村社会管理者）是集体生产资料的发包者与承包者的关系。他们对企业的兴衰、盈亏负责，承担的风险较大，经济收入、政治地位与社会声望都较高。

（8）农村社会管理者阶层。包括村民委员会与村党支部委员会的组成人员与村民小组长。他们是农村政治、经济和社会生活的主要组织者，是集体财产所有权的主要代表者，是党与政府各项方针、政策在农村基层的具体执行者。他们具有双重身份，既代表国家的、整体的利益，行使行政职能，又代表农民的、局部的利益，维护社区权益，处在两种利益矛盾的焦点上，农村工作中的所有难题都要通过他们解决。他们是农村的中坚力量，对社区经济发展、社会进步起着关键作用。他们的地位与收入水平在不同社区之间差别很大。一个基本的趋势是经济发展水平特别是集体经济发展水平越高，他们的地位与收入就越高，权威性就越大，村民们对他们的怨言就越少，他们的工作开展也就越充分。现在的问题是，多数村庄的情况不很理想，他们的工作难度较大。

各地经济社会发展不平衡,其阶层组成情况不一样。但是,随着农村改革的进一步深化,商品经济与社会生产力的发展将继续推动农村产业结构的调整,农业劳动者这个阶层的规模不断缩小,其他阶层的规模则相应扩大。但是,在相当长的历史时期内,农业劳动者、农民工人(包括雇佣工人)将是农村中主要的社会阶层,是农村经济社会发展、巩固国民经济基础的基本力量。当今中国的所谓农民问题,就是保障他们的民主权利与经济利益,从而调动与发挥他们积极性的问题。农村社会管理者与集体企业管理者是农村的领导与主导力量,在农村社区发展中起着关键的、决定性的作用。个体工商户与个体劳动者、私营企业主两个阶层,则是农村社会结构中不可缺少的组成部分,也是发展商品经济与社会生产力的一支生力军,在农村现代化过程中发挥着积极的有益的补充作用。

根据上述情况,我们在制定与执行农村政策时,首先要认识到当今的中国农民已经不再是一个阶级整体,而是分化成了不同职业、不同利益与要求的社会阶层,对他们必须区别对待,具体分析,不能把9亿农民装进一个统一的模式中,也不能用一个号令指导他们统一行动。同时,在保护与尊重各阶层农民的民主权利与经济利益的基础上,坚持共同富裕的方向,效率优先,兼顾平等,在促进效率提高的前提下体现社会公平,妥善处理、调节各阶层之间的利益关系与利益矛盾,从而保证农村社会在转型过程中,经济、社会协调稳定地发展。

## 四 对我国现阶段农民分化的初步认识

*1. 现阶段的农民分化,只是处于刚刚起步的初级阶段*

由于农村工业化程度较低,商品经济与社会分工不太发达,非农产业就业岗位不充分,农民从土地上、农业中分离出来转化为非农产业的商品生产者与经营者的时间较短,农民分化后的各个阶层迄今还没有达到一个比较稳定、比较成熟的程度,带有一定的过渡性。这反映了我国农村开始进入由传统社会向现代社会转型的时期,也表明我国的农民分化只是处在刚刚起步的初级阶段。具体表现在以下几个方面。

(1)一方面,个人是阶层进入或退出的基本单位;另一方面,家庭对个人阶层身份的变迁仍有重要影响。劳动者进入或退出某个阶层,只是意味着个人身份的变迁,阶层结构的基本单位是个人而不是家庭。家庭中所有劳动者同属于一个阶层的情况不太多见,除非是那些单身家庭或贫困地区的核心家庭。对大多数家庭来说，家庭成员可能因为职业类型、生产资料的占有形式与经营形式不同而分属于不同的社会阶层。家庭中的"阶层结构"最为普遍的形式是"一家两制"或"一家多制"，如一个家庭中的不同成员分别是农业劳动者、农民工人或个体劳动者等。但是，家庭对个人阶层身份的变迁也有一定的影响。在一个社区范围内，各种非农企业吸纳的劳动者是有限的。这种有限性给阶层规模的扩大提供了一个强硬的边界。当村集体企业的规模没有发展到足以吸纳全村所有劳动者时，村组织只能采取大致按户平均的方式在村内招工。这种限制反映在一个家庭的成员中，就是有的可以进入乡镇企业，有的则暂时不能进入。就是说，家庭成员之间的身份变迁将受到种种限制。同时，农户部分需要满足的自给性，也迫使家庭不得不为此配置一定量的劳动，家庭内部因而产生了一种强制性的分工。粮食生产是农户不得不配置定量劳动的最普遍领域，绝大部分农户不得不在家庭中留下部分劳动者，从事粮食生产。因此，现阶段农民身份变迁的个体性和家庭成员分属于不同的阶层，所反映的正是家庭成员彼此之间的较大影响和较大依赖。

（2）农民中的各个阶层同农业劳动和土地有着或多或少的联系。目前，我国农村虽然出现了非农化趋势，但是完全把土地转让出去，彻底离开农业的劳动者为数还不太多。除了他们需要自己解决口粮和向国家交售商品粮外，还因为：第一，所有农村劳动者都拥有一份具有经营权的土地，而且人均数量有限，留在家庭中的部分成员可以经营；第二，农业劳动分散进行，生产时间与劳动时间不一致，非农职业者在农忙季节可以停止生产，帮助"抢收抢种"；第三，非农职业地位的不稳定与易变性，更给继续经营土地增加了保险系数，万一非农职业地位丧失，可以毫无障碍地退回到土地上去。

（3）个人阶层身份的不确定性。现阶段的农民阶层系统开放性程度比较高，各个阶层之间的关系不是处于一种完全固定的状态。同样的个体既可以进入这个阶层，也可以进入那个阶层，有的甚至可以同时具有多重阶层身份。如农村社会管理者既可以是集体企业管理者，也可以是农业劳动者，或其他社会阶层。个人同时具有多重阶层成员的资格，对阶层间的关系和阶层内部的团结有着很大的影响。个人所加入的每一个阶层都涉及其一部分利益，每个阶层对于其成员都有具体的、不同的要求，个人不得不在这些不同的利益与要求之间进行权衡。由于个人同时具有多重阶层成员资格，阶层可能会因此而分裂为不同的集团。所以，个人同时具有多重阶层身份，弱化了阶层的凝聚力，弱化了个人对阶层之间冲突的参与程度。

（4）阶层意识较弱。阶层意识的强弱，主要受阶层成员的沟通可能性、阶层成员各种地位的重叠程度、阶层间冲突的频率、社会流动程度和阶层开放性的影响，同时受利益冲突的程度及认识能力的影响。以上诸多因素中，有一些因素和阶层意识强弱呈正相关关系，而有一些因素则和阶层意识强弱呈负相关关系。在现阶段，农民相互之间的沟通可能性小，主要采取面对面的直接互动形式。这种沟通方式不仅效率低，而且延伸的范围有限。农民的各种地位重叠程度不高，有几个阶层的政治地位、经济收入与社会声望之间并没有直接的关系。阶层的开放性大、社会流动性高，一部分农民同时具有多重阶层身份，阶层之间的关系比较融洽，阶层成员缺少较高的身份认同感和对共同利益的清晰观念。有的阶层成员自发的、无组织的行动，也是农民阶层意识弱化的具体体现。

但是，阶层间的矛盾还是存在的，小范围的冲突还时有发生。发生冲突的原因，主要是对阶层功能合法性的怀疑与否定，对阶层间收入分配合法性的怀疑与否定。前者一般出现在农村社会管理者和其他社会阶层之间的关系中。这种冲突具体表现为农村社会管理者指向其他阶层的若干行动（如计划生育、集资、摊派等）不为后者所乐意接受。后者则表现为收入较高与收入较低阶层之间的冲突。如有些劳动者对少数个体工商户与私营企业主的较多收入存在不满情绪：一方面认为他们获得的较高收入采取了非法的和非道德的方式，另一方面则产生了相对的被剥夺感。农民之间冲突的分散性和在不同社区间的差别，是农村各阶层界限不明显的一个原因。分散性冲突的效应之一，就是使冲突的各方逐渐找出其阶层归属和最终有组织地联结起来。

2. 中国农民分化的趋势与分层结构的演化

（1）农民分化的趋势。前文已述，农民分化是现代化的必要前提。发达国家的现代化表明，当经济发展到一定水平时，第三产业的发展速度普遍高于第一、第二产业，特别是由于当前世界新技术革命及信息技术的飞速发展，发达国家第三产业产值占国民生产总值的比重和从业人数占社会劳动者总人数的比重都达60%以上，农业产值和农业劳动者人数只占百分之几。我国也不会例外。可以预见，在最近的几十年、几百年中，农民分化的速度将是较快的。原因有以下几点。

第一，第三产业将会加快发展。在过去的几十年里，我国的第三产业没有得到应有的发展。改革开放以来，发展较快。20世纪80年代，第三产业产值年均增长10.9%，超过同期国民生产总值年均增长8.9%的速度。1991年第三产业增加值占国民生产总值的27.2%，从业人数占社会劳动者总人数的 18.9%。但是，从总体上看，我国第三产业仍然十分落后，其产值在国民生产总值中的比重不仅大大低于经济发达国家，而且还低于发展中国家的平均水平，因而影响了一、二、三产业的协调发展和社会再生产的顺畅运行，妨碍了经济效率和效益的提高。国家已经作出加快发展第三产业的规划，争取用 10 年左右或更长一些时间，逐步建立起适应社会主义市场经济体制的统一市场体系、城乡社会化服务体系和社会保障体系。20 世纪 90 年代国民生产总值年均增长 8%～9%，而第三产业年均增长 11% 左右。争取到 2000 年，第三产业产值在国民生产总值中的比重，由现在的 1/4 左右提高到 1/3 左右。第三产业增加值占国民生产总值的比重和从业人数占社会劳动者总人数的比重，力争达到或接近发展中国家的平均水平。

第二，从经济结构看，非公有制经济将有进一步的发展。据国家经济信息中心的预测，到 20 世纪末，我国所有制的产值结构将形成"三分天下"的基本格局。其中，在工业总产值中，全民所有制、集体所有制和私有制（包括个体、私营经济）将分别占 25%、50% 和 25%，而在社会商品零售总额中，上述三者的比例将为 2：1：3。以下两个因素也促进了非公有制经济的发展：一是加快发展中西部地区乡镇企业的基本方针。中西部地区人口占全国人口的 2/3，但在 1991 年的乡镇企业总产值中，中西部地区只占 34.3%，中部和西部地区农民人均年收入只分别相当于东部地区农民人均年收入的 64.3% 和 61.1%。东、中、西部地区经济发展不平衡，主要表现在乡镇企业发展的差距上。中西部地区生产力发展水平较低，大量富余劳动力还滞留在土地上，缺乏新的就业机会，在所有制形式上更需要放开，实行"多轮驱动，多轨运行"的方针，乡（镇）办、村（村民小组）办、联户（农民合作）办、户（个体、私营）办企业，以及股份制（包括股份合作）企业、联营企业、外商投资企业一齐上，不限比例看发展，不限速度看效益，哪个"轮子"转得快就让它快转。在那些贫困落后的地区，可以放手发展个体、私营、联户企业，决不能拘泥于所有制性质问题，搞"唯成分论"，不能歧视、限制甚至打击个体、私营、联户企业；二是充分发挥国家、集体、个人的积极性，放手兴办第三产业。除了对国民经济发展有全局性、先导性影响的基础行业主要由国家兴办以外，其余大多数行业，要坚持谁投资、谁所有、谁受益的原则，进一步放手发展集体、个人、私营和其他经济成分，依靠社会各方面力量。

第三，从职业组成要素看，农民的分化速度也会加快。众所周知，职业的组成要素有三个，即个人的、社会的与经济的。个性与才能的发挥，是职业的个人层面，凭借职业个人得以施展才能；角色的履行是职业的社会层面，社会成员在某种限度内担任并履行一定的角色，社会生活才能正常运转；报酬的获得是职业的经济层面，职业是谋生的手段，人们以所从事的职业获得报酬维持生计。

但是，职业的三个要素、三个层面不是互相分离、各自独立的，而是相互支撑、彼此互动，形成一种动态的统一而对职业发生作用，亦即三者之间有其相互依存的关联性。它们之间的关系，可以用下图表示（见图1）。

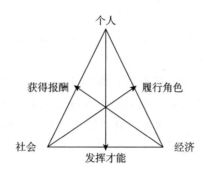

**图1 职业的三个要素和三个层面的关系**

资料来源：参见朱岑楼主编《我国社会的变迁与发展》，台湾东大图书公司，1986，第528~529页。

由此可见，一个劳动者如果获得的职业是理想的，则职业的三个要素（层面）形成一个等边三角形，呈现稳定状态，变动的可能性较小；否则，不能形成等边三角形，职业陷于不稳定状态，变动的可能性较大。

在我国现阶段的农村劳动者中，能够充分发挥个人才能、适当履行社会角色、获得合理报酬的人数极少。绝大部分劳动者，特别是回乡知识青年（初、高中毕业生）、退伍军人、有一定技艺者，不能很好地发挥个人才能，因此不能适当履行社会角色，很难得到合理的经济报酬。这是近些年来，"打工仔""打工妹"逐年增多的根本原因。

（2）农民分层结构的演化。在我国现阶段的农村，影响最大、数目较多的是农业劳动者与农民工人两个阶层。我们选择这两个阶层的相对规模大小，作为农民分层结构的分类指标。按照他们的相对规模（占本村劳动者的比重），可以把农民的分层结构分为四种类型。第一种类型称为前分化型，其基本特征是：农业劳动者的比重在90%以上，农民工人的比重不到5%；第二种类型为低度分化型，其基本特征是：农业劳动者的比重在70%~90%之间，农民工人的比重在5%~20%之间；第三种类型为中度分化型，其基本特征是：农业劳动者的比重在 20% ~ 70% 之间，农民工人的比重在 20% ~ 60% 之间；第四种类型为高度分化型，其基本特征是：农业劳动者的比重在 20% 以下，农民工人的比重在 60% 以上。对于这四种类型，从横向看，代表着农民分化的四类地区，从纵向看，则代表着农民分化的四个阶段。从发展趋势看，我国农村的现代化过程，也就是农民的分层结构由前分化型向低度分化型，经中度分化型，最后再到高度分化型的过程。因为这种分层结构类型的依次变迁，代表和反映了经济现代化水平的提高。

我们选择了三个反映经济现代化水平的指标，即人均生产总值、产业结构和消费状况。在对 13 个村庄的实证研究中，可以看出这三个指标同农民分层结构的四种类型变迁基本是一致的（见表 4）。表 4 资料表明，中度分化型村庄的人均生产总值，要高于前分化型与低度分化型村庄，但低于高度分化型村庄；从产业结构看，分层结构越高级，第一产业的比重越小，第二、三产业的比重则越大；农民分层结构的变迁同农民生活水平的提高呈正相关关系。

**表 4　农民分层结构的类型与经济现代化**

| 分化类型 | 村名 | 人均生产总值（元） | 产业结构 | | | 人均住房面积（m²） | 电视机普及率（%） | 收录机普及率（%） | 洗衣机普及率（%） |
|---|---|---|---|---|---|---|---|---|---|
| | | | 第一产业（%） | 第二产业（%） | 第三产业（%） | | | | |
| 前分化型 | 小岗 | 973 | 99.3 | | | | 62 | 14 | |
| 低度分化型 | 茅坪 | 397 | 81.6 | 4.4 | 14.0 | | | | |
| 中度分化型 | 沙石峪 | 2503 | 56.2 | 43.1 | 0.7 | 19.0 | 100 | 50 | 16.3 |
| | 西铺 | 2915 | 17.88 | 18.8 | 63.4 | 25.8 | 87 | 54 | 50 |
| | 大寨 | 3809 | | | | 20.0 | 100 | 60 | 60 |
| | 西岭 | 7107 | 11.9 | 36.4 | 61.7 | 72.8 | | | |
| | 房圩 | 1372 | 29.2 | 61.3 | 9.5 | 17.2 | 60 | 32 | |
| 高度分化型 | 烈马峪 | 4424 | 20.7 | 79.0 | 24.0 | 24.0 | | | |
| | 华西 | 81356 | 0.27 | 99.1 | 0.63 | 20.0 | 100 | 72 | 100 |
| | 刘庄 | 31120 | 38.0 | 61.0 | 1.0 | | 100 | 100 | 100 |
| | 洪林 | 25000 | | | | | | | |
| | 竹林 | 15523 | 2.5 | 93.7 | 3.8 | | | | |
| | 矬口 | 17531 | 1.0 | 98.6 | 0.4 | | 100 | 68 | 72 |

注：空格为资料不详。

（3）从实际出发，促进农民分化，是现阶段农村工作的重点。农民问题始终是中国革命与建设的根本问题。我国现阶段的农民问题，是如何在温饱的基础上进一步富裕起来，进入小康社会。这个问题的要害，是解决农村富余劳动力的出路，即在城乡的广阔地域里创造出更多的非农就业空间与工作岗位，把他们从土地上、农业中分离出来，转化为非农产业的劳动者与经营者，留在土地上的农业劳动者逐步走上"能者多耕田"的规模经营道路，促进农村经济全面发展。

就一个村庄来说，首先，应从村情出发，因人因地制宜，趋利避害，发挥自己的优势，搞好农业基本建设。因为"农业劳动是其他一切劳动得以独立存在的自然基础和前提"。① 一般地说，将有限的人力、物力资源组织起来，形成集体的协作力，坚持常年不懈的农田基本建设，通过劳动积累逐步改善生存环境与生产条件，从而为农业的稳定发展打下牢固的基础。其次，根据市场信息，选准村办企业的经营项目，正确使用农业积累，并且通过"滚雪球"的形式，提高自我发展能力，扩大生产经营规模，千万不能急功近利，急于求成。一个村的农业积累非常有限，必须非常谨慎地投入非农产业，否则，一次损失多年不能挽回。再次，要围绕生产、生活服务发展第三产业，主要是为农业产前、产中、产后服务的行业和为提高农民素质和生活质量服务的行业。壮大集体经济，不要在"家庭经营"上打主意，而应把注意力放在发展第二、三产业上，壮大村级经济实力，为统一经营、社会化服务提供雄厚的物质基础，为"离土离农"的劳动者少耕地、不耕地，同时也为土地相对地集中到耕田能手手中实行规模经营，创造必要的条件。

在一个村的范围内，创造更多的就业空间与工作岗位，为每一个劳动者创造一个施展才能的舞台，充分调动和发挥他们的积极性、创造性和聪明才智，履行自己的社会角色，演好生动的人间话剧。如果能够稳定地促进农民分化，使每一个劳动者在各自的岗位上都能动脑筋、想办法，人尽其才，物尽其用，地尽其力，那该能够创造出多少社会财富啊！因此，在巩固农业基础的同时，大力发展乡镇企业等非农产业，有计划地建设好中小城镇和新型社区，是促进或促成农民稳步、健康地分化的中国特色道路。

---

① 《马克思恩格斯全集》第 26 卷，人民出版社，1972，第 28~29 页。

# 靠中国农民养活中国<sup>*</sup>

## 一

1994 年，粮食价格陡涨以后，全国上下，农口内外，都在议论粮食问题。美国的世界观察所所长布朗，也在此时发表了《谁来养活中国？》的长文，他测算到 2030 年，中国将需要进口 3.78 亿吨粮食，而世界的所有粮食出口加在一起也提供不了这么多的粮食，所以，他预言："粮食的严重短缺将会使中国的经济奇迹过早结束。"类似的测算和预言，中国非农口的科学家也说过。现时的中国，无论是物质产品还是精神产品，往往要出口转内销以后，才会受到人们的注意。本来是中国某些学者的意见，一经布朗转述，身价百倍，社会反映强烈，议论纷纷。但美国这个国家也怪，它派到中国的人是最多的，收集中国的资料也最多，还自称用了最科学的方法，而其实它是最不了解中国的，既不懂中国的人情，也不懂中国的国情，所以常常做出错误的、令人啼笑皆非的判断。布朗的粮食预测就是一个典型。这一点国外的学者也看出来了。1995 年 3 月，日本的白石和良先生著文评述了布朗的错误。他指出："布朗是过分强调特定的条件，使用了特定的参数，因而产生了不符合实际的预测。"白石和良指出：正是中国自己看到了拥有众多的人口，看到了只能自己养活自己，所以将农业摆在国民经济的基础地位，实行了许多相应的农业政策。当然，作为一个学者，布朗指出

---

\* 本文原载于《中国土地报》1995 年 7 月 12 日第 3 版。该文首次以《中国农民，养活中国》为题发表于《中国农业资源与区划》1995 年第 3 期，发表时间：1995 年 6 月 22 日。该文还收录于《"三农论"——当代中国农业、农村、农民研究》（陆学艺著，社会科学文献出版社，2002）。该文在《中国土地报》发表和收录于《"三农论"——当代中国农业、农村、农民研究》时，作者对文字有少量修改。——编者注

了中国未来在特定的条件下，有可能出现粮食危机，值得警惕，我们也是要注意防止这些特定的状况发生的。

二

　　粮食是有问题，但不会成为布朗说的那种大问题。中国是个人口大国，历朝历代都把粮食问题作为安邦定国的头等大事，"民以食为天"是这种方针的高度概括。中国又是个农民占绝对多数的国家（这种状况至今尚未改变，1993年农民占全国总人口的72%），粮食问题主要是靠农民自己解决的。有关学者研究过，在小农经济体制下，中国的粮食增长，是同农村人口成正比例增长的，认为粮食与人口有一种内在的相关。我赞同这种分析。1949年到1994年，中国人口增长了1.21倍，年均递增1.78%，而同期粮食增长2.92倍，年均递增3.1%。其中除了1959年、1960年那几年有特殊原因外，几个大的历史时期，粮食的增长与人口的发展都是正相关的。布朗指出，中国"以极危险的速度从农业社会向工业社会转变，广义地说，从农业将1亿劳动力转移到工业部门，假设每个工厂有100名雇员，就需要建100万个工厂，再加上仓库和道路，中国经济现代化必将牺牲农田"。他说，中国的"农田在消失"。他援引了日本、韩国和我国台湾省的例子。最近几十年，这些国家和地区的农田变为非农业用地，日本损失了52%的农田，韩国损失了42%，台湾损失了35%，由此引起粮食产量不断减少，日本粮食从其最高产量减少了33%，韩国减少了31%，台湾减少了19%。而由于人口增长、生活富裕对粮食需求的增加，到1993年，日本进口了77%的粮食，韩国进口64%，台湾进口67%。由此，布朗做出推论，到2030年，中国进口的粮食将达到总需求6.41亿吨的59%。

　　布朗列举的日、韩和台湾地区的资料，大致是可信的，但日、韩和台湾地区的情况同中国的基本国情有很大差异，所以由此类比推出的结论是不正确的。

　　第一，布朗说，中国的"农田在消失"，这言过其实。在人类还未发明出粮食人工合成的办法以前，中国的农田永远不会消失。有所减少是真的，但是不会到像日本减少52%、韩国减少42%那样严重的程度。搞工业化、城市化要占用一点耕地，这是不可避免的。而大国，回旋余地大，可利用的土地多，至今还有两亿亩以上可开垦的荒地，至于可利用的荒山、荒坡就更多。有人说，这些年，中国的耕地每年减少1%，100年以后中国就无地可种了，这怎么可能呢？这是初中生也应该算得清的问题。在统计表上，中国 1949 年末实有耕地 14.68 亿亩，1957 年达到最高数 16.77 亿亩，以后就逐年下降，到 1993 年，统计表上说只有 14.63 亿亩，每年平均减少 697 万亩。据全国土地利用现状调查显示，1993 年我国现有耕地面积为 19 亿亩左右，而据卫星遥感数据，我国的耕地在 20 亿亩以上。到底中国现在有多少耕地，是一个现在还未说清楚的问题。但有一点是肯定的，因为体制还未理顺，统计年鉴上的耕地数是偏低的。实有耕地要比统计表上的多，这是公认的，农业部门已经测算过，到 2030 年，中国的粮食播种面积仍能保持在 16 亿亩。

第二，日本、韩国的粮食播种面积和粮食总产减少这么多，其中很重要的一条是，这两个国家都是工业产品大量出口的国家，为了获得和占领别国的工业品市场，作为交换条件，大量进口粮食和农产品，这实际执行的是牺牲农业来发展工业、发展出口贸易的政策。例如日本，多年来进口大量的玉米和小麦等，但大米是过剩的。这说明日本不是没有生产更多一点粮食的能力和条件，而是为了换取工业品市场而压抑了本国的粮食生产。

第三，日本和韩国在这几十年间，耕地和粮食减少这么多，一个重要的原因是劳动力不足。工业化、城市化发展得快，第二、第三产业发展需要的劳动力多，于是大量的农业劳动力转到第二、第三产业上去，农村的青、壮年劳动力几乎都走了，农业上只剩下老人和妇女。日本大部分地区有条件种两熟，而现在大多数地区只种一季水稻，小麦几乎都不种，就足以说明这点。而中国农村劳动力极其丰富，1993 年有 3.4 亿劳动力在农业系统就业，即使到 2030 年，农业上的劳动力仍会超过 2 亿，所以决不会像日本、韩国那样因劳动力短缺而减少粮食生产。

# 三

布朗用了一个引人惊疑的题目——"谁来养活中国？"靠外国农场主，不行。靠谁呢？靠中国农民，这是靠得住的。现在 12 亿中国人，9 亿农民。到了 2030 年，中国人口约为 15.3 亿，社会主义现代化正常发展，城市人口逐年增加，农民逐渐减少。那时的城乡人口比例大约是 7∶3 或 6.5∶3.5，因此将还会有 4.6 亿～5.4 亿农民，有 2 亿～2.5 亿农业劳动力，加上那时的农业科学技术力量，种好 16 亿亩粮田，生产 6.4 亿～8 亿吨粮食，将是完全可能的。

　　靠中国农民养活中国，远的不论，这是新中国成立 46 年以来的基本事实。靠政策调动广大农民的积极性，靠科学武装农民，就能解决中国的农业问题、粮食问题，这是十一届三中全会以来总结得出的两条基本经验。现阶段，中国正处在由传统农业向现代农业转变的过程中，每年有大量的现代农业生产资料（如化肥、农药、农机、薄膜和良种等）和现代农业技术投入农业。所有这些，同广大农民的生产积极性结合起来，农业是应该每年增产的。新中国成立以来，没有哪一年的自然灾害超过 1954 年的大水灾，那一年的长江都决口了，但是 1954 年的粮食还比丰收的 1953 年增产 54 亿斤。

　　新中国成立 46 年以来，有 35 年是增产的，只有 10 个年份减产。其中减产 500 亿斤以上的有 3 年（1959 年减产 600 亿斤，1960 年减产 530 亿斤，1985 年减产 578 亿斤），减产 200 亿斤以上有 3 年（1989 年减产 231 亿斤、1991 年减产 219 亿斤，1994 年减产 228 亿斤），减产 200 亿斤以下的有 4 年（1968 年减产 175 亿斤，1972 年减产 193 亿斤，1977 年减产 72 亿斤，1988 年减产 178 亿斤）。这 10 年主要都是因为政策不当，挫伤了农民农业生产、粮食生产的积极性，从而造成减产。其中 1959 年、1960 年，就是搞了人民公社，搞"一平""二调""三收款""刮五风"，损害了农民的利益，严重挫伤了农民的积极性，农民不干了，造成了大减产。1985 年是因为过高估计了农村形势，特别是过高估计了粮食、棉花的形势，大量削减粮棉种植计划，实际调低了粮食、棉花的收购价格，损害了农民的利益，打击了农民生产粮棉的积极性，从而造成了粮棉的大减产。

　　正确总结历史经验，及时制定好合理、正确的农业政策，保护好农民的利益，调动广大农民务农、种粮的积极性，中国农业的潜力还大得很，中国农民的潜能还大得很。农民真正愿意种田、种粮了，加上有现代农业科学技术和现代农业生产资料的投入，中国的粮食供给是不会有大问题的。靠中国的农民养活中国，是有把握的，中国的农民是靠得住的。

# 农民问题的实质和特征[*]

这个会开得好，有理论，有实践。有个缺点，下次开会要请点农民来，农民里有能人。这次会大家互相交流，时间不长，非常具体充实。我把大家好的观点作个总结，主要就是一个问题：农民问题的实质和特征。

## 一  当代中国农民的八个特征

全面准确分析农业形势，认识农民，对占全国 3/4 人口的农民要有一个准确认识，这是对基本国情的掌握。只有如此，才能制定正确政策、国策、农村政策。当代农民有八个方面的特征。

第一，中国农民是世界上最大的社会群体，全国人口 4 个中有 3 个农民，全世界农民 4 个中有 1 个是中国农民。这是最大的社会群体，对此不做分析，笼统讲中国农民，好多问题就没法办。郭市长是起草文件的，我们也参加点儿会，起草政策要考虑对哪些人有利。这几年制定的政策针对性有问题，就在于笼统讲，不做分析。

第二，中国农民与共产党有长期的关系，从我们党建立后搞农民运动，经过第一次、第二次国内革命战争，抗日战争，解放战争，到新中国成立 40 多年，9 亿农民是在党的领导下走过来的。有社员家里挂着毛主席的像，有深厚的感情。特别是改革开放以来，党同农民的关系有进一步的发展。但是，近几年来，部分地区相当一部分农民对我们的政策和干部有意见。

第三，当前中国农民处于大分化、大变迁的过程中。国家处于大变迁

---

　　* 本文源自作者演讲的录音整理稿，作者本人有修改。原稿无题、无时间标注，系陆学艺 1995 年 8 月在某次会议上的总结发言稿。本文题目和文中小标题由本书编者根据演讲内容所拟定，编者对个别文字做了调整。——编者注

中，变得最多的是农村。新中国成立40多年，有三次大变迁：一是土改，把地主土地分给农民，扩大了农民队伍，地主改造后成为农民。二是1956~1958年合作化、公社化这个变迁。土地本来是农民所有的，合作化后成为合作社所有、公社所有了，农民变成社员，变成集体农民了，这个变化也很大。三是1978年党的十一届三中全会、改革开放后，实行家庭联产承包责任制，农民由社员变成相对独立的商品生产者，有劳动选择权、经营权、土地使用权。由此产生了一系列变化。这个变化现在还在进行，特别是20世纪80年代乡镇企业的崛起，个体工商户和私营企业涌现，以及20世纪90年代的"民工潮"涌动，使农村产生大分化。农民分成八个阶层（也有分九个、十个的）。现在不能按马克思的阶级分析法分，也不能按国外的收入、权力和声望来分，因为在中国收入是说不清的。统计局说农民每年人均收入1200多元，有些地方是这个水平，有些地方不一定靠得住。个体户、私营企业主的收入说不清。但是，知道了他的职业，他的收入、社会地位就大致知道了。所以，我们用的是职业分类法。可以把农民分为：农业劳动者、农民工、雇工、农村知识分子、个体工商户和个体劳动者、私营企业主、农村管理者、乡镇企业管理者，现在大致是这样的。在沿海地区，如上海郊区、苏南地区，以农业为主要收入的劳动者占10%左右。而在中西部，还是以农业劳动者为主。根据各地二、三产业的发展，农民现在还在继续分化，继续变。这是中国农业户口和非农业户口二元结构条件下特有的现象。有的人当了二三十年民办教师了，还是民办教师，职业变成教师，但户口没变，农民群体庞大，与此有关。

第四，农民正处在社会大流动中。每次大的政治经济改革，都会引起社会流动。我国正处在城市化、工业化过程中，各国经验都是农民变成非农民，但是由于我国特有的户籍制度，农民流动了，但身份还是农民。20世纪50年代，随着第一个五年计划开展，大致每年有200万~300万农业户口转为非农业户口，三年困难时期后中断，建立了中国特有的农业、非农业二元结构，一直到1978年流动都很少，甚至倒流。2000万知识青年"上山下乡"，让城里人去吃农村饭。1978年实行家庭联产承包责任制后，农村出现大量剩余劳动力，同时城市化、工业化进程加快，出现了农业劳力变为非农业劳力的机会，但由于僵化的户籍制度，农民进城十几年了还是农民，现在这个流动数字很难统计。乡镇企业有一亿两千万人，这部分人接近城市工人队伍的数量。这些人实际也是工人。农民工是中国特色，还有一批到城里来打工的，这些人到底有多少说不准，有说5000万，有说

6000 万，也有说 7000 万，铁路上大概有一个统计，5000 万人以上是靠得住的。近 2 亿人的社会流动，加速了工业化、城市化进程。这些人收入靠二、三产业，但身份还是农民。前不久在无锡开会，无锡年总产值 700 个亿，农业产值在 3% 以下，但农民占 85%。我家里的老三、老四办乡镇企业，身份还是农民，还有地，但生活和收入不比我这个教授差。农村随着乡镇企业发展处于大流动中。

第五，现在农民之间的收入差距、生活差距在拉大。十一届三中全会前，再能干，工分不得超过大队规定。那时候，8 亿农民的差距是很小的。现在农民收入差距大得很，可以说，最穷的人在农村，最富的人也是农民，不过不住在农村，身份没变，还是农民。现在这些人有的已经是十亿元户了。现在看来是体制上的原因造成的。这些人早就不是农民了，农民挖金子也挖不出十亿来。把搞乡镇企业的人除外，从事农业种田的人之间差别不大。差距大是由于农村各种产业都有引起的。农村收入差距拉大并不是由于农业差距拉大的。当然西部农业生产条件艰难，有点问题。中部以南，或者说京杭线以东，种田基本上看不出不同。过去下乡看庄稼有三层：好的、中等的、差的。现在常去山东开会，走一圈没看出有什么差别。由于东部沿海乡镇企业发展快，中部迟滞，西部很少，东中西差距在扩大，这是一个问题；另一个问题是城乡之间差距也在扩大，有关部门已经注意到这个问题，并试图解决这个问题，但看来短期内还是扩大趋势。苏南几个大县每年投入在 30 亿~40 亿，投入和产出比 1∶4，每年增 100 个亿产值。赵书记这边产值是多少？13 个亿？你看苏南一个县单是投资就投了 30 个亿。所以，现在差距不是在缩小，而是在拉大。地区差距，农村之间、农户之间的差距不在农业，在于搞不搞二、三产业。搞二、三产业的地区就富裕，农户也富。光靠人均一亩半地（河套地区人均四五亩地，在全国人均水平之上）的收入就差。

第六，农民的组织程度下降。合作制时，我们把农民组织起来；责任制后，由于经济组织削弱，新的组织机制没建立起来，出现了瘫痪半瘫痪状态。各地区不同。去年①开会时说这个数字是 10%，实际上比这大。集体经济搞得好的地区比这个数字小，集体经济搞得不好的地方比这个数字大。出现的问题是贫穷和社会治安不好，这些年出现的车匪路霸主要在这些地区，农村治安状况令人忧虑。国外学者讲，中国人在 1949 年以前是一盘散

---

① 指 1994 年，下同。

沙，经过土改特别是成立合作社后，全国农民有了严密组织。这么大一个国家，一个号令传到底。"文化大革命"中毛主席的指示可以连夜传达到每一个人，这只有中国能做到，而且那时农民有六七亿。这种社会组织严密程度说起来是好的，但对生产是不好的。现在出现了瘫痪半瘫痪状态，这关系到老百姓的生活问题和治安问题。总的来说，农民是有组织的，政权组织还是健全的，但有瘫痪半瘫痪的地区和社队。

第七，农民还是以家庭为核心，以血缘关系为纽带形成组织结构。社会学家费孝通把它叫作"差序格局"，如平静的水里投下的石头，激起一浪一浪，就是亲属关系，中间的核心是家。这个格局是中国传统社会留下的。中国的家庭、家族、血缘观念也是世上特有的，尊敬祖宗。家庭既是生产单位，又是生活单位，又是教育单位，家庭的功能较强。中国农村家庭的生命力特别强，特别旺盛，和国外不一样。举个例子，中国现在改革成功，也靠这个。到国外去碰着个老乡很亲切。老外没有的，18岁离家，无家庭观念。人民公社失败就在这儿，打破家庭，男的住在一起，女的住在一起。家庭联产承包责任制的成功是适应了中国传统国情，充分发挥了中国家庭社会细胞的作用。这个潜力很大，对社会稳定发展起了作用。农民还是以家庭为核心，承包责任制利用了这一点。毛病也有，会产生宗族观念。

第八，农民家族观念有很大变化，但基本上还是传统的儒家、道家的观念。特别是儒家，人与人之间交流还是以这个文化传统为主。这些年给农村灌输了些新的观念，但遇到大事，婚丧嫁娶、造房子，农民不按马克思主义，农民还是要算命、看风水、查黄历。对广大农村来说，不要过高估计这些年对农民的教育。遇到大事还这么办，以农为本也好，尊敬祖先也好，还是家族观念起作用。"天地君亲师"，过去解放前要立牌位。这次去西双版纳调查，那里把"君"改成"国"，变成"天地国亲师"。对农村里这种传统文化也要一分为二，与传统文化决裂，但优秀的、好的应保留，实际也决裂不了。现在到工业不发达的地区、传统农业地区，总书记的话和长辈的话听谁的？还是听长辈的话。所以，我们对传统文化应有正确认识，要用好的方面。

9亿农民有哪些特点，可以从各方面考虑，我提了这几个方面。

## 二 怎么估计当前农村形势？

要认识基本国情，得从农民认识起，这些年决策的正确，在于对占全国75% ~80%人口的农民状况的了解基本属实，政策才能贯彻下去，这是决策的基本依据。我们回顾一下这四十多年，凡是对农民情况的了解是基本属实的，决策就正确，发展就快，就繁荣；凡是离开了这个，另想一套，那么决策就要失误，甚至引起很大失误，各县、区、乡都这样。合作化为什么过急过快呢？就是因为对土改后两极分化的形势估计过于严重，急于搞合作化，现在证明错了。如果按原来决定的15年的计划去搞，情况就不是这样。1958年"大跃进"，也是错误估计农民觉悟，认为东方农民觉悟超过了西方工人，这个是判断失误。"四清"夸大了农村的阶级斗争，夸大了干部的"四不清"，甚至提出1/3的政权不在我们手里。大的失误就是这样。正确的是1978年的十一届三中全会，充分估计农民的情况，估计了人民公社过于集中、过于僵化的情况，果断学习农民的创造，实行家庭联产承包责任制，符合民情国情。事实证明，到现在也是符合民情的。1983 ~ 1984年在思想认识上把农村形势估计过高，以为包产到户后粮食多得不得了，农民富得流油，农业的形势已过关，所以向农民伸手，加重了农民负担。1985年后实行过于向城市倾斜的政策，引起了农业的徘徊。所以这些年的经验和教训，就是要正确估计农村形势、农民觉悟、农民富裕程度，制定合理政策。

怎么估计当前农村的形势呢？一是不能对当前农村中存在的问题掉以轻心，对粮食徘徊十年要有足够估计；二是同时要看到农村的基本政策、基本制度是受农民欢迎的，是符合生产力发展的，可以说农村基本形势是好的。

一方面农村的总体状况是好的，对家庭联产承包责任制，农民是满意的；另一方面农民迫切要求致富，现在搞二、三产业的积极性很高。有些政策滞后于生产力的发展，比如农产品价格过低，总是想从农民那里要点什么，多年粮食只卖五毛四，没有道理！去年在广西，农民问商品经济不是等价交换吗？为什么粮食只能卖五毛四，而化肥价格却在涨？今年①还是五毛四，而集市上已经卖一块多了。这个钱并不到财政手上。粮食局收上来后并不给你。在社科院对面的中粮大厦，花几个亿，他们哪来的钱？大部分农民是顾全大局的，没有比中国农民更老实听话的。市场经济哪有这样的事，硬要人家卖？粮食是必须先交限购的，农民忍了口气。

现在最大的问题是棉花，今年棉花肯定减产，棉花政策还是原来那套

---

① 指1995年，下同。

怎么能行？棉花要不解决"三不"问题，今年棉花就不够了。比较而言，农民比工人好多了。农业这块，只要基本政策不改，基本形势还是好的，粮食是增产的。农村的情况是：农民对家庭联产承包责任制是满意的，问题在流通这一块儿。"多了看，少了干"，有几样东西年年自发生产，国家不用管。两个水①，一个鱼，早放开早好。水产品产量已经到了2000多万吨，世界第一了。但有些领导怕。既然搞市场经济，就得放开，这是一个。

另一个问题是对农村基层干部要一分为二。基层干部数量很大，现在全国大致是5万多个乡镇，80万个村，330万个居民小组。许多工作需要农村基层干部去做，例如，计划生育不搞不行，一票否决。每年人代会都要十几天（人代会我已经参加了三次），中间有个礼拜天。江泽民总书记、李鹏总理都要召集各省省长、省委书记在中南海开一天会，内容就是计划生育，每年如此，省长、省委书记都不能缺席。计划生育搞不好，那就非拿你是问不可，都是这样。在座的有好些县长、县委书记，管不了这个是不行的。现在的问题是农村干部里有些瘫痪、半瘫痪状况，我们的80万个支部书记，400万个村干部，如果有1%出问题就是4万，那就不得了。我们报纸上如果每天讲一条负面消息，那就不得了。基本上我们的干部在下面实干的不多。我们中国太大了，要讲好人好事。我们到湖北去考察过，他们的干部是不一样的，我们有些典型。但是有些电影、文学作品丑化农村基层干部（插话：也有歌颂基层干部的，不多），那倒也有。但有些人不愿意下乡，就是躲在北京瞎编。

现在看来，干群关系紧张不完全是或基本不是干部本身造成的。咱们这里现在每个人交300多斤定购粮，就是每个人交100多块钱。交1000斤粮，也就是300多块钱。干部要去完成任务，里边要有5%的人跟你捣蛋，就够呛。有的户定购粮达到一万斤，那就是三千块钱，就是一台大彩电！让我们有觉悟都不容易，何况农民？交交试试看！前几年又买国债。所以我说，在下边当干部很不容易，很艰难，我们在下边蹲过点，都有体会。我们（包括赵书记这样的）都可以在这里说说，但村支书、乡长、镇长可不能这么说说，他们得一户一户地去完成，对不对？现在都是第一把手负责，完不成，就扣多少分。因为都跟工资挂钩，完不成任务要罚。这是讲的农村的基本形势。

还有一方面，老郭也讲了，就是关于农业形势，现在国际上都在争论

---

① 指水果和水产。——编者注

这个事情。就是因为布朗写了篇文章，说中国到 2030 年要进口 3.84 亿吨粮，这个在国际上引起了轰动。这样的话，每年国际交易粮是 2 亿吨，全卖给中国都不够。有人宣传中国现在有钱，那非洲人得饿死了！这是"中国威胁论"之一，这引起了国际上的讨论。不仅国际上，在国内，江泽民、李鹏也都在讲这件事情。上个月，上两个礼拜，国务院发展研究中心把布朗请来了，开了座谈会，杜润生、吴敬琏、高尚全还有我去了。他对中国大陆也没专门讲，他估计 21 世纪的问题，粮食问题比军事问题严重。实际上这都是罗马俱乐部的观点，没有多少新东西。后来去了一些记者采访，我们没有发言。作为一个学者这样估计可以。但在中国的事情上，把这作为"中国威胁论"的一个内容，这就麻烦了。说中国会威胁非洲，威胁整个世界，导致粮食涨价，那就麻烦了。这件事，国内谈得很多，江泽民也讲话了，我也写了文章。中科院院长应用几个小青年的计算结果，说到下个世纪，到 2030 年中国要缺 4 亿吨粮，布朗还打了折扣，说缺 3.84 亿吨。但我们的院长马上声明，"如果怎么样，那就怎么样"，也就是说是有条件的。布朗这样说是对中国的基本国情不了解。中国的基本状况决定了不会出现这样的情况。中国以占世界 7% 的土地养活世界 21% 的人口。我写了篇文章《依靠中国农民能够养活中国》，不要别人担心。只要我们的政策对头，不出现 1958 年、1960 年的情况，那是可以的。新中国成立 46 年来，我们的粮食增产幅度比人口增长的幅度大，生活改善了。只要没有大失误，像"文化大革命""大跃进"那样，依靠农民，中国的粮食问题是可以解决的。中国的基本状况就是这样。

# 三　新时期中国农民问题的实质

前面讲了当代中国农民的八个方面的特点，现在讲新时期中国农民的实质。"新时期"这个词是上面讲的。所谓"新时期"，前天开幕式时我讲了，就是目前我国处于工业化、城市化阶段，我们的社会正由传统社会向现代社会转化。国际上讲，是社会转型时期。在这样一个时期，再加上我们国家由计划经济向市场经济转化，这两个转化结合在一起，产生了我们现在特有的情况。关于新时期农民问题的实质，上午有些同志讲了，所谓实质是国家与农民的关系等，这都有一定的道理。我觉得也可以这样概括，就是充分调动 9 亿农民的积极性，组织好这支庞大的队伍，或者说社会主义建设的主力军，更好地参加社会主义建设，并在这个过程中，使大部分农民逐步离开农村、农业，进工厂，进城镇，逐步改变他们的政治、经济、社会地位，成为非农民。那么，另外一部分农民留在农村，既要从事农业生产，又要让他们使用现代化的生产资料，掌握现代化的生产技术，具有经营现代农业的能力，改变自己的生产方式，成为现代农业生产经营者。

我觉得这个实质问题单独讲农民问题不行，必须跟现代化、工业化结合起来讲。现在我们特有的国情又使得我们要走跟其他国家不同的道路。其他国家没有像我们这个户口问题，没有这个二元社会结构问题。

首先，从历史上、国际上看，一个现代化的国家，一定是一个富裕的国家，人均 GNP 国际标准是要在 3000 美元（20 世纪 80 年代的美元）以上，这个单靠农业是不行的，像我国这样 80% 是农民肯定做不到。所以在三大产业结构中，农业产值只能在 20% 以下，参加农业的劳动力也只能在 30% 以下。农民占大多数的国家是富不了的，现代化不了的。

其次，一个现代化的国家，必定是城市化的国家，60% 以上的人应该生产、生活在城市中。因为城市是二、三产业的载体，是现代化生活的载体，像我们现在 70% 到 80% 的人分散居住在农村里，这个不是现代化。现代化必然是城市化，必然是工业化。

第三，从国际上一些发达国家的情况来看，一个现代化的国家，必定是城乡一体，消除了工农之间、城乡之间本质差别的国家。像我们这样的一个工农城乡差别如此之大的国家是不能算是一个现代化的社会的。现代化社会本质上要消除三大差别。因此改革开放把农民从只搞农业的束缚中解放出来。农民创造了乡镇企业、私营企业等经济形式，而且还扩建了一些城镇。应该说，农民实际上已变得跟工人一样，成为现代化建设的主力军。现在工业建设至少有 1.2 亿乡镇企业的工人，另外有六七千万的农民工。这些廉价劳动力在国民经济发展中无疑起了很大的作用。关于农民进城，一开始就是进乡镇企业。关于农民，我们有三次大的争论：第一次是包产到户，第二次是乡镇企业，这两个都被认为是中国农民的伟大创造。现在引起争论的是"民工潮"，而这个争论，直到现在也未能得出结论。"民工潮"无疑也是在中国特有的二元结构、在城乡分割的制度下产生的。所以像我们这样 72% 的人口在农村，28% 的人口在城市的国家，是现代化不了的，是不能持久的。另外，乡镇企业也不能老是这样，其将来的前途也是要搞现代化企业制度的。因此，对于"民工潮"这个事情，我们一方面是肯定的，但是这并不是长期的办法，不能长此以往，像候鸟一样每年几千万人在火车上来回奔跑。原因就是，我们的城门对民工仅打开了一半，露出了一条缝而已。必须要通过改革才行。现在产生的一些社会问题，比如社会治安问题，跟我们这个二元体制是有关系的，不能怪我们的民工。现在有些报告总是这样说，公安局长讲我们这里60%、70%的犯罪是外来民工导致的。那么究竟为什么？农民进城并不是要来犯罪的（当然少量是有的）。这样下去，有些不治之症解决不了。这就要求改革，改变这个情况。因此，我们在宏观调控上对这种城乡的二元结构必须有所调整，来适应农村的变化。

第四，一个现代化的国家，必然是一个教育科技发达的国家，必定是消除了文盲，或者是文盲少的国家，普及了各种义务教育。大学生，按国际标准在适龄青年中占15%~20%。我们国家现在的基础教育在国际上还是可以的，比如去年奥林匹克比赛中我国拿的金牌是最多的。当然，我们人多了，人才也多了。但是我们的教育现在有两个问题，一个是高中教育前几年砍了不少。这次我到山东去，有一个县就砍成只剩两所高中了，这是不行的。另外就我所知，我们国家的高等教育从1985年以后就停留在那里，现在我们的大学是一千多所，没有多少的变化，大学数量没变，仅是招生增多了而已。大学教员在34万到38万之间徘徊，大学教育远远落后于（受过高等教育的人占）15%~20%的标准，我们只占2%，比印度少一半。

# 四　当前中国农民八个方面的要求

从这次会上和我们所了解到的资料看，农村的变革首先要考虑农民的心情、农民的需要和要求。我根据会上的总结和平时的积累，总结出现在农民最主要有如下八个方面的要求，这是下一步我们的农村改革需要注意的问题。

第一，农民迫切要求改变现有计划经济体制。农民是十一届三中全会以来改革路线的最积极拥护者，他们迫切地要求进一步深化改革，进一步消除计划经济中统购等不平等的残余，农民最要求发展市场经济。农民要求尽快取消统购统销政策，进一步改革，尽快建立社会主义市场经济体制。

第二，农民要求致富。现在农民已经基本上解决了温饱问题，但是仍有7000万人未能解决。而且，农村中又有很大差别，现在一部分人已经先发展起来了，如沿海的一部分人再加上大中城市郊区的一部分人。但是总的来说，60%的农民还只是解决了温饱问题，他们还是积极要求致富的。

第三，农民要求稳定家庭联产承包责任制。

第四，农民要求从事第二、三产业，要求进城，要干工业、干第三产业。我想这是符合历史潮流的。现在搞乡镇企业的束缚已经解除，但我们的城门还半开半闭，而且农民与城市居民也有矛盾。站在城市人的角度，要求关闭大门；但农民要求进城，从事二、三产业。对于这个要求，我们应该把城门打开。没有哪个农民占人口80％的国家会实现现代化的。

第五，农民要求有平等地参与建设城市化、工业化的机会。农村青年要求和城市青年一样平等进入中学、大学学习，分数对所有人平等。但实际上进中专、升大学的分数线是卡着的，现在越是大省分数线越高。北京四百零几分就可以进大学学习了，可是你到江苏、湖北，若没有六百分你是进不了大学的，这是多么不公平的事情。

第六，农民要求逐步改革现在的户籍制度，取消歧视性的身份制，取消不合理的负担。

第七，农民要求尽快建立社会主义市场经济体制，实现公平的等价交换，逐步放开市场，放开价格，逐步取消原先的统购制度，现在粮食上还有百分之十几，棉花是百分之百啊！一些土政策，少了就统，多了就放，是不行的。

第八，农民要求在党的领导下，通过各种形式组织起来，一方面保护自己的利益，另一方面可以创造提高政治文化水平的环境。我们组织农会实际是不行的，当然，养兔协会可以。

总结这几天的发言，农民还是改革的主力，因为计划经济体制对他们的束缚最大，当然还有些其他要求是合理的。在将来的改革过程中，这些问题必须得到重视。

## 五　需要解决的几个观念问题

我想有几个认识问题要解决，现在讲讲主要观点。

第一，要确立农民是公民的观念。我们常把农民叫作"二等公民"。十四届三中全会提出要平等对待，逐步取消这种事实上的身份制，逐步解决计划经济体制下形成的把农业户口和非农业户口区别开来的户籍制度。只能逐步消除，逐步做到城乡一体，村民和居民一视同仁。国际上现代化的国家没有两种户籍制度，而我们现在，城里的叫居民委员会，村里的叫村民委员会，这是根本上的不同。要成为一个现代化国家，这是不行的。世界上除了非洲的少数国家，没有实行这种户籍制度的。当然，这也只能逐步解决，逐步取消。

第二，我认为总的来说，农村的问题在城市，农业的问题在工业，在二、三产业上。现在城市的改革，二、三产业的改革，特别是工业的改革，严重地滞后于农村。所以我说统购粮，小麦每斤五毛四，这是不讲理的，可是又要照顾城市。农村的改革应该加快，促进城市的改革，以便将来能够实现城乡一体，使城市能够容纳更多的农村劳动力、农业人口。

第三，要使农民富裕起来，最重要的道路是建设农民。9 亿农民，丰富的生产资源，只有走这一条路。我国人均才 1.5 亩地，这在国际上排名靠后，不建设农民，这些地就是产金子也富不起来。人均 GNP 要达到四五千美元，只靠农业不行。所以只有建设农民，才能富裕农民。农民生产 1000 斤粮，在南方有些地方才能拿到 300 块钱，还有成本。即使 1 斤 1 块钱，才 1000 块钱。现在一些可以农转非的农民应该让他转过来，这是我们国家现在应该研究的问题。如果农业人口不降到 20% ~ 30%，则国家富不了，农民也富不了。现在东部已经这样做了，快了一点。中部也已经开始了，而西部却还没有动。但是东部像现在这种情况，我觉得做得并不好，像上海郊区、苏南等地，向来是农业生产最好的地方，在 20 世纪六七十年代交 20 多亿公粮的，现在都没有了。这些地区发达，实际上只是工业发达而已，其农业实际上并不比内陆好多少，而把农民转出来则是应该的。

所以，我想在思想观念上，现在主要应该解决这几个问题：其一，农民进了城不会影响农业生产。我们不要求人均种 30 亩土地，8 亩地可矣。现在是 4.4 亿农村劳动力，大部分剩余的农村劳动力是可以转出来的。另外，有些领导顾虑会不会再出现如 1960 年那样的情况，大批农民回去。这根本不应担心，那是由于"浮夸风"导致的。老担心 1960 年的情况，我们就不要前进了。其二，不会增加农产品的消耗。农民进城以后，至少土地可以节省下来。我们可以这样算一下这笔账，一户 4 口之家在农村里无论如何也要占 3 分田，这就相当于 200 多平方米了。如果在城里，平均 4 层楼，同样住 100 平方米，只占 25 平方米，居住成本会少很多。现在工业品的初级产品是过剩的，如果大批农民进城，这些市场就不用担心，经济发展也要考虑这些问题。此前"文化大革命"中，我们恐惧"资本主义病"，现在恐惧"城市病"。其三，农民进城，是教育农民的最好的形式。要提高我们的民族素质，也必然要加快我们城市化的速度。

时间不多了，总而言之，在我们这样一个大的国家，农民众多的国家，要使他们富裕起来，改变自己的身份和素质，这将是一个长期、复杂而艰巨的任务，恐怕要 30～50 年的时间才能完成现代化的过程。所以，农村现代化、农民现代化、农民成为工人，将是一个长期的过程。这件事也只有在我们党的领导下才能完成。对此，我们已经做了很多的工作，我们党在农民中间有着崇高的威信。这几年，由于我们在某些方面不能充分满足农民的要求，损害了农民利益，有些地区党的形象有了损失。总的来说，我们改革开放的政策是对的，城市化的道路是对的，让部分农民先富裕起来、先进入城市，我觉得是应该这样做的，而且现在在东南沿海一带已经出现了一些好的样板、好的社区、好的县、好的市。前不久，我们考察了张家港，看到它不仅工业发达，人民富裕，而且整个社会管理井井有条，那可以说是进入了现代化。

经过几天的讨论，对于农民现代化问题的研究，已经取得了很大的成果，这是我们的实际工作者和理论工作者共同研究、共同努力而取得的。这样的会今后要继续开下去。

# 中国的城市化要考虑几亿农民
# "进城"的愿望<sup>*</sup>

　　传统社会向现代社会转变的重要标志是工业化和城市化，城市化是经济、社会发展的必然趋势。中国的城市化是由计划经济向市场经济转变时期的城市化，各种影响因素交织在一起，非常复杂，城市化的问题也较多。当前县改市、乡改镇一哄而起，城市数量增多，但许多改为市、镇地区的内涵并没有多大的改变。另外，现在的城市等级多，容易造成混乱。

　　户籍制度是阻碍城市化发展的重大障碍，它将人分为城乡两种，二者之间在许多方面存在很大差异。中国的城市化要考虑几亿农民"进城"的愿望，区位条件有优势、经济发展水平较高的农村城镇发展很快，城市规划要立足这些实情，而不是闭门造车。虽然目前限制农民进城的政策有所松动，但并未有根本的改变，今后应采取综合的对策对农民进城进行引导，使之走向有序，同时还应加快发展农村经济，提高农民生活水平，让广大农民安居乐业，减轻人口向城市转移的压力。城市化的另一个重要内容是大城市带（城市群）的发展，珠江三角洲、长江三角洲、闽东南三角地区、京津唐、辽中南已成为城市密集区，应借鉴国外经验，加强基础设施的统一规划和建设。

---

　　* 本文原载于《中国经济导报》1995 年 10 月 20 日第 2 版。——编者注

# 把当代中国农民问题研究这篇
## 大文章做深做好[*]

农民问题日益成为我国政界、学术界关注的热点，但到目前为止，系统研究中国当代农民问题的著作还很少，这一直是我深感遗憾的事。可喜的是，一批出身于农民家庭又长期工作在农村第一线的同志，率先开始了这方面的尝试，独立完成了一本有一定分量和深度的专著——《新时期农民问题研究》。本书涉及农民问题的理论和实践、当前和未来的一系列重大问题，对理论研究和实际工作都有重要意义。我认为这种开拓性的努力，既对我国农民问题的理论和实践做出了贡献，也是对我们专业研究人员的一种挑战。专业研究人员（包括我在内）要欢迎这种挑战，走出书斋，到农村第一线去，到农民群众中去，到实践中去，与实际工作者一起，把当代中国农民问题研究这篇大文章做深做好。

我觉得，解决中国的农民问题，得从认识中国农民起步，根据我们平时的调查研究，我把当代中国农民的特点初步理成八条：第一，中国农民是我国最大的社会群体，也是世界上最大的社会群体，全国每 4 个人中就有 3 个是农民，全世界 4 个农民中，就有 1 个是中国农民。既然社会的发展是以人的发展为中心的，那么占全国人口 3/4 的群体的权益得不到保障，生活得不到改善，政权是不可能巩固的，社会也无法取得进步。中国的农民问题解决好了，也是对世界的又一个重大贡献。第二，中国农民跟工人阶级及其政党有着长期的良好关系。从中国共产党成立后搞农民运动，经过第一次、第二次国内革命战争，抗日战争，解放战争，到新中国成立后 40 多年，中国农民一直是工人阶级及其政党最可靠的同盟军，对革命和建设事

---

\* 本文源自《新时期农民问题研究》（季建业等著，黄河出版社，1996，第 5～10 页），系陆学艺为该书撰写的序言，现标题为本书编者根据序言内容所拟定。——编者注

业做出了重大贡献。在中国共产党领导下，中国农民自身也取得了巨大进步，特别是改革开放以来，农民是改革开放的最先受益者，衷心拥护党的改革开放政策。第三，当前中国农民处于大分化、大变迁的过程中。国家处于大变迁中，变得最多的是农村，新中国成立 40 多年来，农村有三次大变化：一是土改，无地少地的农民变成了有地的农民；二是合作化、公社化，土地从农民个体所有变成合作社所有、集体所有，个体农民变成了集体农民、变成了社员；三是改革开放，实行家庭联产承包责任制，农民由社员变成了相对独立的商品生产者，农民有了劳动选择权、经营权、土地使用权等。由此又发生了一系列变化，这些变化现在还在继续，特别是 20 世纪 80 年代乡镇企业的崛起、个体工商户的涌现、私营企业的萌生，以及 20 世纪 90 年代的"民工潮"和"造城运动"的兴起，使农民发生了大分化，主要靠种田吃饭的基本上清一色的农民队伍分成了八个阶层，有农业劳动者、农民工人、雇佣工人、智力型职业者、个体工商户与个体劳动者、私营企业主、农村社会管理者、乡镇企业管理者，现在还在继续分化、继续变。第四，中国农民正处在社会大流动中，各国经验表明，工业化、城市化进程都会引起社会人口大流动，农民在离开土地、离开农业的大流动中变成从事二、三产业的劳动者，我国正处在这样一个过程中。只是基于现行的户籍制度，流动农民的身份还是农民。这些年来，包括进入乡镇企业的近两亿农民的社会大流动，加速了中国工业化、城市化进程，加速了中国现代化的进程。第五，农民之间的收入差距、生活差距在拉大，十一届三中全会前，农民的收入差距是很小的，现在差距很大，可以说中国现在最穷的人是农民，最富的人也是农民。现在看，种田的人之间的差别不算大，差距扩大是农村里各种产业发展引起的。农村的贫困阶层怎么办，日益成为中国的一大难题。第六，农民的组织程度弱化，特别是有些地方的基层社区自治结构和集体组织处于瘫痪半瘫痪状态，这些地方的农民如"一盘散沙"，呼唤着代表农民利益又适应市场经济需要的组织机制的诞生。第七，农村还是以家庭为核心、血缘关系为纽带的社会结构，这个格局是中国传统社会留下的，中国的家庭、家族、血缘观念也是世界上特有的。家庭既是生产单位，又是生活单位，还是教育单位。中国农村家庭的生命力特别强，特别旺盛，和外国不一样。前阶段的改革成功，也靠这个。家庭联产承包责任制充分发挥了中国农村家庭的作用，这对社会稳定发展也起了作用。第八，中国农民的传统观念还比较强，不要过高估计这些年来农民观念的变化。遇到大事，许多农民还是按传统习惯去办。当然，我们对传统习惯要有正确认识，要用好的方面。

解决中国的农民问题，我一向认为既要一步一个脚印、实实在在地干，又不能局限于就事论事，局限于农村范围内，在解决紧迫的现实问题的基础上是找不到解决农民问题的长远之策的。要处理好治标与治本的关系问题。政界的一些同志偏重于就事论事，而研究界的多数同志偏重于寻求长远之策，各执一端，讲不到一起。其实从各自的职能看，两方面都没有什么不对，问题是要彼此沟通、相互靠拢。当政者要多听研究者的意见，研究者要体谅当政者的苦衷，这样就能把两方面的意见有机结合起来，达到既治标又治本的目的。目前，我国农村正处于向工业化、城市化转变的阶段，我们的社会正由传统社会向现代社会转化，我们的经济正由计划经济向市场经济转化，在我看来，这个社会转型时期解决农民问题的关键，就是要充分调动9亿多农民的积极性，组织好这支庞大的队伍，使其更好地投入现代化进程，在这个过程中使大部分农民逐步离开农业、离开农村，进入工业、进入城镇，成为非农民。留在农村从事农业劳动的农民也要改变思想观念和生产、生活方式，成为现代农业的生产经营者，这显然是一个长期的过程，但已有一些地方逐步实现了这样的目标，他们提供的基本经验，就是把解决农民问题与推进工业化、城市化、现代化结合起来，在推进工业化、城市化、现代化的过程中逐步解决农民问题，而不是把农民问题孤立起来，满足于就事论事地采取一些应急措施。我这几年来所提出的"反弹琵琶"的主张，也就是这个意思。

解决中国的农民问题，不能靠一种办法、一个模式，中国农村的巨大差异和多样性特征，决定了必须采取多种办法、多种模式。西方的经验可以吸收，但绝不能照搬；马列的基本原则必须坚持，但并无我们需要的现成答案。可喜的是，我国农民在党的改革开放方针指引下，从本地实际情况出发，创造了行之有效的多种模式，如苏南模式、温州模式、珠江模式、晋江模式、宝鸡模式、耿车模式等，在发展当地经济和社会事业的过程中发挥了重要作用，并在全国的相应地区产生了积极影响。但比较起来，我个人认为苏南模式较为符合中国国情，是解决中国农民问题更具普遍意义的一种办法。这是因为这种模式有利于各种资源的合理使用和农村劳力的较快转移；有利于协调农、工、副三业关系；有利于协调社区内部关系，达到共同富裕的目标；有利于向现代企业转化；有利于推进小城镇建设，促进农村城市化、城乡一体化目标的实现；有利于社会事业发展；有利于"两个文明建设"和社会安定。这几年，为了研究农村问题，我差不多每年都到苏南做一点调查。有位领导同志跟我讲，我们这里发展乡镇工业，坚持三条原则：一不牺牲农业；二不牺牲环境；三不牺牲社会风气。这里的农业，确实不是口号农业、口头农业、口粮农业，一些典型单位的农业设施比欧洲的标准还高。看了苏南，就看到了我国农村现代化的未来，更增强了解决我国农民问题的信心。但是，对苏南模式要进行再认识，在新的历史时期要取得新发展。我个人认为，对苏南模式在推进社会全面进步中的作用总结得还不够，特别是对教育农民、改造农民，使传统农民转变为现代农民方面的作用研究总结得不够。这是对苏南模式进行再认识的一个新课题。苏南模式从哪一方面取得新发展，这是需要进行研究的另一个新课题。我个人认为，可以在推进农村城市化方面加一把劲儿，"70 年代造田，80 年代造厂，90 年代造城"。看来是到了加快城市化步伐的时候了。由于本书的作者都是苏南的同志，他们基于苏南发展的经验和教训提出了许多新的见解。我相信，苏南的同志会在这方面为全国农村的改革和发展提供新的经验。

本书作者在接受江苏省哲学社会科学课题规划办公室下达的这一课题研究任务时，向我通报了他们的总体构思和写作提纲。在撰写过程中，我曾经提供过一些参考意见和有关资料，曾答应派一位同志给予协助，但未能兑现。我希望本书作者以本书的出版作为起点，在研究当代中国的农民问题上取得新的硕果。

# 农民问题：中国的一大难题[*]

农民问题一直是我国政界、学术界关注的热点。

## 一　当代中国农民的特点

解决中国的农民问题，得从认识中国农民起步。根据我们平时的调查研究，我把当代中国农民的特点初步理成 8 条。

第一，中国农民是我国最大的社会群体，也是世界上最大的社会群体。全国 4 个人中有 3 个是农民，全世界 4 个农民中就有 1 个是中国农民。既然社会的发展是以人的发展为中心的，那么占全国人口 3/4 的这一社会群体的权益得不到保障、生活得不到改善，政权是不可能巩固的，社会也无法取得进步。中国的农民问题解决好了，也是对世界的又一个重要贡献。

第二，中国农民跟工人阶级及其政党有着长期的良好关系。从我们党建立后搞农民运动，经过第一次、第二次国内革命战争、抗日战争、解放战争到新中国成立后 40 多年，中国农民一直是工人阶级及其政党最可靠的同盟军，对革命和建设做出了巨大贡献；在共产党的领导下，中国农民自身也取得了巨大进步，特别是改革开放以来，党同农民的关系有了进一步发展，农民是改革开放的率先受益者，衷心拥护党的改革开放政策。

第三，当前中国农民处于大分化、大变迁的过程中。在国家的大变迁中，变得最多的是农村。新中国成立后的 40 多年来，农村有 3 次大变化：一是土改，无地、少地的农民变成了有地的农民；二是合作化、公社化，

---

\*　本文原载于《市场经济导报》1996 年第 6 期，第 8～9、14 页，发表时间：1996 年 6 月 20 日。《新华文摘》1996 年第 9 期以《解决中国农民问题模式》为题对本文进行了论点摘编。——编者注

土地从农民个体所有变成合作所有、集体所有，个体农民变成集体化了的农民，变成了社员；三是改革开放中实行家庭联产承包责任制，农民由社员变成了相对独立的商品生产者，农民有了劳动选择权、经营权、土地使用权等，由此又产生了一系列变化，这些变化现在还在进行。特别是 20 世纪 80 年代乡镇企业的崛起、个体工商户的涌现、私营企业的萌生，以及 20 世纪 90 年代的"民工潮"和"造城运动"的兴起，使农民产生了大分化，主要靠种田吃饭的基本上清一色的农民队伍分成了 8 个阶层，即农业劳动者、农民工人、雇佣工人、智力型职业者、个体工商户与个体劳动者、私营企业主、农村社会管理者、乡镇企业管理者。现在还在继续分化，继续变。

第四，中国农民正处在社会大流动中。各国经验表明，工业化、城市化进程都会引起社会人口大流动，农民在离开土地、离开农业的大流动中变成从事第二、三产业的非农民，我国正处在这样的一个过程中。只是由于现行的户籍制度，农民流动了，但身份还是农民。这些年来，包括进入乡镇企业的近 2 亿农民的社会大流动，加速了中国工业化、城市化进程，加速了中国现代化的进程。

第五，农民之间的收入差距、生活差距在拉大。党的十一届三中全会以前，农民的收入差距是很小的，现在差距大得很。可以说中国现在最穷的人是农民，最富的人也是农民。最富的有亿元户几亿元户乃至几十亿元户，最穷的还有约 7000 万人至今没有脱贫。总体看，种田的人之间差别不算大，差距大是农村里各种产业发展引起的。庞大的农村贫困阶层怎么办，日益成为中国的一大难题。

第六，农民的组织程度弱化。特别是有些地方的基层社区自治机构和集体组织呈现瘫痪、半瘫痪状态，这些地方的农民如"一盘散沙"，呼唤着代表农民利益又适应市场经济的组织机制的诞生。

第七，农村还是以家庭为核心、血缘关系为纽带的社会结构。这个格局是中国传统社会留下的，中国的家庭、家族、血缘观念也是世界上特有的。家庭既是生产单位，又是生活单位，还是教育单位。中国农村家庭的生命力特强，特别旺盛，和国外不一样。前阶段的改革成功，也靠这个。家庭联产承包责任制充分发挥了中国农村家庭的作用，这对社会稳定发展也起了作用。

第八，中国农民的传统观念还比较强。对中国广大农村而言，不要过高估计这些年来农民观念的变化。遇到大事，许多农民还是按传统文化去办。传统文化的根在农村。当然，我们对传统文化要有正确认识，要用好的方面。

## 二　解决中国农民问题的方法

解决中国的农民问题，我一向认为既要就事论事，实实在在一步一个脚印地干，又不能局限于就事论事，仅仅局限于农村范围内，在解决紧迫的现实问题上是找不到解决农民问题的长远之策的。这就要处理好治标与治本的关系问题。

政界的同志偏重于"就事论事"，而研究界的同志偏重于寻求长远之策，各执一端，讲不到一起。其实从各自的职能看，两方面都没有什么不对，问题是要加强沟通，相互靠拢，当政者要多听研究者的意见，研究者要体谅当政者的苦衷，这样就能把两方面的意见有机结合起来，达到既治标又治本的目的。

目前，我国正处于工业化、城市化阶段，我们的社会正由传统社会向现代社会转化，我们的经济正由计划经济向市场经济转化。在我看来，这个社会转型时期农民问题的实质，就是要充分调动9亿多农民的积极性，组织好这支庞大的队伍，更好地投入现代化进程。在这个过程中，使大部分农民逐步离开农业、离开农村，进入工业、进入城镇，成为非农民。留在农村从事农业劳动的农民也要改变思想观念和生产、生活方式，成为现代农业的生产经营者。这显然是一个长期的过程，但已有一些地方初步实现了这样的目标。他们提供的基本经验，就是把解决农民问题与推进工业化、城市化、现代化结合起来，在推进工业化、城市化、现代化的过程中逐步解决农民问题，而不是把农民问题孤立起来，满足于就事论事地采取一些应急措施。我这几年来提出的"反弹琵琶"的主张，也就是这个意思。

## 三　解决中国农民问题的模式

解决中国的农民问题，不能靠一种办法、一个模式，中国农村的巨大差异性和多样性特征，决定了我们必须采取多种办法、多种模式。西方的经验可以吸收，但决不能照搬；马列的基本原则必须坚持，但并无我们需要的现成答案。可喜的是我国农民在党的改革开放方针指引下，从本地实际情况出发，创造了行之有效的多种模式，如苏南模式、温州模式、珠江模式、晋江模式、宝鸡模式、耿车模式等，各自在发展当地经济和社会事业中发挥了重要作用，并在全国的相应地区产生了积极影响。但比较起来，我个人认为苏南模式较为符合中国国情，是解决中国农民问题具有重要意义的一种办法。

苏南地区18年来国民生产总值已经翻了三番还多，在全国是名列前茅的。苏南模式不仅能够促进经济持续、快速、健康地发展，而且有利于各种资源的合理使用和农村劳动力的较快转移；有利于协调农、工、副三业关系；有利于协调社区内部关系，达到共同富裕目标；有利于向现代企业转化；有利于推进小城镇建设，促进城乡一体化目标的实现；有利于社会事业发展；有利于两个文明一起抓；有利于经济社会协调发展，社会风气比较好，社会也比较安全。这几年，为了研究农村问题，我差不多每年都到苏南做一点调查。有位领导同志跟我讲，我们这里发展乡镇工业，坚持三条原则：一不牺牲农业，二不牺牲环境，三不牺牲社会风气。看了这里的农业，确实并不是口号农业、口头农业、口粮农业，不是"三口百（个）会"农业，即所谓的"山口百惠"① 农业，一些典型单位的农业设施比欧洲的标准还高。看了苏南，看到了我国农村现代化的未来，更增强了解决我国农民问题的信心。

但是，苏南模式要进行再认识，在新的历史时期要取得新发展。我个人认为，评价苏南模式，在推进社会全面进步中的作用总结还不够，特别是在教育农民、改造农民，使传统农民转变为非农民、变为现代农民方面的作用研究总结不够，这是对苏南模式进行再认识的一个新课题。

"70年代造田，80年代造厂，90年代造城"，看来是到了加快农民进城、加快城市化步伐、加快农村现代化的时候了。苏南等发达地区则更应在这几个方面走在前头。

---

① 当时在中国大陆流行的日本女影星的名字。——编者注

# 关于"民工潮"问题*

中国现代城乡结构的关系，这是个大题目。柄泽先生①要我介绍中国的"民工潮"，这是中国的热点问题之一，是城乡结构变化中的大问题，国内国外都很关心。

## 一 "民工潮"的由来

中国目前正在从农村传统社会向工业化、城市化、现代化社会转型。一般现代化国家的工业化过程中，大量的劳动力进城，转变为工人和职员，城市人口增加，城市化率提高。而中国特有的历史原因，造就了中国特殊的城乡关系。

1949~1958年，中国工业化通过第一、第二个五年计划发展很快，那时每年有200万~300万人进城，转为城市居民。

1959~1978年，开始是"三年经济困难"到后来的"文化大革命"，那时由于国家粮食紧张等原因，实行城乡分割的户籍制度，严格限制农业户口转为非农业户口。在城乡实行非常不同的社会政策，如城市实行工资制、医疗保险、分配住房、供给平价粮食与布等生活品、养老保障等，农民则全靠自己和公社、生产大队。

由于人民公社实行平均主义，大锅饭，农民劳动没有积极性，所以，虽然农村劳力越来越多，但田还是种不好。中央领导和地方领导还以为是劳动力不够。所以1977年中央又提出，"人心要向农，劳力要归田"（诊断

---

\* 本文源自作者手稿。该文稿写于1993年11月，系陆学艺1993年赴日参加学术交流和考察过程中的发言稿，小标题二、三为本书编者根据发言内容所增补。——编者注

① 柄泽行雄先生时为日本常磐大学教授，2016年逝世。——编者注

错了），劳力过剩问题被掩盖了。

1978 年后农村实行改革，把生产经营权还给了农民，农民生产积极性被调动起来。还是那些田，产量大幅度增长，而且劳力剩余的问题也表露出来，农村容纳不了这么多劳力。

1983 年后，国家号召农村兴办乡镇企业，允许个体务工经商，有大量的劳动力转为非农业。这时城市因为要为回来的"上山下乡"的知青安排工作，所以这时虽已有农民进城了（如保姆，如一些烧锅炉的），但还是少量的（户口、粮油关系很严格）。

1985 年以后城市改革，多种政策开放了，城市发展加快，需要的劳力增加了。估计到 1988 年，全国有 1000 万～2000 万民工在城乡劳动和生活，这时还未引起注意。

1988～1990 年，曾一度限制乡镇企业的发展，对个体、私企也严格了（这些 1992 年以后都改了），而这时城市正在发展，需要劳力。这样从 1991 年开始，几乎每年增加 1000 万人进城，1993 年春节前后全国流动的农民工多达5000 万人，1994 年为 6000 万人，这就逐渐引起领导和有关部门的注意。

这些农民工主要是农村剩余劳动力，有人估计现在农村剩余劳动力有1.2 亿人，也有人估计是 1.5 亿人。他们采取两种形式进城：一种是流入上海、北京等大中城市，成为城市里的雇佣临时工，如建筑业、采矿业、打扫卫生的环保业、饭店的服务员、搬运工……现在北京有 100 多万人，仅建筑业就有 40 万人；还有一种是此乡流入他乡，如到乡镇企业发达的广东、江苏、浙江等地打工（广东有 650 万人）。

他们的共同特点是，虽然在外打工，但身份还是农民，户口还在农村，在农村还承包有土地，家属还在本乡。所以这些人无论多远，工作多忙，到过节（春节）一定要回家的。这就形成了"民工潮"。一到春节前，民工要回去，过了年还要回原地去打工，再加上城市的职工、干部在春节回家，大、中专学生放寒假，使得过年前后一个月的交通空前紧张，火车、公共汽车、轮船都挤满了，引出好多问题。

总的来说，"民工潮"是中国农村剩余劳力转移的一种形式。

## 二 "民工潮"是中国农村剩余劳力
## 转移的一种特有形式

什么叫"民工潮"？民工潮就是大量农民工向城市，向二、三产业流动，像潮水一样，是社会流动的一种现象，是中国农村剩余劳力向城镇，向二、三产业转移的一种形式，是中国农民进城，是农村城市化的一种特有形式。

"民工潮"有其积极的方面：

（1）"民工潮"于经济发展是有利的，需要劳力的地方得到了供给，有劳动力工作，促进了经济的发展。凡是雇工多的地方，经济都发展得很好。

（2）"民工潮"于农民提高生产能力、增长知识、拓宽眼界也有好处。不少山区、岭区的农民青年打了几年工，带回了技术经营能力，自己办起厂来，促进了本地的发展。

（3）"民工潮"对本地的农业也有好处。劳力本来有剩余，走了人，田还能种好，特别是出门的农民每年有数千元寄回去，如四川一省出来 600 万人，各种渠道寄回去的钱有 60 多亿元，对农业发展有利，有钱买化肥了。

但亦有问题：

（1）给交通、公安、计划生育带来很多问题，特别是治安问题，计划生育也是问题。

（2）有些地区青壮年走光了，对农业生产不利，有抛荒地的情况。

国内对"民工潮"的问题，争论很大，特别是在开始时，有人认为农民不种田，出来到城市来干什么？农民进城引起社会治安不好，对农业生产不利，等等。进城的农民工常常被作为"盲流"遣送回去。但这几年经过辩论，认识逐渐统一了，认为农民工进城利大于弊，他们不是"盲流"。这是农村城市化的一种形式，是克服城市化落后的好办法，应该加以引导，而不能堵。

现在正在解决：

（1）国家已经决定，农民可以到县城以下的小城镇落户，迁为城镇户口，这可以解决一大部分问题，使"从此乡到他乡"的农民可以转户口了。

（2）有关方面正在进行组织，使之逐渐从无序转为有序。国家劳动部门过去只管城市人口，现在也把农民劳力安排主动承担下来了，在做输出地和输入地的协助工作，减少盲目流动。

但这是一件非常庞大的、艰巨的工作，要使 1.5 亿左右的劳力转移出来，要有一个过程，需要长期努力才能逐渐解决问题。

# 三　关于亚洲社会学研究会

最后我想讲一下亚洲社会学研究会的问题。你们这个研究会非常重要，成立这样的研究会是有远见的，是有战略眼光的，这个研究会开展亚洲问题研究，对日本至关重要，是日本学者和有关人士的一种明智的选择。

我在去年日本东京的中国留学生社会科学研究会上，曾讲到过这个问题。100 多年前，日本著名思想家福泽谕吉曾提出，日本要"脱亚入欧"的口号。在当时，欧洲先进，日本落后，日本要富国强兵，就要首先学习欧美，这是对的，确是高明之论，结果也是好的。日本学习西方，促进了日本的经济、政治、文化的发展，成为亚洲最发达的国家，又经过战后的建设，成为当今世界的经济大国。

但历史过去了 100 多年，日本当前遇到了种种难题，从今后 50 年、100 年看，现在应该提出"辞欧归亚"的战略了。从经济上说，21 世纪是亚洲太平洋的世纪。

# 抓紧抓好培训工作<sup>*</sup>

对务工青年进行教育、管理，这想法很好，我想还应加上"保护"二字。这些务工青年没有一个"娘家"，我认为团中央可以起这个作用。当前，很多地方，不但是法规制度上对他们不公道，在实际生活中，人们对他们的看法也不太正确。"教育、培训"是帮助他们逐渐融入社会的一个很好的方法。其实，务工青年进城来，就等于进了一个大学校，甚至比上大学还好。这些务工青年当中不断涌现出许多人才，这可以说是城市文明熏陶的结果。他们也促进了城乡之间的交流，把新的东西带回家乡，给家乡的经济发展做出巨大的贡献。据了解，很多地方进城务工青年带回家乡的钱，超过当地财政收入。

---

　＊　本文原载《人民日报》1997 年 10 月 8 日第 9 版"读者来信"专栏。——编者注

# 城乡关系

# 关于农村城市化的几个问题[*]

## 一

中国的基本国情是 12 亿人口，9 亿农民，解决好农民问题，是中国一切问题的出发点和落脚点。中国的现代化重点落脚点在农村，没有农村的现代化，就不可能有整个国家的现代化。"农业、农村和农民问题，是我国经济发展和现代化建设的根本问题。"[①]

中国要实现现代化，根据世界各国的经验，本质是两条：一是实现工业化，实现产业结构的调整，从农业国变为工业国，使中国富裕起来；二是要实现城市化，使大部分居民从事第二、第三产业的劳动，实现社会结构从乡村社会变为城市社会，使大部分居民到城市里来，过文明幸福的现代化的生活。

1949～1978 年，我们搞国家工业化，有很大成绩，但道路比较曲折，其中一个很大的问题是把农民排除在工业化、城市化之外。到 1978 年我国工业产值已占工农业总产值的 75%，但农民仍占全国总人口的 80% 以上，[②]形成特有的二元社会结构。

党的十一届三中全会以后，农村实行改革，实行包产到户，一举解决了农业问题。农民创造了乡镇企业这个具有中国特色的经济形式，参加了工业化的伟大过程，一举改变了面貌。1993 年乡镇企业的产值已达 2.6 万亿元，乡镇工业的产值占整个工业总产值的近 40%。预计到 20 世纪末，乡

---

[*] 本文源自作者手稿。该文稿系陆学艺 1994 年 5 月 24 日在邯郸的演讲提纲。——编者注

① 《〈中共中央关于建立社会主义市场经济体制若干问题的决定〉学习问答》，中共党史出版社，1993，第 16 页。

② 国家统计局编《中国统计年鉴·1991》，中国统计出版社，1991，第 79 页。

镇工业的产值将占 50%，与国有企业平分秋色。这是一项了不起的成就，这是中国的一大特色。

但因为乡镇企业实行亦工亦农的政策，基本是执行离土不离乡、进厂不进城的政策，所以这 1 亿多乡镇企业职工就身份上讲仍是农民。到 1990 年，中国的农民仍占 74%，城镇人口占 26%。[①]

从发达国家的历史经验看，工业化与城市化基本上是同步的。我们现在的问题是工业化通过乡镇企业等方式进展得很好，但城市化却严重滞后，出现了城市化与工业化的脱节，由此产生了一系列问题，如第三产业严重滞后。因为城市不发展，第三产业没有载体。发达国家第三产业占 GDP 的 60%~70%，我国只占 28%。科技、教育、医疗卫生、文化体育等社会事业发展严重落后，社会发展与经济发展不同步。

## 二

"民工潮"问题。20 世纪 80 年代中期以后，农民大量进城，90 年代末形成的"民工潮"，集中反映了这个矛盾。[②] 这反映了随着经济的发展，市场要扩大、城市要发展、社会要现代化的一种客观要求。农民要求进城，这是符合历史进步的要求的，但是我们却给他们扣了一个帽子叫"盲流"，这是完全错误的。农民要求进城，要求务工、经商，从事二、三产业，这符合历史要求，是自觉的流动，代表生产力、生产要素的流动。他们要求参与社会主义现代化的建设，实际上是在实现第三个伟大创造。城市化的问题，涌到门上来了。

经济的发展、城市的发展，也要求农民的大量参加，需要农民进城来。现在上海有 330 万外来民工，北京 150 万人，广东 650 万人，苏南 400 万人……农民已经参加进来了。但是我们原来的思想模式、计划经济体制、城乡二元社会结构、严格的城乡二元户口格局却限制农民进城。但农民还是进来了，对此我们不能堵、不能赶，而要引导、要管理、要改革，这是新旧两种不同的理念。

这么庞大的人口流动，5000 万~6000 万人，每年增加 1000 万人。实际上城市建设已经离不开这部分人的劳力和智慧了。这反映了市场经济与计

---

① 国家统计局编《中国统计年鉴·1991》，中国统计出版社，1991，第 79 页。

② 指城市化与工业化不同步的矛盾。——编者注

划经济体制的矛盾，由此产生了种种问题。如春节的客运紧张，如社会犯罪的增多，如大量的进城人口引起的交通拥堵……

今年秋天以后，舆论界已经大变。新华社、《人民日报》、《经济日报》、《农民日报》、《中国青年报》、广播、电视，几乎是一边倒，站在农民一边。但是，这个问题还没有解决。春节过后，矛盾一缓解，问题就搁置一边了。问题并没有解决，还要再来的，今年是 6000 万人，明年是 7000 万人！怎么解决？这是可以获得诺贝尔奖的大事！

# 三

从战略上说，有两个问题要解决。

第一个问题：我们的社会结构、城乡格局要不要变？是维持目前的 2.5∶7.5 的城乡二元格局，还是要适应经济发展的规律？是维持目前农民、非农民的户口管理制度，还是要逐步改变这种落后的管理制度，使城乡一体？说到底，是我们如何对待农民的问题。农民要不要进城？农民应不应该进城？农民可不可以进城？农民应该怎样进城？

从历史的经验看，农民必须进城，社会主义现代化要求农民参加。农民参加了，许多问题就迎刃而解了。一部美国的历史就是从农民到工人再到职员的历史。农民应该进城。现在的发展，实际上农民参加了。他们把田种好了，把城市最繁重艰苦的活儿都干掉了。农民可以进城，城市是容纳得了的。

现在农民实际是到大中城市、到小城镇、到经济发达的地区去了。他们已经冲破了"离土不离乡"，已经冲破了大城市，已经冲破了人少的地方，但是我们的计划经济观念还在限制这种流动。严格限制这种流动，出现了种种矛盾，这是不应该的，我们要更换脑筋。

第二个问题：我们应该实现怎样的城乡格局？① 我们的一些观念实际是受 18 世纪空想社会主义者的一些设想的影响。欧文主张把人口分成 1600～2000 人的群体，平均分布在全国，使每个社会成员都既从事农业，又从事工业，以此来消灭城乡差别；把农业与工业结合起来，通过把人口更平均地分布在全国的办法，来消灭城乡差别。

但是，一百多年的历史不是这样发展的。现代的科学技术、现代的经

---

① 这一句根据手稿内容增补。——编者注

济发展背景下，人口是逐步向大中城市集中的，而且是向大城市群、大城市带集中，而不是平均分布。如日本东京圈，京都、神户圈，美国东部的纽约、西部的洛杉矶、中部的芝加哥。

人不是既从事农业，也从事工业，而是越来越专业化，从事某一专业，甚至是某一专业中的一个门类。所以我们原来设想的亦工亦农的制度不行，既当农民也当工人不行，城乡分隔的政策不行。总之，不符合经济的要求，也不符合个人发挥专长、全面发展的要求。

还是要发展大城市，发展大城市群，要求实现城乡统一的格局。要改变目前的严格限制大城市、重视发展中等城市、积极发展小城镇的方针。

要改变目前的户籍制度。目前农民向大城市移动、向发达地区集中，是符合经济规律的。农民的这种选择符合大历史的经济发展规律。

# 四

农民怎样进城？大部分农民应该进城。农民要进城，是社会大进步的表现。但什么事都要从实际出发。我不主张放手不管，让农民自发地、自由地流动。因为农村要稳定，社会要稳定，要处理好改革、发展和稳定的关系。我主张还是要在党的领导下、在政府的直接组织下，采取逐步引导的方针，来控制和引导这么大的社会变迁。党和政府要组织领导好这次巨大的社会变迁，这是具有世界意义的大事业。

所谓中国特色的社会主义，不表现在现代化标准和目标上，而是要按规律办事。但实现现代化的方式可以不同，农民进城不是"羊吃人"，不是自发地流动，不是一步到位，而是要采取因势利导、逐步放开、逐步改革、逐步进城的办法。

可以扩大城市的外延，也可以新建一批城市，也可以先把城镇建起来。要放手发动建城造镇运动，还是按经济规律办事。可以分阶段，先进小城镇，从小城镇到中等城市。可以承认已进来的这几千万农民的地位，有"三固定"的就容纳；可以允许更多的农民进镇进城；可以允许创造新的形式，以不阻碍农民进城为条件。

# 五

经济急剧发展了，但社会事业的发展、社会体制的改革没有相应地跟上，所以产生了一系列社会问题。

社会主义市场经济的社会结构怎么建？阶级阶层是什么样的？社会保障系统怎么建设？社会安全系统怎么建？新型的城乡关系怎样布局？特别是农村新的行政基层组织怎么健全？农村的社会保障体系、农村的医疗体系、农村的文化生活、农村社会治安体系怎么建设？当前最大的问题是"民工潮"到底怎么解决。

怎样建立一个经济社会协调发展的体系？"两个文明"建设怎么解决"一手硬一手软"的问题？把经济搞上去，从包产到户到乡镇企业，再到小城镇建设，再到大城市，已经有路了——苏南模式提供了经验。经济上富起来不难，但经济发展之后，社会怎么发展？经济社会如何协调？现在的问题是经济富裕了，但社会问题增加了，道德风气坏了，不是"衣食足而知荣辱"。出现了诸如车匪路霸、干群关系紧张等问题，安居不能乐业，社会出现恶性案件。贫富差别、地区差别还有扩大的趋势。社会问题比经济问题更难、更重要。要出问题的，已经出了问题了。当前面临的问题是：社会要稳定，国家要安定，要有秩序地前进。这是社会学要研究的。

# 六

正因为社会问题突出了，社会需要社会学。现在正是发展社会科学、社会学、农村社会学的大好机会，这是比办多少个大学都重要的。

当前社会学的任务：（1）要去记述这个变迁；（2）要去解释原因；（3）要研究新问题，做出预测和分析，提出对策；（4）要去总结理论。这是具有世界意义的事情，中国将产生一批社会学家，而最有希望的是中国农村社会学，国外很看重这一点。

这次会议之后，要建立农村社会学会，目标是一个：怎样使农村变迁变得更好，怎样发展农村社会学。在原有基础上进步，把全国的农村社会学的人组织起来，开展交流与合作，对上面这些课题、紧迫的问题展开研究，为党和国家提出建议，总结丰富的经验，为"四化"大业作出贡献。

# 农业的问题在工业　农村的问题在城市[*]

**记者**：您对1994年农产品普遍涨价的看法如何？

**陆教授**：依我看，1994年农产品涨价有两个原因：第一，是因为农产品价格太低，而农用生产资料价格太高；第二，是因为工农比例关系失调。根据近几年的研究，已找出一种规律性的东西，这就是在我们这样的国家，工农业发展速度一定要平衡，工农之间比例协调的关系大体是，农业产值每增长1%，工业产值增长2.5%~3.0%。这几年，1992年至1994年连续3年都是农业产值每增长1%、工业产值增长4%~5%，故农业支撑不起。

**记者**：除了以上原因外，您认为影响农产品价格的因素还有哪些？

**陆教授**：根据我的研究，影响农产品价格变化的结构性因素有两个：一是地区结构，二是产品结构。从地区结构看，过去是"南粮北调，北煤南运"，南方产大米，北方产煤炭，形成"黑白交换"。现在，由于改革开放，沿海地区，如江苏、浙江、福建、广东这些省份，乡镇企业、工业发展较快，农业因比较效益低而有所削弱，加上人口的自然增长和机械增长，这些原来的粮食调出省份变成粮食调入省份，出现了"北粮南运"。我调查过广东，该省改革15年间，耕地减少1200万亩，人口自然增长6000万人，落户人口增加800万人，此外还有七八百万打工仔、打工妹。1993年，广东的粮食产量与1978年基本持平，我估计现在广东每年需要调入150亿斤粮食。从品种结构看，过去大米的产量能占总产量的40%左右。可是这几年，粮食减少或停滞的部分是大米，1990年以后粮食总产量还是增加的，但大米的产量从1991年连续3年是减产的。由于人们生活水平的提高，好

---

　　[*]　本文源自《市场经济导报》（后更名为《文明与宣传》，2004年停刊）1995年第3期刊载的访谈录《知名专家谈农业农村热点问题》，本文仅收录其中关于陆学艺的访谈录，该部分原标题为《农村问题专家陆学艺说：农业的问题在工业 农村的问题在城市》，现标题为本书编者根据访谈内容所修改。——编者注

大米的消费量也越来越大，实际上，所谓的粮食紧张，最主要的就是大米，特别是好大米。所以，粮价上涨从品种看是从大米开始，从地域看是从南往北推的。这几年，不光好大米紧张，而且蔗糖也紧张，现在食用油也紧张起来了。所以，这次中央农村工作会议又强调要把农业放在首位。这个观点无疑是正确的，问题是如何落到实处。如果再不落实，农业肯定要出问题。

**记者：**您认为今年①在农业上会出现什么问题？

**陆教授：**我估计，去年②粮食提了价，调动了农民种粮的积极性，今年的粮食生产会好些。但如果棉花的政策不变，就会出问题。现在，有些农民讲：你（政府）搞"三不"（不开放市场、不提高价格、不许多渠道经营），我搞"一不"（不种）。因为农民是靠利益驱动的。所以，今年农业的问题可能出在棉花上。棉花一旦减产，再恢复起来是很难的。今年的棉花问题，应该是农业、农村、农民的热点问题。

**记者：**请您谈谈解决我国农业和农村问题的出路在哪里？

**陆教授：**根据我的研究，农业的问题在工业，农村的问题在城市。从传统农业向现代农业、从传统社会向现代社会转变，有几条规律：农产品价格要提高，农业产值占社会总产值的份额要减少，农民的数量要减少、比例要降低；第二、三产业的产值要增加，在国民经济中的比重要提高，其劳动就业人员要增加。现在，工农产品"剪刀差"的问题，农产品价格和工业品价格轮番攀升的问题，以及农民收入不高和农业投入不足、农业比较效益下降的问题，从根本上说在于工业本身效益不高，尤其是国有大中型企业，包括国有工业和商业，由此形成工农产品"剪刀差"不断扩大，为缩小"剪刀差"不得不提高农产品的价格，而我们的工业效益不高，难以消化和承受农产品价格的上涨，不能靠降低成本来消化，只好靠提高工业品和农用生产资料的价格，再转嫁到农民身上，出现新一轮涨价。所以，我说农业的问题在工业。另外，解决农村剩余劳动力的转化问题，出路在城市，城市不发展就不能吸收农村大量的剩余劳动力，所以我说农村的问题在城市。我们不能走发达国家的传统路子，我们寄希望于城市工业的发展来带动农村的发展，以吸纳更多的农村劳动力，但是"农转非"不能等。农村城市化的路只能这么走：第一步实行家庭联产承包责任制解决了农民

①　本文中指 1995 年，下同。——编者注
②　此处指 1994 年。——编者注

的温饱；第二步通过各种渠道发展乡镇企业，实行自我转化；第三步发展小城镇。农村的人口那么多，都到北京、上海也不行啊！现在看来，沿海地区走通了这条路，全国人口密度最大的发达地区，不仅解决了城内劳动力的转化问题，而且吸引了城外的大量劳动力。像东莞市，外地人超过了本地人。而且城市发展起来，老百姓也富了，为"以工补农"创造了条件。现在资本主义国家的农村人口只占 5% 左右，而我们国家的农村人口占 70%以上。"民工潮"就是农村劳动力过剩，农民要进城，你不让他进城，"民工潮"就是这么来的。对于经济欠发达地区来说，扶贫的最好办法是搞劳务输出，一个农民出去一年能收入 2000 多元，哪个政府能救济这么多？虽然农村的过剩人口不能一下子都进城，却可以一部分一部分地进城，去从事城里人不愿干的工作，这在国外叫互相服务。按照目前的状况，即使欠发达地区的农村走出 50% 的劳动力人口去从事城市第三产业，也不会影响农业产值。

**记者**：现在老百姓最关心的有两件事，一是物价，二是社会治安。怎样使老百姓从心理上感到"乐业"而"安居"呢？

**陆教授**：最近我到广西调查，那里的老百姓说：白天要挂邓小平的像，因为邓小平搞改革开放，使老百姓富了；晚上要挂毛主席的像，说有毛主席在，我们心里感到安定。这不是一个广西，而是大部分农村的社会问题。然而，人们在心理上感到"乐业"而不能"安居"的主要因素是各种差别的扩大。这些差别主要表现在地区之间、城乡之间、行业之间、部门之间、企业之间、单位内部、家庭成员之间，甚至出现"老子的收入不如儿子、儿子的收入不如孙子""儿子挣钱多了就不听话"，造成人们在心理上的失衡。现在，许多地方犯罪案件不断发生，其中有些是由于人与人之间的差别扩大所导致的。20 世纪 60 年代，大家都穷，但那会儿没有这种事，为什么？（因为）大家都一样嘛！现在通信发达了，新闻传媒发展了，老百姓通过各种渠道，听到、看到的不平事也多起来了。进城的民工也是初高中毕业生，政治经济学也念过了，他们懂什么是"剥削"，你再宣传平等，可他看到有些干部、大款们挥金如土，老百姓说他们是"一杯酒一桶油，一桌酒席几头牛，一辆豪华小车一栋楼"，而有些农村的穷孩子上不起学，考上大学的穷学生交不起学费、生活费，这些会形成强烈的反差。这些都是诱发社会不安定的客观因素，必须引起高度重视。

**记者**：要消除这些不安定因素，应采取什么对策呢？

**陆教授**：解决人与人之间收入差别过大问题的一个办法就是对高收入

者严格征收个人所得税。前不久我在国外考察时发现，经济越发展，各种政策跟上的话，地区之间、城乡之间、人与人之间的差别是在缩小而不是在扩大。他们实行的办法就是征收个人所得税。人家资本主义国家靠征收个人所得税，把个人收入差别缩小了。我们为什么不能对那些高收入者们征收个人所得税呢？粗略地估计，现在全国的"百万富翁"超过百万人，按照国家的政策，应向他们征收 45% ~ 55% 的个人所得税。现在的希望工程这么难，为什么不把该收的税收上来呢？如果国家对全国的富翁们严格征收个人所得税，这笔巨额收入又能建多少小学、救助多少穷孩子上学啊！

# 调整优化城乡结构　保护促进农业发展[*]

　　著名学者陆学艺代表，从理论上阐述了调整和优化城乡结构，保护农民利益，促进农业发展的观点。他说，目前我国正处在工业化中期，从发达国家的历史看，在这个阶段农业一般是徘徊和萎缩的。在市场经济条件下，农业作为高社会效益、低经济效益的弱质产业，应该受到保护。我们常讲，一要保证农副产品有效供给，二要增加农民收入。农业丰收，农副产品供给增加，农民生产积极性就高涨，农业就发展，农副产品供给就更好，应该是良性循环。然而事实往往是，农业丰收，农民收入不一定增加，有时反而降低。应当承认国家更关心的是粮食和工业原料、城镇居民农副产品的供给，而农民想的是要多增加收入，要把这两个方面的积极性协调起来。建议国家进一步处理好工农关系，克服城市倾向，适当反哺农业，调整城乡结构，真正把农民的积极性调动起来。

---

　　[*]　本文源自《农民日报》1996 年 3 月 9 日的报道《谋发展大计　话农业难题——江苏代表团旁听记》，本文仅收录陆学艺的发言摘要，发言时间为 1996 年 3 月 8 日，现标题为本书编者根据本文内容所拟定。该文还收录于《第八届全国人民代表大会第四次会议江苏省代表团资料汇编》（江苏省人大常委会办公厅编，1996，第 94 页）。——编者注

# 农村城市化和农村社会变迁[*]

目前我们国家正处在急剧的社会变迁中，随着经济的高速增长，经济结构发生了明显的变化，社会结构也在发生重大的变化，各阶层、群众的生活方式、思想观念也在发生深刻的变化。社会学把这种社会变迁称作社会转型，这是说我国正在由传统社会向现代社会转变，其基本内涵是由农业社会向工业社会转变，由农村社会向城市社会转变，也就是我们通常说的实现工业化，实现城市化。

从世界各现代化国家社会变迁的历史看，一般开始都是由农业支持工业，农村支持城市，实现工业化、城市化。然后工业反哺农业，使农业现代化；城市反哺农村，使农村城市化，实现城乡一体化，社会现代化。在这个社会转型过程中，工业化和城市化是同步的，有的国家（如美国等）还常常是城市化超前于工业化。

我们国家由于种种历史原因，形成了一个由计划经济条件下的户籍制度、农产品流通制度、就业制度、社会福利制度、住房制度等组成的城乡分割的二元社会结构。所以我们现在在加速实现以工业化、城市化为基本内容的社会转型的时候，有三个方面是同各现代化国家发展过程不同的。第一，我国在实现社会转型的同时，还要实现从计划经济体制向社会主义市场经济体制转轨，转型和转轨交叉，会产生更多的社会矛盾和社会问题，加大了转型的难度；第二，我国的改革开放是从农村、农业开始并首先取得了成功，而工业和城市的改革则相对滞后，特别是国有大中型企业的改革至今还未取得十分成功的进展，效益还不好，所以至今还不能实现工业反哺农业、城市反哺农村的历史性转变；第三，我国的城市化严重滞后于工业化，目前我国的工业化程度已相当于世界中等收入国家的水平，而我

---

\* 本文源自作者手稿，原稿写于 1997 年 7 月 26 日。——编者注

国的城市化水平却相当于世界低收入国家的水平。1995年全国 GNP 中,农业总产值为 20.6%,工业和建筑业总产值为 48.4%,而当年的城市化水平只有 29%,① 如果考虑到人口统计方面的原因,目前我国城市化水平落后工业化水平 10 ~ 15 个百分点。

在中国特有的二元社会结构条件下,农村率先改革,农业发展很快,同时有大量的农业劳动力剩余,城市一时又吸纳不了,于是农民自筹资金、自学技术、自造厂房和设备、自己经营,创造了乡镇企业(主要是工业)这种有中国特色的经济形式,短短十余年工夫,很多地区实现了农村工业化。在全国农村社会总产值中,1987 年乡镇企业总产值就超过了农业总产值,1995 年农村社会总产值中,乡镇企业产值已占 70%。在全国工业总产值中,乡镇工业也占到 40% 以上。这是一项了不起的成就,中国农民以特有的形式,在我国实现工业化过程中作出了特别的贡献。现在国内国外专家都认为我国现在已进入了工业化的中期阶段。与工业化相比较,我国城市化道路走得更加崎岖和困难。从 1979 年到 1995 年,我国城市由 193 个增加到 640 个②,平均每年增设 28 个,建制镇由 2578 个增加到 16992 个,平均每年增设 896 个。这个发展速度是相当快的。但因为户籍制度等的限制,1979 年我国城市人口 18495 万人,占总人口的 18.9%,1995 年城市人口 35174 万人,占总人口的 29%,③ 16 年间城市化率只提高了约 10 个百分点,平均每年只提高 0.6 个百分点。这同我国这 16 年来经济持续快速发展是很不相称的,由此带来了诸多的社会问题,对经济健康发展不利,特别是对发展第三产业、发展社会文化事业很不利。大家知道,城市是第二、三产业发展的载体,也是现代文明的载体,要实现现代化,必须实现城市化。没有城市化,也就没有现代化。

从我国特有的国情出发,在当前,在加快城市化步伐方面,主要要做两方面的工作。

第一,要通过深化改革等一系列措施,把现有 600 多个城市建设好,通过蓝印户口等变通过渡办法逐步把已经进城的、有比较固定工作、居住时间在一年以上的外来劳动者、工作者安置好,并尽可能增强吸纳农村剩余劳动力的能力,建设好一批现代化的城市。

---

① 国家统计局编《中国统计年鉴·1996》,中国统计出版社,1996,第 42、69 页。
② 国家统计局编《中国统计摘要·1996》,中国统计出版社,1996,第 1 页。
③ 国家统计局编《中国统计年鉴·1983》,中国统计出版社,1983,第 103 页;《中国统计年鉴·1996》,中国统计出版社,1996,第 69 页。

第二，要创造各种形式实现农村城市化。因为我国是个 12 亿人口的大国，而且至今农民仍有 85947 万人，占总人口的 71%，即使现有 600 多个城市再扩大容量，要容纳几亿农民进城也是很不容易的，所以提出了农村城市化的问题。所谓农村城市化，主要是两方面的含义：一方面，要通过办乡镇企业等方式，把 40%～50% 的农村劳动力和农业人口集聚到小城镇里去。我国现在有约 1.7 万个建制镇（其中有 2000 多个是县和县级市所在地的城镇），另外还有 3 万多个乡政府所在地的集镇。通过若干年的努力，使每个县城能达到 5 万人左右，则 2000 多个县城可容纳 1 亿人口；使每个建制镇能达到 1 万人左右，则 1.7 万个镇可容纳 1.7 亿人口；使每个集镇能达到 5000 人左右，则 3 万个集镇可容纳 1.5 亿人口。这样就可以有 40% 左右的农村人口转到小城镇。据有关方面统计，到 1994 年底，全国在小城镇实际居住的农民已经达到近 2 亿人。可见，只要继续深化改革，政策得当，上述目标是可以达到的。近几年，上海郊区县提出"乡镇工业向工业小区集中，人口向小城镇集中，耕田向专业大户集中"。这"三个集中"的政策，对于农村城市化有很重要的积极意义。另一方面，城市、小城镇要在财力、物力等方面支援农村的道路、通讯、电力等基础设施的建设，并通过城市和小城镇把现代化的观念、现代文明的规范、生活方式向农村辐射、扩散、传播，使农村富裕起来，使农民的生产、生活方式与城市、城镇的差别逐渐消失，使城乡融合，城乡一体化，这也是农村城市化的重要方面。

从全国范围来看，农村城市化将是一个较长的历史过程，首先将在我国沿海经济发达地区实现，如上海郊区县、苏南地区、杭嘉湖、宁绍地区、闽东南、珠江三角洲、辽南、胶东等地的农村城市化现在已经达到相当高的水平了。随着经济继续发展，我国中部、西部的农村也将循着发展乡镇企业、发展小城镇的路子，逐步实现农村城市化。当然，在整个发展过程中，有一部分小城镇，特别是一些县级市或经济发达的县城将会发展成小城市或者是中等城市。预计到 21 世纪二三十年代，我国将有上百个大城市和特大城市，几百个中小城市，几万个城镇和集镇，我国 60% 以上的人口都将集中居住在现代化的城市和城镇里，而那时的农村，由于交通、电力通讯、科技教育、文体卫生等基础设施和现代化的建设和完善，农村的生产、生活方式的改变，城市现代文明的观念和规范的扩张和普及，农村也将实现城市化，使城乡的差别逐渐消失，实现农村现代化。所以可以说，我国农村城市化实现之日，就是有中国特色的社会主义现代化建成之时。

# 调整城乡社会结构 促进经济持续发展[*]

1998 年 10 月召开的党的十五届三中全会审议通过了《中共中央关于农业和农村工作若干重大问题的决定》，并在会议公报中明确指出："农业、农村和农民问题是关系我国改革开放和现代化建设的重大问题。完成十五大确定的我国跨世纪发展的宏伟任务，必须进一步加强农业的基础地位，保持农业和农村经济的持续发展，保持农民收入的稳定增长，保持农村社会的稳定。"全会还指出："当前我国改革和发展正处在一个非常关键的时期。"[①] 如何认识在这样一个非常关键的时期，加强农业和农村工作的重要意义，谈几点学习的体会。

## 一

有位党史专家说：在新中国成立以后的我党历史上，有 3 次三中全会都很重要，都是在重要历史关键时刻召开的，主要研究决定农业、农村的重大问题的，开创历史的新局面。一次是七届三中全会，这是新中国成立后召开的第一个中央全会，主要研究、讨论和制定《土地改革法》。不久在全

---

　* 本文源自作者手稿，原稿写于 1998 年 10 月 25 日。该文部分内容首次摘要刊载于中国社会科学院《要报》1998 年第 110 期（1998 年 12 月 4 日），并以《加快城市化 发展小城镇》为题收录于《1999 年中国社会形势分析与预测》（社会科学文献出版社，1999）一书。该文还以《关于调整城乡社会结构 发展小城镇的几个问题》为题公开发表于《中共福建省委党校学报》1999 年第 7 期等报刊，并收录于文集《中国农村的改革理论与实践（1978～1998）》（万宝瑞主编，中国农业出版社，1999）中。发表时均有较大删节，个别文字有增改，个别数据有更新，无实质的观点或论据的改变。现根据作者完整手稿刊印本文，并参照《中共福建省委党校学报》刊载文校订个别文字。——编者注
① 《中国共产党第十五届中央委员会第三次全体会议公报》，载《〈中共中央关于农业和农村工作若干重大问题的决定〉学习辅导讲座》，人民出版社，1998，第 31、35 页。

国展开伟大的土地改革运动，使亿万贫苦农民分得了土地，调动了广大农民的生产积极性，解放了生产力，发展了农业生产，改善了人民生活，稳定了社会，为大规模开展以工业化为中心的社会主义经济建设奠定了基础。第二次是党的十一届三中全会，解放思想，拨乱反正，决定把党的工作重心转移到以经济建设为中心的轨道上来，实行改革开放，并通过了《关于加快农业发展若干问题的决定（草案）》，从此，农村率先改革，实行家庭联产承包责任制，废除人民公社，突破计划经济模式，使农民得到了自主和实惠，极大地调动了8亿农民的积极性，又一次解放了生产力，使农村经济社会发生了历史性巨变。推动了全国经济社会改革和发展，开创了社会主义现代化建设的新局面。第三次是最近召开的党的第十五届三中全会，"这次会议集中研究农业和农村问题"。审议通过了《中共中央关于农业和农村工作若干重大问题的决定》，文件根据党的十五大的战略部署，总结20年来农村改革和发展积累的丰富经验，对新形势下的农业和农村工作作出了十个方面的重大决定。

举世公认，我国的农村改革是成功的，农村形势是好的，近几年农业又连续丰收，大多数主要农产品供给有余，农村社会是稳定的。相比而言，其他方面需要解决的问题还多些，为什么三中全会这样重要的会议，还要专门集中研究讨论农业、农村问题，原因何在呢？这要从我国的基本国情以及我国目前面临的经济社会改革发展新形势的大局来认识。我国的基本国情是，12亿多人口，9亿在农村。"农业、农村和农民问题是关系改革开放和现代化建设全局的重大问题。"新中国成立以后50年的实践反复证明，农业农村工作做好了，农业发展了，整个国民经济就健康发展，整个社会就稳定，"没有农业的现代化，就没有整个国民经济的现代化。稳住农村这个大头，就有了把握全局的主动权"。① 这是就"三农"问题在国家全局中的地位和作用而言的。另外，"三农"问题的解决，在社会主义市场经济体制发展到今天，单靠农业农村自身的发展，实践证明已经不行了，而必须靠整个国家经济社会改革和发展来解决。1998年9月，江泽民同志在安徽考察工作时指出："我们研究农村改革发展问题，不能脱离全国宏观经济的发展，不能脱离世界经济的潮流，不能就农业论农业。这也是解放思想、实事求是。比如研究农村问题，就要考虑合理调整城乡经济结构、建立城

---

① 《中共中央关于农业和农村工作若干重大问题的决定》，载《〈中共中央关于农业和农村工作若干重大问题的决定〉学习辅导讲座》，人民出版社，1998，第1页。

乡统一的大市场问题，因为农村改革发展走到今天，已经超出了农村的范围。"他又说："做农村工作的同志……不仅要了解农村经济，还要了解整个国民经济；不仅要了解本地区本部门经济发展的状况，还要了解全国经济形势乃至世界经济趋势。这样才能增强工作的自觉性，掌握领导的主动权。"[①]

所以，党的十五届三中全会关于农业农村问题的决定，决不仅仅就是解决农业、农村问题的工作安排，而是面对当今世界潮流和国内宏观经济社会的发展大局，作出的战略部署，是在我国改革和发展正处在一个非常关键的时期作出的重大决策。在新形势条件下，做好农村工作，解决好当前农村出现的新情况新问题，保持农业、农村经济的持续增长和社会稳定就抓住了全局发展的主题，从而推动全国经济社会继续深化改革和健康发展，全面实现党的十五大提出的跨世纪发展的宏伟目标。

## 二

为什么说目前我国改革和发展正处在一个非常关键的时期？江泽民同志在党的十五大的报告中说："社会主义初级阶段，是逐步摆脱不发达状态，基本实现社会主义现代化的历史阶段；是由农业人口占很大比重、主要依靠手工劳动的农业国，逐步转变为非农业人口占多数、包含现代农业和现代服务业的工业化国家的历史阶段；是由自然经济半自然经济占很大比重，逐步转变为经济市场化程度较高的历史阶段……"[②] 江泽民同志还讲了七个方面的转变。这就是我国目前所处的时代背景。用社会学家的语言讲，目前我国正处在由农业、农村社会向工业、城市社会转型，由传统社会向社会主义现代社会转型的时期，与此同时，还在实现由计划经济体制向社会主义市场经济体制转轨的时期。这是一个很漫长的历史阶段。在这个总的历史进程中，中间还要经过若干个小的阶段，如实现工业化的阶段，实现城市化的阶段等。而目前我国的经济社会发展，正处在由工业化达到一定水平后向城市化推进的一个阶段，正处在由经济结构的变化推进到社会结构调整的一个阶段。诸多经济和社会发展的情况表明，我国目前已到

---

① 江泽民：《全面推进农村改革，开创我国农业和农村工作新局面——在安徽考察工作时的讲话》（1998 年 9 月 25 日），《人民日报》1998 年 10 月 5 日第 1～2 版。

② 《中国共产党第十五次全国代表大会文件汇编》，人民出版社，1997，第 16 页。

了进入这个阶段的门坎上。

第一，改革开放 20 年来，经济持续发展，已经提前实现了 GDP 翻两番的目标，人民生活有了极大改善，绝大部分人解决了温饱问题。1997 年，全国农民人均年收入达到 2090 元，扣除物价因素，比 1978 年的 133.6 元增长 3.4 倍，平均每年递增 8.1%，1997 年城镇居民人均可支配收入 5160 元，扣除物价因素，比 1978 年的 343 元，实际增长 2.1 倍，平均每年递增 6.17%。① 全国大多数省、市、自治区已进入了小康社会阶段，少部分经济发达地区已进入实现农业现代化的阶段。

第二，乡镇企业异军突起，发展迅速，已由农村的"副业"转变为主要产业。1978 年，乡镇企业产值只占农村社会总产值的比重不到 1/4；1987 年乡镇企业的产值在农村社会总产值中首次超过农业总产值；1997 年乡镇企业创造增加值 2.07 万亿元②，占全国农村社会增加值的 2/3、国内生产总值的 1/3，目前全国财政收入的 1/4、农民收入的 1/3、工业增加值的 47%、出口创汇的 38% 都来自乡镇企业。乡镇企业已经成为农村经济的主要支柱，成为全国经济的重要组成部分。

第三，1997 年全国 69600 万从业人员中，第一产业从业人员占 49.9%，第二产业从业人员占 23.7%，第三产业从业人员占 26.4%。③ 全国第二、三产业的从业人员达 50.1%，第一次超过了农业从业人员。这是一个具有历史阶段标志性的数值，表明我国已进入工业化社会。

第四，经过 20 年的改革和发展，我国主要工农业产值大幅增长，已告别了短缺经济时代，市场供应充裕，消费者选择余地增大，近几年很多工农业产品都供过于求，由卖方市场转变为买方市场，市场疲软，商店降价竞销，通货膨胀率今年有好几个月是负数。据国内贸易局商业信息中心对 610 种主要商品排队分析，1998 年下半年，供求基本平衡的 403 种，占 66.1%，供过于求的 206 种，占 33.8%，供不应求的只有一种。④

第五，到 1997 年，我国国民经济市场化程度已达到 50% 左右，在市场化的道路上已超过六成。据计委经济研究所测算，1997 年，我国农产品总体市场化程度为 77.2%，工业品市场化程度为 68.3%，服务产品的市场化程度为 41.1%。由此推算出 1997 年我国产品总体的市场化程度为 61.7%。

---

① 国家统计局编《中国统计年鉴·1998》，中国统计出版社，1998，第 324 页。
② 国家统计局编《中国统计年鉴·1998》，中国统计出版社，1998，第 421 页。
③ 国家统计局编《中国统计年鉴·1998》，中国统计出版社，1998，第 128 页。
④ 《经济日报》1998 年 11 月 5 日。

1997 年，我国资本市场化程度为 17.2%，土地市场化程度为 22.5%，劳动力市场化程度为 70%，企业市场化程度为 50%，全国市场化总体水平约在 50% 左右，我国社会主义市场经济体制的基本框架正在形成。

这些经济社会发展的事实都说明，我国的发展已到了一个经济社会变化的关键节点上。另外，我国的改革和发展遇到的问题，也从另一个侧面说明了已到了这个转变的关键阶段。比如国有企业的改革仍在艰难地进行，扭亏增盈的目标难以普遍实现，实际亏损的企业还在增加。实行减员增效后，下岗职工已超过 1000 万人，市场疲软已持续十几个月，许多产品销不出去。农产品卖难，工业品也卖难，生活资料卖不出去，生产资料也卖不出去。曾经火爆了多年的大型商场经营困难，争相削价竞销，但收效甚微。前几年"民工潮"汹涌，多时到过 8000 万人，引起了上上下下的议论，这一阵也消停了，有关部门统计，1997 年只有 3400 万人，今年还继续回流。亚洲金融危机又增加了新的压力，外贸出口受阻，很多产品出不去，不少外贸企业面临亏损停产的困境。年初①就提出扩大内需的决策，城市扩不上去，农村这一块也因近几年农民收入增加趋缓，农产品销售不畅，粮价、肉价、菜价下跌，现金收入减少，无钱购买，扩大农村内需市场难以实现。

学术界有人撰文评说：我们真到了工农产品过剩，实现了卖方市场向买方市场转变了吗？不就是人均 800 斤粮食，人均 70 斤肉，人均 17 米布，人均 80 公斤钢，人均 1 吨煤，② 只达到世界的平均水平，比发达国家还差得很远，怎么能说过剩了呢？1997 年我国生产电视机 3513 万台，其中彩电 2643 万台，电冰箱 986 万台，洗衣机 1257 万台，③ 面对 3.4 亿户居民④（其中农村 23402 万户），这点产量不应该销不出去。据国家统计局 1997 年的抽样测算，城镇居民这"三大件"每百户拥有率都在 73% 以上。而农村居民每百户家电的拥有率为：彩电 27.3%，冰箱 8.5%，洗衣机 21.9%。⑤ 可见家电市场的潜力还很大。怎么能说过剩了呢？结论是多乎哉，不多也。但产品就是卖不出去，这是不争的事实。

那到底是怎么回事呢？我想主要是两点：第一，我国的经济正处在上一轮宏观经济调整的后期。1992 年后，经济高速增长，一时出现了农业供

---

① 出处指 1998 年初。

② 国家统计局编《中国统计摘要·1998》，中国统计出版社，1998，第 28 页。

③ 国家统计局编《中国统计摘要·1998》，中国统计出版社，1998，第 104 页。

④ 国家统计局编《中国统计年鉴·1998》，中国统计出版社，1998，第 108 页。

⑤ 国家统计局编《中国统计摘要·1998》，中国统计出版社，1998，第 81、85 页。

给能力跟不上需要，通货膨胀，1994 年物价猛增 21.4%，国家进行经济调整收缩银根，连续三年多实行财政、金融从紧的政策，物价降下来了，经济仍保持 9% 以上的速度，实现了经济的软着陆。但市场疲软，销售困难等问题出现了。今年国家加大了基础设施建设的投资，降低了银行利息，适度放宽了银根，经济正在启动。第二，目前许多工农业产品销售困难的根本原因，是城乡社会结构性矛盾引起的，是城镇化发展严重滞后于工业化发展而引起的。所以，单靠调整产品结构、调整产业结构已经远远不够了。比如在农业内部，粮食多了，卖粮难，多种瓜菜，瓜菜也多了，也是卖不出去。农产品多了，多发展工业产品，工业产品也卖不出去。服装、家电等日用工业品多了，生产资料产品也多，煤炭、钢材、水泥等也卖不出去。现在的问题是要调整城乡社会结构，加快城镇化的步伐，打开城门、镇门，让一部分农民进来，逐步增加城镇人口，从而扩大内需，推动经济持续发展。

从现代化国家已经走过的历史看，工业化与城市化是同步发展的，有些国家城市化还略快于工业化。我国在计划经济体制和特有的历史背景下形成的城乡分割的户籍制度，使城市化严重滞后于工业化。1978 年，我国 GDP 中第一产业为 28.1%，第二产业占 48.2%，第三产业 23.7%。但城镇人口只占总人口的 17.9%，直到 1997 年的 GDP 中，第一产业占 18.7%，第二产业 49.2%，第三产业 32.1%，城镇人口只占总人口的 29.9%。[①]

1995 年世界城镇人口平均占比 42%，其中发达国家平均达到 75% 以上，发展中国家平均为 37%，有些发展中国家城镇化率也超过 50%。学术界普遍认为目前我国已进入工业化中期阶段，但我国的城镇化水平却还只达到工业化初期的水平。即使按目前世界人口城镇化达到的平均水平——42% 计，我国 1997 年的城镇化率也落后 12.1 个百分点。1997 年我国总人口是 123626 万人[②]，城镇化率提高 12.1 个百分点，就意味着可以增加 1.5 亿城镇人口。

调整社会结构，已成了当务之急。如果我们采用适当的政策和措施，加快小城镇建设，用 3～5 年工夫，让 1.5 亿农业人口甚至更多的农民到小城镇安家落户，那么，当前的许多经济问题都可以得到解决，至少可以缓解。首先，可以使过于分散的乡镇企业适当到小城镇集中，使小城镇成为乡镇企业的重要载体，使正处在结构调整体制创新过程中的乡镇企业得到

---

①　国家统计局编《中国统计年鉴·1998》，中国统计出版社，1998，第56页。
②　国家统计局编《中国统计年鉴·1998》，中国统计出版社，1998，第105页。

小城镇各种"硬件"的支持，公路、水、电、通讯以及相关的公用设施可以共用，一些先进适用技术可以在企业间相互传播和共同开发，既节省投资，也增加效益，对于乡镇企业的新一轮发展和提高是非常有利的。其次，让 1.5 亿农民（其中多数是先富起来的农民）进入小城镇，他们必然要建房、买房和租房，住宅业就会兴起，加上相应的基础设施建设，建筑业就繁荣了，平均每人以 1 万元用在住房上，几年功夫，就有 1.5 万亿元的需求。再次，农民进了城镇，生产方式、生活方式就会改变，传统的消费观念也会改变，加上有了小城镇的电力、自来水、通讯等基础条件的支持，农民购买彩电、冰箱、洗衣机等家电产品和服装、皮鞋等日用消费品就会大量增加。据有关部门测算，小城镇人口的平均消费水平要比农村高 30% ~ 40%。最后，1.5 亿人向上万个小城镇集中，使城镇人口有了相当的规模，文化、教育、医疗、科技以及其他各种第三产业就会相应发展起来，形成生产和消费的良性循环，整个社会的现代化水平就能上一个台阶。另外，就农村来说，转移出了 1.5 亿农业人口，按现在农业已达到的生产水平，农业产量和农村经济收入不会受什么影响，那么留下的 7 亿多农业人口，就等于增加17% 的收入，这实际也等于增加了农村的购买力。上述种种都说明了调整社会结构，加快小城镇建设是当前培育新的经济增长点，扩大内需，促进经济协调发展的重要环节，可以起到一石数鸟的妙用。

1998 年 10 月，江泽民同志在考察江苏、上海、浙江时指出："改革开放以来，乡镇企业迅速发展，带动小城镇发展，转移了大量农业富余劳动力和农村人口。这是我们在实践中找到的符合自己国情的农村现代化的路子。发展乡镇企业是一个重大战略，是一个长期的根本方针。在大力发展乡镇企业的同时，积极推进小城镇建设，也是一个大战略。认真总结经验，进一步发展乡镇企业，进一步发展小城镇，应当作为农村经济社会发展的一个重点。"[①] 这是对 20 年来我国农村改革和发展所取得的伟大成就和经验的高度概括，为"我国发展和改革正处在一个非常关键的时期"指出了主攻的方向，明确提出了"积极推进小城镇建设，也是一个大战略"的任务。这是我国农村经济社会发展的重点，也应该是全国城乡改革和发展的重点。通过"进一步发展乡镇企业，进一步发展小城镇"，调整城乡社会结构，促进经济持续协调地发展。

---

① 《人民日报》1998 年 10 月 8 日。

# 三

《中共中央关于农业和农村工作若干重大问题的决定》充分肯定了发展小城镇的重大作用和意义，明确指出："发展小城镇，是带动农村经济和社会发展的一个大战略，有利于乡镇企业相对集中，更大规模地转移农业富余劳动力，避免向大中城市盲目流动，有利于提高农民素质，改善生活质量，也有利于扩大内需，推动国民经济的更快增长，要制定和完善促进小城镇健康发展的政策措施，进一步改革小城镇户籍管理制度。"[1]

党的十五届三中全会的决定，江泽民同志在江苏、浙江、上海考察时的讲话，都着重阐述了积极发展小城镇在当前经济社会发展中的重大意义，这对于统一全党全国关于发展小城镇的认识、提高发展小城镇的自觉性是非常重要的，为今后小城镇建设全面开展奠定了思想基础。当然，这并不是说关于发展小城镇建设的认识问题就此解决了，随着实践的发展，新的矛盾还会产生，认识问题还要不断解决，还要不断提高。发展小城镇，同发展乡镇企业一样，"是我们在实践中找到的符合自己国情的农村现代化的路子"。过去我们对乡镇企业做了很多研究和总结，今后随着发展小城镇在各地的展开，也要进行对小城镇建设做相应的研究和总结，这是建设有中国特色社会主义现代化的一个重要组成部分，是亿万人民的伟大实践，应该做出相应的重大理论总结。

党的十五届三中全会以后的一项重大任务，是如何积极推进小城镇的发展和建设，"要制定和完善促进小城镇健康发展的政策措施"。使之积极、稳妥、有序地展开，既不能按兵不动，也不能一哄而起，真正做到通过发展小城镇，起到调整社会结构、促进经济健康协调发展的目的。值得欣慰的是，在20世纪80年代中期以后，在沿海经济发达地区和大中城市的周边地区，随着乡镇企业的兴起，农村经济的发展，一批小城镇已经崛起，在当地的政治、经济、社会发展中起了越来越重要的作用，显示了小城镇在社会主义现代化进程中强大威力，已经积累了比较丰富的经验，对今后全国发展小城镇有很重要的示范意义。例如，上海市通过对发展乡镇企业和发展小城镇实践的总结，在1994年就提出了"农村工业向工业小区集中，

① 《〈中共中央关于农业和农村工作若干重大问题的决定〉学习辅导讲座》，人民出版社，1998，第19页。

人口向小城镇集中，耕地向种田大户集中"的战略安排；江苏省部分市县提出了让先富起来的农民先进小城镇落户，吸引了先富农民带资金进小城镇建房、买房办产业，使人气财气在小城镇聚集，促进小城镇很快兴旺繁荣起来；浙江温州龙港镇制定优惠政策吸引各地农民共建农民城……总结推广各地发展小城镇的成功经验，有利于推动全国小城镇建设事业的发展。当然，在以往发展小城镇的过程中，也有不少教训，要认真吸取，避免重蹈它们的覆辙，例如，以前发展乡镇企业没有同发展小城镇有机结合起来，造成了乡镇企业过于分散，既不利于乡镇企业自身的发展，也不利于发展小城镇。又如现在的小城镇多数建在原来的乡镇政府的所在地，都是按行政区域建的，镇区建设也多数是"摊大饼"式的边扩大边建，都缺乏科学规划，造成了不必要的重复建设，浪费了资财，这些教训是应该吸取和力求避免的。

就当前来说，要调整社会结构，积极推进小城镇建设，有以下几个重要政策问题要解决好。

第一，发展小城镇要合理布局和科学规划的问题。发展和建设小城镇，使大部分农村人口城镇化，是一个比较长的历史过程，将随着经济发展的客观要求，逐步得到实现。为了适应经济社会发展形势的要求，政府和有关部门要做好两方面的规划。其一是要以县（市）为单位，根据本县（市）的实际情况，诸如区域内的人口、资源、交通、经济、文化等要素的历史、现状和发展前景，作出本县（市）发展小城镇的规划，在哪里建城（县城），在哪里设镇，设什么样的镇，哪些镇先设，哪些镇后建，做到区域内合理布局，以有利于经济社会的发展为原则，因势利导，先后有序。不能根据现在的行政区划，乡乡建镇，避免一哄而起，重复建设。其二是要做好每个小城镇的自身建设的规划。根据本镇镇情特点，是建成工业型的镇，还是商业型、旅游型或是综合型的城镇，在功能上要有个定位。设定好本镇发展的目标，由此作好镇区建设的规划，分别作出工业小区、专业市场、住宅区、文教区等的布局和安排。有条件的地方，要请省市的城建设计单位，帮助研究和设计，画出蓝图，逐年建设，逐步到位。

第二，小城镇的经济发展和产业政策。各地的实践表明，某一地区小城镇的兴起和繁荣，是本地区经济繁荣发展的结果。在目前来说，发展小城镇是乡镇企业发展到一定程度后的必然要求，乡镇企业聚集效应要求有自己的载体，要求这个载体为乡镇企业提供各方面的服务，从而有利于乡镇企业的更好发展。现在全国 2015 万个乡镇企业，其中有 87% 办在行政村或自然村里，有的就办在农民的家里或家门口。这种极其分散的状况，不利于乡镇企业的集约化经营。发展小城镇，就是要逐渐改变这种分散的现状，并为新办的乡镇企业准备条件。

建设好小城镇，经济发展是基础。小城镇的党委和政府，要根据党和政府有关的政策和法令，结合本镇的实际，做好以下四方面的工作。一是要制定和完善促进现有各类企业单位进一步发展的政策措施，这是本镇发展的出发点；二是要制定吸引镇区外的农民和单位来本镇办厂、开店和务工经商业的优惠政策，使他们进得来、留得住、有收益；三是要制定把办在村里的乡镇企业分别情况逐步搬迁到镇上或工业小区来的政策和措施，使乡镇企业相对集中，发挥聚集效益，促进乡镇企业的发展；四是要制定扶持、加快第三产业发展的政策，创造更多的就业机会，促进大量农村剩余劳动力到镇里来就业。

第三，要进一步改革小城镇户籍管理制度。现行的城乡分隔的户籍管理制度，是在计划经济体制下，在粮食等农产品极端匮乏的条件下，不得已而①逐步形成的，对现在的经济和社会协调发展造成诸多障碍。改革的原则应该是按照社会主义市场经济发展要求，逐步实现城乡一体化，首先放开县城以下的小城镇户口，待条件成熟再逐步放开大中城市的户口。前几年有些地区试行的蓝印户口等方法，实践的效果并不好，农民并不欢迎，还造成了许多不必要的麻烦。现在社会主义市场经济迅速发展，粮食等各种消费资料供给越来越宽裕。我们应该向前看，不能老是担心再来一次1960年的情况怎么办而不敢迈步。凡符合条件，经过合法程序在小城镇落户的人员，应当享受当地原有居民的同等待遇（例如子女入学等），而不能另外设定歧视性政策。当然，到小城镇落户要有一定的条件，例如可以规定到本镇居住已满一定的时间，有比较稳定的职业和收入，有比较固定的居所等。要有一定的总量控制，根据本城镇的实际条件和发展需要分期分批地逐步迁入和办理落户手续。避免一拥而入，造成被动。首先要解决好已在本城镇务工经商多年，各方面都具备了条件的人员落户问题，其次是要根据本城镇经济社会发展的要求，吸纳本城镇以外的农民来落户。江苏省最近有同志提出，农村人口城镇化从"富"者、能者②开始，引导先富起

---

① 以上4字根据《中共福建省委党校学报》1999年第7期发文增补。——编者注

② 以上2字根据《中共福建省委党校学报》1999年第7期发文增补。——编者注

来的和有文化、有能力的①农民到小城镇来兴业、建房、买房，让他们在小城镇落户，这类似于国外的投资移民。这样可以不断向小城镇注入新的活力，创造新的财富，形成新的要求。这个意见是很值得重视的。有同志担心，农村里先富起来的和有文化的那部分农民走了，农村不就更穷更没有活力了吗？不会的，这些人走了，正好腾出位置，会有另一部分农民又先富起来，又会有另一部分能人产生出来。②

第四，要制定好与小城镇有关的土地政策。总的原则是建设小城镇要因地制宜，尽量节约用地。要充分利用镇区已有的地面，改造周边的荒地、坡地，尽量少占耕地，不能不切实际地建过宽过大的马路和广场，保护耕地是我们的基本国策。确实需要扩建占地、用地的要按国家有关法律法规办事。从各地实践的经验看，在规划好的镇区范围内，可采用依据区位不同，分等分级有偿出让一定地块的土地使用权，供居民或单位兴业建房。规划一片，出让一片，开发一片，逐渐形成规模。

对按规划转入镇区建设的村集体所有、农民承包使用的土地，一种是按法定程序一次买断，这种办法是基本未考虑镇区边上的土地级差地租高等的因素，对集体和农民补偿不足，如安置不好，多数有后遗症。一种是征用的土地，允许保留其原有属性和地权收益关系，允许集体经济组织和农民将出让土地的收益或直接携带土地参股开发，风险和利益共担，这有利于调动集体经济组织和农民的积极性，过渡比较平稳。

对进城镇正式落户农民的承包地和宅基地的处置问题，现在各地的做法不同。一种是集体经济组织全部收回这户农民的承包地、宅基地；一种是只收承包地，宅基地农民自行处理；一种是承包地、宅基地一切不变。还有的是采用股田制的办法，把农民的承包地折成股，农民进城镇务工经商落户，不经营土地了，但仍有股田权，还可以股权参加分红，也可以把自己的股权有偿出让；未出让股权的，将来万一在城镇住不下去，可以回本村再务农。从长远的全局看问题，应该承认现在承包集体所有的耕地和宅基地，是农民最主要的财产和生产要素，也是农民无后顾之忧的社会保障，进城镇落户，则是他居住地的转换，不应涉及他的财产问题，如何处置是他应有的权利，可以由他自主，不应作为他在城镇落户的条件。从鼓励一部分农民向第二、三产业和小城镇转移的大局看，还是采用上述后两

---

① 以上 8 字根据《中共福建省委党校学报》1999 年第 7 期发文增补。——编者注

② 以上 2 句根据《中共福建省委党校学报》1999 年第 7 期发文增补。——编者注

种办法为好，也有利于社会稳定。

对于分散在村里的乡镇企业向小城镇转移、搬迁的土地置换问题，若已经建了工业小区或正在建工业小区的比较好安排，还未建工业小区的，则要作出规划，制定优惠、变通的政策，促进在村的乡镇企业向小城镇集中。这既有利于这些乡镇企业的发展，也有利于小城镇的繁荣和兴旺。但应看到，这将是个比较长的过程，要成熟一个搬迁一个，不宜操之过急。

第五，小城镇的财政体制问题。宪法规定，乡镇是一级政府。在我国传统的体制中，这一级政府是没有健全的财政体制的。20世纪80年代中期以后，随着经济事业的发展，不少乡镇设立了财政所，有的设财政组，有的只有财政助理。但多数只是县（市）财政局的派出单位，多数实行"统收统支，包干使用，超收分成"的财政包干制。这种办法已很不适应小城镇经济社会发展的需要，由此也产生了种种弊端，诸如现在有相当多的乡镇政府借欠巨额债务，公务员和中小学教员的工资不能正常按时发放，以及乡镇向农民和乡镇企业乱摊派、乱收费等问题，等等。[①] 可以考虑通过试点，先在城关镇、中心镇，或镇区非农就业人口超过5000人的镇，设立财政机构，划定正常的收支权限，建立预算决算体制；每年要向镇人民代表大会报告财务的预算决算方案，并得到审议和批准，使目前许多乡镇财务状况混乱的局面得以从体制上得到根治。据我们考察，日本的町（村）级政府管辖几万人口，几十平方公里地域，很类似我们的乡（镇）级政府。这个町（村）政府是每年有预决算体制的，每年预算决算的细目不仅要町（村）议会审议批准，而且是要通过公报的形式向本町（村）公布的。

建设好小城镇，需要大量的建设资金，要建立相应的投资融资体制。要逐步建立国家、地方、集体、企业、个人以及外资等共同投入的多元投资体系。应允许建立小城镇发展基金，用于建设小城镇的基础设施。制定鼓励性的优惠政策措施，吸引镇区外资金和"外资"参与小城镇建设，鼓励农民到小城镇来投资开发建设，坚持谁投资、谁所有、谁受益的原则，调动各方面参与小城镇建设投资、融资的积极性，把小城镇建设好。

第六，抓好小城镇基础设施的改造和建设。要根据总体设计规划，安排好道路、给水排水、电力、通讯、车站、码头等基础设施的建设，安排好学校、医院、文化、体育、娱乐场所等公共服务设施的建设，先建好镇区的总体基本框架，再逐步完善、提高。小城镇建设从一开始就要注意绿

---

① 以上22字根据《中共福建省委党校学报》1999年第7期发文增补。——编者注

化、美化环境保护，留有足够空间，实施可持续发展战略。这些基础设施建设，都要着眼于方便生产、生活，有利于经济发展，有利于提高居民生活质量，以吸引镇区以外的人口乐意到镇上来。当然，抓小城镇的基础设施建设，一定要根据地情、镇情，量力而行，超前规划，逐步到位，切不可不切实际，贪大求新，现在有些地方，借了很多债，造了个空城，浪费就大了。

第七，要办好小城镇的文化教育事业。小城镇建设，是工农业发展的必然要求，是乡镇企业发展的必然要求。小城镇的发展过程，是农村工业、商业、服务业发展到一定阶段，要求集中，要求有自己的载体以便更好发展的表现。但是，小城镇建设却不仅仅是经济建设，人口的大量集聚，必然要求有教育、医疗、文化、体育、娱乐等公共场所设施为之服务。所以小城镇发展过程既是经济发展过程，同时也是社会发展过程。所以要建好小城镇，经济建设当然是中心，同时要抓好教育、医疗、文化、体育、娱乐场所的建设，抓好社会治安，道德风尚，镇纪、镇风的建设。拿教育来说，随着计划生育政策的落实，农村的学生少了，村村办学的模式已经不适应了。现在教育部门正在制定农村教育体制改革的方案。建设小城镇的时候，要把镇上的中心小学和中等学校建好、办好，这是小城镇建设的百年大计，同样也是基础建设。中国农民有特别重视子女教育的优良传统，把镇上的小学、中学办好，仅这一条就有吸引农民到镇上来居住落户的巨大吸引力。前些年，许多农民倾家集钱买城镇户口，其中一个很重要的原因，就是为了子女能在城镇上学。

第八，建立和完善小城镇社区管理的机构和相应的规范、制度。原来的小城镇，包括相当多县政府所在地的城关镇，现在有不少已经聚集了几万人乃至十几万人口，但基层组织还是村，还是管理农村的那套方式方法，很不适应农民已经变成了居民的实际，由此导致了诸如社会治安不好、环境脏乱差等问题。这种状况亟须改善，要按城市化管理的要求，建立相应的社区管理组织，制定居民社区管理机构，有人管理①有人办事，制定相应的管理制度和规章制度，从一开始，就要把这些问题解决好。

---

① 以上 4 字根据《中共福建省委党校学报》1999 年第 7 期发文增补。——编者注

# 县域经济与乡村治理

# 晋江模式是农村工业化、农业现代化、农村城市化的一种形式[*]

《晋江模式研究》一书，是从长期在晋江奋斗的实际工作者和关心、研究晋江发展道路的理论工作者在探索、研究、总结晋江模式过程中撰写的学术论文和调查报告里选编出来的文集。文集从多个侧面展示了自改革开放以来，晋江由一个以农为主的"高产穷县"，发展为工贸发达、经济繁荣、社会稳定、人民富裕的侨乡城市的历史过程。晋江模式则是晋江人民在党的领导下，按照新时期的基本路线，结合本地实际所创造的在晋江以及类似晋江的地区实现农村工业化、农业现代化、农村城市化的一种形式。

党的十一届三中全会以后，农村率先改革，调动了亿万农民的积极性，农业生产大幅全面增长，很快解决了全国人民的温饱问题，而且在一些条件较好的农村地区，出现了农业剩余劳动力和闲置资金。按一般经济发达国家的一般规律，这正是发展第二、三产业和城市化的好时机。但由于我国特有的历史条件，城乡是分隔的，农业户口和非农业户口分别严格管理，而城市二、三产业的改革才刚刚起步，连城市的待业劳动力还不能完全安排，所以也就不能吸纳农村剩余劳动力进城就业。于是，农民就在原有的社队企业基础上，自己集资、自己学技术、自己造厂房、自己买设备、自办供销、自己经营，发展起众多的乡镇企业。1978 年全国有社队企业 152.4 万家，从业人员 2826.6 万人，当年产值 493.1 亿元，[①] 到 1985 年全国有乡

---

   * 本文源自《晋江模式研究》（中共福建省委党校《理论学习》月刊编辑部、中共晋江市委政策研究室编，厦门大学出版社，1994，第 1 ~ 5 页），原稿写于 1994 年 8 月 15 日，系陆学艺为该书撰写的序言，现标题为本书编者根据序言内容所拟定。本文涉及的相关省市农村经济社会数据源自作者在调查过程中获得的资料。——编者注

① 中国农业年鉴编辑委员会编《中国农业年鉴·1993》，中国农业出版社，1993，第 313 页。

镇企业 1222.5 万家，从业人员 6979 万人，产值 2732.3 亿元。① 乡镇企业蓬勃兴起，从根本上改变了农村的发展面貌。1978 年社队企业产值占农村社会总产值的 26.5%，1985 年乡镇企业产值已占 43.2%，1987 年乡镇企业总产值超过了农业总产值，占农村社会总产值的 53.0%。乡镇企业成了农村经济的主要支柱，不仅吸纳了大量农村剩余劳动力，而且成了支持农业发展，支持小城镇发展，支持农村科技、教育、文化等社会事业发展的重要力量。实践证明，兴办乡镇企业是农村实现工业化、城市化、现代化的重要步骤，是中国农民在共产党领导下，继家庭联产承包责任制后的第二个伟大创造，是建设有中国特色社会主义理论和实践的一个组成部分。

乡镇企业在 20 世纪 80 年代初期蓬勃兴起的时候，各地的干部群众在党中央关于积极引导和发展乡镇企业的方针指引下，有了很多创造。就所有制形式来讲，有以集体经济为主体的苏南模式，有以联户集资为主的晋江模式，有以三资企业为主的珠江模式，有以个体私营为主的温州模式，有强调乡办、村办、联户办、户办、多层次办乡镇企业的耿车模式。在乡镇企业异军突起的过程中，各地的干部群众根据本地的实际情况，创建了多种发展乡镇企业的形式。十多年来，这些模式，都在当地以及在和当地情况相似的地方，在发展乡镇企业、促进各地的经济繁荣和社会进步等方面发挥了巨大的作用，表现出强大的生命力。

晋江模式是乡镇企业异军突起中的一个方面军，是晋江人民在实践中的创造。晋江人多地少，人均只有三分多耕地，但原来也实行以粮为纲的政策。1978 年，农村人均纯收入 107 元，全县财政收入 1476 万元，入不敷出，靠国家补贴 252 万元。改革开放以后，晋江人民解放思想，敢闯敢干，凭着世代相袭，有较强烈的商品意识，抓住机遇，利用侨乡特有的闲散资金、闲置房屋和闲着的劳动力，兴办联户经营的乡镇企业，从此晋江走上了一条富有特色的振兴农村经济的发展道路。到 1985 年，晋江的乡镇企业发展到 5581 家，从业人数 16.48 万人，乡镇企业总收入 7.32 亿元，全县财政收入 5137 万元，分别比 1978 年增长 3.9 倍、2.2 倍、16.4 倍和 2.48 倍。至此，晋江已形成了繁荣兴旺的基础。这种联户集资经营乡镇企业的形式也被誉为"晋江模式"。以后，晋江的经济进入了高速发展的阶段，到 1993 年底，当地乡镇企业达 7113 家，实现产值 122 亿元，当年财政收入 3.5 亿元，成了福建省的首富，进入了全国百强县〔1992 年居全国百强县（市）

---

① 中国农业年鉴编辑委员会编《中国农业年鉴·1986》，中国农业出版社，1986，第 9 页。

的第 24 位〕。1993 年晋江全市的经济总量，相当于 1978 年的 30 倍。晋江市用 15 年工夫能实现如此奇迹般的变化，原因当然很多，但这种以联户集资经营为主的乡镇企业的蓬勃发展，则是立了头功的。

农村经济社会是不断发展的，乡镇企业的形式是不断发展的，晋江模式也是不断发展的。我国目前正处在由农业社会向工业社会转化、由乡村社会向城镇社会转化、由封闭社会向开放社会转化、由传统社会向现代社会转化的社会转型期，同时，正处在由计划经济体制向社会主义市场经济体制转轨的时期。社会转型和体制转轨如此密切地联系在一起、同步进行，这在其他国家现代化过程中是很少见的。由此引起的结构冲突、体制摩擦、机制摩擦、利益冲突等交织在一起，况且又是在这样一个拥有 12 亿人口的大国中进行，要实现这种转变的难度是很大的。这就要求我们在进行每一项改革的时候，要非常谨慎、非常周密，就是要"摸着石头过河"，同时要充分调动和发挥广大干部群众的积极性，要有一个又一个的创造，去解决一个又一个难题。

前面讲过，我国特有的国情及历史，决定了我国农村实现工业化、城市化、现代化的形式和道路都将具有中国的特色。15 年来，我国 9 亿农民在党的领导下，在实现农村工业化、城市化和农业现代化的过程中，有很多的创造。就其主要形式而言，家庭联产承包责任制是第一个伟大创造，乡镇企业是第二个伟大创造。现在正在进行的是小城镇建设，学术界称之为农村改革和发展的第三波创造，这是在农村发展乡镇企业、发展市场经济的必然趋势，也是中国农村实现城市化，使大部分农民进入城镇成为居民的符合中国特点的一种特有形式。第四步将是什么，各地区正在创造之中。

晋江人民创造的晋江模式，近几年也有了新的发展。在乡镇企业方面，近几年发展股份合作制，创办工业小区，并且建立了 20 个企业集团，讲求规模效益，使乡镇企业更具有竞争实力，并向现代企业制度演化；在经济发展方面，这几年则更加开放，多渠道宽领域地发展中外合资、中外合作和外商独资企业，外向型经济的路子更宽了。另外，随着乡镇企业的发展、工业小区的建设，晋江市的小城镇建设也很有特色，市委、市政府专门提出了"强化中心市区，建设城镇群体，规范改造乡村，完善基础设施"的整体发展思路，经过几年建设，青阳、安海、陈埭、磁灶、英林、东石、金井、深沪等一批小城镇已经初具规模，大批务工经商的农民已经迁到镇上，城乡关系正在发生可喜的变化。更加值得指出的是，晋江在紧紧抓住经济建设这个中心环节的时候，同时也抓社会的全面进步。正确处理好改革、发展、稳定的关系，促进了教育、科技、文化、体育、医疗、计生、社会保障等各项社会事业的发展，强调对群众进行社会主义思想教育，注意提高全体人民的生活质量，强调人的全面发展，还专门提出要弘扬"诚信、谦恭、团结、拼搏"的晋江精神，努力使晋江的经济和社会协调发展。从抓以联户集资办乡镇企业，到自觉地抓经济社会协调发展，这实在是农村工作在实践上和理论认识上的又一次飞跃。

《晋江模式研究》记载了晋江模式产生、形成、发展的过程，描述了晋江人民在党的领导下艰苦奋斗的发展道路。这个典型反映了我国农村十多年来发生的历史性巨变，并且展示了农村未来实现工业化、城市化及农业现代化的美好前景。所以，这是一本很值得一读的好书。我期待着今后有第二本、第三本《晋江模式研究》问世。

# 晋江模式为我国农村现代化发展道路的探索作出了贡献[*]

党的十一届三中全会以来，我国农村的改革和发展一浪接一浪，广大农民的创造一个接着一个，从而形成了符合我国国情的、有中国特色的农村发展道路。与此同时，在中央统一的方针、政策指引下，各地区根据本地不同的实际情况，创造了各种不同的发展乡镇企业，实现农村工业化、城市化、现代化的形式，诸如苏南模式、晋江模式、珠江模式、温州模式等。它们各具特色，各有千秋，都为我国农村现代化事业做出了自己的贡献。这些地方的经验，虽然都有鲜明的个性、鲜明的地方特点，但是也包含着我国农村发展的共性，即对全国农村发展都具有普遍指导意义的东西。

福建省晋江市原来也是一个人多地少、财政靠拨款的困难县（市），10多年来，晋江人民在几届市委、市政府的领导下，抓住改革开放的大好机遇，扬长避短，艰苦奋斗，创造了从晋江实际出发，以发展联户企业、集资企业为主的晋江模式，大大推进了晋江经济、社会各项事业的发展。在经济实力等方面，居福建省各县（市）之首，1991年成为全国综合实力百强县，名列第55位，1992年跃居第24位，1994年再跃居第15位。晋江的经验是很值得总结的，福建省委党校和福建省社科院的同志们对晋江的发展一直比较关注，从20世纪80年代中期开始，他们常在晋江蹲点调查，和晋江市的同志们一起研究问题，总结晋江的经验，出版/发表了一批有价值的研究著作、论文和调查报告，在省内外产生了极好的影响。最近，中共福建省委党校的魏子熹、傅家栋、陈文亮三位教授和泉州市委副书记、原

---

* 本文源自《晋江的实践与启示——农村现代化的一种有益探索》（魏子熹、傅家栋、施永康、陈文亮著，福建教育出版社，1997，第1～2页），原稿写于1996年8月31日，系陆学艺为该书撰写的序，现标题为本书编者根据序言内容所拟定。——编者注

晋江市委书记施永康等同志一起，对晋江市近几年来的新发展做了分析研究，并对改革开放以来晋江的发展道路进行了系统总结，写出了《晋江的实践与启示——农村现代化的一种有益探索》这本书。这是理论工作和实际工作相结合的产物，具有理论与实践紧密结合的鲜明特点。它不仅以充实的资料，阐述了晋江改革开放以来发生的巨大变化，晋江人民在实践中创造的"晋江模式"、"晋江速度"和"晋江精神"，以及晋江发展的历程和经验，而且把晋江经验提升到理论的高度，概括为"五个坚持"，即坚持从本地区的实际出发，坚决贯彻党的路线、方针、政策；坚持改革农村计划经济体制，发展社会主义市场经济；坚持按客观规律办事，保持有序、协调发展；坚持以农民为主体，充分发挥镇、村的积极性；坚持搞好县（市）领导班子建设，强化农村现代化的领导核心。这些经验总结虽然还是初步的，但对关心和研究中国农村发展道路的读者都是有参考意义的。

江泽民同志在河南考察农业和农村工作时指出："我国的经济体制改革，是从农村开始的。农村改革取得了举世公认的成绩，但不能说农村改革已大功告成了。按照建立社会主义市场经济体制的要求深化农村改革，还是一个艰巨复杂的任务。"[①] 农村改革和农村发展是一篇大文章。农村实行家庭联产承包责任制，使农村改革破了题，开了个好头，极大地调动了农民的积极性，促进了农业和农村的发展，也推动了城市改革。但是有 8 亿农民的农村，原来实行的是"三级所有，队为基础"的人民公社体制，这种体制是整个计划经济体制的一个重要组成部分，要转变到社会主义市场经济体制的轨道上来，确非一两次改革能够奏效，而是需要进行一系列重大改革才能实现。20 世纪 80 年代中期以后，农业生产再度出现徘徊，粮棉等主要农产品的购销政策出现反复，农民收入增长缓慢，农民负担加重，东西部收入差距拉大，农村剩余劳动力大量外流，形成"民工潮"，农村社会治安问题突出，等等，这些问题交替出现，年年有些新的热点。有关方面忙于解决这些燃眉问题，而农村需要进一步深化改革的问题，恰没有取得应有的进展。诸如农村土地制度的建设，农业产前、产中、产后服务体系的建设，主要农产品购销体制的改革，农村合作供销、金融制度的改革，乡镇企业经营、管理体制的改革，小城镇的建设，城乡二元结构的重组，二元社会户籍制度的改革，等等，这些问题都需要通过深化农村改革，才

---

① 参见江泽民《加强农业基础，深化农村改革，推进农村经济和社会全面发展》（1996 年 6 月 4 日），载《论社会主义市场经济》，中央文献出版社，2006，第 303 页。——编者注

能逐步得到解决。

　　江泽民同志明确指出："农村经济体制和运行机制还有许多地方不适应发展社会主义市场经济的要求，因此，必须在加强调查研究、总结实践经验的基础上，继续抓好深化农村改革的工作。"① 可喜的是，我国广大农村，像晋江市一类地区的干部和农民群众，遵循我们党的基本路线，从本地的实际情况出发，勇于探索，勇于实践，树立了一批使农村经济繁荣昌盛、社会事业全面进步、经济社会协调发展的好典型。我们理论工作者和农村实际工作者相结合，对我国农村现代化起步早、发展快的地区进行深入调查研究，认真总结它们的实践经验，进一步探索我国农村发展的道路，这也是贯彻江泽民同志上述指示的实际行动。我期望有更多类似本书的著作问世。

---

　　① 参见江泽民《论社会主义市场经济》，中央文献出版社，2006，第305页。——编者注

# 农村基层组织建设和各类村级组织关系的协调[*]

—— 新时期完善农村村级组织建设，促进农村经济社会协调发展的政策选择

农村基层组织建设关系到农村的经济、发展和社会稳定。村级组织是农村基层组织建设的关键。从组织外部特征来说，村级组织已经发生功能分化，由进行综合管理的一体化社队组织分化为四种分别承担不同社会功能的组织体系。从组织内部特征来说，农村经济利益实体和经济利益主体的日益多元化，成为农村基层组织建设的基本动力源泉。农村村级组织力量薄弱和村级组织功能关系不协调具有内在联系。村级组织建设的目标，要建立在优化农村生产要素配置和协调农民与社会双重利益的基础上。从经济发展、社区开放和动力激励方面协调四种村级组织的关系，是农村基层组织建设不可缺少的重要内容。

## 一 农村基层组织的现状

无论从结构还是功能上看，农村基层组织都呈现出形式多样、水平参差、影响和作用力大小不一的景观。事实上，这种局面正是整个农村社会处于凤凰涅槃式的重大变革时代的反映。社会的全面更新，必然伴随着作为社会功能单位的组织更新，而社会更新的条件和速度同时也会反映为组织更新的条件和速度。因此，在描述农村基层组织的现状之前，首先概述

———————
* 本文源自农业部课题调研报告打印稿，作者：农村基层组织建设课题组。报告执笔人：陆学艺、樊平。课题组成员：张厚义、陈斗仁、樊平、许宏业、陈光金、陈昕、龚维斌，报告写于 1994 年 7 月 28 日。——编者注

农村基层组织在其中发展变化的农村宏观社会经济背景，以提供一个理解农村基层组织现状的时空框架。

## （一）农村基层组织现状的社会经济背景

1978 年以来的改革开放，给我国农村社会带来了深刻的变化和巨大的进步。目前，我国农村社会正处于带有实质意义的社会转型时期——从传统社会向现代社会转化，从农业社会向以工业为主导、三大产业并存发展的社会转化，从乡村社会向城镇社会转化，从封闭半封闭社会向开放社会转化。

转型的具体表现，可以从以下几个方面来说明。

1. 经济结构在发生变化，从计划农业转向市场农业，从传统农业转向现代农业，从单一农业转向农工商服务业并举

所有制形式的变化，是农村经济结构变化的特点。从 1978 年起，经过几年的努力，到 1985 年、1986 年，全国范围的农村经济体制改革基本完成，主要内容是实施土地家庭联产承包责任制，形成了土地集体所有和家庭经营的双重格局。在商业服务以及工业等经济领域，更是集体制、股份制以及私营、个体多种成份并存发展。

这一变化产生了若干连锁性影响。最重要的影响有三种：一是大大提高了广大农民的农业生产积极性，从而大幅度地提高了劳动生产率和土地产出率；二是大大增强了农民经济活动的自由度，农民可以依据自己的经营能力，调整自己的经营内容；三是促使农民走出单一计划经济体制，自觉不自觉地率先走向市场。经济活动相对自由的农民开始自觉地调整经济结构：一方面，在农业结构内部，打破了"以粮为纲"的单一格局，经济作物和养殖业尤其是特种养殖业比重上升。1978～1989 年安徽省含山县房圩村粮食作物和经济作物的种植比例由 26∶1 缩小为 1.85∶1，种植业收入结构比例则由 6.75∶1 缩小为 1.94∶1。另一方面，产业结构打破了单一农业的格局，第二、三产业蓬勃发展。在农村社会总产值中，三大产业所占份额的大小，以及劳动力的产业分布，是改革以来农村发生变化最大也最为显著的方面。如江苏省江阴市华西村、河南省新乡县刘庄、巩县竹林村、湖北省洪湖市洪林村和河北省香河县燋口村 5 村，1978～1989 年，第一产业在全村社会总产值中所占比重由 40% 以下降低到 3% 以下，从事第一产业的劳动力在全村劳动力中所占比重从 90% 以上下降到 10% 以下。

所有制形式和产业结构的多样化，必然伴随着收入分配结构的多样化。

农业结构调整和产业结构的变化创造了多种多样的收入来源，而所有制成分的多样化又造就了种种不同的分配形式。调查表明，一个村庄的所有制形式和经营形式越多，它的收入来源和分配形式也就越多，各户之间的收入差距也就越大。

2. 社会结构在重组，农村人口在分化，利益实体和利益主体日趋多元

与家庭联产承包责任制几乎同步进展的，是农村社会组织运行机制从"政社合一"的生产大队变为村民自治的行政村。这标志着农村社会管理结构和机制的深刻变化，"大一统"的政治控制开始向自律与他律相结合的社会控制过渡，行政命令的管理开始向经济规律的运作过渡，人治开始向法治过渡。

收入来源和分配形式多样化，使农民从单一的农业劳动中转移出来，促进了新的阶层的发生、发展和形成，这是我国农村最重要的社会结构变迁之一。调查研究表明，目前农村至少已经形成10个阶层：农村干部、集体企业管理者、私营企业主、个体劳动者、智力型职业者、乡镇企业职工、农业劳动者、雇工、外聘工人、无职业者。这10个阶层具有不同的类型、不同的使用生产资料的方式和对所使用生产资料的不同权利，因而有其不同的社会地位和经济地位。

农村人口的阶层分化实质上意味着我国农村正在形成不同的利益实体和利益主体。利益实体和利益主体的多元化，一方面导致了社会结构的异质性和复杂性，另一方面也产生了一定程度的社会张力。农村社区阶层分化的程度，取决于经济发展的水平和多种经济成分的发育程度。若以农业劳动力和乡镇企业职工的相对规模而论，目前农民的分层结构有四种基本类型：一是前分化型，其基本特征是农业劳动者的比重在90%以上，乡镇企业职工的比重不到5%；二是低度分化型，其基本特征是农业劳动者的比重在70%～90%之间，乡镇企业职工的比重在5%～20%之间；三是中度分化型，其基本特征是农业劳动者的比重在20%～70%之间，乡镇企业职工的比重在20%～60%之间；四是高度分化型，其基本特征是农业劳动者的比重在20%以下，乡镇企业职工的比重在60%以上。这四种类型代表着农村人口分化的四个阶段，而农村的现代化进程，也就是这四个阶段先后相继、最后达到高度分化阶段的过程。

3. 农村的生活方式及农村人口的思想观念、道德理想和价值选择正日益趋向多样化和异质化

社会经济结构的更新，促使农村人口自觉不自觉地走向现代工业文明、

都市文明的生活与思想空间。大批的农村集镇崛起，大量的农村人口异地流动，进城打工，扩大了城乡之间的交流，提高了传统农村地区的开放程度，从而不同程度地引起农村人口思想观念的变化，而这种变化将深深反映到农村人口的组织行为上面。

4. 区域发展不同步。区域间社会经济转型的速度和进程很不平衡，农村人口的经济生活、社会结构、观念形态和组织行为的水平不同，差距很大

广大农村地区由于地理位置、资源条件、历史传统、文化背景、人口素质以及经济起点等方面的不同，形成了千差万别的发展模式和发展速度。以经济发展水平而言，大抵可划分出高、中、低三个层次。调查表明，这三个层次的分布，并不仅仅限于习惯上的东、中、西三大区域的相应划分，几乎每一个经济区域，不论大小，都是三种发展水平共存的格局。加上经济改革和社会政治改革不同步，农村改革和城市改革不同步，结果一方面几乎所有的农村基层组织都面临着结构冲突、体制摩擦、利益多重、角色和价值观念冲突等问题；另一方面经济发展水平不同的地区，农村基层组织所面临的问题又各不相同，而且问题的严峻程度和可能采取的解决问题的方法也差别很大。

## （二）农村基层组织的现状与特征

我国农村村落社区的组织结构，从 1978 年改革以来，有了许多显著的变化。改革前党支部领导下的生产、行政合一的生产大队体制，逐步转变成了党支部领导下实行村民自治的村民委员会组织体制。与此同时，由于农村社会生产力的发展，由于经济社会结构的多样化，也由于各种已经或正在形成的利益群体的驱动，除了构成国家制度模式的微观基础的村级政权组织，还形成了各种各样形式不一的非政权组织。总体来说，目前农村村落社区内的形形色色的组织，既有官方的，也有民间的；既有正式的，也有非正式的；既有显的，也有隐的。

1. 农村基层党支部仍然保持着领导地位，但在社会经济转型进程不同的地方，党支部的组织健全程度和作用范围也不相同

到 1994 年为止，全国农村约有 73 万个基层党支部。

1978 年开始的农村家庭联产承包责任制，在相当大的程度上使农民成了独立的土地经营者，像江苏省江阴市的华西村党支部那样顶住瓜分集体经济压力的只是少部分，大部分原生产大队的集体经济几乎被瓜分殆尽，

基层党支部的权威受到很大削弱。1991 年，中央在山东莱西召开关于农村基层组织建设的会议，以党支部为核心的村级组织建设受到中央和地方各级党委的高度重视，以党支部为核心的村级组织普遍得到加强。

作为一级官方的、正式的和显在的政党组织，农村基层党支部的政治领导作用的发挥，很大程度上是通过经济领域的建设工作来实现的，这是新时期党的中心工作在农村的体现。据河北、山东、山西的农村调查，在农村非农产业发展和集体经济增长中，企业负责人和项目带头人中党员占了 76%。1994 年，福建省现任的农村党支部书记中，有 60% 是懂经济会管理的经济能人，该省龙岩地区 1994 年初按规定对农村党支部普遍进行了换届选举，新当选的支部委员 5353 人，平均年龄 39.2 岁，比上届下降了 3.43 岁，新当选的村党支部书记平均年龄 38 岁，比上届下降了 3.9 岁，致富能人在支委中占 46.1%，在支部书记中占 62%。

概观我国农村基层党支部建设的现状，有这样三个特征。

（1）在经济发达地区农村，村党支部的权威和作用相对大一些，组织也比较健全，但是由于经济发展的模式、道路的差别，这一类型的农村党支部又呈现出一些不同的特点。

在集体经济发达，基本成为村民经济支柱的村，党支部具有很高的权威。这又分两种情况。一是集体经济的发达虽然主要依靠了可以称之为社区领袖的乡村能人，但由于历史和资源条件相对优越，因而并非白手起家，也并不完全依靠某一位能人的地方，村级党支部的集体领导作用明显，党内生活和党群关系比较民主和谐。河南省巩县的竹林村可以算是这种情况的一个典型。另一种情况是集体经济的发达几乎完全依赖一两个担任村支委的乡村能人，在这种地方，村级集体经济决定着村民的生存与发展，因而以集体经济为依托的村级党组织（党总支或党委）能够把几乎所有经济、政治和社会方面的大权都集中起来，并且往往是集中于那一两个起支配作用的村落社区领袖身上。这种情况的典型，有天津的大邱庄、江苏的华西村、河南的刘庄，在这些地方，人们甚至可以在基层党组织的运作过程中，看到一丝家族势力的影子。

有些村的经济相当发达，但主要不是因为集体经济发达，而是因为个体、私营经济发达，或者两者的作用同样重要。结果基层党支部的作用便不如上述情况下党组织的作用大。河北省遵化县西铺村人均纯收入早在1989 年就达到了 1100 元以上，该村也有相当雄厚的集体经济实力，村党政系统与村办集体企业在很大程度上是合一的，但是由于西铺村私营非农经济已占很大比重，社会管理所依托的经济力量受到一定程度的制约，开始形成权力多元化趋势。这种情况，在浙江的温州表现得更明显，这里，私有经济的比重早已超过了集体经济，因而至少在经济领域的决策权上，已在相当程度上散射到了村落社区各利益实体和利益主体之间，为各种民间的经济组织所分享。

（2）在经济发展处于中等水平的地区，农村党支部的作用和权威相对较弱。

在这种地区，基层党支部的组织建设还是比较完整的，但党组织的主要精力还不能放在放手发展村级集体经济上。如湖南省桃源县的麦市村，一边靠沅江，一边有 319 国道从村中穿过，交通条件比较便利，但由于缺乏资源（包括自然的和社会的资源），加上农村经济体制改革时把社队企业全部瓜分了，集体经济成为空壳，党支部的权威和作用缺乏经济依托，只能为贯彻执行党的方针政策和政府指令、完成农产品合同定购任务、完成计划生育任务、发展地方公益事业、维护农村社会治安而奋斗。加上集体经济薄弱，村干部的收入得不到保障，村民的经济实力有限，观念变化迟缓，对于计划生育、上交提留以及办公益事业等，认识上与代表政府利益和社会利益的党支部不尽一致，因此双方的矛盾冲突较多。尽管如此，在这种地区，在上级党政部门的协助下，村党支部的上述各项工作一般都能较好地完成。

（3）在经济不发达地区，村级党组织不够健全，党支部缺乏权威，作用也很难较好发挥。

在这种地区，集体经济是空白，农户经济也很薄弱，因此党支部权威很难确立。很多贫困地区的农村党员少，与村民的关系也不密切，不少群众可能知道支书是谁，但对其他支部成员，就往往说不清楚了。在这种地区，党支部（主要是支书）的职能，往往流于形式，或只是上级党委政府政策指令的传声筒，或只是负责迎来送往，接待上面来的领导和干部，很少有主动的作为。

2. 农村村民委员会经过十年的制度化建设，逐步走向成熟和完善，并已从村民委员会选举制度发展出村民代表会议这样一种常设民主决策形式

1994 年，全国农村有 104 万个村民委员会，480 万名村干部，平均每村有村干部 4 人。

村委会的基本原则是维护和体现村民自治，而村民自治的重要运作方式是村民委员会的直接选举制度。1987 年，广大农村村民在村民委员会第

二次换届选举中表现出空前的政治热情，表明亿万农民已开始逐步地深入地参与农村基层的政治和社会生活。

村民自治制度在广西、广东、云南和海南四省区，实行小村委会制度，即在村委会和乡政府之间建有村公所或管理区，村委会只是以村民小组为基础或略大一点的自然村为规模组建的。除此之外，在全国其他农村地区，村委会绝大多数都以人民公社时期的生产大队为基础组建，下设若干村民小组。村委会所属人口，一般在 1000～3000 人之间。如果按 18 周岁以上的村民在全国村民中占 60% 的比例计算，则村民会议的组成人员有 600～1800 人。

村民自治制度示范工作得到了各级政府的支持。以福建省为例，1991年全省村民委员会换届选举，各级政府共拨出选举经费 117 万多元。迄1993 年底止，全国各省建立的村民自治示范村达到村民委员会总数的 60%。

在村民委员会的选举和建立程序上，各地农村在建立选举机构、进行选举发动和选民登记、确定选举方式、产生候选人、投票选举等方面，都还存在着众多的差异。

村民委员会选举制度建立以后，在如何促进村民有效地和有能力地参与农村社会管理方面，创造出了一些新鲜经验。如河北省正定县的村民代表会议制度，山东省桓台县的村民小组制度、安丘县的村民档案制度。其中村民代表会议制度作为村民自治建设中的一项议事会议形式，不断得到总结完善。1990 年 9 月，民政部发出了《关于在全国农村开展村民自治示范活动的通知》，第一次以中央政府的名义正式肯定了全国各地创造的村民代表会议制度。与此同时，在各省、自治区和直辖市人大常委会制定的《村委会组织法》实施办法中，大都确认了村民代表会议制度的经验，并对村民代表会议的产生和基本议事制度作了规定。

村民代表会议制度是农村经济体制改革的产物。经济社会结构的转型，利益主体的多元化，利益关系的复杂化，使农村社会发展面临新的问题。一是农民的政治参与愿望增长，而村庄社会政治参与渠道不畅；二是经济发展要求社会组织化程度和综合服务水平提高，而农村社会组织结构却显得松散无力；三是社会利益关系复杂导致社会矛盾、冲突增加，而社会管理方式以及传统社会的调控能力却趋于弱化。

村民代表会议制度的出现，适应了农民日益增长的民主参与需要，为村民对农村事务的参与提供了方便而有效的途径，同时也适应了农村提高社会组织化程度和综合服务水平的要求，为分散的农户自觉自愿地组织起来，进行自我管理、自我服务创造了切实可行的组织条件。村民代表会议制度成为农村社区成员之间相互交流的一种制度形式，也增强了农村社会的自我调控能力，适应了农村社会加强协调控制能力的需要，为解决农村日益增多的复杂社会矛盾和冲突提供了有效途径，对于党群、干群之间的交流和沟通，对于使国家的意志转化为农民的意志，对于理顺农村各种社会关系，都具有积极作用。据 1994 年初初步统计，全国已有 50% 的村建立了村民代表会议制度。

从村民委员会的现状看，其组织健全程度和作用发挥情况也呈现出三种类别特征。

（1）在经济发达地区，尤其是集体经济实力雄厚的农村地区，村委会基本上附属于村党支部（总支、党委）。

这也有两种情况。第一种情况是，党支部（总支、党委）高高凌驾于村委会之上，后者基本上不拥有决策的权力。如河南省新乡县的刘庄，村委会的职能是搞好人口普查、计划生育和卫生防疫等工作。河北省香河县的矬口村，党支部处于权力的顶端，农工商联合公司处于第二位，村民委员会和工业公司同处第三位，村委会的职责是负责民兵、治保、妇女、计划生育以及青年等工作，村委会的成员没有一个进入村党支部委员会。在江苏省的华西村，也很少有人提到村委会。第二种情况是，由于工业化程度高，社区组织和功能发生变化，村委会名存实亡。如浙江鄞县邱二村便是这样一个典型，该村只有八个家庭农场经营全村土地，其余村民全部进入工业、商业、建筑业、服务业和养殖业等，村民们的生活和权利与村落社区关系不大，而与各自所属的公司联系密切，以致父子、母女、兄弟各有不同的利益目标和权利要求，村委会已经承担着类似于城市居委会的职能。

（2）在经济发展处于中等水平的地区，村委会明显有比较独立的地位。

在这样的农村地区，由于缺乏集体经济作依托的党支部尚未占据真正集权性质的核心地位，社区管理权力相对分散，村委会作为宪法规定的村民自治机构，对村中社会经济和政治事务拥有一定的处置权和决策权，再加上一定程度的阶层分化，形成了一定数量的利益主体或群体，这些利益主体或群体对社区范围内的权与利开始产生一定的要求，因而开始对支部书记和村主任这两个职位进行角逐，由此而产生的村主任及其所领导的村民委员会，必然形成具有自身立场和目标的运作机制，具有独立性，对党支部形成一定的制衡作用。尽管村主任往往还是村党支部的副书记，但这并不能消解作为村主任的自我意识，以及其对村民委员会是宪法规定的村民自治机构的理解。在最近一轮的村民委员会换届选举中，有不少非中共党员当选为村委会主任，也在一定程度上表现了村民对村民自治制度的理解和认识。当然，这里所讲的村民委员会的独立性，仍然是相对的，我国的政治制度从根本上保证了党支部的领导作用和核心地位。

（3）在经济不发达地区，村民委员会的组织职能较少，运作不够正常，发挥的作用也小。

经济不发达地区的农村经济活动相对单一（以农业为主），社会分化程度很低，村民整体上对社会管理的参与意识不强，对于谁当支书、谁当村主任不大在意。同时，在这种地区，村干部既是上级党委和政府政策指令的执行者——在此意义上人们甚至怕当干部、怕得罪人，又是村民们向上级政府请求救助的跑腿人——在此意义上人们也不大愿意当村干部，怕费力不讨好。另一方面，在这样的农村，分散的家庭经营占主导地位，村干部没有多少重大决策，而那份本就不多的津贴也没有什么保证，在权力和物质两个方面的吸引力都不大。此外，同样重要的是，我国的现行政治制度在这里也保证着党支部的核心地位，村委会因而往往只是一种形式上的安排。

3. 在新时期农村的基层组织体系中，经济组织类型分化最为引人注目，并且对农村社会结构的变化产生了直接影响

在我国农村，超出农户层次而出现的农村经济组织，主要有乡镇企业和村级合作经济组织两种类型。下面分别描述一下这两类组织的现状。

（1）乡镇企业发展迅速，成分多样，大小不一，机制灵活，作用显著，但区域间严重不平衡。

乡镇企业在农村出现的原因。乡镇企业在农村地区的兴起，主要有三个原因。首先，农业与非农产业、纯农业和农产品加工业的价格"剪刀差"长期存在，形成鲜明的比较利益差别，追逐较好的比较利益，是农民办工业企业、经商和进入服务业领域的根本动力；其次，家庭联产承包责任制无形中把农民抛向了市场，但农户抵御自然灾害和市场风险的能力都很弱，在市场竞争中处于不利地位，乡镇企业组织在某种程度上改变了这种状况；第三，农村每年新增劳动力达 1000 多万人，大量剩余劳动力从农村有限的土地上转移出去的重要途径之一，就是兴办二、三产业企业。

三分天下有其一。乡镇企业追根溯源是从人民公社时期的社队企业脱胎而来的，经过 15 年惊心动魄的发展，现已成为我国的一支日益重要的经

济力量。1993 年乡镇企业中的工业企业总产值在全国工业总产值中已占到三分之一的比例。目前，乡镇企业仍然保持高速增长的势头。1994 年上半年，中部地区乡镇企业产值增长 50% 以上，西部地区增幅高达 70% 以上。

成分多样，大小不一，机制灵活。乡镇企业同党支部、村委会一样是正式的农村基层组织，但不同之处在于，它不都是官方组织。它的经济成分多种多样，有乡镇集体企业，有村组集体企业，有联户办企业，有股份制企业，有私营企业，还有大量个体工商户。值得指出的是近年来村以下企业，尤其是个体私营企业增长较快，日渐成为吸收农村剩余劳动力的主体，在集体经济原本极薄弱的农村地区，这一点表现得特别明显。

乡镇企业的规模千差万别，既有个体作坊式的微型企业，也有职工数百上千、产值惊人的巨大集团。

乡镇企业的管理组织，在村级集体企业中，多与村级党政系统重叠，人事权和决策权多在村党支部手中。

作用巨大，但发展极不平衡。农村乡镇企业的发展不仅是农村物质财富的生长点，也是改变农村传统文化、建立工业文明的纪律和规范的起点，它使农民脱离了传统的家族血缘关系的局限，也使农村生产要素优化配置和效益选择机制的作用日益凸显出来。同时，乡镇企业组织形态的发展促进了农村行政组织（乡镇政府）和自治组织（村民委员会）的发展，孕育了农民行业技术协会，从而促进了农村社区内不同组织职能的分化。天津大港区窦庄子村乡镇企业发达，23 个村办企业分布于 6 个行业，村级集体积累的增长促进了村级集体组织的发展，形成了以村农工商总公司为主体和 23 个具有独立法人地位的村办企业相结合的网络型村级集体经济管理模式。1983 年体制改革时，该村把原有的 32 个生产队重组为 8 个中队，在中队设党的分支部。随着该村集体经济的发展，又把 8 个分支部合并为 4 个，并在企业建立分支部，分支部书记兼任厂长。村党委先后在村办企业中建了 5 个分支部、7 个党小组。

另一方面，由于不同农村社区的地理位置、资源条件、历史文化背景、人口素质、农户自有资金状况以及地方政府政策约束等方面的差异，乡镇企业的发展很不均衡。在江苏省江阴市的华西村、河南省新乡县的刘庄、巩县的竹林村、河北迁西县的烈马峪村和香河县的矬口村等地，乡镇企业的发展如火如荼，令人瞩目；而在像安徽省凤阳县小岗村、江西省宁风县茅坪上街村这样的老少边穷地区的农村社区，则几乎没有乡镇企业。根据我们对全国 13 个村做的典型调查，乡镇企业组织的发展和农村经济发展水平密切相关，单是农村非农产业就业人数，就足以准确刻画农村经济的发展程度，把它们区分为发达、中等和不发达三种经济水平。通常人们以我国东部、中部和西部三个地区来分别代表这三类经济发展水平。1992 年，三个地区乡镇企业职工人数分别占全国乡镇企业职工总数的 50.34％、32.54％和 17.11％。

（2）村级合作经济组织，即村级经济合作社，作为一种正式的组织，作用不明显、地区差异也很大。

在章程和功能上，农村合作经济组织与村党支部、村民委员会一样都是独立的，但是在具体的操作过程中，这一组织明显是作为村党支部或村民委员会的依附组织而存在，合作社主任或者由党支部书记兼任，或者由村主任兼任，并且以村主任兼任居多，往往与村民委员会是两块牌子一个班子，村里的经济大权一般都掌握在村党支部或村委会手里，经济合作社组织既不健全，功能也难以发挥。在一些经济发达的农村社区，经济合作社事实上已不存在，或者是转化为村贸工农联合体或农工商联合公司这样的现代企业组织，其决策权、人事权和财权都集中在村党支部主要成员手中，他们一般也是公司董事会成员或企业主管（如总经理）。

### （三）农村社区其他一些组织的现状与特征

在新时期农村社区组织体系中，出现和新兴起了一些民间的或半官方的、正式的或非正式的、公开的或隐蔽的组织，诸如农民专业协会、民间金融组织以及沉渣泛起的宗族组织等。

**1. 农民专业协会的出现，是新时期农村社区组织变革中极具重要性和生命力的组成部分**

截至 1993 年底，全国已有各种农民专业协会 146 万多个，比 1992 年增加了 6.5 万个，增长率为 4.7％。其中以技术推广服务为主要内容的农民技术研究会有 12 万个，以购销经营服务为主要内容的农民协会数量最多，有约 180 万个。这些专业协会或者以产品为龙头，或者以行业为范围，或者以某个生产或经营环节为支点，把千家万户的小生产连接为面向市场的社会化大生产。同其他农村基层组织相比，农民专业协会既强调了农户参与组织的自愿性，又强调了组织对参与农户的选择性。这样的农民专业协会组织规模有大有小，联系程度有的松散有的紧密，各自与农户的经营能力、组织预期和管理水平相适应。

近年来，农民专业协会的发展呈现出四个特征。一是地方政府越来注意通过支持农民专业协会来发展当地商品生产，形成专业化社会化生产格局。河北省邯郸市农民协会最明显的特征就是官民合办，多种经济成分并存，并且突破了村落社区的空间限制。二是养殖业方面的农民专业协会发展很快，1993年，养殖业农民专业协会比1992年增加15.3%。三是县以上农民专业协会的发展也较迅速。1993年比1992年增加17.3%，其中东部地区增长23.2%，这表明农民专业协会正在朝着社会化、规模化的方向发展。四是地区发展不平衡。1993年与1992年相比，农民专业协会在东、中、西部三个地区分别增长了4.7%、12.4%和−9.3%。可以预期，以家庭经营为基础，以农户合作为中介的农民专业协会还将继续发展，并将在今后相当长一段时期内成为大多数农村社区中最有活力的经营组织之一。

2. 农村社区的民间金融组织有了一定的发展，对村民的生产生活正在产生越来越大的影响

农村社区民间金融组织的形式，有合作基金会、互助储金会等。这些组织的产生，原因之一是国家金融体制基本上把以家庭经营为主的农户排除在外了，他们贷款困难，而现实的生产生活又总是出现余缺不均的情况。于是村民们为了互助互惠，调剂余缺，开始创建合作基金会、互助储金会之类的民间金融组织。1993年底，全国有农民合作基金会4.4万个，据测算，1984~1992年，农村民间借贷占农村借贷总额的比重，从40.7%上升到60.9%。根据中国农业银行1992年对全国15个省市13113个农户的抽样调查，有48%的农户有民间借贷行为，户均借贷422元，最低的河北省为135元，最高的浙江省达1256元。由此可见，农村民间借贷对农户的经济活动起着相当大的作用，这种金融活动势必对农村社区的人际关系和组织体系产生影响。

3. 一些传统的、体制外的、非法的组织形式和因素，包括民间经济联合体、家族势力、村落势力乃至黑社会势力，也在发展，在寻机卷土重来

对于独立生产经营的农户来说，在适应市场经济的过程中，还存在着一系列的困难与障碍，如一家一户生产经营成本过大、不成规模效益、市场信息不灵、找不到最佳市场，等等。因此随着生产的发展，独立经营的农户对于合作和组织起来的需要日益强烈。当缺乏正式组织或正式组织职能不健全时，上述组织形式就承担起相应的功能，不同程度地发挥作用。

宗族势力沉渣泛起，是传统的、民间的非法组织形式的突出表现。在大姓聚居的村落，在经济发展水平处于中等以下，并且集体经济薄弱、正式的合法的基层组织功能弱化的地方，传统的家族势力便会出来维持均衡，

保护本姓族人，抵制创新，甚至把手伸向基层政权。家族势力可能以无形的组织存在，也可能有相当完备的组织与章程。如湖南省沅江市三眼塘区某村的黄姓族人，就曾成立正式的家族理事会，有理事长一人，副理事长二人，理事若干，并订立了宗族组织章程。当然，像这样的情况在广大农村地区并不多见，一般都是某些热心家族活动或别有用心的人组织认祖归宗，修宗谱，起宗祠，并因此在无形中产生被本姓族众接受的族头、族老。

一些地方的宗族势力甚至开始有组织地侵蚀农村基层政权。据湖南省公安厅的材料，该省道县祥林铺镇有几个由两大姓聚居的行政村，已因宗族势力的影响被一分为二，变成两个村，各村都推举了自己的支部书记和村主任，他们某种程度上也是家族利益的代表者。

通常，地方党委、政府和公安司法机关对宗族势力都是采取压制打击的态度，而对公然成立的宗族组织则坚决予以取缔。但要真正清除传统宗族势力和宗族组织的影响，则是一项相当长期的任务。

村落势力在某种意义上是宗族势力的延伸，它的影响也涉及了村民的生产、生活和交往的诸多方面，并且明显不利于农村经济的协调发展和社会秩序的稳定。

此外，随着城乡日益开放，农村社会流动与日俱增，一些农村社区的黑社会势力也有抬头的趋势，给农村基层组织的建设工作增加了难度。

## 二　不同类型农村地区农村基层组织对农村社会、经济发展所产生的作用和影响分析

农村区域分化、农民的职业分化构成改革开放以来农村社会变化的两个突出特征，农村基层组织的结构和功能与农村区域分化和农民职业分化有内在联系。但是传统的制度因素与农村社会转型过程中出现的新的结构性因素往往交互作用、共同对农村基层组织的结构和功能产生影响。随着农村大的经济地区发展的分化，相同发展程度的农村地区村级组织在表现出共性的同时，在组织类型和组织关系协调方面也表现出很大的差异。因此，在村级组织建设中，村落内部因素比村落所处的大的经济地理区位具有更为重要的决定性作用。为了对村级组织的状况给予有效解释，我们主要以村经济社会发展水平为标准进行分析，并顾及村落社区开放的条件、资源状况和所处的地理区位。

下面就经济发达农村社区、经济中等发展农村社区和经济贫困农村社

区这三种情况作出一般性的说明。

## （一）经济发达农村社区的基层组织

经济发达农村社区应该是一个综合的经济社会发展指标集合。因此，虽然具有同等水平的村民人均收入，依据村组织的动力机制和运行机制的基本特征仍可以分为两类。当然，这只是为了分析上的方便，实际上有很多情况是介于两类之间的。但是透过这两种典型类型对在不同程度上接近这一类或那一类的情形进行观察和分析还是有实际意义的。

第一类经济发达农村社区，是那些在农村社会转型过程中经济与社会相对同步发展的社区。主要表现为：村办经济发展较快，村民人均收入较高且村民收入主要来源于村办集体经济，村级基层组织运作规范，民主化程度较高，村民的社会福利和社会保障以及社区治安搞得好，农业生产社会化服务程度高。这样的农村社区的村级组织一般已经发育成为较为完备、相互配套的组织体系，通常具有下列特征：①村级党支部或村党委会是村内经济组织、自治组织和行业协会组织的核心。在经济发达村庄，党支部成为村内经济发展决策的指挥部，党支部一班人成为村内经济能人聚合型的领导集体，党支部书记成为村内创办企业、开拓市场、带领并组织村民致富的优秀带头人。1994 年我们调查了 9 个县 12 个经济发达村，农民人均收入都超过 1500 元，村党支部书记或村党委书记的年龄结构（其中年龄最大的 65 岁，最年轻的 36 岁，平均年龄 51 岁）、文化结构和村经济发展、村级组织建设的相关性并不显著，而他们共同的特点是，有带领村民创办一个企业并致富的历史，此企业又发展繁殖出若干子企业。在企业的成长和发展中，村庄和外界的交流逐渐增多，经过群众评议、党员选举、上级考核，这些精英人物最终成为村党支部书记或村党委书记。②经济工作是党委的核心工作，但是这种工作和党组织直接管理企业又有所区别。第一类经济发达村村级党组织讨论决策的内容基本上是五大项：投资方向，企业班子，村内大的公共设施建设，村民的福利和社会保障，农业生产的社会化服务。③党支部的核心作用通过组织结构和干部结构渗透到其他农村组织体系中。如江苏省江阴市华西村和天津市大港区窦庄子村，各个村办企业的负责人都是党员，窦庄子村规模最大、效益最好的两个村办企业的负责人是村党委的委员和党委副书记。窦庄子村按照村办企业设立党支部，按照村民的就业行业来建立村民小组（见图 1）。④在经济发达村，党支部对村集体经济发展的核心和权威地位是在抓项目、举办企业、创业奋斗和市场开拓中历史地形成的，这样的党支部对村集体经济的领导有群众信任的基础，同时党支部的工作又和农户的家庭收入密切相关。

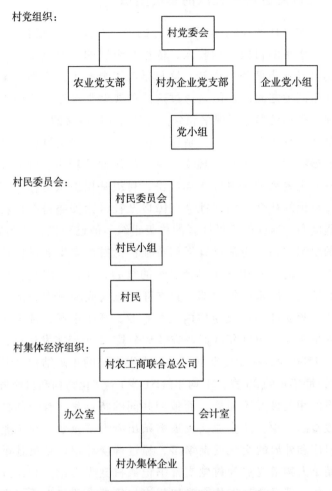

**图 1 天津市大港区窦庄子村村级组织结构**

我们调查的 12 个经济发达村，在农民人均收入中，农户经济所占的份额均低于 20%，天津市窦庄子的农民人均收入中从村办企业获取的收入达到了 37%。经济发达农村村办企业的发展不仅在就业结构和收入结构上增加了村民对集体经济的依赖，而且改造着传统的乡村生活方式。村办企业组织建立了一种新型人际关系的合作与交流，也得到工业文明纪律的约束。农村地区公共事业建设、农民的福利和社会保障建设也为农村基层组织对村民的凝聚力和整合力提供了物质基础，华西村围绕农民的吃、穿、用、教育、治病、娱乐建立了相应的服务机构和设施，围绕农业生产建立了农机、种籽、植保、农业技术、电力灌溉、粮食饲料加工的服务体系，围绕工业生产建立了产、供、销、科技一条龙的服务体系，并且统一修建了村民住房。农民在经济收入和生产、生活方式上对村集体经济的依赖，使村级组织对村民具有巨大的凝聚力。河南省新乡县刘庄村，对违反村规民约和国家计划生育政策的村民的处分就是将其承包地从集体统一经营中划出，让其单独耕种，并且不许其参加村办企业，这样的处分对于任何村民来说都是相当大的经济损失和社会压力。经济发达村雄厚的经济实力也为村民参与村务活动和增加村务活动透明度提供了场地和物质条件。山东省招远市鲁格庄村在召开村民代表会议时有规定的程序和会议室，并且通过村办的闭路电视向全体村民播放。在经济发达村，企业的发展为年轻人发挥才能提供了舞台、也形成了村内年轻人相互比较和竞争的机制和机会，这样的村里年轻人要求入党的现象很普遍，在村办企业中更为显著，村党支部也将发展新党员和发展村级集体经济、选拔人才结合起来。我们在天津大港窦庄子村调查时，适逢"七一"该村发展新党员大会，仪式隆重热烈，首先是回顾党史，然后表彰先进党员，最后是新党员宣誓，党员大会通过村办闭路电视向全村播放。在该村这次发展的四名新党员中，有3人是三个村办企业的副厂长。

值得注意的是，我们对12个属于第一种类型的经济发达村的调查发现：与村党组织和村集体经济组织（包括村工业公司和村办企业）的作用相比较，村民委员会独立发挥的作用并不显著。当然，村民自治机制已经在很大程度上从以下三方面在这些村的党组织和集体经济组织的结构功能方面有所体现：①村民自治形式所要求的干部推选、培养和考核过程在党组织和村办企业组织中得到了实现；②村党组织和村集体经济组织已经分担了相当部分村民委员会的功能；③对于制度中的村民委员会与现实中的党组织和村集体经济组织在运作机制和功能效用上难以作出有效区分。事实上，调查结果显示：村民委员会的成员在干部配置位序和权力等级次序上依附于党的组织，村民委员会主任都是村党支部副书记。

至于同样作为制度性的结构，村民委员会为什么不能独立实现村民自治机制，而是依附性地体现在党组织和集体经济组织之中，则主要应当考虑以下一些因素：①农村党组织作为历史和现实中的主要政治工具和事实上的行政工具在时间上具有先在性，并且至今依然具有制度上的优势；②正是基于这种制度上的安排，农村党组织拥有更多的与周围社区和上级党政机关发生联系时的信息优先、沟通便利和信任基础等重要组织资源；③相对农村社区的其他组织形式而言，农村党组织的组织化程度高、约束力大、凝聚力强、稳定性好；④在农村实际生活中，村级党组织的制度优势、资源优势以及组织优势一般而言最有可能转化为动员和领导任何有组织的事业或行动的现实力量；⑤党的工作中心的转移、党以经济工作为核心、党组织与集体经济组织相互渗透和融合，事实上弱化了农村党组织的意识形态色彩。这种"非政治化"倾向扩大了村党组织的群众基础和它的功能空间。以上五个主要因素是理解党组织在第一类经济发达村拥有对村内大事决策权的关键所在。

在考虑村集体经济组织的特殊地位时，单纯经济因素以及由此引起的农村社会结构的变化是我们首先要关注的内容，具体来讲有以下三个方面：①村办企业给村民带来可以预期并且可以实现的现实利益。比较而言村民对村级党组织和村办企业组织自然给予更多的重视。②农村集体经济组织和村办企业组织业已在不同程度上改变了传统意义上农户之间或村民之间的相对同质性。在相当多的经济发达村，村民小组的划分已经不同于传统的按村庄内居住的相邻相近位置或者按照耕地的相互邻近作为划分村民小组的标准，而是按照村内的行业结构、企业单位、职业分化来划分村民小组，这种社会交往结构从两个方面打破了农村传统的家庭结构格局：首先是家庭权威中心的下移，由传统的长幼有序秩序下的德昭长者转向在农户家庭中往往是经济收入最高的年轻人；其次是同一家庭内不同的成员按职业分属不同的企业，而村民小组正是按村级企业来划分的，村民代表也是以村级企业的村民小组作为基本单位选举产生的，纯农户的整体往往作为相当于一个或者两个村民小组的选举单位（如华西村和窦庄子村）。这样，村民会议或者村民代表会议的程序和议事规则、议事内容和村级企业有着不可分割的联系。③经济发达村产业结构分化明显，专业化分工基本形成，也给村民会议和村民代表会议议事带来了新的特点。在村的基本建设和发展规划上，村民有能力有机会参与讨论，但在具体投资项目和投资规模决策上，众人七嘴八舌讨论和举手抢胳膊表决的方式就难以适用了，因为涉及投资时机、条件、相邻村庄选项竞争等多种因素。因此，在村级重大项目（80 万~100 万元以上）投资决策时，村党委和村民委员会并不交付村民会议和村民代表会议讨论。具体项目的设项、议事和决策程序为：由村级组织领导成员初议；然后从专业机构聘请相关方面专家就技术可行性、市场容量、国际国内生产状况进行咨询评议；最后由村党委书记（同时也是村农工商总公司总经理）拍板决策。村级组织干部在村民会议上只向村民或村民代表汇报拟投资项目的回报率、项目负责人及其向村集体经济组织所承担的上缴利润、经济风险和责任。村民会议和村民代表会议有知情权、议事权、建议权，但是没有最终决策权。具体的投资项目由村级组织决定后，由企业负责人贯彻实施。天津市大港区窦庄子村1994年夏季拟投资的一个化学工业项目在村级立项决策时就采用了上述程序。

最后应当指出，由于村党组织与村集体经济组织在组织目标、组织建设和人事安排方面相当程度的重合一致性，两者几乎总是互为加强，相得益彰。从我们调查的12个村的情况来看，在集体经济占主导地位的第一类经济发达村中，村民委员会这种村民自治制度在制度结构和组织结构上不具有村级党组织的传统优势，在经济职能方面又不具有村集体经济组织的独立地位，因此它自然难以取得应有的地位。

第二类经济发达村是指那些其"发达"仅表现为村民人均收入和人均消费水平较高，但村内经济发展不平衡，集体经济发展迟缓，经济与社会发展不同步的村。这类村的村级组织建设一般较差。出现这种情况的第二类经济发达村通常都有下列背景：①村经济发展高指标主要依靠私营企业和个体经济，村集体经济规模小、效益低；②村内人均收入高，但离散程度大，收入群体梯次差距明显；③村级组织的主要经济来源是需要专门技术开采的特殊矿产资源，或居于特殊的地理区位优势（如传统集市或者批发市场所在地、交通干线、大都市郊区），或者是在村落以外的项目收入和劳动收入，其特点是农户的收入来源、就业机会和村级组织没有内在联系；④家族宗派势力严重；⑤村级组织建设不规范，或者是缺乏选拔、任用能人的机制，或者是对能人缺乏吸引力，这两种因素往往同时发挥作用，造成村落精英另觅他途。

## （二）经济中等发展农村社区的基层组织

在经济发展中等村，农户经营是农民生产的主要形式和主要收入来源，农业特别是种植业为主业，乡镇企业、村办企业发展缓慢，数量少，效益不高，吸纳就业能力低。由于村级组织分化程度低，村党支部、村民委员会在处理村级公共事务方面作用直接，地位明显突出。村党支部和村民委员会的主要职责是代理政府的部分职能，保证农民完成国家的任务和承担相应的义务，贯彻计划生育政策，负责提留，为农户农业生产提供服务。在这样的农村，村组织收入主要来源于集体提留，农民对村经济开支极为关切。村级组织对村民的凝聚力主要体现在农户农业生产对生产服务的依赖上。山东桓台县实行家庭联产承包责任制后，村级组织活动没有依托、难以开展，1991年根据桓台县平原农业水源重要的特点，将以依靠机井连片灌溉农田的农户按井划片，组建成村民小组，使村民委员会的组织形式和农户生产所需要的社区服务相结合，提高了组织效率。当地人称这种以井建组的组织形式为"井田制"。

在种植业、养殖业作为生产主项的中等经济发展村，农业科技推广是村级组织的重要内容。山西省芮城县村级组织聘请林果科技人员深入山村示范，组织有实践经验的果农巡讲演，到果园向果农面对面传授技术，县政府通过村级组织，组织农户到广州开拓了果品市场，从事长途贩运。村级组织把农户的农业生产和农户生产所需要的，用一种一家一户无法解决的生产社会化服务联系起来（山东省桓台县），把农户生产和农产品市场联系起来（山西省芮城县），这样村级组织在经济活动中就增加了对农户的凝聚力。

由于经济中等发展地区农户生产经营已经成熟，从事其他项目经营风险大，所以农户对在本村内寻求发展机会更为关注，因此中等发展地区农村的村级组织的主要类型——村党支部、村民委员会的领导人选的竞争更为集中和激烈。根据我们在山东省、河北省的调查，中等发展村村级组织领导人主要是四种类型：①踏实肯干、积极负责村民事务的热心人；②农业生产技术的行家里手；③村内大家旺族的代表；④社会关系多、善于交往应酬的人。由于村集体经济薄弱，村干部的工资补贴来源于村民提留。即使推广科技、开拓市场在提高村民经济收入中起到了作用，也很难以服务费用或者利润分成等形式到达负责该项工作的村干部手中。根据我们在山东陵县、平原县的抽样调查，村干部对自己承担村务管理的威望和群众信任聊以自慰，但对经济收益并不满意，他们承认自己是村落中最乐于奉献的人，但不是村中最有能耐能挣钱的人。

## （三）经济贫困农村社区的基层组织

贫困地区一般地理位置偏僻，人口稀少，交通条件不便，村级组织的干部设置往往缺乏吸引力，村级组织的建设和功能都比较薄弱，开展工作也很被动。这样的地区相当一部分村只有村民委员会，没有村级党支部，代之以联村党支部。云南省禄劝县是国务院定点的全国贫困县，该县的彝族居住村九龙乡白勒村地处高山，交通不便，村中没有党组织，村委会主任是村中能够识字的青年人，36岁，他的工作就是上面来人后领着参观，对村民没有承担组织生产的任务，村民平时也没有开会和议事的习惯。村民日常有事聚集则由年长老者或担任民办教师的一位村民召集。1993年以后，云南省政府组织扶贫工程，从该乡的农村向昆明市钢铁厂输出劳务，这项工作通过村委会主任落实，才引起村民对村委会和村委会主任的关注。陕西省商洛地区榨水县红岩村，地处秦岭东侧，生产生活条件恶劣，当地村民委员会更重要的、更为经常的职能是申报救济。当地农村缺乏有效益的生产项目和就业门路，村级组织行为难以找到经济依托，农民个人走向农村集市的行为又经常受到集市所在村落成员的排斥和不平等交易条件的强迫，从而使贫困村的农民在社会心理和社会行为上都强化了以地缘关系、家庭关系为核心的村落共同体的凝聚作用。红岩村周围七个村的村级组织基本都是这种状况。只有颜家湾村的村民委员会主任苦于收入太低，毅然下决心率领全村二十余名青年外出修路挣钱，区乡政府布置的一般工作由他人代理，重要事项由村中的代理人和他电话联系请示。

比较经济发达村、经济中等发展村、经济薄弱村，可以发现一个明显的差异，即村干部的来源、遴选和动力机制不同。在经济发达地区，村党支部书记是各个组织的中枢和核心，因而从理论上说往往是村内能人最希望竞争的位置，但是真正竞争要受到这样的限制：一是必须是党员身份，二是村组织体系复杂，组织层次多，如天津大港区窦庄子村，从村党委书记到村办企业工人之间可以分为五个层次（村党委—农工商总公司—企业—车间—工人），只有村内居于组织较高层次的党员领导干部才有可能成为村党支部书记或村党委书记的候选人。这些条件限制使得村级党组织负责人职位的竞争很激烈，但参与竞争的人并不多。经济发达村村办企业厂长（经理）竞争也不很明显，原因在于虽然村办企业数量多，村办企业负责人地位高，社会交往多，收入可观，但企业的经济效益是刚性指标，利益、责任和奉献是一个有机整体，没有高素质的经营能力无法立足。因此，村民主要竞争的是村民委员会的正、副主任。根据这种情况，天津市大港区窦庄子村明确规定，只有经过实践证明有能力领导村办企业的人，才有资格成为村民委员会领导成员的候选人。在中等发展村，村民对村委会的选举非常关注，村民自治组织的选举和运作成为村民关注的焦点，参与踊跃。在经济落后村，村干部的职位和所承担的功能，如果剔除决定宅基地和社会交往便利、积攒社会关系资源的条件，对村民几乎不具备吸引力。

# 三 当前农村基层组织建设中存在的问题及其原因分析

## (一) 存在的主要问题

目前农村总的形势正在朝着繁荣和稳定的方向发展，市场机制已经发挥作用，党的富民政策深入人心，农村基层组织建设涌现出一批好的典型，基层组织在促进农村经济发展、增加农民收入、扩大农民就业机会、稳定农村社会秩序方面发挥着积极作用，协助政府做了大量工作。但是，农村基层组织建设中仍然存在不少问题。

1. 村级组织发展不平衡，表现为两个方面

其一，村级组织内部力量不均衡，组织建设不完善。一个完善健全的村级组织应该具备三个条件：①村级领导班子强，党支部有凝聚力和号召力，能起带头作用；②具有开拓精神，村级集体经济实力强，组织在经济建设中行使有效的领导、管理职能；③政治民主，社会稳定，各项工作进展顺利。如果从组织的凝聚力、号召力，集体经济实力与民主三个方面来评价农村基层组织，就会发现符合标准的理想组织并不多见。大多数村级组织都与这一理想类型有或多或少的差距，三个方面的发展并不均衡，经济发达地区的村级组织往往表现为民主不足。

其二，村级组织之间发展不平衡。尽管实际生活中各地村级组织都或多或少地存在这样那样的不足，但是就组织化程度及其发挥的经济、社会管理能力而言，不同的村级组织之间存在很大差异。如果以非严格意义的上述三个标准对村级组织进行评判，还是可以划分出较好、中等以及落后的村级组织，其中相当一批是软弱涣散村，有的甚至是瘫痪村。根据民政部 1994 年 9 月对全国 18 个省区农村基层组织发展状况的统计，有 10% 的村为软弱涣散村，广西这一比例达到 36%。根据分省统计和课题组实地调查，从典型总结角度看，村级组织中有好的典型，而且类型丰富。但就全国而言，农村基层组织中一般的和较差的占绝大多数。

2. 薄弱的村级组织机制僵化，缺乏活力，表现为 "老" "弱" "旧" "散"

"老" 就是村干部年龄老化，后继乏人，尤其是农村党支部中这一情况更为突出。据山西省运城地区一个县近年来对农村党组织情况的调查，全县 11400 多名农村党员，年龄在 49 岁以上的占 59.2%，年龄在 35 岁以下的仅占 14.5%；全县 360 多名村党支部书记，年龄在 50 岁以上的有 60 余人。

陕西省有的农村，从 1976 年以来没有发展一个党员。村级党组织年龄老化现象在中等发展村和欠发达村很普遍。

"弱"是村干部文化素质低，接受科学知识、开拓市场能力弱。山西运城地区的村级党员中，小学文化程度和文盲占到一半。四川省眉山县 1993 年村委会换届选举后，村委会干部的小学、初中、高中的文化结构比例为 20.2∶54.8∶25。这些文化素质低的村干部，年龄偏大、埋头苦干、安分守己，重视老经验、老习惯，不重视新的科学技术，善务农，不善经商。

"旧"就是工作方法沿袭计划经济下的管理办法，工作方式落后，对上依赖，习惯于接受任务、贯彻执行，对下指挥习惯于行政命令，少数人说了算，党支部习惯于包揽全村事务，以党代替村民自治，用人治的办法管理群众，不懂法制，也不善于以法治村。

"散"就是工作消极散漫，效率低下。春催种、秋催缴，"催粮收款、刮宫流产、灭鼠打犬"，忙于应付事务性工作，对村里发展方向和发展条件心中无数。另外，由于没有集体经济积累，村干部的补贴每年多则 500～600 元，少则 200～300 元，不能按年兑现，有的村甚至要拖二至三年。在四川省和山东省西北部的一些农村，有的村党支部书记、村民委员会主任中途提出辞职，有的乡镇村民小组长一次多达七八十人提出辞职。我们在山东陵县和平原县的农村调查座谈时，有的村委会主任当着乡镇干部的面说："我不愿干，他们又不让辞职，我就不管。"

3. 各基层组织之间关系不够协调，缺乏整合力量

目前农村基层组织包括村党支部、村民委员会、农村合作经济组织以及农民行业协会四种组织形式，分属党的组织部门、民政部、农业部和科协的领导体制，在某种程度上没有形成一个统一的、自上而下有整合能力和运行效率的、协调村级各种组织类型之间关系的机构。这势必不利于农村社区经济、社会的协调稳定发展。

另外，各种准社团性质的非正式组织在组织外围向各种正式组织渗透。有些地方有宗族势力、宗派势力甚至黑社会把持操纵村级基层组织。如果有一个强有力的整合中心，吸纳各种积极因素，强化正式组织自身建设，协调行动，必然会有效地抵制打击消极力量。

4. 干群关系紧张，社会冲突增多

有些地方村级组织的干部办事不民主，财务不公开，随意加重农民负担，以权谋私、化公为私，挥霍浪费，工作方式简单粗暴，民主选举和监督有名无实，群众意见很大，造成干群关系紧张，社会冲突增多。近年来，

在一些省份的农村村干部和村民冲突的流血事件时有发生。在经济中等发展地区干群矛盾最为突出，最为明显。

## （二）问题的原因

分析农村基层组织存在的问题，必须跳出组织自身这一狭小的圈子，把它放到宏观的社会背景中去，用静态和动态相结合的方法进行研究分析。

1. 背景特点

我国社会正处于转型时期。社会转型源于农村经济改革。农村的经济改革解决了大多数人的吃饭问题，其中一部分地区经济发展很快，已达到或正向小康生活迈进。社会转型的实质是各种社会资源的重新配置，各种社会关系的重新组合，社会结构的分化与重组，价值观念与行为模式的变迁。在这一社会要素变化重组的过程中，由于各种力量的制约，转型呈现出整体变迁与局部变迁的不一致。农村经济社会呈现如下特点。

（1）经济发展不平衡。由于广大农村所处的地理位置、自然资源、人口素质、文化传统、原有经济基础以及对政策的掌握程度等条件的不同，农村经济发展水平参差不齐，有经济发达、中等和落后之分，甚至还有8000万人口没有解决温饱问题。

（2）社会分化程度不平衡。随着经济发展，农村原有的社会结构发生变化，农民开始分化成各种阶层。阶层分化是经济发展过程中产业结构多元化、职业流动的结果。由于经济发展的不平衡，农村阶层的分化程度也不平衡。经济发展快的地方，阶层分化明显；发展慢的地方，阶层分化迟缓，具有较高的同质性。

（3）城乡壁垒、城乡差距仍然存在。农村剩余劳动力增多，社会流动增加。

2. 原因分析

鉴于上述背景特点，农村基层组织问题的深层次原因在于以下三方面。

（1）组织模式没有考虑当地经济社会发展特点，大多数地方仍按以前"大一统"的模式建立村级组织。

我国农村地域辽阔，各地情况差异很大，而村级组织却大多沿用过去计划经济条件下的行政管理体制模式，因此，在组织类型、组织规模、组织结构方面的建置具有很大的同一性。同一规模、结构的组织形式在农村经济社会条件发生变化的情况下，已不能完全适应形势的需要。特别在经济发达地区，以村落地域边界为组织外延的模式更不能适应经济社会的发展。在经济不发达地区的农村基层组织却超越客观现实需要，设置形式完备的组织模式只能给农民带来不必要的经济负担。因此，农村村级基层组织的设置不能"大而全、小而全"，要因地制宜。

（2）村级干部设置和职能与农户经济没有结合点，缺少激励机制。

农村村级组织体系运行状况和农村经济社会发展水平是高度正相关的。农村基层组织凝聚力的大小与其对农村中的生产生活单位（个人、家庭、村落共同体）发展的贡献份额和贡献方式有关。这里的发展是广义的，不仅包括经济利益，而且包括农民对生活质量的满意程度。村级组织对村民的凝聚力，包括如下因素：①农民人均收入中集体经济分配所占的份额；②农户生产经营对社会化服务的依赖程度；③社区公益事业和公共服务所代表的生活质量；④农户生产要素分配和生产竞争中的社会公平感和公正感；⑤村民对村务的参与意识和知情程度；⑥农村特殊的经济地理位置所带来的级差收益（不仅指级差地租Ⅰ和级差地租Ⅱ，而且包括级差地租Ⅲ，即城市化辐射所带来的土地升值）。可以看出，村级组织的凝聚力和上述6个因素存在着多种促进和制约关系。在6个因素中，第1个因素最为重要，集体经济水平制约着甚至可以说在很大程度上决定着村级组织的凝聚力。

反过来看，要使村党支部和村委会组织具有凝聚力，必须发展村级集体经济，而集体经济的发展又必须有强有力的组织领导作保障。基层组织的作用不仅在于促进经济发展，而且在于保障农村社会的有秩序协调发展，营造一个安定、清明、祥和的社会环境和生存空间。按照目前的农村消费水平，一个2000人规模的村，村里收入至少要5万元才能运转起来，但是福建有1700个村村级收入在万元以下，占全省总村数的11.8%。鲁西北3个县农民收入中来源于集体统一经营的也只有24%。集体经济薄弱，村民提留成为负担，引水、通电、架桥、修路、乡村教育难以兴办。福建省征用土地的补偿费90%为土地承包户所有，集体只能得10%，依靠批租土地积累集体资产已经非常困难。山东省招远市有的村干部工资9年不能兑现，张星镇蔡家村是个"空壳村"，村民不但从集体分不到1分钱收入，每人每年还要拿出七八十元作为提留款，群众纷纷投亲靠友，先后有70多户、200余人将户口迁到了外村。村级集体经济薄弱导致群众集体观念淡漠，人心不齐，村级组织涣散无力，社会治安和村风民风难以好转。

原有的"乡—村—户"管理模式，没有给农村能人以崭露头角、抓住机遇、合理有效地利用各种资源、开拓市场的机会。村级集体经济薄弱的村级组织对村内能人缺乏吸引力。在农村社区开放和流动增加的条件下，农村中勇于创新、不安于现状的人往往从事其他职业，流向村外。在市场经济条件下，人们的思想观念发生了很大变化，注重实际效益，取向功利。只讲奉献、不讲回报的说教难以适应新的形势。另外，村级组织建设固守旧的权威和权力格局，没有建立干部的升迁制度，干好干坏一个样，与自己利益没有太大关系，缺少奖惩机制。

（3）利益的不一致以及政策的不合理，造成基层组织工作困难重重，政府和农户利益不一致。

实行家庭联产承包责任制使农户家庭经营成为主流模式，引起农村基本矛盾和社会结构的变化，农民在生产和社会行为中的利益比较和效率选择观念增强。党和政府的各项农村政策促进了农村经济社会的发展，给农民带来了现实利益，市场经济的发展和社区开放使农民面临很多发展机会。同时也无可讳言，在政府和农民根本利益一致的基本前提下，政府的宏观管理职能和以农户为基本生产经营单位的农民之间存在着矛盾，具体表现为社会利益和农民利益、长远利益和眼前利益、国家利益和村落利益之间的矛盾。同时，村落共同体内还存在着农户利益、村落利益以及村落内不同利益群体的利益矛盾。政府对农村社会发展承担以下管理职能：督促农民向国家和社会承担法定义务，农村自然资源和社会资源的管理，保护农村农业生产、经济增长和社会发展所需要的贸易体系和规则，维护农村社会治安和社会秩序，计划生育工作，对农村经济发展和社会发展起指导作用的工作。农户对政府的要求则是：生产效益及其实现程度，良好的社会环境，公平的社会秩序，更多的就业和发展机会。政府和农民各自预期权重顺序不重合以及内在冲突，都可能表现为农民和社会管理之间的矛盾，这些矛盾在村党支部和村民委员会中不同程度、不同形式地表现出来。

实行家庭联产承包责任制以后，农村党支部一直在村落共同体的体制中居于核心和支配地位。按照党章规定，党支部应该积极执行上级指示，完成上级布置的工作任务。这里分为两种情况：当工作内容能够给农民带来具体利益和迫切需要的帮助时，农民由衷地感谢党组织和政府，这在救灾和扶贫中都实实在在地表现出来；当传达的内容是宏观管理，例如农民对国家的义务、计划生育、保护国家资源时，由于这些内容并不直接有利于农户或者村落社区的利益，农民对之并不十分关心，甚至会形成抵触情绪。因此，当党支部要求村委会落实该项工作时，很可能会遭到消极抵触。

村民委员会是村民自我管理、自我教育、自我服务的基层群众性组织。村民委员会由村民直接选举产生，村委会成员在直接选举的评价约束和村落共同体利益驱使下，更倾向于代表村民家庭或社区群体的利益。在现实生活中，农民执行党的政策和国家法规，以及完成国家任务的自觉性与实际要求还存在着距离，试行的《中华人民共和国村民委员会组织法》规定了乡镇政府和村民委员会不是领导关系，而是指导关系。这样，村民委员会在接受乡镇政府布置的有关工作时，服从色彩减弱，谈判能力增强。在乡镇政府与村党支部以及村委会的沟通中，这种差异尤为明显。

工农产品比价不合理。如果说上面所说的政府与农户利益的矛盾很大程度上是因为农民只顾自己利益而造成的，那么由于工农产品价格"剪刀差"造成农民利益流失，政府就负有不可推卸的责任。我国工业化基础完全建立在对农业积累的占有上，工业通过工农产品价格"剪刀差"从农业拿走了大量资金，而我国特有的城乡户籍制度，又阻止农村劳动力的转移，造成整个农村处于一个极其被动的发展位置上。20 世纪 80 年代工农产品价格差有所缩小，但近年来由于生产资料大幅度涨价，农业生产成本过高，而粮食价格虽然放开，但是由于粮食市场不健全，存在"卖难""买难"情况，粮食商品率低，还由于价格"双轨制"的存在，合同订购价格低于市场价，即使提价也赶不上市价，因此"剪刀差"又被重新拉大。

在这种不合理的价格政策下，要完成国家下达的棉粮等收购任务时，村干部的工作难度可想而知。完不成任务，要受到上级领导批评；想完成任务，又得不到群众的支持，甚至受到辱骂。村干部常常受"夹板气"。在村集体经济发达的地区，价格"剪刀差"的损失往往由集体经济补偿，所以农民感觉受"剥夺"的程度相对小一些，意见不大；在集体经济薄弱的地方，包括"剪刀差"造成的损失在内的一些不合理负担往往转嫁到农户头上，因此这些地方干部不好当，干群关系相对其他地方难以协调。

## 四　对不同类型地区农村基层组织建设的对策建议

加强农村基层组织建设，首先要在指导思想上给予重视。农村基层组织建设是农村经济发展和社会稳定的基础，是连接政府和农户的桥梁，反映着党和农民的政治关系。忽视农村基层组织建设，不但农村经济发展找不到组织依托，农户无力承担相应的组织职能，更为严重的是，一些传统落后的组织势力或者体制外的组织力量就会趁机而入，如果让这些势力得以发展，会直接影响农村稳定和社会稳定。应该从这一高度认识农村基层组织建设的重要性和迫切性。

结合现在不同类型地区农村基层组织建设模式，提出下列对策建议。

（一）切实解决农村村级组织协调发展问题。党委抓农村党支部、民政部抓村民自治组织的民主选举和制度化建设、农业部抓农村经济合作组织和乡镇企业，这样的部门分管格局取得了很大成绩，在实践中也证明确实有效，但是需要综合地协调农村村级组织之间的功能关系，以适应农村经济和社会发展的需要。没有统一的整合力量和整合目标，农村基层组织发展建设中村级组织体系就会相互冲突、相互掣肘。现在农村基层组织建设中，村党支部和村民委员会普遍存在的相互冲突凸出地反映出这类问题。从农村基层组织建设实践情况看，建议恢复 1993 年以前自上而下的农村基层政权（组织）建设工作领导小组，统一指导协调。

（二）要使农村基层组织为有能力开拓创业、能够带领群众致富的农村能人提供崭露头角的机会和环境。统计分析和实地调查的结果都表明，组织功能薄弱的农村党支部一个共同的突出特征就是发展停滞，党支部的党员和支部一班人不是农村中发展生产力和开拓市场的先进分子的代表，而且党支部在某种程度上已经成为维持旧的身份格局、地位格局的组织壁垒，即使发展党员，也只是吸收听话、说顺耳话的人。加强村级组织建设，关键在人，在于能否选配一个德才兼备的带头人。在发展市场经济、改变农村落后面貌中积极培养和发展农村新党员，加强农村村民委员会的民主选举、民主决策、民主监督，使农村村级组织对农村人才有吸引力，这样的农村基层组织才会在市场经济中发挥作用，才会形成对广大村民的凝聚力。政府对农村基层组织干部的培训是必要的、有意义的，但是如果这些干部并不是农村中发展市场经济的农村精英中的代表人物，不能代表村民，那么这样的培训即使形式完善、统计详尽，结果却往往低效或者无效。只有加强党的组织队伍的纳新建设，在此基础上才会形成强有力的党支部领导班子，只有加强村民委员会的民主选举和民主管理，才会形成有凝聚力的村民自治组织。

（三）对农村村级组织建设要加强管理，重点是加强村级组织建设的目标管理，而不是在组织形式、组织结构、组织规模等外在指标方面强求一致。中国农村发展不平衡，不能要求农村基层组织套用一个模式。在经济不发达的农村，没必要简单套用经济发达农村的村级组织结构和模仿发达地区农村组织的规模，不要成立没有产业依托和市场依托、只是依靠农户提留形成村级集体积累的村级经济合作组织。要强化村级组织的服务和管理职能，积极培育和引导连接农户与市场的多种形式的中介服务组织，并把这样的组织作为农村基层组织的有机组成部分，给予重视。

（四）以农村生产力发展、农村市场经济发展、农民收入增长作为评价农村基层组织效率的根本标准，对农村基层组织建设分类指导。农村基层组织建设的近期工作目标可以概括为三种类型。

（1）在经济发达地区的农村，村级组织体系完备，组织效益明显，村级组织对村民具有明显的凝聚力，能够完成上级党委和政府交给的各项任务。现在这类村级组织的主要问题是：随着集体经济发展和集体积累的增长，组织制度化建设没有相应同步发展，在村级组织领导层（党支部、村委会、乡镇企业负责人）中潜伏着因工作和个人关系而积累的矛盾，主要在民主决策、村级企业上缴的份额和比例等方面表现出来。这类矛盾任其发展，就会在村级组织领导之间发生直接冲突，影响生产效率，造成集体资产流失。在我们调查的几个经济发达村，这一潜在趋势比较普遍。因此，透过经济发达村现在的经济增长数字，发现潜在地影响农村经济健康发展和社会稳定的因素，通过制度化建设来规范村级组织行为，通过村民民主评议来监督村级组织工作，是经济发达村村级组织建设中的一项重要内容。在管理办法上，一方面要为农村能人鼓劲，表彰带领村民致富的农村组织的带头人，另一方面又要加强对村级资产和财产的审计管理，防止虚报、挪用、私分和流失。在农村基层组织建设中要同时顾及两个方面：既要适应农村产业结构分化和非农产业的发展，建立现代化的投资立项制度、企业管理制度、财务审核制度，又不能违反民主原则。在这种条件下，依靠作为民主自治建设中初级形式的村民会议和村民代表会议来行使决策方向是对的，但是形式显然需要改进。可行的措施是把民主管理和现代化企业制度有机结合起来，以村民会议或村民代表会议形式讨论评议村级管理经济发展的投资项目框架和责任问题，但对具体的投资立项、投资时机、投资规模、立项程序、市场预测等技术性、机密性很强的问题，则不宜以村民会议或者村民代表会议形成决策。因此，对于这类村务和村内的重大事情，既要按照现代企业管理制度建立有效、有责任的议事和决策程序，又不能违反村民自治的民主原则，剥夺和侵犯村民的知情权和议事权。只有将这两方面有机结合，形成农村村级组织的制度化、规范化管理，才能在促进农村经济发展的同时，防止在农村基层党支部产生禹作敏式的"庄园主"和李小军式的"恶霸"。

（2）在经济发展为中等水平的农村，村级组织建设的关键是要发展乡镇企业和适应市场的专业化的中介服务组织。现在在中等发展水平村，这是农村基层组织建设中最根本和最为宝贵的动力。经济大户积极参与农村基层组织班子竞选，这种情况主要集中在经济发展中等水平村，这对农村基层组织建设有消极作用，同时也蕴含着积极因素，关键在于因势利导，将大户的积极性纳入制度体系，并且通过健全的民主程序来评价和监督。在经济发展中等水平村，农户的经济地位比较稳定，经营能力比较成熟，而村级企业和流通中介服务组织一般比较薄弱。加强农村基层组织的民主建设，选拔村庄能人进入村级组织领导岗位，依法治村，才能形成合力，为办好乡镇企业和流通中介服务组织创造条件。现在这类村发展乡镇企业和村级集体经济组织存在着"一哄而上、一哄而下""年年办年年丢，年年丢年年办"的状况，很重要的原因就在于村级组织领导素质低。只有使农村能人进入村级组织领导岗位，才能在创办乡镇企业和服务性中介组织上取得实效。

（3）经济欠发达和贫困村村级组织建设的重点是打破传统村落维持均衡、抵制创新的束缚，选拔能人进入村级组织领导位置，以村级组织带动资源开发、劳务输出，增加村民和外界的联系，增加村民的就业机会，在具备一定的资产积累、人力资本积累和组织资源积累的条件下，再根据能力发展适合自己的乡镇企业项目。现在贫困地区农村村级组织缺乏凝聚力，村民对评议村级党组织和选举村民委员会兴趣不大，村级组织干部吃苦受累报酬低，"撂挑子"思想比较普遍。这与欠发达村民主机制不完善有关，也与确实缺乏人才有关。在欠发达村，农村基层组织建设不能简单模仿发达地区村级组织的类型、规模和财政运作方式，首先要立足于开发加工有市场需求的本地资源，创造就业机会、增加农户收入。农民的流动对提高这类村村民素质、开拓眼界具有不可低估、不可替代的积极作用。同时还可以利用国家"八七扶贫计划"中的"东西互助"项目，在发达地区农村培训贫困地区村干部，使他们开拓眼界、提高素质。华西村 1994 年夏季开始为陕西贫困地区分期分批培训农村干部，把这种培训和华西村的企业开发和企业发展结合起来，这一培训方式值得总结和推广。这样对发达地区是开发资源和调整产业结构的机会，对落后地区是提高组织素质和发现贫困地区经济生长点的机会，双方受益。

概括而言，抓协调，抓人才，抓管理，同时根据不同地区农村基层组织建设的内在需求进行分类指导，这四个方面构成现阶段加强农村基层组织建设的关键环节。

# 如何面对农村封建迷信的盛行*

**记者**：新中国成立后到改革开放前这段时间，封建迷信活动在城市基本绝迹，农村虽然有，也是地下的、零星的，没形成什么气候。现在，封建迷信又开始盛行了，农村地区显得更为严重。据我们所了解的情况，尽管舆论界一直在抨击，但农村的建庙造神、求仙问卜、算命看风水、筑坟墓等活动很公开，开销很铺张，说大张旗鼓并不过分。一些家族借修族谱渲染宗族势力，一些人利用封建迷信、宗教结成帮会性质的恶势力。突出的问题是，不光老一代的农民对风水、命相、神仙菩萨显灵等深信不疑，烧香拜佛、求神问仙十分虔诚，有些年轻农民甚至有过之而无不及。

**陆学艺**：对这一现象要做点分析。尤其是舆论界，不要动不动就说"愈演愈烈"。到苏南看看，到张家港看看，能说"愈演愈烈"吗？对这个问题的看法，实际上涉及对整个农村社会的看法、对我国社会形势总的看法。从社会学的角度讲，中国现在是传统社会向现代社会转变的转型期，农业社会向工业社会转型，农村社会向城市社会转型，封闭半封闭的社会向开放的社会转型，单一的同质的社会向多样化的社会转型。转型期会出现"转型病"，发达国家也经历过。与发达国家的经历不同的是，在转型的同时，我们还要从社会主义统一的计划经济向社会主义的市场经济转化，在这一过程中增加了很多"社会病"，像拿农转非指标卖钱、权钱交易、价格双轨制等。两种转型交织在一起，农村社会却真正是"和平"转过来了，没有发生马克思描绘的资本主义原始积累阶段那种"羊吃人"的现象。在这么一个大变动的背景下看待封建迷信的问题，就不能简单地说经济发展

---

\* 本文源自《瞭望新闻周刊》1996 年第 22 期第 28～30 页刊载的《如何面对农村封建迷信的盛行——与专家对话》一文。该文为《瞭望新闻周刊》记者与袁贵仁、陆学艺的对话，本文仅收录关于陆学艺与记者对话的部分，现标题为本书编者根据访谈内容所拟定。——编者注

了，精神文明下来了。在社会转型期，有些问题我们可以避免一些，但很多东西避免不了。中国在一场空前的变迁中产生这些问题不是大问题。

**记者：**改革开放前，人人都在集体里，公社、大队、小队，非常具体。不管"集体"在发展经济上起到了多大的作用，但农民感觉有依靠，大到子女就业、穿衣吃饭，小到夫妻吵架、邻里不和，有了问题就去找大队、公社。随着家庭联产承包责任制的实行，"集体"的概念在农民的心目中日益变得淡漠甚至消失，不少农民觉得好像缺了"主心骨"。

**陆学艺：**现在的问题是，有些地方政府职能的转变没到位，该办的事情没有办。出问题的往往是基层政权瘫痪的地方，农民有事找你找不到。社会不能"真空"，总要有人管，基层组织不去管，宗族势力不就趁机代替了吗？还有些地方的领导班子没选好，村主任还不如族长的威信高、能力强，甚至还不如族长公平。据我调查，凡是封建迷信严重、宗族势力强大的地方都是基层政权不得力的地方。凡是在政治上、经济上能管起来的地方都比较好。凡是搞集体经济为主的地方，共产党的领导也就体现了，社会安定，封建迷信这些事也就少些，像张家港这种地方就是。比较而言，搞个体、私营为主的地方，经济发展了，问题也比较多。因为集体经济搞得好的地方，政府有经济实力去办学校，办文化站，扶贫，农民靠共产党靠得住，有难处就找党、找政府，不用去抽签、求神、拜菩萨。

**记者：**农村封建迷信盛行不是孤立的，它与整个社会环境密切相关。比如说，占卜、风水、算命、看相、测字、圆梦等图书一应俱全，无疑给文化不多的"巫婆""神汉"提供了让别人信服的"科学""理论依据"；一些基层领导干部、党员掺和其中，像大办丧事、视风水先生为座上客、名字上庙宇的"功德榜"等，客观上起了推波助澜的作用；一些旅游景点借助现代科技手段把"阴间景象"活灵活现地展示出来，似乎告诉人们这一切都是"真实的"。

**陆学艺：**哪个地方的干部参加了，甚至带头，哪个地方的封建迷信就普遍。

**记者：**封建迷信盛行是农村精神文明建设滞后的表征之一，相伴随的还有赌博之风蔓延、流氓恶势力增多、社会风气低下等。这些现象的背后，是农村在社会转型期，道德观和价值观模糊、法律意识和科学知识淡薄。改革开放前，由于强调意识形态，政治思想工作做得很充分，道德观和价值观的教育比较强硬，而普及法律意识和科学知识一直是个弱项。这些年，经济虽有了很大的发展，但过去强硬的思想教育软下来了，而现代社会不可或缺的法律意识和科学知识的普及工作，在农村依然还是一块"处女地"，并没有随经济的发展而跟上去。

  **陆学艺：**从总的发展来说，现在产生的这些现象会随着市场经济的进展，随着政治体制的改革，慢慢得到解决。新的文化、新的道德观念是在实践中逐步总结出来的。构筑文化在一定程度上要比经济建设还难，甚至要经过几代人，得有一个过程。

# 搞好农村基层组织和民主政治建设，
# 要处理好三个方面的关系<sup>*</sup>

贯彻落实十五届三中全会精神，继续搞好农村基层组织和民主政治建设，还有许多事情要做，特别要处理好三个方面的关系。

第一，要处理好村党支部这个领导核心和村民直接选举产生的村民委员会的关系，使之共同发挥作用。现在大多数地方村党支部和村民委员会的关系是比较好的，但也有一些地方二者关系不太协调。因此，处理好村党支部和村民委员会的关系非常重要。

第二，要处理好乡党委、乡政府和村党支部、村民委员会的关系。我国农村的村民委员会是民主选举产生的自治组织，乡政府对村民委员会是指导、支持和帮助的关系，乡党委对村党支部是领导的关系，怎样使这种关系更加协调，是一个值得认真研究的问题。

第三，要特别注意抓好乡党委、乡政府这一级的建设。乡政府必须切实转变职能，精简机构和人员。乡政府到底应有多少个编制？这个问题要好好研究。现在有的乡政府竟达到二三百人。为什么农民负担减不下来？乡政府人员过多是一个重要原因，当然，也有财政体制上的问题。对这些问题，我们都要认真调查研究，找出切实可行的解决办法。

---

\* 本文源自《求是》1998 年第 22 期刊载的由该刊记者编发的《进一步巩固农村稳定发展的政治基础——"加强农村基层组织和民主政治建设座谈会"综述》一文，本文仅收录其中陆学艺的发言摘要，该摘要原无标题，现标题为本书编者根据发言内容所拟定。——编者注

# 乡镇企业与小城镇建设

# 中国乡镇企业的发展与中国农民的分化[*]

1978 年，中国实行改革开放政策，加快了中国社会现代化的进程。十多年来，经济增长很快，从 1978 年到 1993 年国民生产总值平均每年增长9.3%。随着经济结构的变化，社会结构也在发生急剧的变化。当代中国正在由农业社会向工业社会转变，由乡村社会向城镇社会转变，由传统社会向现代社会转变，由原来的计划经济体制向社会主义市场经济体制转轨。

在全国经济社会发展中，尤其是广大农村的经济社会发展变化中，乡镇企业起了特殊的重要作用。乡镇企业是在中国特有的历史条件下，由中国农民群众自己创办，得到政府的支持和帮助而蓬勃发展起来的一种经济形式。它不同于中国城市原有的国营的工商企业，也不同于国外的乡村工业。它是在中国 20 世纪七八十年代特有的城镇二元结构条件下，适应中国实行了家庭联产承包责任制的改革后农村继续发展的要求而产生的。乡镇企业的产生和发展，极大地推动了农村经济社会各项事业的发展，促进了中国农民这个占世界人口 1/6 的社会群体的分化。

中华人民共和国建立之后，20 世纪 50 年代初开始进行大规模的经济建设，基本上仿效了苏联的模式，建立了一套计划经济的体制，集中大量的人力、财力、物力，进行国家工业化建设。应该说，20 多年的工夫，取得了功不可没的成就，建立了门类比较齐全、初具规模、以工业为主导的国民经济体系，经济有了较大发展，综合国力也增强了。但所付的代价过于沉重，存在着极其严重的问题和弊病，主要是：重工业、轻农业，重城市、轻农村。1978 年与 1952 年相比，工业产值增长 16.6 倍，而同期农业产值

---

   * 本文源自《"三农论"——当代中国农业、农村、农民研究》（陆学艺著，社会科学文献出版社，2002，第 444~453 页）。该文系作者 1994 年 7 月参加日本大学学术年会时提交的论文。——编者注

只增长两倍。一大批大中城市建立起来了，有的还有了相当现代化的水平，但广大农村还很落后。特别严重的是，从 20 世纪 60 年代初期开始，实行了把城乡严格分开的户籍管理制度，严格限制农业人口转为非农业人口，严格限制农民向城市转移，使大量的农村劳动力滞留在农业，大量的农民滞留在农村，形成了中国特有的城乡二元社会结构。居住在城镇的非农业户口的居民同住在农村里的农业户口的农民，因为身份不同，在经济、社会中得到的待遇也不同。例如对城市居民的粮食、蔬菜、副食品以及燃料、水、电和住房实行财政补贴制度，而农民则多数靠自给和市场价格购买；对城市居民的就业实行统包统配安排，而对农民则实行"自然就业"，即在本村本队安排从事农业，等等，实际上形成了"居民"和"农民"两个身份不同，经济社会地位、待遇不同的利益集团。

直到 1978 年，在中国 96259 万人口中，城镇人口只占 17.9%，而农村人口占 82.1%，只比 1957 年减少 2.5 个百分点。但是 1978 年的全国工农业总产值中，工业总产值占 72.2%。这就是说，1978 年的工业化率是 72.2%，而城市化率只有 17.9%，相差 54.3 个百分点，这种工业化与城市化严重背离的现象在世界历史上是罕见的。[①]

1978 年中国农村有 79014 万人口，有 2.83 亿个劳动力从事农业生产，但由于当时实行的是人民公社集体经营管理体制，大多数农民没有生产积极性，所以农业生产增长缓慢，这么多人搞农业，粮食还不够，棉花也不够，都还要靠进口弥补，农民生活贫苦，1978 年全国农民平均年纯收入只有 134 元，大约有 1.8 亿人连温饱的生活都不能维持。[②]

1978 年，中国实行改革开放，首先从农村开始改革。农村实行家庭联产承包责任制，把土地使用权分给近两亿个农户，改集体经营为农户家庭经营，农民得到了自主权和实惠，调动了农民从事农业生产的积极性，农业生产连年大幅度增长，1979～1984 年农业产值平均每年递增 14.6%，粮食产量平均每年递增 4.2%，农民的年纯收入平均每年递增 17.3%，[③] 很快解决了温饱问题。与此同时，农村大量的剩余劳动力问题出现了。原来是集体劳动，农民没有生产积极性，所以田种不好，实行改革以后，农民有了积极性，人均 0.1 公顷多一点的耕地就不够种了。

---

① 国家统计局编《中国统计年鉴·1983》，中国统计出版社，1983，第 20、104 页。
② 国家统计局编《中国统计年鉴·1994》，中国统计出版社，1994，第 59、84、277 页。
③ 国家统计局编《中国统计年鉴·1985》，中国统计出版社，1985，第 24、255、570 页；《中国统计年鉴·1981》，中国统计出版社，1981，第 431 页。

从农业剩余出来的劳动力要找出路，农民还要求致富，迫切要求向城市的第二、第三产业转移。但城市经济改革才刚刚开始，原来计划经济体制条件下的国有企业经济效益普遍不好，无力接纳大量的农村劳动力进城来就业（城市本身还有数百万失业劳动力要就业），加上原有的城乡分割的户籍管理制度没有改革，农民进城难上加难。几亿农民要求致富，几千万个农村剩余劳动力要找出路，于是，乡镇企业就应运而生了。农民自己筹措资金、建造厂房、自置设备、自学技术、自找供销渠道，办起了各种形式的企业，从事各种产业的经营。1984 年，政府发布政策文件，把这种企业正式定名为"乡镇企业"，并且还制定了对新办乡镇企业免税三年、给予低息贷款等优惠政策，支持和鼓励乡镇企业发展。以后，乡镇企业就在各地蓬勃发展起来了。

1993 年，全国的乡镇企业已发展到 2321 万个，有职工 11278 万人，当年乡镇企业总产值 2.9 万亿元，占农村社会总产值的 71%，占全国社会总产值的 36%。1993 年乡镇企业上缴国家税金 1059 亿元，占各种税收总额的 26%。① 现在，乡镇企业已成为中国国民经济的重要组成部分，是农村最重要的经济支柱。乡镇企业的迅速发展，增强了国家的综合实力，也给整个国民经济注入了发展的动力和活力。

从多年的实践来总结，乡镇企业是在中国特有的二元社会结构的条件下，在农村社区，由农村集体或农民个人集资兴办的，集多种经济成分、多种经营方式、多种产业、多种规模于一体的经济实体的总称。

从经济成分讲，开始是以乡（镇）办、村办的集体所有制企业为主，以后有联户办、个体（私营）办、股份合作办、中外合资、中外合作办等多种形式。1993 年全国 2321 万个乡镇企业中，乡、村两级集体办的 168.4 万个，只占 7.3%，联户办的 103.8 万个，占 4.5%，其余为个体和私营等的经济成分。但因为乡、村两级集体企业规模大、实力雄厚，就业的人数就比较多，产值也比较大。比如 1993 年，在乡镇企业的从业人员总数中，乡办和村办企业的人数占 51%。在乡镇企业的总产值中，乡办、村办企业的产值占 70%。所以，至今乡镇企业仍以集体经济为主。不过从近几年的发展趋势看，个体、私营、股份制和中外合资的乡镇企业的发展快于集体办的企业。

从经营形式上讲，原来乡办、村办的集体企业，是由乡、村的党政领

---

① 中华人民共和国农业部编《中国农业统计资料·1993》，中国农业出版社，1994，第 154 页。

导委派的厂长、经理和干部集体经营的，以后发展到由厂长、经理承包经营，一些小型企业也有租赁经营的。近几年相当多的集体企业在向股份制、股份合作制的经营形式转变。

从产业结构上看，乡镇企业从一开始就包容了各种产业。1984 年，全国 606.5 万个乡镇企业当中，工业企业个数占 79.3%，产值占 72.8%；建筑业企业个数占 1.3%，产值占 12.7%；交通运输业企业个数占 2.1%，产值占 2.8%；商业服务业企业个数占 13.1%，产值占 8.6%；农业企业个数占 4.1%，产值占 3.1%。到 1993 年，在全国 2452.9 万个乡镇企业中，工业企业个数占 37.4%，产值占 74.3%；建筑业企业个数占 5.0%，产值占 10.2%；交通运输业企业个数占 37.4%，产值占 6.3%；商业、餐饮业和服务业企业个数占 36.6%，产值占 7.9%；农业企业个数占 1.1%，产值占 1.3%。① 从总体来看，乡镇企业从一开始就是以第二、第三产业为主的，农业企业越来越少了。而第二、第三产业中，尤以工业为主，所以说发展乡镇企业就是发展乡镇工业也是可以的。现在的乡镇工业，门类相当齐全，已包括了能源、冶金、电子、机械、纺织、服装、塑料、食品、农机、建筑材料等多种门类，有的产品已占全国的很大比重。如 1993 年，原煤的 45%、水泥的 37%、机制纸和纸板的 59% 都是由乡镇企业生产的。完全有理由说，乡镇工业已成为全国工业的"半壁江山"。

从经营规模上讲，乡镇企业开始时一般都是比较小的，几个人、十几个人，几百元、几千元的资金，几间旧房，几台旧机器，因陋就简，敲敲打打手工操作，但发展很快，资金积累很快。十几年工夫，现在各地都有了一批几百人、几千人乃至上万人的大型乡镇企业。这些企业有宽敞的厂房，精良先进的设备，技术构成很高，实行现代化的科学管理，拥有数千万元、数亿元固定资产和流动资金，这些企业有不少是全国第一的企业。比如全国最大的电冰箱厂、最大的电饭煲厂、最大的电风扇厂、最大的饲料厂、最大的丝织印染厂、最大的万向节厂等，都是乡镇企业。乡镇企业正向大型化、集团化和现代化企业发展。

从企业分布上讲，原来的乡镇企业土生土长，可以说是"处处办厂、村村冒烟"，场地相当分散。这对于提高乡镇企业的经济效益，促进乡镇企业进一步向高层次发展，企业用电、用气、用水、通信联络以及企业相互间的交流、观摩和互通有无等都很不利。所以，从 20 世纪 90 年代初以后，

① 国家统计局编《中国统计年鉴·1994》，中国统计出版社，1994，第 361 ~ 363 页。

现有的乡镇企业开始向小城镇集聚，有一部分乡镇已经在办工业小区、开发区，制定优惠政策，促进乡镇企业逐步集中，而这将是一个比较长的过程。

从地区分布上讲，乡镇企业最早是在苏南、胶东、闽南、广州、深圳，即中国东南沿海各地的农村首先发展起来的，这些地区本来农业和商品经济的基础就比较好，办乡镇企业比较顺利。而乡镇企业发展起来之后，又推动了东南沿海地区的整个经济社会的发展。这就带来一个问题：东部经济发达地区同西部经济不发达地区的差别越来越大了。1978年广东省的人均国民生产总值（GDP）是贵州省的209%，到1993年扩大到401%，而且这种扩大的趋势还在发展。有鉴于此，20世纪90年代初以后，政府倡导要加快中西部地区乡镇企业的发展。例如，大量增加对中西部地区发展乡镇企业的贷款，组织和鼓励东部的乡镇企业到中西部资源丰富的地区去办厂和开发，鼓励和支持流动到东部地区的民工，学了技术和经营本领以后，回到中西部老家去办乡镇企业。现已初见成效，近几年中西部地区乡镇企业的发展速度已高于东部，但这也将是一个较长的历史过程。

总的说来，中国乡镇企业的崛起，改变了农村的经济结构，推动了农村的工业化，加速了整个工业化的进程，促进中国由农业社会向工业社会转化。1978年以前的中国农村经济，实际就是农业经济，农村里只有一些农产品加工、农具制造、农机修理等小工业，工业产值只占农村社会总产值的25%以下。乡镇企业发展起来之后，到1987年，在农村社会总产值中，乡镇企业产值已占51.3%，乡镇工业产值占35.4%，而到了1993年，在农村社会总产值中，乡镇企业产值已占72%，乡镇工业产值占58.4%。而在苏南等乡镇工业发达地区，乡镇工业的产值已占这里农村社会总产值的80%以上，那里是乡乡村村都有工业，所以有人说，现在的苏南农村应该改称"苏南工村"了。

乡镇企业的发展，改变了中国农村的社会结构，推动了农村社会流动，促进了农民的分化。1978年以前，中国7.9亿农民被组织在5.2万个人民公社、70万个生产大队、515万个生产队里，在集体经济内部，实行统一经营、统一分配，农民对生产资料没有支配权，对经营没有自主权，集体劳动，按照工分分配，农民之间的经济生活状况基本相同，所以7.9亿农民都是人民公社社员。农村改革以后，农民成为独立的商品生产者，有了生产经营的自主权，可以从事农业和非农业的劳动和经营，使农民这个大的社会群体分化了，而推动农民分化和流动的最主要的力量是乡镇企业的发展。

农村经过十多年的改革和发展，中国农民已经分化为八个职业不同、利益不同、要求和愿望不同的阶层。

1. 农业劳动者阶层

指承包集体耕地，从事种植业、养殖业、畜牧业劳动，并依之取得全部或大部分收入的生产劳动者。农业劳动者阶层目前仍是中国农村人数最多的一个阶层，在中西部地区、乡镇企业还未发展起来的地方尤其如此，农业劳动者仍占多数甚至绝大多数。但在大中城市的郊区和东部沿海经济发达地区，随着乡镇企业的发展，这个阶层的比重不断降低，有的已降到20% 以下。

2. 农民工

这是中国特有的一个阶层，他们的户籍在农村，农民身份未变，还承包有耕地，但常年或大部分时间在乡办、村办的集体企业或国有企事业单位从事第二、第三产业劳动。农民工有两类：一类是"离土不离乡"的，他们在本乡、本村的乡镇企业里劳动，早出晚归，还住在本地；一类是"离土又离乡"的，他们到城市中的国有和集体企事业单位或外地的乡镇企业里从事非农产业劳动。这几年讲的"民工潮"，就是形容这支庞大的民工队伍，在回家过年时形成的像潮水一般蔚为壮观的景象。农民工阶层人数仅次于农业劳动者阶层，据 1993 年统计，已超过一亿人，随着乡镇企业继续发展，这个阶层还在扩大。

3. 雇工阶层

他们同农民工一样，也是农民身份，承包有土地，但从事非农产业的劳动。所不同的是，农民工在乡镇集体企业或国有企事业单位里工作，而雇工则受雇于个体工商户、私营企业主或三资企业。这个阶层近几年发展很快，已超过 1500 万人。

4. 农民知识分子阶层

农村里的民办教师、医生、农业技术员、文化艺术工作者等属于这个阶层，他们从事脑力劳动，但户籍在农村，是农民身份，同农民一样承包有土地，住在农村。这个阶层人数不多，大约占农民的 1.5% ~2% 。

5. 个体劳动者和个体工商户阶层

指拥有某项专门技术或经营能力，自有生产资料和资金，从事某项专业的劳动者（如木工、瓦工）或经营小型企业的工商业者，个体工商户除了自己参加劳动从事经营外，有的还雇有少量帮工或学徒工。1993 年，农村个体劳动者和个体工商户有 1191 万户，从业人员共 2009 万人。

6. 私营企业主阶层

指拥有生产资料和资金，雇工在 8 人以上，以盈利为目标的企业主，这个阶层是 20 世纪 80 年代中期以后才出现的（个别的私营企业主在 80 年代初就有了）。1994 年全国农村约有私营企业 30 万家，私营企业主大约在 60 万人以上，这是农村中最富有的一个阶层。

7. 乡镇企业管理者阶层

指农村集体企业的厂长、经理、中层干部和供销人员。他们对集体经营的乡镇企业有经营决策权。1993 年全国农村有乡办、村办企业 168.4 万家。按每个厂平均 8 个干部计算，这个阶层有 1347 万人。在集体所有的乡镇企业发达的地区，这个阶层有经济实力，也很有影响力。

8. 农村管理者阶层

指乡、村两级的基层干部，他们是农村经济社会生活的组织者、领导者和管理者，从事农村的行政和经济的管理。他们是政府和广大农民之间的桥梁和纽带。

因为各地的经济发展状况不同，所以，农民的分化程度和各个阶层的组成状况也很不相同。在经济发达的东部沿海地区和大中城市郊区，农民文化程度高，农业劳动者阶层大量减少，而农民工、雇工、个体劳动者和个体工商户、私营企业主和乡镇企业管理者大量增加。在欠发达、不发达地区，农民分化程度低，农业劳动者仍占多数，上述另五个阶层就少。从整个国家来说，随着农村市场经济的发展和乡镇企业的发展，农业劳动者将逐渐减少，而农民工、雇工、个体劳动者和个体工商户、私营企业主、农民知识分子和乡镇企业管理者阶层会继续增加，而且还会进一步分化出新的阶层来。

从世界各经济发达国家实现现代化的历史来看，在实现从农业社会向工业社会转化的过程中，都有一个大量的农民转变为工人、职员和农民从农村进入城市的过程，而且这种农民转化为城市居民在职业转化、身份转化、居住地转变上基本是一起完成的。中国因为特殊的国情，特有的政治、经济方面的原因，中国农民的转化将是一个特殊的漫长的转化过程。从 20 世纪 80 年代初期开始，通过发展农村市场经济，通过发展乡镇企业，首先，是实现职业上的转化，由农业劳动者转变为非农产业的劳动者，现在大约有 1/3 的农民已经实现了这种职业转化。其次，是居住地的转化，1993 年政府已经决定，要逐步改革小城镇的户籍管理制度，允许农民进入小城镇务工经商，允许这部分农民在小城镇落户。现在已有大量从事第二、三产业的农民迁入小城镇居住，如在乡镇企业最发达的江苏省无锡县，现在已有42%的农民住到镇里。最后，将通过彻底改革户籍制度，实行城乡一体的户口制度，实现农民身份的转化，实现农民变为城镇居民的历史转化过程。

中国九亿农民中的大多数要逐步转化为工人、职员，转化为城镇居民，这是历史的必然。上述农民的职业转化、居住地转变、身份转换的过程，是对目前中国农村正在进行着的农民转化为城镇居民这一历史过程的概述。事实上，转变的形式还有多种多样，而且，广大农民还在创造新的转变形式。所谓中国特色，这就是具有中国特色的一个例证。正是通过这些符合中国特殊的经济社会条件的形式，稳定而又渐进地实现着中国农村社会的变迁，实现农村工业化，实现农村城镇化，实现由传统社会向现代社会的转变。

# 拓展视野谋发展<sup>*</sup>

　　我首先要祝贺我们森达集团成为全国第一家输出品牌。过去我们是借牌子生产的，现在乡镇企业绝大部分还是借城里人的牌子，借外国的牌子已经不得了了。森达能够把自己的牌子输出去，这一步我觉得跨得是非常之大的。

　　大名牌就是代表质量，我要特别强调的是，乡镇企业里普遍存在的一个问题是，他们大多注重"量"的积累，但是在"质"的方面提高的速度不够。目前，一些大企业已经具备质量并重的条件。出口也好，国内的一些高档消费也好，因为将来的出路在科技含量上面，科学研究要一些本钱。我们一方面要搞科技，另一方面还是要把教育搞上去。我们在国外考察走了不少地方，他们往往是集中、连片地搞产业开发，像法国的葡萄酒，相关的教育、科研、生产基地都集中在波尔多。

　　还有一个意见就是，皮鞋要好，皮革也要做得好，皮革好要从养牛开始，我们现在草原上的牛，牛虻多了都不行，我建议，你们那里粮食卖不出去，棉花卖不出去，是否可以考虑养黄牛，这件事做好了，可以给鞋厂提供好的原料，围绕这个企业提供原料，你们养牛啊、养羊啊，搞起畜牧业这个前道工序，将来整个建湖的前途无穷，森达的前途也无穷。

---

　　* 本文原载于《人民日报》1998年9月26日第6版，该文系陆学艺在"乡镇企业要创大名牌——森达集团大名牌战略研讨会"上的发言摘要。——编者注

# 大名牌代表质量<sup>*</sup>

　　大名牌就是代表质量。当前要特别强调的是乡镇企业里的一个普遍性的问题：做的量很大，但是在质上提高的速度不够。大的企业已经达到这一步，我觉得还要在质量上下功夫。1997 年皮鞋产量 20 多亿双，不出口人均几乎达到 2 双，不能每个小孩都穿，这是穿不了的，这个竞争越来越激烈，但是产值、利润、效益确实不行。国外一双普普通通的皮鞋 100 美元、200 美元，意大利的要卖 9000 元人民币一双。我想，可能主要不在产量上，而在质量上。

---

　　*　本文原载于《城市技术监督》1998 年第 11 期，发表时间：1998 年 11 月 15 日。该文系该刊"权威纵论"栏目组织的一组关于企业名牌战略的观点汇编中陆学艺的观点摘要。——编者注

# 积极发展乡镇企业，搞好小城镇建设[*]

乡镇企业是继家庭联产承包责任制以后、中国农民在党的领导下的又一个伟大创造。党的十五届三中全会对乡镇企业做了充分肯定，认为它是推动当前国民经济新高潮的一支重要力量，各级党委和政府要站在全局和战略的高度，继续积极发展乡镇企业，带动农村的产业结构调整，把农村的各项事业办好。

## 一

乡镇企业的产生和发展，既符合经济社会发展的一般规律，又具有中国特色。从世界各现代化国家发展的历史过程看，一般都是先从农业、农村取得原始积累，大量的农产品、工业原料进城，农村劳动力进城，实现工业化，实现城市化，等工业发展起来之后，再反哺农业、反哺农村，使农业现代化、农村现代化。我国社会要实现现代化，必然要搞工业化、城市化，也必须要有大量农业人口进城转变为非农业人口。但是中国的工业化、城市化进程，不同于其他国家，它有三个特点。

第一，我国是社会主义国家，20 世纪 50 年代以后，实行了集中统一的计划经济体制，形成了城乡分隔的二元经济结构和二元社会结构，改革开放以后，正在向社会主义市场经济体制转变，要实现工业化、城市化，必须不断突破计划经济形成的一些体制性的障碍，需要进行一系列的改革。

第二，从现代化角度看，我国是后发外生型的国家，在实现工业化、

---

　* 本文源自《"三农论"——当代中国农业、农村、农民研究》(陆学艺著，社会科学文献出版社，2002，156~178 页)。该文原稿写于 1998 年 10 月，首次刊载于《中共中央关于农业和农村工作若干重大问题的决定学习辅导讲座》(人民出版社、经济科学出版社，1998，第 153~176 页)，系十五届三中全会学习辅导报告第十一讲。——编者注

城市化、现代化的时候，欧洲、美国、日本等现代化国家已发展到相当的高度，全球化的经济体系业已形成。好处是我们可以借鉴它们实现现代化的经验和教训，引用它们已有的先进科学技术和管理形式，选择正确的技术路线和发展战略；坏处是这些国家总是千方百计想把我们纳入它的体系，而且市场密度已经很大，份额分配已成体系，要挤进去很不容易。

第三，我们国家人多地少，资源相对短缺，科技文化水平落后，经济基础薄弱，城乡差别很大，是一个发展很不平衡的大国。就拿人多地少来说，我国的人均耕地只有世界平均水平的1/3、美国的1/9。我国至今还有3.5亿个农业劳动力，要提高农业劳动生产率，搞农业规模经营，实现现代化。有关专家估算，即使按我国现在已达到的农业生产水平，劳均种20亩地，只要1亿个农业劳动力就够了。只要政策对头，农业产量还是只会增加、不会减少。但余下的2.5亿个劳动力到哪里去？另外，农业现代化，要有现代化的基础设施和生产资料投入，钱从哪里来？

"我们的现代化建设，必须从中国的实际出发。无论是革命还是建设，都要注意学习和借鉴外国经验。但是，照抄照搬别国经验、别国模式，从来不能得到成功。这方面我们有过不少教训。把马克思主义的普遍真理同我国的具体实际结合起来，走自己的道路，建设有中国特色的社会主义，这就是我们总结长期历史经验得出的基本结论。""中国的事情要按照中国的情况来办，要依靠中国人自己的力量来办。"① 乡镇企业就是中国广大农民和农村干部实践小平同志这个指示的精神自力更生办起来的。

20世纪80年代初期，农村实行家庭联产承包责任制以后，一方面，农民的生产积极性空前高涨，农业生产迅速发展，主要农产品连年增产，一举解决了绝大多数农民的温饱问题，保证了城市发展的农产品供给问题；另一方面，由于农业劳动生产率迅速提高，农业剩余劳动力大量涌现，迫切需要寻找新的就业和增加收入的致富门路。但在20世纪80年代中期，城市改革刚刚展开，第二、三产业本身发展面临许多问题，加上大量知青回城需要安排就业，所以城市的工业和第三产业还不具备接纳大量农村剩余劳动力的条件，还有城乡分割的户籍制度的限制，农民进城就业就难上加难。正是在这样的背景下，农民群众和干部，首先利用人民公社时期的社（办）队（办）企业的形式，使之扩大和发展，同时也悄悄地办起了一批个体和私营企业。开始规模都不大，因陋就简，办的多数都是第二、三产业，

---

① 《邓小平文选》第3卷，人民出版社，1993，第2~3页。

生产了很多工业产品和提供各种服务，满足了社会的需要。

有鉴于农民在家庭承包经营责任制后的这些创造，1984 年中央一号文件对此做了肯定和支持。"随着农村分工分业的发展，将有越来越多的人脱离耕地经营，从事林、牧、渔等生产，并将有较大部分转入小工业和小集镇服务业。这是一个必然的历史性进步，可为农业生产向广度深度进军，为改变人口和工业的布局创造条件。""现有的社队企业是农村经济的重要支柱，有些是城市大工业不可缺少的助手"，要"促其健康发展"。① 有鉴于农村个体工商户已经广泛发展起来，国务院有关部门做了认真调查，于1984 年 2 月 27 日国务院发出了《关于农村个体工商业的若干规定》，就若干政策问题做了界定，指出："国家鼓励农村剩余劳动力经营社会急需的行业"，"农村个体工商业是指农村居民从事适合个体经营的工业、手工业、商业、饮食业、修理业、运输业、房屋修缮业以及国家允许个体经营的其他行业"，"发展农村个体工商业要有利于小集镇建设"，"允许农村个体工商业户自理口粮到集镇摆摊设店，有条件的经工商行政管理机关批准，也可以开店经营"，"农村个体工商业户一般是一人经营或家庭经营，必要时，经县、市工商行政管理机关批准，可以请一两个帮手，技术性较强或者有特殊技艺的，可以带两三个最多不超过五个学徒"。②

1984 年 3 月中央发了 4 号文件，把社队企业正式更名为乡镇企业，把个体私人办和联户办的企业，也包括了进来。文件指出，乡镇企业"是农业生产的重要支柱，是广大农民群众走向共同富裕的重要途径，是国家财政收入新的重要来源"，"乡镇企业的发展，有利于'以工补农'"，"是国营企业的重要补充"。③ 这个中央 4 号文件不仅在理论上把乡镇企业的性质、任务、目标说清楚了，而且还规定了支持乡镇企业发展的多项优惠政策。这些政策下达以后，乡镇企业就在全国蓬勃发展起来。

乡镇企业在发展过程中，虽然也遇到了这样那样的困难，特别是当时计划经济的体制性约束，但由于乡镇企业符合国民经济高速发展的需要，符合农村生产力发展的要求，符合农民群众的意愿，所以发展得异常迅速。

---

① 《中共中央关于 1984 年农村工作的通知》，载《新时期农业和农村工作重要文献选编》，中央文献出版社，1992，第 233 页。

② 《国务院关于农村个体工商业的若干规定》，载《新时期农业和农村工作重要文献选编》，中央文献出版社，1992，第 259 页。

③ 《中共中央、国务院转发农牧渔业部和部党组〈关于开创社队企业新局面的报告〉的通知》，载《新时期农业和农村工作重要文献选编》，中央文献出版社，1992，第 375 ~ 376 页。

1978 年，全国社队企业只有 152.4 万个，职工 836 万人，总产值 493 亿元，占农村社会总产值的 26%。在 20 世纪 80 年代初期，农村实行家庭承包经营改革的时候，有些地区没有制定相应的政策，有相当一部分社队企业被分掉或停办了，所以到 1983 年集体办的社队企业只有 134.6 万个，不过，这时个体和联办的企业已经很多了。1984 年中央 4 号文件下达以后，乡镇企业的发展就大大加速。到 1987 年，全国乡镇企业发展到 1750 万个（包括乡办村办，也包括联户办和个体工商企业、私营企业），职工 8805 万人，总产值 4764 亿元，占当年农村社会总产值的 50%，超过了农业总产值，从此，乡镇企业成为农村最主要的支柱产业。1989～1991 年，国家对宏观经济实行治理整顿，一批经济效益差的乡镇企业也关、停、并、转了，总的发展速度放慢。

1992 年以后，在全国经济大发展的形势下，乡镇企业又出现了大发展的高潮，不仅是珠江三角洲、长江三角洲、东南沿海经济发达地区涌现出了一大批大中型企业和现代化企业集团，出现了工业小区和一批三资企业，而且中西部地区也在国家倾斜政策的扶持下，办起了一大批乡镇企业。到 1997 年全国乡镇企业发展到 2015 万个，当年营业收入 37953 亿元，利税 3238 亿元，净利润 1735 亿元。1997 年乡镇企业实现增加值 20740 亿元，占国内生产总值的 27.7%。所以，现在的乡镇企业已经不仅是农村的重要经济支柱，也是全国国民经济的重要组成部分。这个有中国特色的社会主义经济形式，在我国经济发展中的作用越来越显著地表现出来。

乡镇企业的发展，为国家创造了巨大的财富，满足了社会的需要。乡镇企业的生产经营项目已涉及国民经济的各个领域，从农副产品到加工，从轻工业品生产到生产资料的生产，以至各种服务性行业，都有乡镇企业的参与，对社会所做的贡献越来越大。1997 年全国工业品生产中，乡镇企业生产的服装占 70%，食品饮料占 43%，原煤占 46.7%，水泥占 41.5%，机制纸占 63%，机械占 26%，电子及通讯设备占 17%。1997 年乡镇企业的工业增加值占全国工业增加值的比重已接近 50%。1997 年由乡镇企业提供的出口商品交货值 6008 亿元，占全国出口总量的 40%。实际上，现在的乡镇企业已形成了城市工业以外的门类相当齐全的工业生产体系，是我国工业化的一个重要组成部分，可以说通过乡镇企业，在相当一部分地区实现了农村工业化，走出了一条有中国特色的工业化道路。小平同志说乡镇企业异军突起，讲得是很深刻的。

乡镇企业的发展，吸纳了大量的农业剩余劳动力，为他们开阔了就业门路。改革开放以来，农村人口增加很多，劳动力也增加很多，1987 年，农村劳动力 30638 万人，1997 年达到 49393 万人，增加 62% 。因为有了乡镇企业，这净增的 18755 万个劳动力中的 55% 都被乡镇企业吸纳了。否则，劳多地少的矛盾，将会很突出。特别是在苏南和珠江三角洲等经济发达地区，乡镇企业不仅吸纳了本地农业剩余劳力，而且不够，还招收了许多外省区的劳动力。1978 年乡镇企业职工总数为 2826 万人，占农村总劳动力的 9.2% ，1997 年达到 13050 万人，占农村总劳动力的 26.4% 。农民在乡镇企业里就业，也就增加了农民的收入。1997 年全国乡镇企业开支了 5400 亿元的工资，职工人均年工资为 4138 元。1997 年全国农民人均年纯收入 2090 元中，有 623 元来自乡镇企业的工资性收入，占 30% 。但这很不平衡，乡镇企业办得多、办得好的地区，这种工资收入就多，反之就少。现在农村中，农民收入的差别很大，重要原因之一就是有没有乡镇企业的收入和收入的多少。

乡镇企业是在农业发展的基础上办起来的，乡镇企业姓"农"，农业同乡镇企业的关系是"母子"关系，乡镇企业发展起来之后，它就反哺农业。20 世纪 80 年代中期，苏南等地区就提出了乡镇企业要"以工补农""以工建农"的任务，实现了"依靠农业办工业，办好工业促农业"的良性循环。据统计，仅"九五"以来，全国乡镇企业用于"补农""建农"和农村事业建设的资金就达 250 亿元，成为农村基础建设投资的主要资金来源，为改善农业生产条件、推广农业科学技术、推动当地农业现代化建设起到积极的作用。

乡镇企业的发展，促进了农村社会的分化，改变了农村的社会结构，使原来单一从事农业的农民，逐渐向多职业、多阶层的格局转化，随着乡镇企业向工业小区集中，有相当一部分农民已迁移进了小城镇，使小城镇繁荣富庶起来，改变了原来城乡分隔的二元社会结构。

早在 1987 年 4 月，小平同志就说过："农村改革中，我们完全没有预料到的最大的收获，就是乡镇企业发展起来了，突然冒出搞多种行业，搞商品经济，搞各种小型企业，异军突起。这不是我们中央的功绩。乡镇企业每年都是百分之二十几的增长率，持续了几年，一直到现在还是这样。乡镇企业的发展，主要是工业，还包括其他行业，解决了占农村剩余劳动力百分之五十的人的出路问题。农民不往城市跑，而是建设大批小型新型乡镇。"① 这是对乡镇企业发展的深刻总结。

二

党的十五届三中全会文件指出："当前乡镇企业正处于结构调整和体制创新的时期。"② 这是由国内国外的经济形势和乡镇企业自身发展的内在规律决定和形成的。总体而言，乡镇企业也经历了"发展—调整—高涨—调整"这样一个波浪式前进的过程。经过 1992～1994 年全国高速增长的阶段以后，国家实行宏观调控，银根紧缩，贷款渠道变狭，资金紧张，投入大量减少，市场环境发生了变化，国内消费需求平淡，许多产品由卖方市场转变为买方市场，销售困难，销售率下降，加上东南亚金融危机的影响，出口受阻，引进外资受挫，使问题更加严重。就乡镇企业自身来说，外部环境变得严峻以后，自身的矛盾也日益显现。一是产业结构不合理。在 1997 年乡镇企业的增加值中，第二产业占 84.7%，第三产业占 13.2%，第一产业占 2.1%。在乡镇工业中，绝大多数又与国有工业的产业、产品同构。在 20 世纪 80 年代末，乡镇企业中的纺织、食品、机械三大行业，与国有工业的结构相似系数达到 0.985。这种高度同构现象，造成了资源紧张，生产能力过剩，产品市场竞争激烈，销售非常困难。一些国有企业，经过改革，依靠技术装备优良，销售、维修、服务网点齐全等优势，使一些同类乡镇企业在竞争中败下阵来。二是乡镇企业绝大多数为中小企业，大部分产品起点低，技术含量少，比较粗放，原来依靠劳动力便宜、成本低、有价位低的优势打入市场，现今城乡居民的消费结构变化，对产品质量有了较高的要求，这类质粗价廉的产品就难以进入市场了。三是乡镇企业在开始创办的时候，依靠社区政府力量，推动聚集了资金、设备、劳动力等生产要素，办起了企业，行政力量发挥了积极的作用，但在市场经济条件下，政企不分、产权不明、权责不清的弊病日益突出，有的集体企业，逐渐办成了"二国营"，这类乡镇企业原有的机制灵活、从业人员积极性高等优势正在丧失。四是乡镇企业整体素质不高，经营管理有待完善，2000 多万个企业，多数是在这十多年中办起来的，铺摊子，外延扩张，放松了生

---

① 邓小平：《改变加快改革的步子》，载《邓小平文选》第 3 卷，人民出版社，1993，第 238 页。

② 《中共中央关于农业和农村工作若干重大问题的决定》，《人民日报》1998 年 10 月 19 日第 1～2 版。以下引用该文件出处相同。

产经营和内部管理，这也影响了乡镇企业的健康发展。

因为有这些主客观原因，所以自 1996 年以后，一方面，乡镇企业就全国来看，还是继续发展的，在国民经济中发挥着越来越重要的作用，仍然是农村经济的最重要的经济支柱，起着推动农村经济各项事业发展的火车头的作用；另一方面，乡镇企业也面临比较严峻的形势。乡镇企业发展到了一个新的阶段，突出表现在以下几个方面。

第一，乡镇企业增长速度趋缓。整个"八五"期间，乡镇企业平均年增长 42%，1996 年猛降到 21%，1997 年为 18%。今年①1～8 月，全国乡镇企业累计实现增加值 13725 亿元，比去年②同期增长 15.6%；累计实现工业增加值 9667 亿元，比去年同期增长 14.1%。按说，在当前国际国内的经济形势下，乡镇企业有 18%、15.6%的增长速度已是难能可贵的了，问题是这个发展势头还在继续趋缓。以乡镇企业的发祥地、多年独占乡镇企业鳌头的江苏省来说，1994 年全省实现增加值比上年增加 36%，1995 年下降为 31%，1996 年猛降到 7.5%，1997 年略有恢复，今年的发展还是遇到很多困难。

第二，乡镇企业的经济社会效益下降，亏损增加，一部分企业破产，吸纳农村剩余劳动力减弱。1997 年乡镇企业总资产报酬率为 11.7%、资本收益率为 22.4%，比 1995 年分别下降 2.4 个和 3.9 个百分点，每百元成本费用创利税 9.9 元，比 1995 年减少 0.15 元。1997 年实现利税总额 3238 亿元，上交国家税金 1526 亿元，增幅也下降了。以往乡镇企业的亏损面是很小的，1997 年乡镇企业亏损面达到 15%，比 1996 年上升 7 个百分点，亏损额为 600 亿元，比上年增加 33%。1997 年关停企业大量增加，仅乡村两级集体企业就关停 6.5 万家。由于近几年对乡镇企业的投资增速大幅下降，效益不好，所以吸纳农村剩余劳动力的能力也减弱了。"八五"期间，平均每年吸纳 688 万人，1996 年只吸纳 646 万人，1997 年不但没有吸纳，反而减少 458 万人。这些都是过去很少有过的。

第三，乡镇企业出口商品受阻，引进外资减少。1992 年以后，乡镇企业外向型经济发展很快，成为推动乡镇企业技术革新、设备更新换代、产品上档次的一支重要力量。整个"八五"期间出口商品交货值每年递增 63.5%，兴办外商投资企业 2.9 万家，引进外资 271 亿美元，平均每年增长

---

① 本文中指 1998 年。——编者注

② 本文中指 1997 年。——编者注

73%。但自 1996 年以后，形势逆转，1997 年出口商品交货值只比上年增长 16.5%，引进外资只增长 12%。今年 1～5 月出口商品交货只增长 3.12%，而且 5 月份还出现了 3.35% 的负增长。由于东南亚金融危机，竞争激烈，产品跌价严重，部分产品跌至成本，造成产品积压和企业停产。

乡镇企业出现的这些新情况新问题，已经引起了方方面面的关注，引起了有关领导部门的高度重视，也引起了一部分同志的忧虑，上上下下都有很多议论。怎样来认识乡镇企业目前的状况，怎样才能使乡镇企业走出目前的困境，进一步发挥乡镇企业在国民经济中的支撑作用，如何使乡镇企业在农村经济社会发展各项事业中继续起到火车头的带动作用，这是我们需要深入研究、探讨和解决的问题。

今年 4 月，江泽民同志在江苏考察乡镇企业时指出："正确认识乡镇企业面临的形势，增强搞好乡镇企业的信心。乡镇企业进一步发展具有良好的基础和有利条件，但目前也面临着一些新情况、新问题"①，乡镇企业面临的新情况、新问题，既是挑战也是机遇。这正表明，乡镇企业当前正处于一个调整和创新时期。纵观乡镇企业的历史，作为一种新的经济形式、一支异军，乡镇企业的发展正是通过解决一个又一个问题、克服一重又一重的障碍而不断发展壮大的。可喜的是，经过两年多的调整，不少地区进行体制改革和创新，调整结构，许多企业苦练内功，改善经营管理，有望在近期走出低谷。曾经创造了经济奇迹的"苏南模式"的苏南乡镇企业，前几年，面临比较艰难的困境，经过反思，经过调整，不断扬弃，不断完善，现在已经出现了产权多样化、投资多元化、经营资本化、企业规模化、发展外向化等新的变化，呈现出后劲充足、蓄势待发、准备再创辉煌的态势。随着国际形势特别是国内宏观经济形势的发展，乡镇企业经过调整、经过创新，必将迎来一个新的发展时期。所以，任何对乡镇企业发展的怀疑、动摇都是不对的。

乡镇企业是推动国民经济新高潮的一支重要力量，是国民经济发展的一个重要经济增长点，也可以说是一个重要经济增长面。实践已经证明，国家离不开乡镇企业，市场离不开乡镇企业，农村离不开乡镇企业，农民也离不开乡镇企业，现在乡镇企业已经是国民经济的重要组成部分。据有关部门推算，乡镇企业的增加值每增减 3.7 个百分点，就影响国内生产总值

---

① 《江泽民在江苏考察时指出：要从战略高度重视乡镇企业发展》，载《人民日报》1998 年 4 月 23 日第 1 版。

增减 1 个百分点，乡镇工业的增加值每增减 2.7 个百分点，就会影响全国工业增加值增减 1 个百分点，乡镇企业出口的增长速度每增减 2.5 个百分点，就会影响全国出口增长速度增减 1 个百分点。乡镇企业的增长速度每增加 1 个百分点，就可增加 25 万人左右的就业岗位。现在的乡镇企业，在国民经济发展中，已具有举足轻重的地位。在农村发展中，则更加重要。多年各地的实践表明，在以农村人口为主的地区，乡镇企业兴，则百业兴旺；乡镇企业衰，则百业凋零。所以，我们一定要从实现现代化的战略高度，千方百计继续积极发展乡镇企业。

实际上，乡镇企业确实具备进一步发展的良好基础和有利条件。乡镇企业 10 多年发展的辉煌成就，已经雄辩地说明了发展乡镇企业是我国搞现代化、农村实现小康的一条必由之路，这已成为全党全国各级领导干部和广大农村群众的共识。在全国已经涌现了一批通过办乡镇企业脱贫致富乃至实现现代化的市、县、乡（镇）村，各地都有一大批白手起家、从小到大、办得很好乃至已经建成现代企业的乡镇企业，这都是在各地树立的先进榜样和发展乡镇企业的旗帜。我们已培养造就了一支埋头苦干、精通业务、懂经营、会管理的干部队伍，更有一支数以亿计的中国特有的农民工人队伍。而就全国来说，乡镇企业还主要集中在东南沿海地区，广大的中西部地区乡镇企业办得还比较少，有的还刚刚起步，有的基本上还是空白，所以，发展乡镇企业还有巨大的空间。而这些地区，具有丰富的农副产品、工业原料和矿产资源，而且有巨大的农业剩余劳动力，广大农民迫切要求寻找新的就业门路和致富的途径，这些地区既有发展乡镇企业的潜力，也有强大的动力。所有这些，都是我们进一步把现有 2000 多万个乡镇企业办好和进一步发展的基础和有利条件。

## 三

如何充分发挥运用已有的良好基础和有利条件，适应我国现代化事业发展的要求，适应农村发展的需要，把积极发展乡镇企业这件大事办好，还有许多政策问题要解决，还有许多工作要做。党的十五届三中全会的文件中关于乡镇企业的论述，为解决当前乡镇企业面临的问题，抓住机遇，准备新的发展，指明了方向。

第一，文件指出："当前乡镇企业正处于结构调整和体制创新的重要时期，各级党委和政府要站在全局和战略的高度，对乡镇企业积极扶持，合理规划，分类指导，依法管理。"这是国家关于乡镇企业的基本方针、基本政策，《乡镇企业法》对此做了明确规定。在新时期新形势下，党委和政府更要做好对于乡镇企业的指导、规划、协调和扶持的工作，积极促进和引导乡镇企业健康发展。在当前，很重要的一个方面是，要抓好乡镇企业的结构调整工作。所谓结构调整，主要是调整好以下几个方面：一是乡镇企业中的第一、二、三产业的结构，总的是第二产业偏重，第三产业偏轻，要特别重视县城以下的第三产业的发展。二是在乡镇企业区域结构中，东部要巩固、提高，加快中西部乡镇企业的发展。三是在乡镇工业结构中，要逐步降低和城市国有工业结构相似的系数，扬长避短，大力发展农副产品的加工工业。四是在乡镇企业的规模结构上，现在2015万个企业，绝大多数是小企业，上规模上水平的大中型企业只有6400家，有进出口经营权的企业1000家，全国性集团1039家，上市企业35家。这些企业大部都集中在东部沿海，在有条件的地方，都要办几个上规模有水平的企业，可以起示范带动作用。五是在乡镇企业产品的档次结构上，现在多数是质粗价廉的产品，要通过技术革新，增加中、高档产品，满足社会需求，提高经济效益。经济在发展，社会在进步，乡镇企业要适应这个潮流，调整结构，求得更好的发展。

第二，文件指出：要"积极推进乡镇企业改革，放手让群众从实际出发，探索和选择企业的经营方式和组织形式，增强企业活力，调动投资者、经营者和劳动者的积极性，确保集体资产保值增值"。乡镇企业是中国农民的伟大创造，本质上是"民间经济""大众经济"，乡镇企业的改革和发展，都要走群众路线，放手让群众根据本地的实际情况，按照社会主义市场经济体制的要求，探索和选择适合自身发展的经营形式和组织形式，可以多种多样、多元化，而不能要求一个模式、一体化，搞"一刀切"。对乡镇企业的改革，既要放手，也要放心，要按照小平同志关于以"三个有利于"为标准，鼓励试、允许看、不争论的指示，放手和放心地让广大干部和群众去闯、去创新。农村中的许多新生事物，都是在实践中群众闯出来的。目前争论较多的是乡（镇）村两级集体所有的乡镇企业的改革问题。在这次宏观经济调整过程中，集体所有的乡镇企业受到的压力和冲击最大，本身的问题也比较多，出现了滑坡和效益下降等问题。经过各地两年多来的实践，大多进行了以改革产权制度为主要内容的企业改制，创造了以股份制、股份合作制为主的公有制经济实现形式，从而调动了投资者、经营者、劳动者的积极性和创造性，使农村中各种潜力得到发挥，也理顺了企业和社区行政组织的关系，激发了企业的活力，创新了企业的经营管理机制，促进了生产的发展，确保了集体资产的保值和增值。在改制过程中，实行抓大放小，把一些小型的微利和亏损企业，通过兼并、承包、租赁、拍卖、破产等形式，转为个体式私营企业。这些企业数量不少，但经济实力比重不大，所以改制以后，并未改变这些地区公有制的主体地位，并未削弱集体经济的控制力。例如苏南地区今年上半年，乡镇企业的资产中，集体经济所占的比重仍在60%左右。乡镇企业的最大优势是自主自强、机制灵活、适应性强，要放心放手地让广大干部和群众去实践、去创造。相信在新的形势下一定能开辟新天地，做出新的成绩来。

第三，文件指出："乡镇企业要适应农业产业化经营的需要，着重发展农副产品加工业和储藏、保鲜、运销业。"20世纪90年代以来，农业产业化首先在山东、河北等省兴起，现在已遍及全国，农业产业化适应社会主义市场经济的要求，使农业从单纯的原料生产向贸工农一体化转变，使农副产品从初级产品经过加工、储运、转化实现多层次增值，使农民从单纯出售原材料，转变到分享加工、运销环节的利润以增加收入，使千家万户的小生产顺利地进入大市场，这是提高农业经济效益和市场化程度，使我国农业逐步走向现代化的现实途径之一。

各地的实践证明，要发展农业产业化经营，关键是要培育能进行农副产品深度加工，有开拓市场能力，为农民提供服务的"龙头企业"。各地要把推进农业产业化和调整乡镇企业结构结合起来，扶持培育创办一批"龙头企业"。乡镇企业要自觉主动地挑起办龙头企业的重任。一是乡镇企业本身就在农村，与农民、农业有天然联系，农副产品是近水楼台，咫尺可得。二是乡镇企业的一般加工业与城市、国有工业同构，产品遇到了激烈竞争，而搞农副产品的加工、保鲜、储运、销售，优势在农村，这是乡镇企业新的经济增长点。三是农副产品加工增值潜力巨大，前途广阔。有资料表明，发达国家农副产品加工产值与农业产值之比一般在3∶1以上，我国现在只有0.5∶1。1997年我国农、林、牧、渔业总产值为24557亿元，其中农业总产值为13887亿元。撇开林、牧、渔业的加工增值不算，单以农业（种植业）产品的加工增值按3∶1的比重，可以有41661亿元的产值，而现在的加工值只有6943亿元，差距很大，办农业产业化的"龙头企业"的发展余地很大，办得好，大致可相当于现在所有乡镇企业的全部效益。

据农业部统计，现在乡镇企业中从事农副产品加工的企业，有35万个，每年的产值，只占乡镇集体工业产值的1/4。可见，确有很大的发展空间。

各地应当适应这种形势，因势利导，推动"龙头企业"的兴办和发展。要根据实际情况，有的可以在现有的乡镇企业中转办，有的可以新办，有的可以从农副产品加工企业办起，逐步向后延伸，有的则可以从储藏运销搞起，逐步办成贸工农一体的"龙头企业"，政府要在立项、技术、信贷、能源、产品销售等方面予以扶持。这既是带动整个农业和农村经济发展的新举措，也是乡镇企业在新时期发展的一个重要方面。

第四，文件指出：乡镇企业"要结合整个工业结构调整，加强技术改造和企业管理，提高产品质量，增加竞争能力。"乡镇企业创办伊始，大多是白手起家、因陋就简办起来的劳动密集型企业，产品技术含量低，价格低廉，在商品短缺时期，这类商品受到社会的欢迎，现在城乡消费结构都发生了大的变化，多数商品由卖方市场转为买方市场，乡镇企业再销售这类产品就十分困难了。所以，必须加快乡镇企业的技术改造，改善技术装备，提高企业的有机构成，开发新产品，增加科技含量，提高档次，生产适销对路的高质量产品，才能在新的经济大潮中占有一席之地。

要提高产品的质量，重要的还要改善企业管理。一流的产品是靠一流的经营管理企业创造出来的。经过这十多年的实践和锻炼，各地已涌现了一批技术装备精良、经营管理先进、产品档次高、质量好的一流企业，它们正在逐步建成现代化企业。但多数乡镇企业还处于传统的管理阶段，经营方式粗放，既缺乏必要的管理制度，也没有科学的管理手段，连起码的成本、质量、营销、资产等方面的管理制度都不健全。该是抓整顿和提高企业管理的时候了，要以提高质量管理和营销管理水平为重点，努力提高企业的整体素质，最大限度地向管理要效益。

加强技术改造，改善企业管理，关键是要有人才。乡镇企业要有一大批科技人才、经营管理人才。有了人才就掌握了主动，就拥有了市场。人才要靠自身在实践中培养，也要靠从外面招聘、引进。政府要组织和鼓励大中专毕业生到乡镇企业中去，建立引进人才的渠道，要培养和造就一大批懂经营会管理又有开拓精神的乡镇企业家，使乡镇企业越办越好。

第五，文件指出："东部地区的乡镇企业要注重科技含量，发展高附加值产品和外向型经济。中西部地区重点发展劳动密集型和资源加工型产业。"乡镇企业的发展是不平衡的。东部沿海地区依靠经济区位优势和享有改革开放初期优惠政策，乡镇企业发展得比较快、比较好，到 1993 年占全国人口约 1/3 的东部地区，占有乡镇企业产值的 2/3，而占全国人口约 2/3 的中西部地区，只拥有乡镇企业产值的 1/3。有的市县还刚刚起步，所以，我们对乡镇企业必须实行分类指导的原则，东部沿海经济发达地区的乡镇企业要在现有的基础上，注重调整结构，改进技术，增加科技含量，提高产品质量，增加经济效益，发展外向型经济，还要适时地使产品结构升级换代，逐步转向技术密集型生产，把劳动密集型产品转移到中西部去。

为了逐步改变乡镇企业区域分布很不平衡的状况，1993年3月国务院发出了《关于加快发展中西部地区乡镇企业的决定》。文件指出，加快中西部地区的乡镇企业发展，"对于逐步缩小东西部地区差距，振兴少数民族地区经济，改变贫穷落后面貌，巩固和发展团结稳定的大局，实现共同富裕，具有十分重要的经济意义和政治意义"。这个决定还提出了九条加快发展的扶持政策和工作部署，规定了从1993年起到2000年，每年给中西部地区发展乡镇企业单独安排50亿元贷款等的优惠政策。五年来，这些政策已陆续到位并发挥了作用，中西部特别是中部地区的乡镇企业发展的速度加快了，近几年中西部乡镇企业的发展速度都快于东部。所以东、中、西部地区乡镇企业发展的差距有所缩小，1996年全国乡镇企业增加值中，东部占56%，中部占38.5%，西部占5.5%。今年上半年，东、中、西部地区乡镇企业增加值分别比上年同期增长12.6%、14%和22.6%，可见，近几年，中西部乡镇企业发展势头是好的。

实践的结果表明，加快中西部乡镇企业发展的战略决策，不仅有利于中西部，而且也推动了东部地区乡镇企业的全面发展，实际是优势互补、互惠互利的。这些年来，在政府引导和社会主义市场经济的推动下，东、中、西部地区通过对口支援、干部交流、劳务（技术）输出、异地开发、产品展销等形式，实现了生产要素的流动和组合，中西部地区向东部输送了大批劳力，东部地区向中西部转移了技术、设备和经营管理经验，中西部地区还引进了上万个经济合作项目，东部地区的一些劳动密集和资源开发项目转到中西部，加快了东中西部地区合作办乡镇企业的步伐，现在合作项目已超过3万个，有350个县市结成了合作伙伴，办成合作企业2400多个，大量剩余的劳动力和丰富的原材料、矿产资源，得到开发利用，而东部地区的乡镇企业通过合作得到了原材料的供应，降低了成本，增大了发展空间，还争得了市场。所以，乡镇企业的东中西部合作是经济发展的内在要求，发展余地还很大。

中西部地区要学习东部发达地区发展乡镇企业的经验，借助它们西进的动力，加快自身的发展，利用本地资源丰富的优势，先从发展劳动密集型和资源加工型企业搞起，逐步形成自己的特色和体系，同时也要吸取东部发达地区发展乡镇企业过程中的教训，做好自己的规划，避免"村村点火，处处冒烟"的过于分散的做法，避免一哄而起、重复建设等的失误，真正做到后来居上，把发展乡镇企业的事情办好。

# 四

回顾乡镇企业发展的历程，从总结经验和教训的角度看，一个重要的教训是过于分散。因为乡镇企业是自下而上由民间就地就近办起来的，"遍地开花"，分散在村村寨寨里面，据有关部门统计，现在 2015 万个企业，有 87％办在行政村和自然村里，其中相当一部分个体、私营办的企业，就办在农民家里或家门口。这种极度分散的状况，不利于集约化经营，一个厂就是一个体系，供电、供水、供气等基础设施都要各搞一套，浪费很大；由于交通不便、信息不灵，增加了运输、邮电成本，也不利于对外交流；因为远离城镇，不容易得到科研、教育、文化等单位的支持，不能利用这些单位设施的有利条件，科技进步就受到影响；因为企业孤岛式的各据一隅，同行、同业间的合作、交流、相互观摩就少，经营管理也不易提高。所有这些都影响乡镇企业的发展和提高，这种状况也不符合第二、三产业的发展要相对集中的内在要求。

乡镇企业的发展，经济事务日益增加，客观上要求有小城镇这样的载体为之服务。所以，各地的小城镇自 20 世纪 80 年代以来，无论是数量和规模容量都发展得很快。1978 年，全国只有 2874 个镇，只占全国乡镇（当时称人民公社）的 5.5％，1985 年，有 7956 个镇，占全国乡镇的 8.7％，到 1990 年有 11392 个镇，占全国乡镇的 20.4％。20 世纪 90 年代以来，特别是 1992 年以后，随着社会主义市场经济的迅速发展，各地特别是经济比较发达地区，更加自觉地发挥小城镇在发展提高乡镇企业中的作用，新办的乡镇企业多数办在小城镇上，许多原来办在村里的也向小城镇迁移，并且提出了在小城镇办工业小区的规划。江苏省把这种现象称为农民的又一个伟大创造。把农民创造的历史进程概括为："70 年代造田，80 年代办厂，90 年代建城（镇）。"到 1995 年苏南地区常州、无锡、苏州三市所辖的 346 个乡全部改建为镇。全国各地的小城镇从 20 世纪 90 年代以后发展也加快了，从 1978 年到 1990 年平均每年新建 709 个镇，从 1991 年到 1997 年，平均每年新建 1001 个镇。到 1997 年，全国共有建制镇 18402 个，占全部乡镇的 41.2％。1994 年，上海市提出了"乡镇工业向工业小区集中，农村人口向小城镇集中，土地向种田大户集中"，并且准备用若干年，把全市 5 万多个自然村归并为 3 万个村。这个"三集中"决策，符合乡镇企业发展的客观要求，符合农民群众的愿望，小城镇兴起了、繁荣了，推动整个城乡经济社会各项事业的健康协调发展。这个"三集中"的政策，得到了各地尤其是乡镇企业比较发达地区的响应。

当然，就全国而言，乡镇企业的发展是不平衡的，小城镇的发展也是不平衡的。现在小城镇建得多、建得好的，主要集中在东南沿海发达地区，中西部地区建得少，有些虽然也由乡改为镇了，但功能并不完全，没有发挥为乡镇企业服务等方面的应有作用。现在发展小城镇已得到社会各方面的共识，各地都在积极发展小城镇。

党的十五届三中全会对发展小城镇的作用，做了肯定。在文件中指出："发展小城镇，有利于乡镇企业相对集中，更大规模地转移农业富余劳动力，避免向大中城市盲目流动，也有利于扩大内需，推动国民经济更快增长。"

原来，各地的实践是，先办乡镇企业，然后再发展小城镇，造成了过于分散等弊病。应该把发展乡镇企业和建设小城镇有机地结合起来。要做好规划，制定相应的优惠政策，鼓励社会各方面的力量把新办的乡镇企业就建在镇上。对已办在村里的乡镇企业，可以分别情况，创造条件，逐步搬迁到镇上来。使乡镇企业相对集中，可以发挥企业的聚集效应。同类的不同类的（各种）企业都建在一个镇上，形成相应的规模，相得益彰，小城镇建成后，对乡镇企业发展有利，对小城镇发展也有利。使小城镇建成为乡镇企业的载体，为乡镇企业的发展提供各方面的服务；而小城镇本身也因为可以得到乡镇企业在财力等方面的支持，把基础设施和科研教育等各种事业办好，使小城镇日益兴旺繁荣起来，使小城镇成为当地的经济、政治、文化的中心。一些地区的实践经验表明，小城镇的建设过程，是聚集人气、财气的过程。人财两气相聚集的地方，经济文化就兴旺了。

发展小城镇，有利于农村第三产业的发展。在全国乡镇企业创造的总产值中，第三产业只占 13.15%，在全国乡镇企业的从业人员中，第三产业只占 26.4%。其中大多数是办在村里的小商店和饮食服务店。小城镇发展起来之后，各种商店、各种服务行业、交通、运输、通讯以及文化娱乐业等就会发展起来。据发达国家的统计，每增加一个制造业的就业岗位，相应地就可以增加两个服务业的就业岗位。要按此推算，中国第三产业就业容量还很大。小城镇发展起来之后，不仅乡镇企业有了发展的载体，第三产业的发展也就有了载体，可以容纳大量的劳动力就业。农村中的大量剩余劳动力就有了就近就业的场所，可以减轻涌向大中城市就业的压力。

发展小城镇，大量的农业剩余劳动力到镇上的乡镇企业就业，随之社会有相当的农业人口向镇上集中。改变了生产方式，改变了生活方式，也就改变了消费方式，告别了多年形成的小农经济自给自足的传统，社会购买力极大地增加。大量的人口逐渐集中到小城镇，基础设施、住宅、学校、医院、文化设施的建设就会逐步展开。所有这些，都是扩大内需的重要方面，使已经成为买方市场的许多工业品，包括消费资料工业品和生产资料工业品，都可以找到新的市场，从而推动国民经济更快增长。

现在提出发展小城镇、搞好小城镇建设的任务，可以起到一举多得的作用。可以推动我国的城镇化，促进第一、二、三产业协调发展，从而带动整个国民经济持续健康发展。如果说，发展乡镇企业，是创造了一条有中国特色社会主义的农村工业化的道路，那么，可以说，发展小城镇，则是找到了一条有中国特色社会主义的农村城镇化的道路。既符合中国的国情，也符合经济社会发展的规律，更符合亿万农民群众的愿望。我们一定要把发展小城镇作为解决农村农业农民问题的一项战略性措施，抓实抓好。

关于搞好小城镇建设问题，文件提出了四个方面的任务。

第一，"要合理布局，科学规划"。这要做出两方面的规划：首先，要以县（市）为单位，根据本市本县的实际情况，诸如区域内人口、资源、交通、经济特点以及市场发展前景等要素的历史和现状，做出科学规划——在哪里设镇，设什么样的镇，哪些镇先建，哪些镇后建——做到合理布局，有利经济社会发展，因势利导，先后有序，而不能根据现在的行政区划、乡乡建镇，避免一哄而起，重复建设，造成浪费。其次，要做好小城镇自身的科学规划，要根据本镇的特点，是建成工业型的镇，还是商业型、旅游型的镇或是综合型的城镇，在功能上有个定位，并由此做出镇区的规划，分别做出工业小区、专业市场、住宅区、文教区等的布局和安排。有条件的地方，可以请省市的城建设计单位，帮助研究和设计，画出蓝图，逐步建设，逐步到位。

第二，要"重视基础设施建设"。发展小城镇是我国实现社会主义现代化战略的一个重要方面，小城镇是乡镇企业的主要载体，也是农村人口城镇化的主要聚集地。建设好小城镇，要为乡镇企业提供多方面的服务，使之更好发展，要使集聚到镇上来的人口安居乐业，生产、生活方便。所以，建设小城镇应该是百年大计，要有长远的打算。一定要搞好小城镇的基础设施建设，供水、供电、交通、通讯以及住宅、学校、文体场所、商业网点都要有计划、有步骤地建设好。新建、在建的小城镇要事先做好这方面的设计和安排，已有的小城镇要改建、扩建好这些基础设施，改变目前有些小城镇供电、供水不足，没有下水道，道路不通，通讯不便给企业和居民造成生产、生活困难的状况。

第三，要"注意节约用地和保护环境"。建设小城镇要因地制宜，尽量节约用地，有的可利用坡地荒地，充分利用改造原来村镇用地。不能不切实际地建过宽的马路和过大的广场，造成浪费，保护耕地是我们的基本国策，占地、用地一定要按国家有关法律法规办事。新建或扩建小城镇，从制定规划开始就要重视环境问题，要处理好"三废"，防止和治理一些工业造成的污染。实行严格监督管理。特别要做好自然生态环境建设，种树、种草，绿化、美化，把小城镇建设成为经济繁荣、环境优美、生活方便、社会安定的社区。

第四，"要制定和完善小城镇健康发展的政策措施"。我国的小城镇，大多数是在原乡镇政府所在地逐步发展建设起来的，要把小城镇建设好，就要实现以下两个重要转变：在结构布局上，要由自然形成的格局逐步向按规划设计蓝图建设的格局转变；在功能性质上，要由农村农业型逐步向工农结合的城市型转变。为此，就要制定和完善一系列政策措施，要进行相应的改革，才能实现这两个转变：一要改革小城镇的户籍制度，制定相应的政策，使已在小城镇务工经商多年的人员在本镇落户，鼓励先富起来的农村居民带资金到镇上建房（买房）、创业和落户，这样，既解决了小城镇建设的资金问题，又创造了就业岗位。二要鼓励散在村里的企业逐步搬迁到镇上的工业小区里来，并吸引本区和周边的农民到工业（商业）小区来新办企业。这样使人员、资金、企业都向小城镇逐步集中。各地的实践经验表明，小城镇建设的过程，就是人气、财气聚集的过程。人财两气集聚，小城镇就繁荣兴旺。三要相应建立城镇社区管理的机构和制度。现在很多县（市）城和镇区，已聚集了几万乃至十几万人口，但基层组织还是村，管理还是农村方式，很不适应已经变化了的实际，引出很多如治安、环境等的社会问题，亟待解决。

各地要从当地的实际情况出发，探索和制定发展小城镇的政策和措施，国家有关部门要根据各地的实践经验，修改和制定相应的法规、法律，加快小城镇的健康发展，完善小城镇城区、镇区的管理。江泽民同志最近在视察沿海发达地区农村时指出："改革开放以来，乡镇企业迅速发展，带动小城镇发展，转移了大量农业富余劳动力和农村人口。这是我们在实践中找到的符合自己国情的农村现代化的路子。发展乡镇企业是一个重大战略，是一个长期的根本方针。在大力发展乡镇企业的同时，积极推进小城镇建设，也是一个大战略。认真总结经验，进一步发展乡镇企业，进一步发展小城镇，应当作为农村经济社会发展的一个重点。"[1] 这是对 20 年来我国农村改革和发展所取得的伟大成就和经验的高度概括，指明了我国农村今后发展的道路和方向。我们一定要按照这个指示精神，积极发展乡镇企业，搞好小城镇建设，把农村的各项事业办好。

---

[1] 《江泽民在江苏上海浙江考察时强调：沿海发达地区要率先基本实现农业现代化》，载《人民日报》1998 年 10 月 8 日第 1～2 版。

# 小城镇建设是新增长点[*]

　　这 20 年来的几个三中全会都很重要。十一届三中全会重要,十二届三中全会通过了《中共中央关于经济体制改革的决定》,十四届三中全会讲市场经济体制。几个三中全会出台的文件都可以管若干年。党的十一届三中全会和十五届三中全会,都是解决农业问题的会议,解决的是大局问题、全局问题。十五届三中全会审议通过的《中共中央关于农业和农村工作若干重大问题的决定》是一个纲领性文件。

　　十五届三中全会与十一届三中全会相比,有相同之处也有不同之处。首先,两届会议召开都是恰值中国到了一个"坎"上。二十年前的"坎"是吃不饱,于是十一届三中全会的召开拿出了解决问题的办法,通过改革开创了历史新纪元。现在又到了一个"坎":农产品多了,好像种什么都是多,农民虽然吃饱了但没钱花。我们的农产品真的过剩了吗?事实证明只讲产业结构调整不行,要解决这些问题需要进行社会结构调整,现在我国是城市化进程严重滞后于工业化进程。因此,党的十五届三中全会把小城镇建设提高到了战略高度,是一个新的增长点。同时,两届全会的召开都开创了一个新时代。十五届三中全会首先是总结了经验,强调一方面要稳定,一方面要发展。在总结概括当中又有很多新意,特别是对乡镇企业和小城镇建设的提法与以往有很大不同。《中共中央关于农业和农村工作若干重大问题的决定》明确提出要制定和完善促进小城镇健康发展的政策措施,增强农村经济的活力。这是改革开放 20 年来第一次把小城镇建设写进党的重要文件,并赋予小城镇建设以重要的战略地位。这次总结的"五条经验、十条方针"在今后相当长的时间内都将作为纲领性文件而发挥作用。

---

　　* 本文原载于《农民日报》1998 年 10 月 20 日第 3 版。该文系该报专题报道《谈发展措施创崭新局面》中陆学艺的发言摘要。——编者注

# 关系全局的重大问题[*]

我国 12 亿人口，9 亿在农村，这是我国的基本国情。农业、农村、农民问题是关系到我国改革开放和现代化建设全局的重大问题，农村稳定了，农业搞好了，我们就有了把握全局的主动权。我们研究农村改革发展问题，不能脱离宏观经济的发展，不能脱离世界经济的潮流，不能就农业谈农业，因为农村改革已到了一个"坎"上，不是调整产业与产品结构能解决问题的，要学会通过调整社会结构来解决问题，注意合理调整城乡经济结构，建立城乡统一的大市场。

十五届三中全会的一个重大成就，就是不仅就农业谈农业，不仅就工业谈工业，不仅就农村谈农村，发展小城镇也是一个大战略。十五届三中全会在加快乡镇企业结构调整和制度创新，制定和完善促进小城镇健康发展的改革措施，进一步改革小城镇户籍管理制度，大力发展乡镇企业，发展第二、三产业，发展小城镇，带动农村经济发展等方面有了新的发展。这有利于提高农民素质、改善生活质量，也有利于扩大内需、推动国民经济更快发展。可以预期城镇化的发展会为我国农村带来一个新的增长点。这次会议将成为又一个新的起点，会起"里程碑"的作用。

从中国的国情、农村的实际情况出发，必须始终把发展经济、提高农业生产力水平作为整个农村工作的中心。一切政策都要有利于增强农村经济活力，放手依靠农民，改变落后面貌，不断提高农民的物质文化生活水平。十五届三中全会强调长期稳定农村基本政策，尤其以稳定家庭联产承包责任制为重点，在家庭承包经营基础上，积极探索实现农业现代化的具

---

* 本文原载《光明日报》1998 年 10 月 22 日第 4 版，系该报组织召开的"努力开创我国农业和农村工作新局面——学习贯彻党的十五届三中全会精神座谈会"上陆学艺的发言摘要。——编者注

体途径。必须长期稳定、完善土地承包关系，重申土地承包期延长 30 年不变，30 年后也没有必要再变。这样做使农民吃了"定心丸"，对农村的土地关系稳定、农业生产发展和农村社会稳定都会起很大的作用。

十五届三中全会第一次把实行村民自治与家庭联产承包责任制、乡镇企业一起看作党领导下亿万农民的三个伟大创造，并且把全面推进民主选举、民主决策、民主管理、民主监督作为促进农村基层民主法律建设、扩大农村基层民主的重要工作，推动了农村基层民主政治建设的健康发展。

农村调查

# 中美社会学家合作研究的一项成果[*]

"中国城乡居民家庭生活调查"是近年来中美两国社会学家合作开展的一项大型社会调查研究。它发端于两国社会学家各自进行的两项大规模社会调查——中国的"百县市国情调查"和美国的"社会普查"（General Social Survey）。

具体的酝酿，始于 1991 年底和 1992 年初我与李培林研究员赴美考察期间。那次考察中，我们与美国社会学界的同仁进行了较为广泛的交流与接触，彼此都感到在社会研究方面进行合作的必要。而中国方面正在进行的"百县市国情调查"和美国社会学界长期进行的"社会普查"，恰好为这种合作提供了条件和基础。正是基于这种需要和基础，我们在访美期间与美国芝加哥大学的白威廉教授（William L. Parish）和杜克大学的林南（Nan Lin）教授草签了合作研究的意向书。以后，双方学者各自开展了多方面的工作。在中国社会科学院的大力支持和美国罗斯基金会（The Henry Luce Foundation）的慷慨资助下，终于使意向书变成了正式的协议书。1992 年夏，中美合作研究课题组正式成立。双方成员分别为，中方：陆学艺（研究员，中国社会科学院社会学研究所所长）、何秉孟（研究员，中国社会科学院科研局局长）、沈崇麟（副研究员，中国社会科学院社会学研究所）、折晓叶（副研究员，中国社会科学院社会学研究所）；美方：白威廉（教授，美国芝加哥大学社会学系）、林南（教授，美国杜克大学社会学系）、白瑞德（Richard E. Barrett，副教授，美国伊利诺伊州立大学芝加哥分校社会学系）、奥罗姆（Anthony M. Orum，教授，美国伊利诺伊州立大学芝加哥

---

* 本文源自《中国城乡居民家庭生活调查报告》（中国城乡居民家庭生活调查课题组编著，中国大百科全书出版社，1994，第 1~4 页）。原稿写于 1994 年 8 月，系作者为该书撰写的前言，现标题为本书编者根据前言内容所拟定。——编者注

分校社会学系）。

课题组成立后，双方研究人员曾就抽样方案和问卷设计进行了讨论研究。首先由我和林南及白瑞德教授在"百县市国情调查"中一起选定了十个（市）县作为调查点，分别是：新会市（广东省）、玉林市（广西壮族自治区）、上杭县（福建省）、张家港市（江苏省）、新都县（四川省）、曲靖市（云南省）、孝感市（湖北省）、临夏县（甘肃省）、南皮县（河北省）和彰武县（辽宁省）。这十个点都是"百县市国情调查"的调查点。

调查点确定之后，中方课题组成员沈崇麟和折晓叶与美方就整体调查方案和村户二级调查表进行了多次讨论，并在十个调查点进行试调查后修改定稿。定稿后的调查内容，主要包括城乡居民家庭关系与结构、家庭生活、工作、职业声望与流动、社会心理与生活质量等方面的内容。村户二级的随机抽样设计和抽样工作，则是由中国社会科学院人口研究所的统计分析研究员高嘉陵经与美方多次讨论后完成并实际操作的。因此，本次调查点的选择是非随机的，而村户二级的抽样则是随机的。

在完成抽样设计后，课题组于1993年4月在北京对负责这次调查的十个地方调查队进行了培训。培训由中美双方课题组成员沈崇麟、折晓叶和白威廉共同主持。十个地方调查队的主要负责人为：

新会调查点：詹天庠（副研究员，广东社会科学院社会学室主任）

玉林调查点：邓壬富（副研究员，广西社会科学院社会学研究所所长）

上杭调查点：魏子熹（副教授，福建省委党校副教育长）

张家港调查点：蒋兆年（江苏省社会科学院科研处处长）

新都调查点：李东山（副研究员，四川社会科学院社会学研究所）

曲靖调查点：李淳燕（副研究员，云南社会科学院科研处处长）

孝感调查点：水延凯（教授，湖北省孝感地委党校）

临夏调查点：穆纪光（研究员，甘肃社会科学院科研处处长）

南皮调查点：牛凤瑞（研究员，河北社会科学院农经所所长）

彰武调查点：曹晓峰（副研究员，辽宁社会科学院办公室主任）

整个调查自1993年4月开始至7月结束，动员了一百多名调查人员，他们大多是地方社会科学院的研究人员和地方党校的教员。由于这次调查采取面对面访问的形式，调查人员——特别是山区调查点的调查人员——为这次调查的成功付出了艰苦的劳动。例如，上杭县地处闽西山区，有时调查人员为了完成一户调查，需要跋山涉水，往返路程有四五个小时。在此，我谨代表中美双方课题组，向他们表示真诚的感谢。因为没有他们的努力工作，就没有这次调查的成功。

实地调查结束后，由中国社会科学院"中国百县市调查数据库"课题组，在北京组织完成了数据的输入和初步检验工作。社会学研究所的陈婴婴助理研究员在这方面做了大量工作。此外，社会学研究所的其他一些同志也为本次调查的数据核对做了大量工作，他们是沈原、周谦、覃方明、赵平和高鸽。在此，我也代表课题组向他们表示感谢。

上述工作完成之后，中方课题组成员沈崇麟和折晓叶，根据协议赴美国芝加哥大学，与白威廉教授一起对数据进行了进一步的整理和检验。白威廉教授在这方面的经验、学识和辛勤工作，令中方研究人员获益匪浅。芝加哥大学社会学博士生李放和杜克大学社会学博士生赖蕴宽（香港）在数据整理和分析方面也做了大量工作。我也借此机会代表课题组向他们表示感谢。

在中美两国研究人员的共同努力下，这次调查获得了圆满成功，目前已经进入收获的季节。第一批成果《家庭结构与农村生活》、《中国农村的新工作机会》和《经济组织与社区发展：中国农村的地方协调》三篇报告，于1994年3月在波士顿召开的美国亚洲研究学会年会上发表，取得了较好的反响，进一步开发和使用这次调查的资料的计划也正在部署之中。可以预料，这项调查不仅会使参与本项目的中美两国的社会学研究者产生丰硕的学术研究成果，而且，随着资料在中美两国的进一步公开，还将会使更多对此感兴趣的学者、其他人士和机构从中获益。这正是现在出版本书的意义所在。

本书的主要内容是这次调查的基本统计数据，其目的在于向社会科学界和其他有关机构全面介绍调查的基本情况，提供调查的基本统计和分析数据。本书附录收入了村、户调查问卷以及《填表说明》和《编码手册》，以便读者了解和解读数据。另附有《统计数据编辑说明》，则为读者了解数据的编辑体例提供方便。书中还收入一篇《研究设计和初步发现》，主要对本次调查在抽样、问卷设计和初步成果中一些有特点的、值得讨论的内容加以说明，目的在于抛砖引玉。

因成书仓促，本书中的缺点和错误在所难免，敬请各位读者不吝赐教。

# 一次合作研究的成功实践[*]

## ——关于中日合作开展山东省农村社会变迁调查的回顾

要了解中国，必须先了解中国农村和农民，因为直到现在，12 亿中国人中农民身份的人仍占 72%，另外 28% 的由工人、职员和干部等组成的城镇居民，有的本人就是不久前从农村来的，有的父辈还是农民，都与农村有着千丝万缕的关系。所以农村情况怎样？农民的生产生活怎样？农民意愿的向背，仍然直接或间接决定着整个国家的政治、经济、社会形势的走向。中国最大的市场在农村，中国文化的根基在农村，这是中国目前的基本国情。

1978 年中国实行改革开放以后，农村率先改革，普遍实行家庭联产承包责任制等一系列新的政策，调动了亿万农民的积极性，农业生产持续大幅度增长，农村发生了历史性的大变化。目前中国农村正处在社会大变迁的时期，正在由农业社会向工业社会转化，由乡村社会向城镇社会转化，由自给半自给的自然经济向社会主义市场经济转化，由传统社会向现代社会转型。拥有约 9 亿农民的中国农村发生的这场社会变迁，对于中国整个社会主义现代化事业是具有决定性影响的，而且具有重大的国际意义，所以理所当然地受到社会各界的关注，成为中国社会科学工作者进行研究的重要课题，也引起了国外社会科学工作者进行研究的浓厚兴趣。

1990 年夏天，我受青井和夫教授和柿崎京一教授等的邀请，在东京参加日中社会学会的学术年会。会议期间，两位教授向我提出由中日两国社会学家合作，共同开展对于中国城市、农村社会变迁的实证研究，我欣然赞同。1991 年，这项合作得到了日本文部省的资助，也得到了中国社会科

---

[*] 本文源自作者修改的打印稿。原稿写于 1994 年 9 月 27 日，题为《一次合作研究的成功实践——中日合作关于山东省农村社会变迁调查的回顾》，现标题为本书编者根据文稿内容所修改。——编者注

学院的批准和支持。在实施过程中，这项课题一分为二，城市社会变迁部分，由青井和夫教授牵头，由日本学者和上海社会科学院丁水木教授等合作，在上海进行；农村社会变迁部分，由柿崎京一教授牵头，和我们中国社会科学院社会学研究所的同行合作，在山东进行。1991年4月，柿崎京一教授来华，由我陪同，到山东实地调查并选点，先后观察了几个县市和乡镇，最后选定了山东省莱芜市的鹿野乡房干村，作为这项合作调查的基地。

为什么要选房干村为首次与日本学者共同调查的地点呢？

第一，房干村只有151户人家，577口人，有508亩耕地。但山场面积很大，有3000多亩，有11座山和九条沟壑，境内海拔在380～680米之间。这里农业生产条件较差，山多地少，原来山头是光的，河是旱时无水，一遇暴雨洪水下来就成灾。当地农业产量很低，经济十分落后，农民生活很困难，要靠国家救济，1975年以前，十年吃了国家救济粮62.5万斤，花了国家救济款11万元。1975年开始，全村人民艰苦奋斗，依靠自己的力量，先后建成了总储水量为75万立方米的七座水库，总长1.2万米的水渠，全部耕地实现了自流灌溉，3000多亩山场都种了各种用材林和经济林，生产条件极大地改善了，农业生产连年丰收，农民生活有了很大提高。20世纪80年代初期，房干村人民又依靠自己的力量办起了塑料制品厂、鞭炮厂、保温材料厂和综合加工厂，1991年村办企业产值达到200多万元，年利润30多万元，房干村成为远近闻名的富裕村。所以，房干村是一个由穷变富的典型。随着经济结构的变化，房干村的社会结构也正在发生变化，农民的家庭关系、道德观念、文化心理也在变化，所以选择这样一个村作为研究基地是有意义的。

第二，房干村地处鲁中山区腹地，位于莱芜市西北部，四面环山，只有一条公路通山外，是个相对封闭的山村，调查对象移动频率低，外界的影响比较容易观察，是农村研究比较理想的社区单元。考虑到对日方学者来说，调查中国的农村面对的是异质文化，应尽量减少他们研究中的困难，从这样一个相对单纯的农村入手是适宜的。事实证明，这样做是对的，为合作研究的成功奠定了基础。中国有句话叫作"麻雀虽小，五脏俱全"，房干村虽然较为封闭，地域小、人口少，但农村社会学研究的各个领域在这里均可以找到研究的对象。据房干村碑记载："清道光年间，韩姓迁此，崔姓早居，址在山峪中，曾名房屋峪。因抗日战争时期，常有中共干部在此开展工作，改称房干。"据此可知房干村的历史可上溯一百多年。且全村以韩、绳、刘三姓为主，无论是研究家族还是人际关系均有可供调查的对象，更不用说民俗、婚姻、生育问题等了。

1991年8月，日本学者一行4人，在柿崎京一教授领导下再次来华，我与所内有关人员同日本朋友一起，到房干村实地考察，调查正式开始。

在1991年房干村调查的基础上，为了有所比较，1992年日方学者提出在莱芜市再选个点。经莱芜市有关部门的大力协助，选定了距莱芜市区仅0.5公里处的孟花园村。

选择孟花园村，不仅仅是因为其与房干村之间有许多可比因素，还因为它们与中心城市的空间距离不同，在发展过程中，特别是城市化过程中表现出了极大的差别。孟花园村地处城乡交界处。1992年开始调查时，村中的耕地只剩60多亩，其他都因为城区扩大而变成工厂和居民住宅用地了。到1994年初，这60多亩耕地也已转为他用，整个村已变为莱芜市区的一部分。孟花园村的农民也不再从事农业，而都去从事工业、商业、服务业了，农业已不复存在。中日双方的研究人员能够观察到这样一个正在消失的农村，观察到其原有的农业经济组织形态、社会形态、人际关系、家族关系、民间习俗在城市化进程中的变化，实在是难得的机会。

这项合作研究持续了3年，每年2周左右，日方柿崎京一教授、吉泽四郎教授、中村则弘副教授、木下英司先生等及中方学者并工作人员先后十几人投入研究。在共同调查中，中日两国的研究人员积极配合、相互学习，各自取得了研究所需的原始材料和各种数据，对中国的这两个农村，有了较为全面和深刻的认识。

参与调查的中方人员多次向我谈起日方研究人员吃苦耐劳的敬业精神，扎实细致的学术功底，认真严谨的治学态度。这正是我们中国的社会学工作者应该向日方学者学习的地方。虽然在合作中，我们给予日方一定的支持和帮助，但由于条件所限，这种帮助还很不够。中国农村的生活还是很艰苦的，日方学者能够很快适应环境，与中方人员、与当地的农民建立起良好的关系，是难能可贵的。

回顾三年的合作历程，我和我的同事们认为，有以下几个方面需要特别地说明。

1. 合作研究的基础，是成功的关键。我们之所以认为这次中日合作是一次成功的实践，其首要的原因，就是中日双方都是为了研究现代中国的农村，有了这个基础，合作研究才有可能顺利进行。如果仅仅是一方感兴趣，而另一方是被动的，合作将会是十分勉强的。

2. 在中国进行研究，特别是对农村进行这样长时间的、深入的研究，在目前以至今后很长一段时间里，很重要的一条是取得地方领导者的支持。对中国学者是如此，对外国学者更是如此。中日农村研究首次合作的成功，山东省及莱芜市领导的大力支持是不可或缺的。日方的几位学者在这方面付出了极大的努力，在研究工作之外，做了大量的细致的工作。他们同当地的干部和农民群众交了朋友，建立了友谊，互相取得了信任，交流了感情，现在看来，这些工作对调查的顺利进行都发挥了积极的作用。中国有句话叫作"入乡随俗"，日方学者做到了这一点，由此也看到了他们在研究工作方面是训练有素的。

3. 这次合作研究取得成功的另一个重要原因是与调查对象之间建立了互相信任的关系。由于历史和现实的原因，被调查地的农民，对日本还存有一些先验的印象。这是战后日本人第一次到这两个村里去，虽然事隔50余年，农民们对日本人的认识，不是一下子能转变的。这从几位日本学者第一次进村调查的情形就可以看出。由于几位日本学者用受到村民欢迎的交往方式、随和的态度逐步缩短了与被调查对象之间的距离，随着时间的推移，调查得以逐步深入，得到的材料逐步接近真实。与此同时，在村民眼中也逐步形成了良好的日本学者形象。我们称这种方式为"交朋友"。我认为这种"交朋友"的方法，符合社会学研究中的实地调查方法的规律。也就是说，要想深入地了解调查对象的真实情况，短时间的、浮光掠影式的调查是靠不住的，特别是对他文化社区的研究，只有下力气，不惜时日，方可有真实的收获。因为文化背景的不同，正确理解他文化的实质，是进行研究的基本功。不然的话，对各种信息的把握很难准确，研究成果也就很难是科学的、客观的。对中国的学者是如此，对研究中国的日本学者也是如此。日方几位学者在这次合作研究中是这样做的，他们在开展研究工作的同时交了大量的朋友，取得了一般情况下难以取得的资料，因此他们的研究成果是靠得住的。

4. 我要特别谈谈在中国农村调查的语言沟通问题。中国普通话普及的程度在偏远农村是比较低的。进行农村调查，就中国学者来说有时也会遇到困难，不得不求助当地会普通话的人。对日本学者来说，语言沟通的困难可想而知。虽然日方的两位学者在汉语上有很深的造诣，但与方言区的人，特别是一些年龄大的人交谈会发生困难，既影响调查的速度，又很难保证调查的质量。因此，由中方人员配合，在当地找一些有文化的年轻人协助是这次合作调查的一个成功经验；与此同等重要的方面是翻译的水平。3年合作中，前后有5名翻译参加，而效果大不相同。有的翻译本身的日语水平不高，又无专业知识，很难胜任这种调查任务。而相比之下，在日本学习社会学的中国留学生，就能很好地完成这项工作。有的翻译不仅语意翻译得准确无误，而且连语言中蕴含的感情都传达给对方，既保证了调查质量，又在日本学者与被调查对象之间驾起了感情的桥梁。

5. 关于调查问卷问题。由于中日在文化上的差异，在调查问卷的设计过程中，一定要由中方研究人员参与修改。特别是在一些问题的提法上，务必要考虑到中国的国情。问卷是调查的重要手段，问卷的设计，除了技术问题外，必须考虑到被调查对象的文化背景、理解能力，否则既有可能引起不必要的麻烦，又有可能产生歧义，使调查结果产生误差，失去统计意义。这次中日合作调查所使用的问卷，就是先由日方设计，再由中方修改然后共同定稿再投入使用的，因此调查是顺利的，取得的数据可靠程度较高。

6. 中日社会学工作者首次合作的成功，尚有一点必须提及，就是在整个合作过程中，双方人员利用调查间隙，就一些共同感兴趣的问题进行了讨论。这无疑对双方互相了解对方的学术观点和对一些问题的看法多有裨益。虽然在一些问题上，双方在认识论、方法论上都有不同，但并不妨碍双方的沟通。日方的情况不好说，至少中方参与合作研究的人员在谈到这一点时都感到，这种在调查中进行讨论的方式是这次合作研究的又一成功之处。通过讨论，中方参加调查的人员了解到日方几位学者的研究方向和方法，可以有针对性地向他们提供帮助，通过讨论，中方人员可以听到日方学者对中国农村的现状和未来的一些看法，"他山之石可以攻玉"，中方学者在研究中国农村经济与社会发展问题时，对这些看法会有所借鉴。

连续 3 年的合作调查与研究结束了，要说的话很多。我想，这次合作给双方留下的东西不仅仅是调查本身，作为双方合作的成果——论文集，其包含的意义，也远不只是一本书。作为中方的课题负责人，我更看重的是中日两国学术界的友谊，看重我们与日本社会学界的友谊，看重中日双方参与合作研究的人员所建立的友谊。有了这种友谊，我们之间会有更多的机会研究共同感兴趣的课题。

从事中国农村经济与社会的研究多年，以我的经验，研究一个国家、一个民族，不研究农村是不行的。农村是社会文化形态中传统的东西保留得最多的地方。研究中国就要理解中国，而理解中国，就要先认识中国的农村、中国的农民。几位日本学者 3 年的努力是值得的。

在这本中国城市农村社会变迁调查论文集成书之时，写下上面一些话，谨向参与合作研究的中日两国学者的成功之举表示我衷心的祝贺！向这项合作的倡导者、组织者青井和夫教授、柿崎京一教授以及日方的同行和合作者表示感谢！并祝愿在今后的研究工作中，中日学者之间有更多的合作，取得更多的成果。